I0370047

www.ingramcontent.com/pod-product-compliance
Lightning Source LLC
Chambersburg PA
CBHW031056080526
44587CB00011B/711
* 9 7 8 1 7 3 8 1 0 1 1 5 3 *

سقوط دوم، جمهوریت اول

نویسنده: عبدالحمید محتاط

Barmakids Press

Barmakids Press, Toronto Canada
🌐 www.Barmakids.com
✉ info@Barmakids.com
Available from major online stores
© Barmakids Press Inc. 2024
ISBN: 978-1-7381011-5-3

All rights reserved. No part of this book may be reproduced or retransmitted in any manner except in the form of review, without permission of the author or the publisher.

Cover Design: Michael Milligan

Edited by Farid Muhtat

شناس‌نامه کتاب

نام کتاب: سقوط دوم، جمهوریت اول

نویسنده: عبدالحمید محتاط

ناشر: انتشارات برمکیان

سال چاپ: ۲۰۲٤ میلادی

حقوق تألیف و چاپ این کتاب محفوظ و نقل مطالب آن به هر عنوان و ترتیب، بدون اجازه کتبی نویسنده و یا ناشر ممنوع است.

هیچ‌کس جز خودم مسئول سقوط من نیست. من خود بزرگترین دشمن خویش و مسئول سرنوشت خود بوده‌ام.

- ناپلیون

در خاک من و تو که چه‌ها حادثه‌خیز است

امشب، شب ما تا به کجا حادثه‌خیز است
هر سو نگری حال و هوا حادثه‌خیز است

وحشت زده تنها نبود کوچه و بازار
می‌خانه جدا خانه جدا حادثه‌خیز است

یک‌سو غم تنهائی و یک‌سو غم هجران
یک‌سو خطر دست قضا حادثه‌خیز است

راه سفر ما ز دل این شب سنگین
تا وسعت یک دشت خدا حادثه‌خیز است

افسانه‌ی هر خطبه سر منبر تزویر
در قالب نیرنگ و ریا حادثه‌خیز است

خشکیده صدا در گلوی توده‌ی خاموش
زنگ خطر از بام و فضا حادثه‌خیز است

از هرچه که دیدیم، گذشتیم و نگفتیم
در خاک من و تو که چه‌ها حادثه‌خیز است

این فصل نظام سیه، هرجا که گذشتیم
چون سایه‌ی هولی ز قضا حادثه‌خیز است

در رهگذر دارهٔ دزدان مهاجم
تا چند خدایا شب ما حادثه‌خیز است

- خلیل‌الله روؤفی

فهرست

سخن مختصر در مورد مؤلف ۵
مقدمه ۷
سخنی چند از مؤلف ۱۳
فصل اول.. ۱۹
آغاز نو: تولد جمهوری افغانستان
حادثه میدان هوایی ۲۷
شاه مخلوع و سردار محمد داوود.. ۳۵
معاش شاه مخلوع.. ۳۹
مصونیت از پیگرد در صورت ناکامی کودتا.. ۴۲
فصل دوم ۴۵
تحکیم قدرت شخصی
سخنان فارابی ۴۷
نخستین جلسه.. ۴۸
سردار داوود و استاد خلیلی.. ۵۴
تهدید مرگ علیه سردار عبدالولی ۶۱
توهین و تحقیر جنرال ها ۶۳
یک کمیته مرکزی مرموز ۶۷
تقرر افسران ۷۱
نخستین کابینه ۷۴
فصل سوم ۷۹
طرح جبهه متحد به خاطر دفاع از نظام جمهوری
فصل چهارم.. ۹۱
مسئله میوندوال

متن ابلاغیه حکومت جمهوری افغانستان ۹۹
پدر و پسر: عاملین استبداد و شکنجه ۱۰۲

فصل پنجم ۱۰۹

ضیافت باز محمد خان

فصل ششم ۱۱۹

مسئله پشتونستان

سفر عبدالولی خان به کابل ۱۴۶

فصل هفتم ۱۵۱

آشیانه های جاسوسی

نوسان موقف در قبال معاهده آب دریای هلمند ۱۶۰

فصل هشتم ۱۶۳

مردان اندیشه و مبارز

عبدالواسع کوهستانی، پیلوت ۱۶۵
نورالله تالقانی ۱۶۹
مجید کلکانی ۱۷۶
غلام حضرت کلکانی ۱۸۷

فصل نهم ۱۹۳

ماستر پلان کشور

فصل دهم ۲۰۱

تأثیرات اندیشه‌های فاشیستی سردار محمد نعیم

حادثه لوگر ۲۰۸
فقیر هیپی کی بود؟ ۲۱۲
سردار محمد نعیم و من ۲۲۳

فصل یازدهم ۲۲۷

اتهامات، رد اتهامات و کناره گیری

سرآغاز داستان ۲۳۱

فصل دوازدهم ٢٥٩
برنامه‌ی سرنگونی رژیم داوود
توطئه‌ی ناکام ٢٦٤
زندگی در اسارت شبکه‌های جاسوسی ٢٧٢
تعقیب، تهدید و ترور ٢٨١
فصل سیزدهم ٣٠١
سردار داوود و پایان غم‌انگیز وی
مؤخذها ٣٠٩
ضمیمه ٣١٣
فهرست نام‌ها ٣١٧

سخن مختصر در مورد مؤلف

حوادث بین سال‌های ۱۹۷۳ و ۱۹۷۸ در افغانستان، از نظر شکل و محتوا متنوع و غنی می‌باشد. کمتر کسی مطالب دست اول را بدون تزید و تصرف از وقایع که در این مدت ۵ سال اتفاق افتاده بود، نگاشته است. اگر نوشته‌هایی هم در سال‌های پسین انتشار یافته، بیشتر با تمایلات و سلیقه‌های سیاسی و افسانه‌وار به خورش مردم داده شد.

لیکن جناب عبدالحمید محتاط که خودش یک افسر نظامی بود و سهم برجسته در تمام حوادث تشکیل نظام جمهوری داشت، برداشت‌ها و یادداشت‌های خود را به طور مختصر، در اثر «سقوط دوم، جمهوریت اول» گردآوری کرده و تقدیم علاقمندان تاریخ کشور می‌نماید. آن‌چه این اثر را متمایز می‌سازد، رویدادهایی است که مؤلف خودش با آن روبرو شده و مبرا از هرگونه حکایت و داستان، نگاشته است.

مؤلف پیش از این، اثر ارزشمند دیگری را به نام «سقوط سلطنت» به نشر رسانده بود و در آن، رویداد سقوط سلطنت را با صحنه‌های شورانگیزش ترسیم نموده بود که خواننده را به مثابه یک بازیگر تیاتر حماسی، داخل صحنه می‌کشاند و با شیپور پیروزی نظام جمهوری، اثر «سقوط سلطنت» پایان می‌یابد. اما کتاب «سقوط دوم، جمهوریت اول» پیوسته و تداوم اثر «سقوط سلطنت» می‌باشد و از چالش‌ها و مشکلات نظام جمهوریت اول پرده می‌-بردارد و سیمای بانی جمهوریت را به درستی ترسیم می‌نماید.

از آنجایی که جناب محتاط نخست به حیث وزیر در کابینهٔ سردار محمد داوود و بعد به صفت سفیر در جاپان، معاون صدراعظم و معاون رئیس جمهور ایفای وظیفه نموده بود، مسلماً که نوشته‌ها و یادداشت‌های وی در بارهٔ حوادث سال‌های اخیر، یعنی تا سال ۱۹۹۲ دارای اهمیت خاص می‌باشد و مطالعه این اثر، به علاقمندان توصیه می‌شود.

6 / سقوط دوم، جمهوریت اول

مقدمه

بعد از واژگونی سلطنت، نخستین جمهوریت در کشور ما تأسیس شد. این اثر در واقع ادامه و متمّم کتاب «سقوط سلطنت» و حکایت‌گر حوادث و رویدادهای دورهٔ جمهوریت است.

از آنجایی که دانشمند گرامی آقای محتاط، افتخار در سرنگونی سلطنت و سهم قاطع و تعیین کننده در تأسیس جمهوریت داشته و نیز بعد از تحول ۲۶ سرطان، در سمت عضو کمیتهٔ مرکزی و وزیر مخابرات ایفای وظیفه نموده‌اند، از اینرو گفته می توانیم که هرگاه نگاه گذرا به مباحث اصلی کتاب حاضر شود، به خوبی دیدگاه ژرف بین نویسنده و چیره‌گی او بر اوضاع و احوال را نشـان می‌دهد و نیز نکات پنهان و کتمان شدهٔ رویدادها را که تا الان گفته و شنیده نشده، به اساس مدارک مستدل و چشمدیدهای خویش، مفصلاً تشریح نموده که لاجرم گفته می‌توانیم این اثر پژوهشگرانه و سلیس بسان روشنائی در بیشه اندیشه-ها و افکار مبارزین راه حق و عدالت اجتماعی تأثیر فراوان به جا می گذارد.

تصریح گردد که تأسیس جمهوریت به حیث یک آرمان و اندیشهٔ پیروزمند، بهترین دورهٔ حیات سیاسی آقای محتاط را احتوا می‌کرد. از آنرو، کلیه مدارک و یادداشت‌ها و چشمدیدهای این دوره را مؤلف محترم، روی بهینه‌اندیشی نزد خویش نگه‌داشته بود. اما از روی حجب که مبادا به انتقام و عقده شخصی منسوب و متهم گردد، از تدوین آن طی چندین سال امتناع می‌ورزید. ولی بنابر اصرار پی‌هم دوستان و هم‌وطنان، بالاخره مؤلف محترم واداشته شد تا این اثر را به دست نشر بسپارد، تا لااقل برای برحذر داشتن نسل‌های آینده، ادای دَین شده باشد. از رهگذر دیگر این‌که، عده‌ی از دلالان خیره‌سر درباری، به زعم مریض خویش به تحریف و کتمان حقایق پرداخته و تا توانستند در این آشفته‌بازار سیاسی، سیاه را سفید نمایاندند.

لذا، نویسنده ناگزیر شد تا به این امر مهم دست یازد. وی با استقلال رأی، فراخ اندیشی، بینش سیاسی، اخلاق عالی و انصاف بدور از کینه و کدورت و چشم تنگی، محض بنابر علایق وطن‌دوستی، به مسائل پرداخته و کوشیده تا به حاکمان سیاسی امروز و نسل‌های آینده، به ویژه جوانان، عوامل انحطاط را بشناساند و توجهٔ همه را به جنبه‌های آسیب-شناسی یک نظام سیاسی معطوف بدارد و نیز نکات پنهان و کتمان شده را برملا سازد. در این اثر از سیر و سلسله نخستین اتهام‌بستن‌ها، دوسیه‌سازی‌ها، گرفتاری‌ها، شکنجه‌گاه-ها، کشتارگاه‌ها، ترورها تا واپسین آن که عبارت از قتل میر اکبر خیبر باشد، پرده برداشته، البته این همان ادله‌ای است که سردمداران نظام جمهوریت، برخلاف تعهد به مردم، برای حفظ قدرت به استبداد و خودکامگی رو می‌آورند و مجدد به جاسوسی کردن و جاسوس-پروری و زدن و بستن و گرفتن و به زندان افکندن و زندان پل‌چرخی بنا کردن، می‌پردازند. هرگاه به مبحث استنطاق ظالمانهٔ خان‌محمد خان مشهور به مرستیال، سید امیر پیلوت، میوندوال... پرداخته شود، درمی‌یابیم که چه‌گونه با شکنجه در اقرارگرفتن‌ها، انسان را به دوران سلاطین خونخوار قبیلوی می‌برد که ذریعه میرغضب‌ها، فراش‌ها و جلّادها، دمار از روزگار مردم می‌کشیدند. می‌خواهم عمق و پهنای خشونت آن دوران را با توضیح مختصر یک رویداد اسفناک بیان نمایم. این رویداد خونین که همگان از آن آگاهی دارند، عبارت از کشف گور دست‌جمعی قلعهٔ زمان خان است که در سال ۱۳۵۵ اجساد زیادی از آن کشیده شد. گفته می‌توانیم نخستین گور دست‌جمعی در طی سی سال اخیر کشور ما بوده که بانی و مسئول آن همین رژیم سردار محمد داوود بوده است. از آن‌جایی که مؤلف به صورت گسترده و تحقیقی، به مسائل پرداخته الزام به توضیح بیشتر را ندارد، به جمع‌بندی این اثر ارجناک می‌پردازیم:

این اثر از چند منظر واجد اهمیت و عبرت‌اندوزی پنداشته می‌شود.

اول: عدول سردار محمد داوود خان از خط مش و گرایش انحصارگرانه قدرت در گام نخست، با واکنش رده‌های بالائی نظام روبرو شد و بعداً باعث فاصله گرفتن مردم از نظام

گردید. این کنش و واکنش‌ها منجر به حذف متعهدین و بعداً اعمال خشونت علیه آن‌ها گردید. مؤلف از نخستین قربانی‌های آن محسوب می‌گردد.

دوم: به وضاحت می‌بینیم که جای خالی متعهدین را افراد استفاده‌جو، ابن‌الوقت، نامتعهد و متملّق، اشغال می‌کنند. این‌ها سردار محمد داوود خان را (رهبر) ملقب داشتند و همین‌ها بودند که نظام را در اوج انحطاط و در نهایت به زوال کشیدند.

سوم: برای خوانندگان جنبه‌های آسیب‌شناسی نظام سیاسی را مشخص می‌سازد که در لابلای توضیحات کتاب، به آن پرداخته شده است. اهرم عمده و مهلک در آسیب شناسی یک نظام سیاسی، فقط دو عنصر مهم برجسته‌تر می‌نمایاند.

الف: فقدان صداقت رهبران
ب: نقض عدالت اجتماعی

تجربه نشان داده که در نبود و یا نادیده گرفتن این دو عنصر مهم، کشور ما از سالیانی-ست که از یک آشوب به آشوب دیگری پرتاب شده است. این درس بزرگ، تجربه‌ای برای زمام داران امروز و فردای کشور ما، هشداری‌ست که در تحقق آن درنگ روا ندارد.

خوانندهٔ گرامی!

گسترده‌گی موضوعات، مؤلف را واداشته تا در سررشتهٔ تحقیق و تحلیل به سالیان پیشین برگردد، همان سالیان پر از مخاطرات جنگ جهانی دوم و ظهور فاشیسم و تبعات ناشی از آن و جزرومدهای تند حوادث و گرایش مفرط سرداران، در حمایت و پخش اندیشهٔ فاشیستی که امروز به حیث یک هیولای سیری‌ناپذیر درآمده. متکی به اسناد توضیح شده که یک سردار سلطنتی حلقهٔ برده‌گی انگلیس‌ها را برای حفظ تاج و تخت به گوش نموده و سردار دیگر در رقابت خانواده‌گی برای رسیدن به تاج و تخت، به غلامی فاشیست‌های آلمان تن در داده، در واقع هر دو مزدوروار، وارد معاملهٔ ذلت‌بار و سخیف شده‌اند.

در عین حال، اعجاز کتاب روی مدارک قوی به اثبات می‌رساند که آلمان فاشیست، به مؤثریت امان‌الله خان پی برده، وی را نسبت به خانوادهٔ آل یحیی ترجیح می‌دهد. دراین

باب، به ملاحظه می‌رسد که امان‌الله خان، در تبانی با فاشیست‌های آلمان، وارد معاملهٔ دیگر می‌شود.

اسناد موثق از نقش ابزاری قبایل پرده برداشته، چنانچه بار نخست در سال ۱۹۲۹ قبایل به زور و زر انگلیس‌ها، امان‌الله خان را خلع نمودند و بار دیگر، در سال ۱۹۴۱ هینتگ آلمانی، با زور و زر زمینهٔ قیام همین قبایلی‌ها را مساعد می‌سازند، تا دوباره امان‌الله خان را به تاج و تخت برسانند.

در بارهٔ فقیر هیپی و محمد سعدالله گیلانی (پیر شامی) به حیث جواسیس آلمان که در مناطق قبایلی توسط آلمان‌ها متوطن ساخته می‌شوند، تماماً فعالیت تخریب کارانه و استقامت کاری گروپ‌های قبایلی توسط راسموس آتشهٔ نظامی آلمان مقیم کابل، سازماندهی می‌گردد.

بر علاوه، این کتاب یکی از محوری‌ترین بخش و معاملات پشت‌پردهٔ شبکه‌های جاسوسی کشورها و چهره‌های شناخته‌ناشدهٔ فاشیست‌ها و نازی‌های وطنی را که تا الان شناسائی نگردیده، افشاء می‌دارد.

هم‌چنان، مؤلف در آگاهی بخشی و درک ماهیت حاکمیت‌های ناموجه شوونیستی و سرداری، فرهنگ و اخلاق عقب‌مانده‌گی و نهادینه‌ساختن روحیه استبدادپذیری و جبن و اخلاق ریاکارانه، رخوت‌گرایانه، نفی سایر ملیت‌های بومی و تلقین افراد ساده لوح و بی‌خبر جامعه ما، توضیحات مفید ارایه و همه را به تأمل فرا خوانده.

در پایان، بایست تذکر داد که این کتاب نقش سترگ در شناخت، تفاهم و نزدیک کردن بخش‌های مختلف مبارزین راه حق و عدالت اجتماعی خواهد داشت و به تاریخ‌نویسی واقع‌بینانه و پژوهشگری مدد فراوان خواهد رساند و همه را می‌طلبد تا در محاسبات خود، دقیق فکر کنند و با بهره‌برداری از امکانات واقعی نه خیالی، تکیه کنند و به جای مظلوم‌نمایی و اختیار خاموشی با چشمان بسته، خبیثین را طیبین نگویند.

ممکن اثر حاضر در عرصهٔ تحقیق و نگارش تا آن حدی که انتظار زیاد داشته باشیم، به همه پرسش‌ها پاسخ ندهد و کمبودی‌هایی داشته باشد، اما در عرصه معلومات دست‌اول

و پژوهش دقیق امانت‌دارانه و بدور از تعصب سیاسی و دشمنی کور، یکی از مهم‌ترین رویداد کشور ما را به خوانندگان ارایه داده است که این خود گام بسیار بلند و شجاعانه، در مسیر جادهٔ تاریک و سخت محسوب می‌گردد.

عبدالقدیر رسولی
عضو اتحادیه ژورنالیستان افغانستان

۱۲ / سقوط دوم، جمهوریت اول

سخنی چند از مؤلف

جمهوریت اول که پس از ۲۲۶ سالِ تأسیس دولت احمدشاه ابدالی، به تاریخ ۲۶ سرطان سال ۱۳۵۲ به وجود آمد، بیشتر از چهار سال و یا به عبارت دقیق‌تر، ۱۷۴۷ روز حیات داشت. در این عمر کوتاه، حوادث گوناگون در کشور رونما گردید که تفصیل و تحلیل آن، از حوصلهٔ این اثر نیست و ایجاب بررسی و تحلیل مستقل را می‌کند.

از آنجایی که به مثابه یک افسر نیروهای هوایی، در تأسیس نظام جمهوری نقش تعیین-کننده داشتم و برای مدت ۲۸۰ روز، به‌حیث عضو فعال حکومت و کمیتهٔ مرکزی، وظیفه ایفا نمودم و باقی ۱۴۶۴ روز حیات «جمهوری اول» را با ۴۳ نفر از افسران هم‌رزمم که در تأسیس نظام جمهوری و به قدرت رساندن سردار محمد داوود نقش عمده داشتند، در شرایط «اسارت منزل» به‌سر بردم.

بنابران، مشاهدات و چشمدیدهای خود را در هر دو مرحله به طور فشرده گردآوری و خدمت علاقمندان تاریخ کشور و نسل‌های حاضر و آینده، پیشکش می‌نمایم. بدون تردید، خوانندگان محترم متوجه خواهند شد که دیدگاه من به قضایا و حوادث، نظرات سیاسی‌ام پیرامون اکثری مسائل اجتماعی، سیاسی و تاریخی کشور، با بعضی از خوانندگان محترم تفاوت دارد. حتی این شیوه تفکر پیرامون افراد و شخصیت‌های مطرح سیاسی آن روز، هم‌گون نیست. اغلب اتفاق افتاده است که افراد را بنابر سلیقه‌ها و منافع محدود و معین شخصی، به مدارج تقدس بالا برده اند و او را (رهبر) عقل کل ساخته‌اند. اما در یک مقطع زمانی دیگر، فردی را که با منافع شخصی و قبیلوی‌شان سازگار نبوده، بی-رحمانه و غیرعادلانه محکوم نموده‌اند و از وی یک انسان جنایت‌کار، رهزن و دزد به تصویر کشیده اند، بدون این‌که علل و انگیزه‌ها را عاری از هرگونه غرض و مرض بررسی کنند. بدبختانه این شیوهٔ ناپسند قضاوت در تاریخ بشری متداول است و به ویژه در جوامع

عقب‌مانده، منشأ قومی، قبیلوی، زبانی، طبقاتی و قشری دارد. اما باید به صراحت بیان داشت که تاریخ عادلانه قضاوت می‌کند و هر گونه اتهامات غیرعادلانه در جامعه، عمر کوتاه خواهند داشت.

البته داشتن باورهای متفاوت و مستقل، صفت هر انسان آزاداندیش است. هر کس حق مسلم دارد که نظرات خود را داشته باشد. نظرات افراد بنابر ژرف‌نگری سیاسی و ظرفیت شناخت از جامعه، بنا یافته است. از اینرو، من هم از حق قضاوت آزاد و مستقل و عاری از هرگونه بغض و عداوت شخصی، استفاده و در بارهٔ حوادث و رویدادهای دورهٔ جمهوریت اول، اندوخته‌های خود را به طور فشرده، در این اثر بازتاب می‌نمایم.

مسلماً که قهرمان «جمهوریت اول» سردار محمد داوود است، شخصی که از تاریخ ۲۶ سرطان سال ۱۳۵۲ دوباره وارد کارزار سیاسی کشور شد و نظام جمهوری را اعلام نموده و به مردم کشور تبریک گفت. سرانجام به تاریخ هفتم ثور سال ۱۳۵۷ بعد از مدت ۱۷۴۷ روز ستارهٔ اقبال او با «جمهوریت اول» یک‌جا در آسمان تاریک کشور افول کرد.

بنابر مناسبات نزدیکی که قبل و بعد از تأسیس نظام جمهوری با سردار محمد داوود داشتم و در این مدت با بسی مسائل و رویدادها روبرو شدم که جمع‌بندی و ارایه مجموعه حوادث مذکور، در این اثر مقدور و ممکن نبود، در این‌جا تنها به بعضی قضایا اشاره می‌نمایم که خود ناظر بودم و البته برای علاقمندان تاریخ کشور خالی از دلچسپی نیست.

بدون تردید، هر انسان یا دارای صفات نیک است و یا زشت. انسانی که به‌طور مطلق نیک باشد و یا به‌طور مطلق بد، ممکن نمی‌باشد. نقش نظام‌های اجتماعی در تربیت و رشد شخصیت افراد جامعه تعیین‌کننده است. هیچ‌کس از بدو پیدایش، نه دزد به دنیا می‌آید و نه هم جاسوس! بلکه این شرایط اجتماعی و سیاسی حاکم بر جامعه است که انسان‌ها را مطابق آن بار می‌آورد. یا به عبارت معروف دیگر که انسان زادهٔ شرایط محیط اجتماعی و سیاسی خود است. حافظ شیرازی اشاره می‌کند:

مکن در این چمنم سرزنش به خودرویی
چنان که پرورشم می‌دهند می‌رویم

در این اثر، من از شاهزاده‌ای سخن میزنم که در سراسر زندگی او، کسی جرأت نکرد تا برای عالی‌جناب بگوید «بالای چشم شما ابروست» شاهزاده‌ای که هرآنچه می‌خواست انجام دهد، انجام می‌داد. این کشور را از دیدگاه خود تماشا می‌کرد و به مردم و نقش مردم باور نداشت. بدبختانه همان بود که او شرایط اختناق‌آوری را ایجاد کرده بود، کسی پیدا نشد که انگشت انتقاد بگذارد که: کار شما جناب سردار محمد داوود غلط است! چنانچه سخن‌سرای بزرگ خراسان، حکیم فردوسی چه خوب گفته است:

برید و درید و شکست و ببست
یلان را سر و سینه و پا و دست

با وجودی که از پایان غم‌انگیز زندگی او بیشتر از ۴۰ سال گذشت، لیکن امروز هم کابوس او وحشتی را در روان عده‌ی کثیری ایجاد کرده‌است و استبداد و بی‌عدالتی دورهٔ او را، مادر همه تعصبات، بی‌عدالتی‌ها و استبداد سال‌های بعدی می‌پندارند.

فلهاذا، هر کس دارای صفات نیک است و هم دارای صفات بد! اما هیچ صفت بدتر از این نیست که انسان ظالم باشد و نسبت به هم‌نوع خود و هم‌وطن خود صله رحم نداشته باشد! صفات زشت این افراد، صفات نیک آن‌ها را تحت تأثیر قرار می‌دهد. سید مسعود پوهنیار که از شخصیت‌های نزدیک به سردار محمد داوود بود، در کتاب خود تحت عنوان «قربانیان استبداد» می‌نویسد:

«مرحوم سردار محمد داوود خان شخص قسی‌القلب بود.»

مؤلف کتاب بسی موارد را در آن اثر برشمرده است که سیمای مستبدانهٔ سردار محمد داوود را معرفی می‌کند. سید مسعود پوهنیار در کتاب خود، نفرت سردار محمد داوود را نسبت به قبیله‌ی صافی در سال ۱۳۳۴ چنین افاده می‌نماید:

«داوود خان با صدور فرمان سرش از من و مالش از شما! از خون قوم صافی جوی خون جاری ساخت.»

آری! کسی که فرمان جنگ را علیه مردم خود صادر می‌کند، سرانجام توسط مردم نابود می‌شود. این از نخستین درس‌های انقلاب و جامعه است. ما نمونه‌های فراوانی را در نیم-

قرن اخیر مشاهده نموده‌ایم، به‌طور مثال، مارکوس[۱] در فیلیپین، پارک چون ئی[۲] در کوریای جنوبی، رضا شاه در ایران، چایسسکو[۳] در رومانیه و ده‌های دیگر!

این اثر که در سیزده فصل ترتیب یافته، پیرامون روابط سردار محمد داوود با شاه اسبق، مسئله میوندوال، سیاست خارجی، مناسبات با پاکستان و مسئله پشتونستان، ماستر پلان کشور، شبکه‌های جاسوسی غرب در کابل، مردان عیاری از کوهدامن و بسی مسائل دیگر تمرکز یافته است. فصل سیزدهم کتاب از پایان غم‌انگیز زمامدار خودکامه‌ای حکایت می‌کند که مرا به یاد گفتگوی سقراط با ادئیمانتوس می‌آورد. سقراط به یکی از پرسش‌های ادئیمانتوس چنین پاسخ می‌دهد:

«به همین منوال، کسی که پیشوای مردم است چون توده را مطیع فرمان خویش می‌یابد، نمی‌تواند خود را مهار کند و دست خود را به خون هم‌نوع می‌آلاید، افراد را به وسیله تهمت و افتراء که حیله متداولی است، به دادگاه می‌کشاند و جان آنان را برباد می‌دهد. با زباهان ناپاک، خون خویشاوندان خود را می‌آشامد، برخی را از میهن می‌راند، برخی دیگر را به قتل می‌رساند، راه گریز از پرداخت دیون را نشان می‌دهد، زمین ها را به طرز نوین بین مردم تقسیم می‌کند، آنگاه به حکم جبر و ضرورت، چنین کسی یا به دست دشمنان خویش هلاک می‌یابد یا به زمامداریِ مطلق می‌رسد و مبدل به گرگ می‌گردد. آیا این طور نیست؟»

از آن‌جایی که این مجموعه با استفاده از یادداشت‌های شخصی و منابع در دسترس فراهم آمده، بدون تردید که از نقایص و کمبودی‌ها مبرا نمی‌باشد. فلهاذا، از نظرات و پیشنهادات سالم و سازندهٔ خوانندگان و صاحب‌نظران استقبال می‌نمایم.

با عرض حرمت

عبدالحمید محتاط

کیف، اوکراین، ۲۰ دیسامبر ۲۰۲۱

---

[۱] Ferdinand Marcos

[۲] Park Chung-hee

[۳] Nicolae Ceauşescu

فصل اول

آغاز نو: تولد جمهوری افغانستان

به نام خداوند جان و خرد
کزین برتر اندیشه برنگذرد

- حکیم فردوسی

زمانی که کنوانسیون قانون اساسی ایالات متحده امریکا در سال ۱۷۸۷ در شرایط سری و دروازه‌های بسته انعقاد یافت، بیرون از تالار جلسه جروبحث داغ پیرامون موضوعات گوناگون، در میان مردم ادامه داشت و شهروندان امریکا سعی داشتند تا از محتوای قانون اساسی آگاهی یابند. در آن وقت از میان مردم بانویی به نام پاول از فیلادلفیا صدای خود را بلند نمود و بنجامین فرانکلین را مورد خطاب قرار داد و پرسید: «خوب داکتر! ما بالاخره چه به‌دست آوردیم، جمهوری یا شاهی؟»

فرانکلین بی‌درنگ آن خانم را پاسخ داد:

«جمهوری، اگر ما بتوانیم آن‌را حفظ کنیم.»

سخنان فرانکلین را در منابع کتبی تا سال ۱۹۰۶ تحریف نمودند و آن را «دموکراسی، اگر ما بتوانیم آن را حفظ کنیم» تعبیر می‌نمودند. چنین یک تحریفی در اسناد تاریخی خیلی‌ها جدی تلقی می‌شد، زیرا بین «دموکراسی» و «جمهوری» تفاوت اساسی وجود دارد. کلمهٔ Republic جمهوری منشأ لاتین دارد و یک شی عام و یا به اصطلاح ساده امور عمومی را افاده می‌کند. از جهت دیگر، دموکراسی از دو کلمهٔ یونانی ترکیب یافته است. «دموس» و «کراتین» که زمام مردم را معنی می‌دهد.

بنیان‌گذاران قانون اساسی امریکا، با مطالعه ژرف تاریخ دموکراسی در یونان و روم باستان، به این باور شدند که دموکراسی نسبی هم سرانجام به دیسپوتیزم، استبداد، منازعات و کشمکش‌ها می‌انجامد. هیئت موسسین قانون اساسی در مسودهٔ قانون اساسی امریکا، «حکومت قانون» را در نظر داشتند نه حکومت یک فرد را، یعنی جمهوری را مطرح ساختند نه دموکراسی را.

ادموند راندولف[۴] از ایالت ویرجینیا که یکی از اشتراک‌کنندگان در جلسه موسسین بود، هم‌قطاران خود را در آستانهٔ روزهای برگزاری جلسه گوشزد کرد که هدف این جلسه تنها آماده‌سازی شرایط برای رد آفت‌های شیطانی است که ایالات متحده امریکا از آن رنج کشیده با راهیابی ریشه‌های این آفت که هر کدام از اشتراک‌کنندگان جلسه، منشأ آنرا در آشوب و گمراهی دموکراسی سراغ نمودند. اما ساموئل آدامز[۵] که یکی از شخصیت‌های دیگر این جلسه بود، می‌گوید که دموکراسی برای زمان طولانی عمر نخواهد کرد، به‌زودی بی‌هودگی‌اش ثابت و از پا درمی‌افتد و سرانجام دموکراسی خود قاتل خود می‌شود. وی علاوه میکند که هرگز در تاریخ دموکراسی‌ای وجود نداشته که سرانجام چاه خود را حفر نکرده باشد!

الکساندر همیلتون[۶] از ایالت نیویورک در بیانیهٔ ۲۱ جون ۱۷۸۸ خود اظهار داشت:

«اگر دموکراسی آن‌هم به مفهوم خاص خود وجود داشته باشد، بدون تردید در نتیجهٔ آن حکومت کاملاً خوبی عرض وجود خواهد کرد. اما تجربه ثابت کرده است که این محض ادعای ناقص و کاذبانه است. دموکراسی‌های جهان باستان که مردم خود آن‌را اداره کرده‌اند، هرگز یک حکومت شایسته‌ای پیشکش نکردند و مشخصات آن حکومات، استبداد، تقلب و دروغ بود.» بعداً همیلتون اعلام میکند: «ما دولت جمهوری هستیم و آزادی واقعی در دیسپوتیزم و یا دموکراسی افراطی میسر نیست.»

---

[۴] ادموند راندولف Edmund Randolph (۱۷۵۳–۱۸۱۳ میلادی) یک سیاستمدار ایالات متحده آمریکا.

[۵] ساموئل آدامز Samuel Adams (۱۷۲۲ - ۱۸۰۳ میلادی) سیاستمدار، فیلسوف سیاسی و یکی از بنیادگذاران ایالات متحده آمریکا بود. او پسرعموی جان آدامز، دومین رئیس جمهور ایالات متحده آمریکا بود.

[۶] الکساندر همیلتون Alexander Hamilton (۱۷۵۷ - ۱۸۰۴ میلادی) از بنیان‌گذاران، مفسرین قانون اساسی و نیز مؤسس نظام مالی ایالات متحده آمریکا بود.

جان مارشال[۷] که از سال ۱۸۰۱ تا سال ۱۸۳۵ رئیس دادستان کل ایالات متحده امریکا بود، پیرامون جمهوری و دموکراسی چنین تبصره می کند:

«بین یک جمهوری متوازن و دموکراسی، تفاوتی مشابه بین نظم و بی‌نظمی موجود است.»

پس ملاحظه می‌شود که تا اوایل قرن بیستم، عدهٔ معدودی از دموکراسی به مثابه آفت اکثریت و یا حزب تحریف شده سوء استفاده می‌نمودند که در حقیقت امر، آنها اکثریت نبوده و از طریق دستکاری و زور در انتخابات به قدرت دست می یافتند.

برای نخستین بار وودرو ویلسون[۸] رئیس جمهور امریکا، کلمه دموکراسی را در بیانیه تاریخی ۱۹۱۷ به‌کار برده گفت:

«ملت ما داخل جنگ می‌شود تا جهان را برای دموکراسی مصئون سازد.»

و همچنان فرانکلین روزولت[۹] رئیس جمهور امریکا کلمهٔ دموکراسی را در سال ۱۹۴۰ تکرار کرده افزود:

«امریکا باید ذخیره‌گاه بزرگ برای دموکراسی باشد.»

بالاخره مقوله‌ی دموکراسی در ادبیات سیاسی قرن بیستم امریکا پذیرفته شد.

مردم ما که از دموکراسی آگاهی دقیق نداشتند، اما به ماهیت نظام جمهوری خوب پی می‌بردند، یعنی نظامی که رئیس جمهور بر مبنای قانون اساسی، برای یک دوره‌ی معین انتخاب می‌شود و در دوره‌ی زمامداری خود از تطبیق قانون اساسی حراست می کند. از اینرو، نظام جمهوری را نسبت به نظام شاهی که هرگز مشروعیت مردمی ندارد، رجحان

---

[۷] جان مارشال John Marshall

[۸] وودرو ویلسون Woodrow Wilson (۱۸۵۶ – ۱۹۲۴ میلادی) بیست و هشتمین رئیس جمهور ایالات متحده آمریکا از حزب دموکرات بود.

[۹] فرانکلین روزولت Franklin Roosevelt (۱۸۸۲ –۱۹۴۵ میلادی) دولتمرد و سی و دومین رئیس جمهور ایالات متحده آمریکا بود.

قایل بودند. جوانان آگاه کشور، در روشنایی تحولات سیاسی جهان در حدود هفتاد سال اخیر، تلاش‌های فراوانی برای سقوط نظام شاهی و تأسیس نظام جمهوری نمودند که سرانجام به واکنش خشن نظام سلطنتی روبرو گشتند و تاریخ اخیر کشور ما شاهد روید-های غم‌انگیزِ همه این تلاش‌ها است.

من هم مانند هزاران جوان کشورم در آوان جوانی، بار سنگین نظام سلطنتی را بالای شانه-های خود حس می‌کردم. زمانی که در دانشگاه نظامی شهر کیف مصروف فراگیری تحصیل بودم، روزی از روزها، سرنوشت مریضی مرا به شفاخانه کشانید. بعد از تشخیص، داکتران شفاخانه به تداوی‌ام پرداختند. دوشیزه‌ی جوانی که در کنار بسترم ایستاده بود و وظیفهٔ تزریق دوا را داشت، ناخودآگاه پرسید:

«آیا در کشور شما نظام شاهی برقرار است؟»

در پاسخ گفتم: «بلی.»

زمانی که می‌خواست سوزن پیچکاری را داخل شریان نماید، بازهم پرسید:

«از دوره‌ی سلطنت شاه فعلی شما چند سال سپری می‌شود؟»

گفتم: «سی‌وشش سال!»

پس از آن‌که دوا را تزریق نمود، درحالی که سوزن پیچکاری در دستش قرار داشت، سر خود را بالا کرد، بیشتر علاقه گرفت و به پرسش خود ادامه داده گفت:

«احتمالاً که شاه موجود خدماتی برای مردم انجام داده باشد که من در موردش نمی‌دانم و معلومات ندارم! لیکن، اگر شما در وطن خود نظام جمهوری می‌داشتید و هر رئیس جمهور برای یک دوره‌ی سه‌ساله از طرف مردم انتخاب می‌شد، در مدت سی‌وشش سال بدون تردید دوازده رئیس جمهور، ممکن یکی بعد دیگری دوره‌ی سه‌ساله خود را سپری می‌کردند. قبول کنیم اگر از میان این دوازده رئیس جمهور، ده آن بی‌کاره، تنبل و ناکام می-

بودند و تنها دو رئیس جمهورِ دلسوز می‌داشتید که برای کشور خدمت می‌کردند، به باورم که آن دو رئیس جمهور خدمات بیشتری نسبت به این شاه مدام‌الوقت انجام می‌دادند.»

این استدلال دوشیزه نرس در مغزم رخنه کرد و همیشه برتری نظام جمهوری را نسبت به نظام شاهی تداعی می‌نمود و مرا به کنجکاوی‌های بیشتر پیرامون نظام‌های سیاسی وادار ساخت. بدین ترتیب، وارد کارزار سیاسی شدم و اندیشه‌ی تغییر نظام سیاسی را با دوستان و یاران نزدیک خود در میان گذاشتم که سرانجام به کودتای ۲۶ سرطان منجر شد. البته من در باره‌ی چگونگی کودتای ۲۶ سرطان، در تابستان سال ۱۹۷۳ کتابی را زیر نام «سقوط سلطنت» نوشتم و در آن توضیحات مفصل نظامی و سیاسی از اوضاع رقتبار کشور در شروع سال‌های پنجاه خورشیدی داده شد. دراینجا، بازهم انگیزه‌های اصلی سقوط سلطنت را از صفحهٔ هجدهم همان اثر اقتباس میکنم:

«پسمانی‌های متمادی، فقر دامنه‌دار، جهل، مرض، بی‌سوادی و بی‌خبری و بالاخره خوب زیستن و خوب خورن عده‌ی قلیلی زمام‌داران سابق که بی‌باکانه روی قبرغه‌های استخوانی توده‌های مردم ما حکمفرمائی می‌نمودند و مستانه نعره می‌کشیدند و تجاوز بر نوامیس مردم می‌کردند. این‌ها بودند انگیزهٔ اصلی برپا شدن قیام پیروزمندانه رستاخیز مردم افغانستان! با تجزیه و تحلیل منطقی قیام، فاکت‌های زیرین را میتوان به‌حیث عوامل اصلی قیام تا پیروزی دانست:

۱. تغیرات شگرفی که بر مبنای جبر تاریخ و قانونمندی تکامل جوامع در جهان یکی بعد دیگری صورت پذیرفت.
۲. برهم خوردن تناسب نیروها در جهان به نفع صلح، ترقی و آزادی و اوج‌گیری جنبش‌-های ملی و رهایی‌بخش.
۳. پیدایش شعور سیاسی و طبقاتی در میان اقشار مردم.
٤. ایجاد رکود و سکوت اجتماعی و بی‌کفایتی و ناتوانی دستگاه دولتی.
٥. پیدایش ایدئولوژی مترقی و ملی در اردو.

۶. بسیج شدن نیروها به‌دور یک محور قدرت ملی.
۷. هم‌آهنگی و وحدت عمل.
۸. بدبختی‌های اقتصادی ناشی از خشکسالی‌های متواتر ۱۹۷۱ و ۱۹۷۲ که برای نخستین بار حکومت موسی شفیق دست استمداد به کشورهای جهان دراز کرد و میلیون‌ها تن گندم به کشور سرازیر شد و مناطق مرکزی کشور آسیب بیشتری دید که اکثری خانواده‌ها به فروش کودکان خود پرداختند. تاریخ تاثیرات ژرف این آفت را در صفحات خود ثبت نموده است.»

ساعت هفت و بیست دقیقه روز ۲۶ سرطان سال ۱۳۵۲ بود که خبر سقوط سلطنت پخش و تأسیس اولین نظام جمهوری افغانستان اعلام گردید. مردم کشور، به‌ویژه شهروندان کابل از آن به گرمی استقبال کردند. چون سیل خروشان به مرکز شهر در حرکت افتیدند و با دایر نمودن گردهم‌آیی‌ها در گوشه و کنار شهر کابل، پشتیبانی خویش را از نظام جمهوری ابراز نمودند. مردم شهر امنیت خود را گرفتند و با نیروهای ارتش و پولیس هم‌کاری کامل داشتند. این حمایت در سراسر افغانستان، در تمام شهرها و دهات کشور با شور و شعف ابراز شد.

جلسه‌ی هیئت رهبری به روز ۲۷ سرطان در دفتر وزیر دفاع دایر گردید و اوضاع عمومی کشور در ۲۴ ساعت گذشته در جلسه‌ی مذکور مورد ارزیابی قرار گرفت. سردار محمد داوود نخست به تعداد زندانیان و هویت آن‌ها علاقه گرفت. بعد از تصمیم نسبت به سرنوشت افسران بلندپایهٔ دولتی و مامورین عالی‌رتبه که در زندان موقت قرار داشتند، مسئله‌ی واکنش مردم را پیرامون اعلام جمهوریت تحت بحث قرار داد. تصمیم گرفته شد تا رادیو و جراید هرچه بیشتر روی اهمیت نظام جمهوری، تبلیغات روشنگرانهٔ خود را متمرکز سازند. عبدالقدیر نورستانی کارمند ترافیک و سید عبدالاله کارمند بانک وظیفه گرفتند تا هنرمندان رادیو را هرچه زودتر ترغیب و تشویق نمایند که آهنگ‌هایی در باره‌ی نظام نوین جمهوری، کمپوز و به سرایش گیرند. بنابر ترغیب هیئت رهبری و تلاش زیادی از

هواخواهان نظام، آوازخوانان رادیو مانند جلیل زلاند، احمد ظاهر، عبدالوهاب مددی و باقی به آهنگ‌های «جمهوری ما مبارک» پرداختند، که شور و هیجان را در مردم برانگیخت. بازهم باید تکرار کنم که توضیحات بیشتر قیام مسلحانه و جنجال‌های ناشی از آن در کتاب «سقوط سلطنت» داده شده است.

حادثه میدان هوایی

اخیراً در اثری بنام «داوود خان در چنگال ک‌ج‌ب»، مطالبی خواندم و لازم می‌دانم که مطلب مذکور را قسماً در ذیل اقتباس نمایم. در اثر مذکور در مورد اعزام خاندان سلطنتی به روم چنین تذکر رفته:

«پادشاه استعفانامه خود را ارسال و طی آن داوود را برادر خوانده و برای وی آرزوی موفقیت کرده بود. این استعفانامه در اسرع وقت در روزنامه‌ها به چاپ رسانیده شد. سپس به اعضای خانواده سلطنتی اجازه داده شد افغانستان را ترک کنند. شبانه با عجله، پاسپورت‌های جمهوری در مطبعه دولتی چاپ گردید، از طرف قوماندانی امنیه کابل اجرا و برنامه خروج آماده شد. در میدان هوایی کابل هواپیما آماده پرواز بود. اعضای خانواده سلطنتی تحت مراقبت شدید امنیتی به میدان هوایی رسانیده شدند. پاسپورت‌های شان کنترول و به امر پادشاه سرفراز (پاچا سرباز: مؤلف) قوماندان ځارندوی کابل، وسایل و خود افراد با بی‌حرمتی مورد تلاشی بدنی قرار گرفتند. بدن اعضای مونث خانواده سلطنتی مورد بازدید قرار گرفته، هرچه داشتند از نزد شان گرفته شد. یک دختر لاکتی زیر پیراهن خود داشت که ازش گرفته شد. دختر با عجز زیادی اظهار داشت که لاکت مال شخصی وی است، اما کس گوش فرا نداد. گفته میشود وقتی که داوود از این جریان خبر مطلع گردید، فوق العاده متأثر شد.»

روز ۳۰ سرطان بود و از قیام مسلحانه چهار روز سپری شده بود و من خیلی خسته بودم، چند روز استراحت نکرده بودم و از بی‌خوابی و خستگی آوازم خفه شده بود. اوضاع کلی

امنیتی در قوای هوایی و مدافعه هوایی اطمینان‌بخش بود. گزارشاتی که از میدان‌های هوایی و قطعات مدافعه هوایی منظم می‌رسید، از امنیت اطمینان می‌داد. آنچه که در آن روزهای اول توجه من را به خود جلب کرد، موضوع نشست‌هایی بود که شبانه در غیابم در منزل سردار محمد داوود دایر می‌شد. سردار محمد داوود هم با همان شیوه‌های کهن، اکثری مسائل را در حلقات فامیلی با دوستان نزدیک خود حل می‌کرد و بعداً از طریق افراد و گروه‌های وفادار، آنرا پیاده می‌ساخت. این‌بار جلسه‌ای تحت عنوان کمیتهٔ مرکزی دایر گردید و در آن تصمیم گرفته شد که فامیل شاه مخلوع را به خارج کشور انتقال بدهند. من از دایر شدن چنین یک جلسه اطلاع یافتم، ولی هیچ فردی از اعضای جلسه مرا در جریان قرار نداد. مسلماً که محتوای جلسه مرا نگران ساخت.

بازهم تا ساعت دوازده بجه شب ۳۰ سرطان را در قرارگاه قوای هوایی سپری کردم، و می-دانستم اگر قراری در رابطه به اعزام خانواده شاه وجود داشته باشد، باید با من مطرح شود. سردار محمد داوود و دوستان خلوت‌نشین او احتمالاً به این تصمیم رسیدند تا در غیابم و بدون تفاهم با افسران قوای هوایی، خانواده شاه مخلوع را از طریق میدان هوایی به خارج انتقال دهند. چون‌که دو شب پی‌هم نخوابیده بودم، بیشتر حوصله انتظار از من ربوده شده بود. به دگروال عبدالقادر که تازه سرپرستی قوای هوایی را برعهده داشت، هدایت داده شد که بدون اجازهٔ من احدی از میدان هوایی بین المللی کابل نباید پرواز کند! دگروال عبدالقادر که از حالت خستگی ناشی از بی‌خوابی‌ام آگاهی داشت، اطمینان داده و گفت که «شما بهتر است امروز در منزل خود استراحت کنید، من متوجه موضوع می‌باشم و انشاالله پرنده‌ای هم بدون اجازه پرواز نخواهد کرد!»

نیمه شب بود روانه منزل شدم، از بی‌خوابی و خستگی جسمی، صدایم خاموش شده بود و نمی‌توانستم حرف بزنم. مادرم از دیدنم در منزل خیلی خوش شد و بدون وقفه و معطلی خود را بالای بستر انداختم و به خواب عمیقی رفتم. زیرا یک بخش کار عمده که سقوط نظام بود، انجام یافته بود و مردم تحول جدید را به گرمی استقبال نمودند.

ساعت در حوالی شش صبح بود، مرا از خواب بیدار نمودند. چشمان خود را به دشواری باز کردم و به هر طرف نگاه نمودم، آقای احمد ضیاء (بعدها به‌نام ضیاء گارد شهرت یافت) و مادرم بالای بستر ایستاده بودند. هنوز هم در رویایی قرار داشتم و نمی‌توانستم خود را متمرکز سازم که صدای احمد ضیاء به گوشم زمزمه و پی‌هم همین را تکرار می‌کرد که عجله کن وضع خراب است! فکر می‌کردم که خواب می‌بینم، یعنی چه خراب است؟ بالاخره مادرم گفت که به خواب گران رفته بودی و هر قدر خودت را تکان دادم بیدار نشدی! حالا توجه کن که این رفیقت چه می‌گوید؟

باز لحظه‌ی بالای چپرکت مکث کردم، آهسته‌آهسته تأثیرات خواب عمیق از سرم دور شد و با احمد ضیاء احوال‌پرسی کردم. از او معذرت خواستم که انتظار کشید و من در خواب بودم. از وی پرسیدم که چه حادثه‌ی اتفاق افتیده است؟

احمد ضیاء گفت که دیشب شما در جلسه نبودید، رفقا فیصله کردند که فامیل شاه باید به خارج فرستاده شود. من پرسیدم که جلسه چه وقت و در کجا دایر شده بود؟

ضیاء در پاسخ گفت که جلسه ساعت هشت دیشب در منزل صدراعظم صاحب دایر شده بود. از احمد ضیاء پرسیدم که چرا مرا در جریان قرار ندادند؟ در حالی که تا ساعت دوازده بجه شب در قرارگاه قوای هوایی و مدافعه هوایی حاضر بودم. او گفت که «من هم نمی‌دانم، شما باید در جریان قرار می‌داشتید.»

طبق اظهارات احمد ضیاء، ساعت چهار شب هواپیمای ایل ۱۸ سلطنتی باید جانب روم پرواز می‌کرد و خانواده شاه را به ایتالیا انتقال می‌داد. ولی از آن ساعت تا حال رفقای هوایی همه را در میدان تحت نظارت شدید قرار داده اند و اجازه پرواز را نمی‌دهند و همین اکنون صدراعظم صاحب در تشویش و نگرانی بسر می‌برد. شما باید موضوع را هر چه عاجل‌تر حل کنید.

از شنیدن سخنان احمد ضیاء، من متأثر شدم و به حیرت رفتم که چرا مرا در جریان قرار ندادند و به شکل مرموز و دزدانه بدون مشوره و همکاری افسران قوای هوایی، خانوادۀ سلطنتی را به خارج از کشور می‌فرستند.

بازهم احمد ضیاء اصرار داشت که موضوع حساس است و رفقای هوایی در ترمینل میدان هوایی بین المللی کابل خیلی عصبی و احساساتی برخورد می‌کنند. هرگاه شما موضوع را تحت کنترول خود نگیرید و به موقع داخل اقدام نشوید، احتمال وقوع هر گونه حادثه‌ی غیر قابل پیش‌بینی موجود خواهد بود!

من از بستر خواب برخاستم، با شتاب یونیفورم نظامی را به‌تن کردم و با احمد ضیاء یک‌جا روانه ترمینل میدان هوایی ملکی شدیم. زمانی که به نزدیک ترمینل رسیدم، صحنه‌ی عجیبی را دیدم. داکتر حسن شرق، سردار غلام حیدر رسولی، عبدالقدیر نورستانی، سید عبدالاله و سایر همکاران نزدیک‌شان در موترهای مخصوص هر یکی از اعضای خاندان سلطنتی را یعنی ملکه حمیرا، شاهزاده احمدشاه، شاهدخت بلقیس، شاهدخت مریم، شاهدخت خاتول، دختر و داماد سردار عبدالولی، پسر جنرال عارف خان و باقی اعضای خانوادۀ سلطنتی را همراهی داشتند. متأسفانه که شناخت هر چهار مشایعت‌کننده از افسران جوان قوای هوایی ناکافی و ناقص بود و آن‌ها باور داشتند که افسران جوان هوایی هم، روش چاکرمنشانه‌ی آن‌ها را دنبال و قالین قرمزین را فرش راه خاندان بخت‌برگشته نموده و دسته گلی هم خدمت شان پیشکش خواهند کرد!

در حقیقت حالت متشنج و شورانگیزی در میدان هوایی بین المللی کابل حکم‌فرما بود که سناریوی خطرناکی را به نمایش می‌گذاشت. زمانی که به ترمینل میدان رسیدم، از مشاهدۀ این صحنه به شگفت درآمدم و به خود اندیشیدم که چه بازی ساده‌لوحانه و خطرناکی در غیاب من به راه انداخته شده است. افسران بیدار و موظف، در ترمینل میدان هوایی، اعضای خاندان سلطنتی را با مشایعین آن‌ها، در داخل موترهای‌شان تحت نظارت گرفته بودند. این سناریو از ساعت چهار تا ساعت شش صبح ادامه داشت.

افسران گزمه کنترول جدی را در حریم ترمینل به‌وجود آورده بودند و هیچ‌کس نمی‌توانست به حریم میدان داخل و یا خارج شود. ملکه حمیرا و شاهزاده احمدشاه، در داخل هواپیما گروگان مانده بودند. شاهزاده احمدشاه اشک می‌ریخت، اما ملکه حمیرا خون‌سرد بود و عالم وصال، یکی از افسران جوان قوای هوایی، در دروازهٔ هواپیما از آن‌ها حراست می‌کرد.

در داخل تالار انتظار ترمینل میدان، شانزده نفر از افسران دورهم گرد آمده بودند و احساسات شورانگیزی فضای تالار را گرفته بود. به مجردی که من داخل تالار شدم و این صحنه را تماشا کردم، به این باور شدم که کنترول احساسات افسران جوان کار دشواری است و باید در این مقطع زمانی احساسات آن‌ها فروکش کند. تصمیم گرفتم با هر کدام صحبت جداگانه داشته باشم تا حادثه‌ی ناگوار و احساسات‌برانگیز اتفاق نه‌افتد. در میان افسران، دو نفرِ آن‌ها بیشتر نسبت به همه، اعزام خاندان سلطنتی را به حیث یک عمل خائنانه محکوم می‌کردند. به ویژه تورن سید داوود بیشتر از همه احساساتی شده‌بود و اشک از چشمانش می‌ریخت و همین را می‌گفت که چگونه می‌شود با این حرکت غیرملی موافقه کرد؟ عالم وصال افسر دیگری این را تکرار می‌کرد که این یک نیرنگ خاندانی است و با اعزام آن‌ها به عشرتگاه شاهان تاریخ‌زده، مورد قضاوت خشن تاریخ قرار خواهیم گرفت و برای همیشه محکوم خواهیم شد. این خاندان نباید از کشور خارج شود.

من در حالی که مصروف آرام‌سازی احساسات شورانگیز افسران بودم و راه حل بیرون رفت معضله‌ی اعزام خانوادهٔ سلطنتی را جستجو می‌نمودم، ناگهان پاچاگل خان به میدان رسید و ما هردو در گوشه‌ای در بارهٔ وضع ایجاد شده صحبت نمودیم. پاچاگل خان نیز از جلسه‌ی شب قبل خود را بی‌خبر انداخت و تصامیم آن را مایهٔ تأسف خواند. همین قدر گفت که اکنون از نزد سردار محمد داوود آمده است و علاوه کرد که سردار محمد داوود و برادرش سردار محمد نعیم، خیلی‌ها در نگرانی به‌سر می‌برند که چرا هواپیمای حامل خانوادهٔ سلطنتی تا حال پرواز نکرده. از نگرانی زیاد، هردو برادر در صحن حویلی‌های خود فقط به فضا می‌بینند که چه وقت هواپیما به هوا پرواز می‌کند. سردار محمد داوود می‌گوید

که من تصمیم خود را در مورد سرنوشت فامیل شاه قبلاً گرفته بودم، حالا مربوط به شماست. هرآنچه به‌خیر و صلاح مردم باشد همان تصمیم را بگیرید، من هرگز مخالفت نمی‌کنم، اگر فکر می‌کنید که به خیر ملت است، می‌توانید آن‌ها را به زندان روانه کنید و اگر می‌دانید که بهتر است از کشور خارج شوند، همان تصمیم را عملی کنید. البته در آن لحظه‌ی حساس با درک ژرف حساسیت‌ها، ما هم نمی‌توانستیم خلاف نظریهٔ سردار محمد داوود تصمیمی را اتخاذ کنیم.

نخست، همه اعضای خانوادهٔ سردار محمد داوود بودند.

دوم، در مجموع تمام اعضای خانوادهٔ سلطنتی را زنان تشکیل داده بودند و اگر شاهزاده احمدشاه هم با ایشان هم‌سفر بود، در حقیقت امر، کدام وزنهٔ سیاسی یا نظامی در جامعه نداشت، فقط یک انسان بی‌خاصیتی بود که به‌طور طفیلی رشد کرده بود. چون تصمیم اعزام خانوادهٔ سلطنتی بدون مشورهٔ افسران هوایی اتخاذ شد، موجب ایجاد فضای شک و تردید نسبت به نیت سردار محمد داوود گردید و بالاخره، کم‌بها دادن نقش افسران هوایی پنداشته می‌شد و در کل، به سود آنانی نبود که چنین تصمیمی را گرفتند.

به هر صورت، من همه افسران را در داخل یکی از اتاق‌های ترمینل گردهم آورده و تا موافقهٔ آن‌ها را در قسمت اعزام اعضای خانواده سلطنتی با خود داشته باشم، در غیر آن افسران جوان و آتشین‌مزاج، از کنترول خارج خواهند شد. همین بود که شانزده نفر افسر موظف میدان هوایی را به یکی از اتاق‌ها گرد آوردم تا پیرامون این حالت غیرمترقبه تصمیم معقول و درست گرفته شود. زمانی که افسران موظف در اتاق ویژه گرد آمدند، بحث‌های داغ و احساساتی فضای اتاق را گرفت که برای نیم‌ساعت ادامه یافت. افسران موظف که همه جوان و احساساتی بودند و از اقشار و طبقات ستم‌کش و تمام اقوام و ملیت‌های کشور نمایندگی می‌کردند، اعزام اعضای خاندان سلطنتی را اقدام ناشیانه و شتابزده بدون کسب نظر افسران قوای هوایی می‌پنداشتند. آن‌ها بدین باور بودند اگر سردار محمد داوود واقعاً به مردم کشور احترام قایل است، باید از مردم نظرپرسی شود که آیا به خانوادهٔ سلطنتی اجازهٔ

بیرون رفتن از کشور داده شود و یا خیر. در مورد آن‌ها باید نظر مردم افغانستان گرفته شود نه شخص سردار محمد داوود. نجات خانوادهٔ سلطنتی در حقیقت امر، بی‌اعتنائی به همه افسران تحول‌طلب بود که در سرنگونی نظام سلطنتی و تأسیس نظام نوین جمهوری نقش داشتند. بیرون کشیدن خانواده و یا به عبارت دیگر نجات خانواده سلطنتی، ضربهٔ محکمی به همه افسران جوان پنداشته می‌شد که در برچیدن دامنه نظام شاهی، نقش اساسی داشتند.

من در آن لحظات در موقف دشواری قرار داشتم. از یک طرف احساسات آتشین نفرت-انگیز افسران نسبت به نظام شاهی و از جانب دیگر، سرنوشت عده‌ی زیادی اعضای خاندانی با مشایعت‌کنندگان‌شان در محیط میدان هوایی، ایجاب قرار آنی را می‌کرد، در غیر آن خطر جدی واکنش از طرف افسران تصور می‌رفت. در چنین یک موقفی، افسران را به تأمل و شکیبایی دعوت نموده گفتم:

«رفقا! از آنجایی که سردار محمد داوود در رهبری ما قرار دارد و این سردار محمد داوود است که تمام مسئولیت تحول نظام را در برابر مردم افغانستان برعهده دارد، نباید ما تشویش و یا نگرانی را برای او در این برههٔ حساس تاریخ کشور ایجاد کنیم. اعضای خانوادهٔ شاه مخلوع همه زنان و کودکان می‌باشند و شاهزاده احمدشاه، پسر شاه هم انسان بی‌ماهیتی است که بودن و نبودن آن در کابل مفهومی ندارد. به نظر من بهتر است که خانواده شاه اسبق از کشور خارج شوند!»

در میان افسران یکی خیلی احساساتی شد، در حالی‌که اشک از چشمانش جاری بود و همین را می‌گفت که:

«شما همه خیانت می‌کنید! این‌ها باید در همین جا تیرباران شوند! آیا هنوز هم قلب شما به حال این خاندان رحم می‌کند؟ خاندانی که چه جفایی را بالای مردم ما تحمیل نکرد!»

من ماشیندارش را از دستش گرفتم و کوشش کردم تا آتش احساسات او فروکش کند.

بالاخره همه به اخراج خانوادهٔ سلطنتی موافقه کردند، به شرط این‌که تمام بکس‌های‌شان را تلاشی کنیم. یکی از این افسران خاطرات تحول مصر را چون اندرزی به دیگران یاددهانی نموده گفت:

«در سال ۱۹۵۲ یعنی زمانی که ملک فاروق از مصر خارج و به ایتالیا پناهنده می‌گشت، یک‌صدوچهار بکس را بدون تلاشی باخود انتقال داد و تا امروز مردم مصر افسوس می‌کنند که چرا آن بکس‌ها را تلاشی نکردند. ما نمی‌خواهیم که فردا مردم، ما را هم محکوم کنند که بکس‌ها را چرا تلاشی نکردیم. این یک موضوع اصولی است و احتمالاً که راه‌های دیگری برای انتقال ثروت وجود داشته باشد.»

البته نمی‌شد که به این تقاضای آن‌ها موافقه صورت نگیرد. همین بود که موضوع تلاشی خانوادهٔ سلطنتی را زیر کار گرفتیم.

نخست رئیس بانک ملی را احضار نمودم و برای پروسهٔ تلاشی، اتاقی را که مربوط به گمرک میدان بود آماده ساختند. برای پیشبرد عملیهٔ تلاشی، افسر پولیس میدان هوای کابل را به نام قمر بانو توظیف نمودم و تورن خطاب را نیز به گروپ مذکور گماشتم. به عبارت دیگر، میتوان گفت که هیئت سه‌نفری تلاشی متشکل بود از رئیس بانک، تورن خطاب و افسر پولیس میدان قمر بانو.

نخست به اعضای خانوادهٔ شاه مخلوع هدایت داده شد تا پنجاه‌وچهار بکس را خود باز کنند، لیکن اعضای خانوادهٔ شاه اسبق از باز نمودن بکس‌های خود اباء ورزیدند و گفتند که کلیدهای بکس‌ها مفقود شده است. بار دیگر تأکید شد که خود بکس‌ها را باز کنند. بازهم از هدایت سرکشی کردند. مسلماً که افراد این خانواده حق داشتند سرکشی کنند، زیرا در سراسر زندگی، کسی به آن‌ها نگفته که «بالای چشم شان ابروست» بالاخره غرور خانواده‌گی شاهانه به آن‌ها اجازه نمی‌داد تا بکس‌های خود را باز کنند و ملاحظه شود که چه چیزی را با خود انتقال می‌دهند. البته این سرکشی، احساسات افسران موظف میدان را برانگیخت و به زور برچه قفل‌ها را از هم ریختند و بکس‌ها را باز نمودند. تمام اموال‌شان در

روی صحن سالون انتظار ترمینل میدان، به‌هر طرف پراکنده افتید و مورد تلاشی افسران قرار گرفت.

در اتاق کوچک گمرک میدان هوایی، رئیس بانک ملی در عقب میزی نشسته بود و جدولی با خود داشت. خانم قمر افسر پولیس، هر عضو خانواده را به نوبه داخل اتاق تلاشی نموده و پس از تلاشی خارج می‌نمود. در خلال تلاشی حادثه‌ی خیلی عجیب به‌نظر خورد. خانم موظف پولیس در اثنای تلاشی از زیر لباس شاه‌دخت بلقیس بسته‌ی را بیرون کرد که به پیمانۀ زیادی اسعار خارجی به شمول دالر امریکایی، مارک آلمانی و پوند سترلینگ انگلیسی، پنهان نموده بود و هم‌چنان در بکس دستی پسر جنرال عارف خان که داماد سردار عبدالولی بود، چندین کیلوگرام جواهرات قیمت‌بها و اسعار نقد پیدا شد. قرار تخمین رئیس بانک ملی، قیمت مجموعه‌ی جواهرات به یازده میلیون دالر بالغ می‌گشت. تلاشی منظم از طرف افسر پولیس میدان قمر بانو صورت گرفت. تمام جواهرات گران‌بها و اسعار نقد خارجی ثبت، ضبط و تسلیم رئیس بانک ملی گردید. پس از ختم روند تلاشی، تمام اعضای خانوادۀ شاه مخلوع به هواپیما انتقال یافتند و هواپیمای ویژه جانب شهر روم پرواز کرد. قراری که بعدها برملا گشت، سردار محمد داوود تمام ثروت ضبط شده را دوباره به حساب شان انتقال داد.

شاه مخلوع و سردار محمد داوود

جناب سعدالله غوثی، رئیس تشریفات سلطنتی که شاه را در سفرش به ایتالیا همراهی داشت، باری طی صحبتی در توکیو، برایم چنین حکایه کرده بود: «زمانی که شاه حمام می‌گرفت، از طرف مقامات ایتالیا خبر سقوط سلطنت گزارش داده‌شد.» غوثی علاوه کرد که همان روز در عقب دروازۀ حمام انتظار زیادی کشیده بود تا این‌که شاه از حمام خارج

شد و خبر سقوط سلطنت را دریافت نمود. شاه با شنیدن خبر خاموش و مبهوت ماند، از هرگونه تبصره خودداری کرد.[۱۰]

سردار محمد داوود نیز انتظار واکنش شاه را داشت، تا این‌که به تاریخ سیزده‌هم اسد، نوراحمد اعتمادی سفیر افغانستان در روم، وارد کابل گردید. گرچه حکومت ایتالیا نظام نوین جمهوریت را به تاریخ پنجم اسد به رسمیت شناخت و سردار محمد داوود به تاریخ هفتم اسد سفیر ایتالیا را نزد خود پذیرفت، در زمان ملاقات با سفیر ایتالیا، سردار محمد داوود خیلی علاقه داشت تا واکنش شاه را از مقامات ایتالیایی بشنود. سفیر ایتالیا اطمینان داد که شاه به کدام اقدامی دست نزده‌است و حرکتی هم در جهت دفاع از سلطنت محسوس نیست.

مسلماً، زمانی که نوراحمد اعتمادی به تاریخ سیزدهم اسد وارد کابل شد، او بدون تردید حامل پیامی از شاه بود و استعفانامه‌ی شاه را از مقام سلطنت به سردار محمد داوود وسیله شد.

گرچه سردار محمد داوود بازهم نگرانی داشت که مبادا کشورهای همسایه، به ویژه ایران در تبانی با عربستان سعودی و بعضی از کشورهای منطقه، شاه را تحریک کنند تا برای حصول مجدد تاج سلطنتی، دوباره داخل فعالیت شود. به مجردی که سردار محمد داوود از جانب شاه اطمینان حاصل کرد که دردسری را برایش ایجاد نمی‌کند، بعداً در جستجوی حل مشکلات خانوادهٔ شاه برآمد. در یکی از جلساتِ به اصطلاح کمیتهٔ مرکزی، سردار محمد داوود دو موضوع را یادآور شد:

۱. وضع صحی نوراحمد اعتمادی خوب نیست، بنابر مریضی که عاید حالش است، عازم کابل شد.

[۱۰] زمانی‌که من به‌حیث سفیر افغانستان در توکیو ایفای وظیفه می‌کردم، سعدالله غوثی به‌حیث وزیرمختار درآن سفارت وظیفه داشت.

۲. دوم این‌که شاه در حالت خیلی رقت‌بار اقتصادی بسر می‌برد. او اشاره کرد که در آینده روی این موضوع صحبت خواهیم نمود.

به هر حال، اعتمادی همان طوری که از تخلص فامیلی‌اش هویداست، پلی اعتماد را بین شاه مخلوع و سردار محمد داوود به وجود آورد و کوشش داشت تا خانوادهٔ شاه مخلوع از نظر مالی متضرر نشود. بدون تردید، بسی مسائل خصوصی دیگری هم بین آن‌ها وجود داشت که درک و افشاء آن برای دیگران دشوار بود ،اما این زدوبندهای درون خانواده‌گی از نظر اهل بصیرت دور نبود. خطوط کلی تفاهمات در خاندان شاه مخلوع و سردار محمد داوود هم‌آهنگ شد. هر جای که منافع و سلامت خانواده‌گی‌شان مطرح بود، همه در اسرار باقی ماند و مبتکر و مجری این ارتباطات، برادر سردار محمد داوود پنداشته می‌شد. از اینرو، نوراحمد اعتمادی پس از توقف یک هفته در کابل و انجام مشوره‌های لازم، به تاریخ بیست‌وچهارم اسد، دوباره عازم روم گردید و بدین ترتیب در کالبد شاه اسبق حیات تازه بخشید.

در جلسات کمیتهٔ مرکزی که در هفته‌های اول کودتا هر روزه دایر می‌شد، سردار محمد داوود از داشتن هرگونه تماس مستقیم با شاه مخلوع منکر گشت. فقط ادعا داشت که حامل پیام نوراحمد اعتمادی است و بس! اما واقعیت چنین نبود. از برخوردهای روزمره‌ی سردار محمد داوود به خوبی فهمیده می‌شد که ارتباط مستقیم بین شاه مخلوع و شخص او تأمین است. چنانچه در مصاحبه خود با مینه بکتاش خبرنگار بی‌بی‌سی، شاه از داشتن تماس مستقیم پرده برداشته گفت:

پرسش: «خوب، می‌رسیم به مسئله کودتای سال ۱۹۷۳، کودتایی که به وسیله محمد داوود رخ‌داد، بعضی‌ها می‌گویند که اختلافات خانواده باعث کودتا شد، برخی دیگر می-

گویند که به اساس قانون اساسی ۱۳۴۳ متوجه شد که دیگر نمی‌تواند در ادارهٔ امور کشور نقش داشته باشد، از این طریق خواست که کشور را به دست خود بگیرد و زمام امور را داشته باشد. شما زمانی که خبر کودتا را شنیدید، چه احساس کردید؟»

پاسخ شاه مخلوع: «هیچ تعجب نکردم. کسی که برایم خبر را داد، بسیار هیجانی بود. گفت: (کوکوکوکودددتاتای داوود خان صورت گرفته). به تعجب به طرفم نگاه می‌کرد که چرا من واکنش نشان نمی‌دهم. دلیل این بود که من یک سهو کردم، من و داوود خان بسیار صمیمی بودیم، در یک خانه زندگی کرده بودیم، اقلا می‌دانستم که داوود یک عشق ملی دارد. من هم مانده (خسته) شده‌بودم، همین صفت داوود خان مرا وادار ساخت که فکر کنم اگر قرار است کسی بعد از من بیاید، داوود خان می‌تواند یک کاری کند. تا زمانی‌که من در سفارت روم بودم، اخبار جمهوریت رسید و دیدم که.... در همان جا گفتم که خدا خیر افغانستان را پیش کند با این اوضاعی که من می‌بینم . داوود خان دو دوره آخری صدراعظم بود، یک دوره دیگر هم سردار محمد هاشم خان کاکایش بود. صدا می‌کردند که (دورهٔ فرسوده‌ی سلطنت) بعدا پرسان کردم که چطور؟ گفتند که این را تحمیل کرده بودند.»

سعدالله غوثی رئیس تشریفات سلطنت، نقیصهٔ کلالت زبان داشت و خیلی برایش دشوار بود تا حرف «کودتا» را به ساده‌گی به زبان آورد. البته اگر او به گفتهٔ شاه مخلوع، کوکوکوکوددتا گفته باشد سخن دقیق است. پرسش مهم خبرنگار بی‌بی‌سی این بود که: آیا شما بعد از کودتا با داوود خان تلفنی صحبت کردید؟

شاه مخلوع در پاسخ گفت:

«بلی. چند بار. هر پیشنهادی که کرد که یک نزدیکی واقع شود، قبول نکردم. بسیار غلط هم بود چرا باید خود را در لحاف بیمار می‌پیچیدم. به هر صورت، خدا بیآمرزش، پسر کاکایم بود. شاید او هم عشق به وطن داشت. این را باید بگویم که داوود خان خائن نبود. داوود خان خودخواه بود، اما هیچ‌وقت فکر خیانت با وطن خود را نداشت؛ چنین آدمی

نبود. من همیشه احترامش را دارم به حیث یک صدراعظمی که چند وقت خوب کار کرد، اما هیچ وقت عفو نمی‌کنم‌اش به‌خاطر کودتایی که به همین شکل کرد. من چندین بار برایش پیشنهاد کردم که دیگر خسته شده‌ام، شما جوانان پیش شوید. اما به هر صورت خدا ببخشیش. من البته از داوود خان بعضی خاطرات خوب هم دارم.»

سخنان شاه عوام‌فریبانه بود، زیرا سردار محمد داوود هفت سال نسبت به شاه مسن‌تر بود، ولی شاه مخلوع او را در ردیف جوانان خطاب کرد. در همه صحبت‌هایی که با سردار محمد داوود قبل از ۲۶ سرطان داشتم، شاه مخلوع را همیشه به حیث انسان خیلی محیل معرفی می‌کرد.

محمد ظاهر، شاه پیشین البته پس از بررسی، مشوره‌های خانواده‌گی و کسب تضمین‌های معین، طی نامه‌ای از ادعای سلطنت دست کشید و سردار محمد داوود هم تمام خواهشات شاه را در رابطه به منافع فامیلی برآورده ساخت. بدون تردید که سردار محمد داوود از تماس‌های منظمی که با شاه مخلوع در روم داشت، در جلسات نام‌نهاد کمیتهٔ مرکزی پرده برنمی‌داشت و تنها همان‌قدر معلومات را به خورش دیگران میداد تا ذهنیت‌ها را مصروف نگه‌دارد و زمان بیشتر برای استحکام قدرت انحصاری خود و خانواده‌گی خود کمائی کند.

معاش شاه مخلوع

در یکی از جلسات اواخر ماه اسد سال ۱۳۵۲، رئیس دولت بار دیگر موضوع مشکلات مالی شاه را تلویحاً مطرح ساخت و در آن جلسه خواست تا ذهنیت‌ها را یک‌بار دیگر مورد آزمایش قرار دهد. چه کسی در آن جلسه می‌توانست پیرامون معاش و مصارف شاه مخلوع در ایتالیا ابراز نظر کند؟ حبیب‌الله زرمتی بیشتر حیات نداشت و فیض‌محمد خان نیز اسیر عوامل نامرئی سازمانی خود قرار گرفته بود و دستانی که زبان او را بسته بود، برای خودش

هم نا آشنا بود. پاچاگل خان هم نمی خواست ذهنیت منفی برای سردار محمد داوود ایجاد کند، زیرا بین آن‌ها پیوند بالاتر از رابطهٔ عادی کاری وجود داشت. می‌توان گفت که آن‌را در سطح روابط بین پسر و پدر به پیمایش گرفت.

به گفته عبدالرحمن پژواک، سردار محمد داوود غلام و برده ضرورت داشت و نه افراد آزادمنش و صاحبِ اندیشه! شاه مخلوع هم در خلال صحبت خود با بی‌بی‌سی، در باره‌ی سردار محمد داوود چنین ابراز نظر کرد:

«اشخاصی هستند که دوست می‌پالند و خدمتگار می‌پالند و اشخاصی هم وجود دارند که غلام می‌پالند. داوود خان از جمله همان افرادی بود که غلام می‌پالید. آدم‌هایی که کاملا صددرصد او به آن‌ها اعتماد نداشت، برایش اهمیت نداشتند.»

پرسش من در جلسه‌ی کمیتهٔ مرکزی این بود که به کدام مبنایی برای شاه مخلوع امتیازات مادی قایل شویم؟ در پاسخ گفته شد که: شاه برای چهل سال سر قوماندان اعلی اردو بود و چهل سال هم در رأس دولت قرار داشت. فلهاذا، در قانون کارمندان نظامی پیش‌بینی شده است، برای آن‌عده افسرانی که مدت چهل سال خدمت در ارتش انجام دهند، صدفیصد معاش خود را مستحق می‌شوند. بنابرآن شاه اسبق هم باید مستحق معاش تقاعدی صدفیصد از بخش نظامی و صدفیصد هم از بخش ملکی شود. در جلسه رقمی هم به‌گوش خورد گویا که پنج‌صد هزار افغانی ماهانه از بخش ملکی و پنج-صد هزار افغانی هم از بخش نظامی پس از تسعیر به دالر، به حساب شاه انتقال داده شود!

مسلماً که مبتکر طرح معاش برای شاه مخلوع، شخص وزیر مالیه سید عبدالاله بود. این طرح، حمایت عده‌ی دیگر چون عبدالقدیر نورستانی و غلام حیدر رسولی را هم داشت. زمانی که بحث روی معاش صورت می‌گرفت، شخص سردار محمد داوود در مورد مقدار معاش شاه حرفی به زبان نیاورد و منتظر بود تا دیگران تصمیم بگیرند.

با چنین توضیحات، فوراً ذهنم را پرسش دیگری سخت به خود مصروف ساخت و مرا اذیت می‌کرد: پس آیا نظام جمهوری نوین، یک گذار سازشکارانه قدرت چیزی بیش نیست؟ و اگر به شاه مخلوع و خانوادهٔ او این‌گونه برخورد شود، آیا مردم نسبت به ما شک و تردید پیدا نمی‌کنند؟ به‌هر صورت، با مشاهده روحیه جلسه، فیصله آشکاری صورت نگرفت و موضوع مجهول ماند و هنوز ذهنیت‌ها برای تعیین معاش برای شاه مخلوع آنقدر مساعد نبود. سردار محمد داوود بنابر صلاحیتی که داشت، به مشورهٔ برادرش بخشی از دارائی‌های به اصطلاح شاه را آهسته‌آهسته تسعیر کرد و به ایتالیا انتقال داد. آنچه که نا فروخته باقی مانده‌بود، پس از طی سی‌سال، در زمان جناب

حامد کرزی در شرایط دیگری، به‌فروش رسانیده شد و پول فروشات بازهم به ایتالیا انتقال گردید!

من با پیشنهادِ پرداخت معاش برای شاه مخلوع، مخالفت اصولی نمودم. همین مخالفت باعث جلوگیری از تعیین معاش به اصطلاح تقاعدی برای شاه گردید. البته مخالفتم به پرداخت معاش برای شاه، در جامعه انعکاس یافت و این مخالفت را مردمان آگاه فال نیک نمی‌پنداشتند. البته موضع‌گیری من آهسته‌آهسته در بین قشر آگاه و موشکاف جامعه رخنه کرد و در این رابطه، مؤلف کتاب «داوود خان در چنگال ک ج ب» چنین تبصره می‌کند:

«داوود برای پادشاه و اعضای خانواده‌اش مبلغ پنج‌هزار دالر امریکایی معاش ماهوار تعیین کرد که با مخالفت وزرأ جمهوریت جوان مواجه گردید. استحقاق تقاعدی پادشاه پذیرفته نمی‌شد. محتاط در جلسهٔ کابینه این‌گونه استدلال کرد: اگر پادشاه فردی نیک و

مستحق است، باید از وی دعوت به‌عمل آید که برگردد. اگر چنین نیست، اختصاص معاش برایش موردی ندارد. بر اساس اطلاعات داوود، پادشاه فردی فقیر و محتاج بود.»

برخلاف مخالفت‌ها، سردار محمد داوود کار خود را انجام می‌داد و بدون آگاهی و موافقه در جلسه کمیتهٔ مرکزی، معاش شاه را با امتیازات بیشتری برایش قائل شد که از طریق سفارت افغانستان در ایتالیا پرداخته می‌شد.

حق‌نظروف در اثر خود «مقام تاجیکان در تاریخ افغانستان» پیرامون معاش شاه می‌نویسد:

«شاه سابق به‌زودی پی برد که تیرش به خاک خورد و در ماه اگست سال مذکور استعفانامهٔ خود را فرستاد و هرماه برایش پنج‌هزار دالر (از روی دیگر منابع شصت‌هزار دالر) تنخواه مقرر شد. این‌چنین وی از سایر امتیازات به شمول ماشین خدمتی از حساب سفارت‌خانه افغانستان در روم برخوردار بود.»

بدون تردید که با گذشت زمان و بیرون شدن مخالفین آشتی‌ناپذیر سلطنت و نظام سلطنتی از عرصه سیاسی، کانال‌های تمویل رسمی و خصوصی خانوادهٔ شاه در عشرتگاه شاهان تاریخ‌زده، به شکل علنی باز نگه‌داشته شد. چندی نگذشت که ماهیت نظام جمهوری آشکار و سردار محمد داوود بهترین ممثل منافع خانواده‌گی خود در شرایط نوین داخلی و خارجی قرار گرفت. ازاینکه تا کدام اندازه این بازی شطرنج سیاسی در تاریخ نو کشور سنجش شده بود، حرف جداست و قبلاً در این مورد تماس گرفته‌شد.

مصونیت از پیگرد در صورت ناکامی کودتا

در سال‌های اول جنگ عمومی دوم، جلوس مجدد امان‌الله خان به تخت سلطنت در افغانستان، یکی از اهداف اساسی آلمان فاشیسم را تشکیل می‌داد، تا با داشتن یک حکومت دست‌نشانده و مطیع، شورش ضد انگلیس‌ها را در مناطق قبایل پشتون‌نشین بسیج سازد. اما با درک حساسیت موضوع، شاهزاده سردار محمد داوود که سمت

فرماندهی قوای مرکز را داشت، طی نامه محرمی به کورانی[11] سفیر ایتالیا، در سال ۱۹۴۲ آماده‌گی خود را برای کودتا در افغانستان و بسیج‌سازی شورش قبایل پشتون‌نشین اعلام داشت، به شرط آن‌که زمام قدرت از خاندان یحیی به خاندان دیگری انتقال نکند. یعنی هدف اساسی جلوگیری از به قدرت رساندن مجدد امان‌الله خان بود. اما حکومت‌های فاشیستی ایتالیا و آلمان، پیشنهاد شاهزاده داوود را رد نمودند. پس از برملاشدن این رازهای تاریخ، دیده می‌شود که دفاع از تداوم اقتدار خاندان یحیی در دولت افغانستان، سابقه‌ی دیرینه داشت.

در خلال جنگ جهانی دوم که مرکز فعالیت‌های گستردهٔ سیاسی نیروهای درگیر در جنگ، متوجه مناطق مرزی قبیله‌نشین پشتون بود، سردار محمد داوود به ماجرایی دست زد که در تاریخ به‌نام «حادثه لوگر» معروف است. سردار محمد داوود می‌خواست تا نیرو-های جاسوسی آلمان فاشیستی را در مناطق وزیرستان انتقال بدهد و این برنامه توسط شبکهٔ جاسوسی انگلیس کشف و خنثی ساخته شد. تعداد زیادی از افسران ارتش افغانستان سبکدوش و به زندان انداخته شدند، ولی به شخص سردار محمد داوود آسیبی وارد نشد. (در فصل‌های بعدی در زمینه تفصیلات بیشتر داده خواهد شد) با در نظر داشت تجارب بالا، هرگاه برنامه‌ی کودتای ۲۶ سرطان افشاء میشد، بازهم بسان سال‌های دوران جنگ عمومی دوم، هیچ‌گونه خطری متوجه سردار محمد داوود نمی‌بود. اما می‌توان حدس زد، سرنوشت افسرانی که عملاً در راه سرنگونی نظام سلطنتی گام نهاده بودند، به کجا می‌کشید؟ من و همه افسرانی که در این راه گام برداشته بودند، از مصونیت سردار محمد داوود آگاهی داشتیم و گاهی هم شک‌وتردید نسبت به نیات سردار محمد داوود برما غلبه می‌کرد. چنانچه واکنش فیض‌محمد خان، آمر اوپراسیون قطعهٔ کوماندو را در کتاب «سقوط سلطنت» چنین تذکر داده‌ام:

---

[11] پیترو کورانی دیپلمات و سفیر ایتالیایی در افغانستان بود (۱۸۹۸-۱۹۷۱) Pietro Quaroni

«رفقا! به یک موضوع توجه داشته باشید. سردار محمد داوود احتمالاً خیلی جدی نباشد. او را خطری تهدید نمی‌کند. او مصونیت خانواده‌گی دارد. اما ما! «زمانی که فیض‌محمد خان کلمه (ما) را استعمال کرد، به هر کدام ما نگاه نمود و گفت: «سه نفر از پکتیا و یک نفر از پنجشیر، مردم خواهند دید که چگونه برخورد وحشیانه در برابر ما صورت خواهد گرفت. تمام مربوطین ما به زندان کشانیده خواهند شد. ظلم و استبداد این خاندان برای مردم افغانستان روشن است. این بار سردار محمد داوود خدمت بزرگی به خانواده‌اش خواهد کرد!»

فصل دوم

تحکیم قدرت شخصی

آنچه با معنی است خود پیدا شود
و آنچه پوسیده است او رسوا شود

- مولانا جلال الدین بلخی

سخنان فارابی

قبل از آن‌که در باره‌ی چگونگی انتخاب رهبر صحبت کنم، لازم است تا مطالبی چند از دانشمند برجسته‌ی سرزمین ما ابو نصر محمد فارابی، در مورد انتخاب شخصیت یک رهبر اقتباس نمایم: فارابی در سال ۸۷۰ میلادی تولد یافت و دارای ۱۱۷ اثر می‌باشد و از جمله آثار او، یکی هم «مدینه فاضل» است. مؤرخان اروپایی، وی را از طبقه فلاسفه نئو پلاتونیست یا افلاطونیان نوین[۱۲] می‌دانند که تحصیلات خود را در بخارا، کانون فرهنگ خراسان و ادبیات فارسی آغاز کرد و به تکمیل آن در بغداد، حلب و دمشق پرداخت.

در زمینه‌ی دموکراسی، وی مانند افلاطون و ارسطو، نگران سوء استفاده از انتخابات در یك حکومت مردم‌سالاری بود. در نظر فارابی، بهترین زمام‌دار باید یك مرد فکر و عمل (دانا و توانا)، قادر به ترغیب و رهبری دیگران، دارای توان فراوان در تفکر و قوای دماغی و خرد کامل و به حد کافی نیرومند باشد که بتواند در لحظهٔ لازم فرمان جنگ دهد. از شرایط دیگرِ زمام‌دار، آگاهی کامل بر قوانین و اصول است، به گونه‌ای که باید به مثابه یك دایرةالمعارف متحرک باشد و شرایط عدل و داد و قدرت اعمال خردمندانه آن، در او جمع باشد. فارابی گوید که اگر چنین فردی با این شرایط ویژه یافت نشود، تا زمان پیدایش او، حکومت باید به شورای مرکب از افرادی سپرده شود که مجموع آنان، این کیفیت را داشته باشند. با این بیان، فارابی با نامزد شدن هر کس برای زمام‌داری مخالف است، مگر این که شرایط لازم را داشته باشد. فارابی یافتن چنین فردی را برعهدهٔ بزرگان، آگاهان و دلسوزان جامعه سپرده است. به این ترتیب، این مردم اند که باید بروند و بگردند و برای خود زمام‌دار واجد شرایط لازم بیابند و انتخاب کنند، نه این که (همانند دموکراسی‌های فعلی) افراد بروند و از مردم

---

[۱۲] فلسفه نو افلاطونی Neoplatonism به بسط نظریات فلسفی افلاطون در قرن ۳ بعد از میلاد اطلاق می‌شود.

بخواهند که به آن‌ها رأی بدهند و زمام‌دار شوند. به تفسیر اصحاب نظر، فارابی انتخابات دو مرحله‌ای را پیشنهاد کرده‌است و انتخابات مستقیم را نپذیرفته است. به نظر فارابی، یك جامعه با انتخاب زمام‌دار خوب برای تمشیت امور، رفاه، پیشرفت و سعادت خود را تضمین خواهد کرد. من نمی‌دانم اگر فارابی امروز حیات می‌داشت، در مورد افتضاحِ انتخابات در سرزمین خود چه حرفی برای شنیدن داشت؟

نخستین جلسه

بعد از این‌که نخستین جلسه‌ی نام‌نهاد کمیتهٔ مرکزی در دفتر وزیر دفاع دایر شد، جلسات بعدی در عمارت یک‌منزله که در بین باغ صدارت موقعیت داشت، انعقاد می‌یافت. مشکل اساسی که در نخستین جلسه در ترکیب هیئت رهبری به‌وجود آمد، این بود که چه کسانی باید اعضای کمیتهٔ مرکزی و یا به اصطلاح هیئت رهبری باشند؟

هر کس در اندیشهٔ استحکام نقش، مقام و قدرت خود بود و سردار محمد داوود هم به خود می‌اندیشید که چگونه قدرتِ بدون مناقشه را تصاحب کند و داکتر حسن شرق نیز در فکر آن بود که تا در رهبری موجود، نقش دومی را داشته و شخص با صلاحیت باشد. غلام حیدر رسولی تخیلِ انحصار قدرت را در وزارت دفاع بسر می‌پروراند. تمام بازی‌های بعدی فقط روی همین سه محور می‌چرخید.

سردار محمد داوود به نقش دومی داکتر حسن شرق روحیه توافق نشان نداد که تا حال هم برای من دلایل آن روش نیست. بدون شک‌وتردید ممکن موضع‌گیری سردار محمد داوود، بیشتر تحت تأثیرات نفوذ برادرش بوده باشد. زیرا داکتر حسن شرق ارتباط با حلقات روشنفکری دههٔ پنجاه و دههٔ شصت داشت، یعنی زمانی که سردار محمد نعیم بخش عقب‌گرا و محافظه‌کار افراطی جامعه را نمایندگی می‌کرد و هنوز هم تحت تأثیر افکار استبدادی عم بزرگش هاشم خان قرار گرفته بود، سردار محمد داوود نیز در تماس‌های جمعی، نمی‌توانست آشکاراً نیت خود را اظهار کند و هنوز زمان آن فرا نرسیده بود.

من درآن روزها به موقف خانواده‌گی و اجتماعی سردار محمد داوود نگاه ژرفی می‌نمودم و او را نسبت به همه، خیلی ناتوان و ضعیف می‌یافتم و البته در این زمینه دلایل موجه وجود داشت. پس ناتوانی او از کجا ناشی می‌شد؟

۱. اول این‌که، داوود به گفته خودش «جودان را زده بود». در حدود شصت‌وپنج سال داشت و زمان هم مجال آن‌را نمی‌داد که به کدام اقدام مؤثر و ابتکار تازه‌ای دست یازد.

به عقیده‌ی فردوسی، نیای بزرگ خراسان:

چنین سال بگذاشتم شصت و پنج
بدرویشی و زندگانی به رنج
ز هفتاد بر نگذرد بس کسی
ز دوران چرخ آزمودم بسی

و یا به‌گفته صائب تبریزی:

فرصت خاریدن سر نیست در پایان عمر
رخت پیش از سیل می‌باید برون از خانه ریخت

۲.دوم این‌که، سردار محمد داوود هرگز دارای پایگاه سیاسی و اجتماعی استوار نبود و سازمان سیاسی متعهد و آرمان‌گرا را نتوانست به وجود آورد، تا قادر به گرفتن مسئولیت-های سیاسی بعدی نظام جمهوری باشد. حزب «غورزنگ ملی» که مجموعه‌ی از افراد فرصت‌طلب، دزد و لمپن بود، در آستانهٔ ایجاد خود از هم پاشید.

۳. سوم این‌که، سردار محمد داوود خانواده‌ی خود را بدون محاسبات دقیق بعدی، سرنگون ساخته بود و الترناتیفی هم در پیش نداشت. تمام محاسباتش بر مبنای اندیشه‌های ذهنی‌گرایانه بنا یافته‌بود.

٤. چهارم این‌که، روابط سردار محمد داوود با کشورهای همسایه، به ویژه دولت پاکستان دوستانه نبود. زمام‌داران پاکستان که تصویر دقیقی از گرایشاتِ جنون‌آمیزِ پشتونستانِ او داشتند، تازه ساختنِ موضوع پشتونستان در نخستین روز اعلام جمهوری، یک زنگ

خطر به پاکستان پنداشته می‌شد. از همان آغاز، رهبران پاکستان دست روی دست نه-نشستند و در راستای سرنگونیِ سردار محمد داوود گام برداشتند.

۵.پنجم این‌که، ضعف مهم و خیلی خطرناکِ سردار محمد داوود از همه بیشتر، در طبیعت دیکتاتوریِ او بود. او می‌خواست که همه مردم کشور به مثابه برده گان گوش به فرمان، در پاشنه‌های او سر خم کنند و استدلالی هم در برابر سخنان او، ولو که فاقد سنجش هم باشد، نداشته باشند. از اینرو، سردار محمد داوود همیشه به افراد جاسوس و چاپلوس اتکا می‌کرد و از کسانی که روحیه‌ی آزادمنشی داشتند و در قضایای ملی عمیق می‌اندیشیدند، سخت تنفر داشت.

بالاخره ضعف سردار محمد داوود، از اتکای بی‌حدش به خود و تجارب کلاسیک نیاکانش سرچشمه می‌گرفت. او از روند نوینِ تکاملِ سریع جهان، چیزی در هزینه‌های فکری خود نداشت.

سردار محمد داوود در دو هفته اول جمهوریت، یعنی تا تاریخ یازده‌هم اسد، مصروف سازماندهی جدید و تثبیت شخصیت خود به‌حیث فردِ بلامنازع در دولت بود.

در یکی از روزهای هفته اول جمهوریت که به‌دور میز مُدور، در عمارت یک‌منزلهٔ داخل باغ صدارت نشسته بودیم و بحث روی ترکیب رهبری تمرکز یافته بود، داکتر حسن شرق دو افسر را به عضویت کمیتهٔ مرکزی پیشنهاد کرد و گفت: «این‌ها از جمله رفقای ما می‌باشند و بودن آن‌ها در صف ما باعث تقویت رهبری می‌شود.»

افسران مورد نظر او، البته دگرمن یوسف و تورن مولاداد بود که در باره آن‌ها در کتاب «سقوط سلطنت» اشاره شده‌است. غلام حیدر رسولی در آن مجلس، جگرن غلام سرور نورستانی را به‌حیث عضو کمیتهٔ مرکزی پیشنهاد نمود، که پیشنهاد او به مخالفت روبرو نشد. لیکن تورن محمد اکبر زرمتی را نه داکتر حسن شرق پیشنهاد کرد و نه غلام حیدر رسولی. زیرا محمد اکبر زرمتی که از رفقای قوای زرهدار بود، قبلاً در مورد نقش فعال قطعات تانک و زره‌پوش مخالفت کرده بود، که بنابر دلایل معقول نظامی، قطعات مذکور نمی

توانستند نقش اساسی را بازی کنند. تورن خلیل‌الله زمانی که نقش روابط شخصی را در راه‌یابی به هیئت رهبری مشاهده کرد، داخل همان سالون شد. در جلسه علیه او سروصدا بالاگشت، ولی آنانی که درآنجا گرد آمده بودند، ناگزیر شدند تا او را هم بپذیرند. من با چنین شیوه و ترکیب جدید هیئت رهبری مخالفت کردم، زیرا در انتصاب و گزینش، معیار استحقاق و شایستگی در نظر گرفته نشده بود. زمانی‌که سه نفر کاندید افسران قوای هوایی را به عضویت کمیته پیشنهاد کردم، واکنش خیلی آنی بود و مخالفت داکتر حسن شرق آشکار گشت. او سخت کوشید از نفوذ بیشتر افسران قوای هوایی در هیئت رهبری جلوگیری به عمل آورد. سردار محمد داوود خاموش نشسته بود. اما در آن موقع، اندیشه و نظرات او را در جلسه، داکتر حسن شرق ترجمانی می‌کرد. در جلسه راجع به موقف سردار محمد داوود در تحول جدید ابراز نظر شد. عبدالقدیر نورستانی و سید عبدالاله در جلسه تأکید داشتند که سردار محمد داوود برای ما حیثیت پدر را دارد، ما باید همه صلاحیت را مانند یک پدر برایش تفویض کنیم. من در آن جلسه به نقش سردار محمد داوود به‌حیث شخص شماره اول دولت موافقه داشتم، اما تأکیدم این بود که بایست برای هیئت رهبری لایحه موقتی به تصویب برسد و در آن نقش و وظایف رئیس و هر عضو آن تعیین و مشخص گردد. همه بدون استثنا، رئیس، معاون و اعضأ در برابر شورای رهبری پاسخ‌گو باشند. ما همه به نقش رئیس هیئت رهبری اهمیت قایل هستیم، ولی باید به اصول پابند باشیم. بعد از این هر یکی از ما باید در برابر کمیته یا شورای رهبری احساس مسئولیت کنیم. در آن‌صورت وحدت ما در تفاهم و توافق روی مسائل مهم بازتاب می‌یابد و سنگ تهداب کار و فعالیت ما برای آینده در همین‌جا و در همین مکان گذاشته می‌شود.

این پیشنهاد برای بعضی ها خوش‌آیند نبود. زیرا درک این مسئولیت مستلزم ظرفیت و کفایت اعضای هیئت رهبری بود، که متاسفانه اکثری آن‌ها هرگز حاضر نبودند در برابر شورایی مسئولیت داشته باشند. هرآنچه «پدر» لازم می‌دید، همان قانون و حکم آخری پنداشته می‌شد!

سردار محمد داوود نمی‌خواست که نقش افسران قوای هوایی در هیئت رهبری برجسته گردد. او دقیق تشخیص نموده‌بود که افسران قوای هوایی با اندیشه‌های نوین مسلط استند و هرزمانی اگر خطری هم علیه خودکامگی زمام‌داران به وجود آید، از طرف همین افسران جوان متصور خواهد بود و بس. زیرا وی چند روز قبل سرکشی افسران قوای هوایی را در اعزام خاندان سلطنتی به عشرتگاه شاهان تاریخ زده، مشاهده نموده‌بود.

دراین میان پاچاگل خان دو مشکل اساسی داشت: یکی اعتماد و اعتقاد بی‌پایانی که از خود نسبت به سردار محمد داوود تبارز می‌داد و البته این‌گونه اعتقاد از بطن خصلت ساده‌لوحانه‌ی روستائی و پیوندهای دیرینه‌ی او با سردار محمد داوود ناشی می‌شد، که از مناسبات قبیلوی آب می‌خورد.

دوم این‌که پاچاگل خان مناسبات تنگاتنگ و صمیمانه‌ای که با افسران قوای هوایی داشت، نیز نمی‌توانست نقش افسران قوای هوایی و مدافعه هوایی را در موضع‌گیری‌ها نادیده بگیرد. او سعی می‌نمود تا افسران قوای هوایی را به اطاعت کورکورانه از سردار محمد داوود وادار سازد و راه سازش و اشتراک و اختلاط منافع را به وجود آورد که کار بس مشکل بود. زیرا هیچ یک افسر قوای هوایی و مدافعه هوایی، حاضر نبود که حلقه‌ی برده‌گی را به گردن خود اندازد.

در قضایای بزرگ ملی نمی‌توان با معیارهای فرعی و غیر اصولی برخورد کرد. در سیاست اصل شفافیت باید وجود داشته‌باشد. سازش و کرنش تا زمانی مجاز پنداشته می‌شود که انسان را از هدف منحرف نسازد و موانع را در راه رسیدن به هدف از بین بردارد.

زمانی‌که در جلسه موضع‌گیری اصولی به‌خاطر ایجاد شورای رهبری نمودم، فوراً مسئله نام‌گذاری «کمیته مرکزی» را در جلسه مطرح ساختند و نخواستند به نقش رهبری موجود سردار محمد داوود زیانی وارد شود. استدلال می‌کردند که فقط اوست که انقلاب است و اوست که نظام جمهوری افغانستان است. داکتر حسن شرق هم در کتاب خود «کرباس

پوش‌های برهنه‌پاه» اعتراف کرده است که طرح ما در رابطه به تعیین رئیس دولت و جانشین رئیس دولت در صورت مرگ یا استعفا، تقاضای معقول ولی پیش از وقت بود.

بافتی که در کمیتهٔ مرکزی به مشوره‌ی داکتر حسن شرق به‌وجود آمد، غیرمتجانس و فاقد شایستگی‌های لازم بود که بحران اتوریته و مشروعیت جلسات را به‌میان آورد. مسائل اساسی و عمده‌ای که بعد از سقوط سلطنت بروز می‌کرد، مورد بحث قرار نمی‌گرفت. بلکه پیرامون همه امور دولتی، سردار محمد داوود با برادرش مرجع اساسی تصمیم‌گیری بودند.

من از آغاز روزهای نظام جمهوری، ناظر انکشاف روش سردار محمد داوود و سایر یاران نزدیکش بودم. در رابطه به انکشاف وضع ویژه و گرایشات سردار محمد داوود و همراهانش، گاه‌گهی به رفقای قوای هوایی گزارش می‌دادم و این‌را هم تأکید می‌کردم که سردار محمد داوود در تلاش است تا همین ماشین کوچک و موثر نظامی قوای هوایی را به هرشکلی که باشد، خورد سازد.

سردار محمد داوود تشخیص دقیقی از افسرانِ جوان قوای هوایی داشت. زمانی هم قبل از تحول ۲۶ سرطان، انجنیر محمد اکبر مقصودی و انجنیر محمد یعقوب، او را زیر پرسش‌های گوناگون پیرامون گذشته‌های سردار محمد داوود و روابط‌اش با خاندان سلطنتی تحت فشار قرار داده بودند که برای سردارِ خودکامه‌ای چون داوود، قابل عفو و فراموشی نبود و از جانبی هم جاسوسانی را سردار محمد داوود به حیث پسرخوانده در میان افسران قوای هوایی جابجا کرده‌بود.

به هرحال، من سردار محمد داوود را در دو حالت مطالعه کردم: نخست قبل از ۲۶ سرطان، به‌حیث شخص احساساتی و وطن‌پرست و حامی منافع ملی. حالت دوم بعد از ۲۶ سرطان، یعنی زمانی که او به عطش خود نایل آمده و پسر عم را از قدرت خلع کرده‌بود و حریف فامیلی یعنی سردار عبدالولی پسر عم دیگرش، بیشتر در اسارتش قرار داشت و همین اخرین آرزوی زندگی او را تشکیل داده‌بود که یکی را خلع سلطنت سازد و دیگری را

در چنگال خود اسیر ببیند. در تاریخ کشور، انتقام به حیث قانون زندگی این سرداران، ثبت شده‌است.

سردار داوود و استاد خلیلی

در روزهای اول نظام جمهوری، اغلب جلسهٔ کمیته مرکزی در عمارت یک‌منزله به دور یک میز مُدوری صورت می‌گرفت که در داخل باغ صدارت قرار داشت. در یکی از روز-هایی که همه به دور میز گرد آمده بودیم و از پنجره‌های اتاق درختان مشجر باغ صدارت، منظره‌ی دل‌انگیزی را به نمایش گذاشته‌بود، داکتر حسن شرق با دوسیه‌هایی که در زیر بغل داشت، در یکی از چوکی‌های میز مدور نشست و سردار محمد داوود هم در آن‌جا موضع گرفت. همه انتظار شنیدن گزارشات را می‌کشیدیم. داکتر حسن شرق به سردار محمد داوود رو آورده گفت:

«صدراعظم صاحب! استاد خلیلی آمده‌بود و اشعار زیادی را در وصف نظام سروده است که چندین صفحه می‌باشد. ببینید که ما هنوز قلم نگرفته‌ایم و استاد اوراق زیادی را از شعر پر کرده‌است!»

سردار محمد داوود به داکتر حسن شرق نگاه نموده در پاسخ گفت:

«خلیلی مرد خبیثی است! اما افسوس شاعر خوبی است.»

از تبصره سردار محمد داوود خیلی متأثر گشتم و فکر می‌کنم که همین جمله در سراسر زندگی فراموشم نخواهد شد. استاد خلیلی که به گفتهٔ دانشمندی برگی است که از دوره‌های خیلی قدیم یعنی از عصر سنائی، انوری، عنصری و فرخی سیستانی خطا خورده‌است. خلیلی کسی است که در دوران خود زندگی نمی‌کند و به دوره‌های باعظمت فرهنگ

خراسان کبیر ارتباط می‌یابد. اما چقدر ناجوان‌مردانه و غیرمنصفانه است که به آدرس شخصیت فرهیخته‌ای مانند خلیلی اهانت شود.

عده‌ی از دانشمندان، استاد خلیلی را شاعری مدّاح و مقرب دربار می‌خوانند. یعنی استاد خلیلی کسی بود که کلمات اغراق‌آمیز را از گنجینه‌های بزرگ خداداد زبان پارسی، چون حاتم طائی، رایگان نثار هریکی از اعضای خانواده سلطنتی می‌کرد. دراینجا نمونه‌ای را یادآور می‌شوم که استاد خلیلی در یکی از نامه‌های خود از هوتل گراند شهر روم، عنوانی شاهدخت مریم نوشته است. در قسمتی از نامه، شاهدخت را چنین خطاب می‌کند:

«. . . شما در خانوادهٔ پدر خود از حیث عواطف و اخلاق عالی نگین انگشترین آدمیت هستید.»

و استاد خلیلی سپس آدمیت را به آن شاهدخت تعریف می‌نماید:

«آدمیت گوهری‌ست که در خزینه آفرینش بالاتر از آن هیچ متاعی نیست. من سال‌هاست این گوهر را به تمام و کمال در وجود مبارک شما مشاهده کرده ام...»

اغلب این‌گونه مدّاحی و ستایش در مورد شاهدختی که هویت معمولی دارد، منصفانه نیست و شخصیت وارسته دانشمندی چون استاد خلیلی را تحت پرسش قرار می‌دهد. دراینجا البته غایه اصلی، اندوخته‌های سیاسی استاد خلیلی نمی‌باشد. بلکه هدف ما، مقام والای او در نظم و نثر زبان پارسی، در حوزه‌ی زبان پارسی سرزمین خراسان گسترده است. او جایگاه شامخی را در میان شاعران متقدّم و شاید هم شاعران متأخر در تصاحب داشته باشد.

استاد خلیلی رابطه‌ی نزدیک با سلطنت داشت و بعد از تصویب قانون اساسی سال ۱۹٦٤، در تأسیس حزب راستگرای که مدافع از سلطنت باشد، مساعی به خرج داد که سرانجام روشنی نداشت. احتمالاً که سردار محمد داوود از وابستگی استاد خلیلی به

دربار، شناخت ژرفی داشته که او را مردود قرارداد. این هم یک موضوع قابل پژوهش و بررسی بیشتر می باشد.

البته یک امر مسلم است که یک شاعر خوب نمی‌تواند حتماً سیاست‌مدار خوب هم باشد. زیرا طبیعت شعرا عاطفی و عاشقانه است که سرشار از احساسات شورانگیز نسبت به زندگی و انسان می‌باشد. اما کسانی که به سیاست روآورده اند، کمتر عاطفه را در سرشت خود پرورانده اند. سیاست‌مداران اغلب افراد خشک و خون سرد می‌باشند.

من با استاد خلیلی معرفت دیرینه داشتم. او زمانی که در روزهای نخستین جمهوریت، از عراق به وطن عودت نمود، روزی غرض تبریکی نظام جمهوری، با عم بزرگوارم که یکی از کارمندان مستوفی الممالک پدر استاد خلیلی بود، در وزارت مخابرات به دفترم تشریف آورد. این جمله‌اش به خاطرم است که درآن روز استاد خلیلی مرا خطاب نموده گفت:

«عم بزرگ شما، عم من نیز است و یادبودی از پدرم می‌باشد و مرا هم مانند شما کلان کرده‌است و من خیلی افتخار می‌کنم که شما نقش مهمی در تأسیس نظام جمهوری داشتید.»

دراین‌جا باید علاوه نمایم که عم بزرگوارم مرزا فرهاد خان، از سال ۱۹۰۹ الا سال ۱۹۱۹ در کتابخانه شخصی محمد حسین خان مستوفی الممالک وظیفه داشت و با هزاران درد و رنج یاد می‌کرد که:

«مستوفی را در برابر چشمانم به دار آویختند.» و همین را تکرار می‌کرد که «بی‌گناه است! مرگ او در اثر توصیه‌ی جدی سردار عبدالقدوس خان اعتمادالدوله صورت گرفت.»

آری! استاد خلیلی، مردی که در سن یازده سالگی پدرش را در برابر چشمانش اعدام کردند، همه ملکیت و دارایی‌های‌شان را مصادره نمودند و در حدود سی‌سال دیگر را در تعقیب و تهدید به‌سر برد، مگر مستحق چنین سخنان توهین‌آمیز از طرف سردار محمد داوود بود؟

«بعد از تحمل یک دهه رنج، آوارگی و بی‌کسی، تبارز خلیل‌الله به عنوان یکی از شخصیت‌های انقلاب امیر حبیب‌الله کلکانی، استثنای دیگری‌ست که نبوغ و استعداد ذاتی آن را به نمایش می‌گذارد. چه با وجود فتنه‌ها، به غریبی روستاها به استحاله نرفت، که از لای دود و آتش بی‌رحمی‌ها، چون آذرخشی درخشید و در معرکه‌ها و مصاف‌ها قامت آراست. با سقوط حبیب‌الله کلکانی، خلیل‌الله به تاشکند و بعد هرات و قندهار، آواره و تبعید گردید. این دوره از ۱۳۰۸ تا ۱۳۲۸، مدت ۲۰ سال دوام کرد. بدین گونه می‌بینیم خلیل‌الله تا سن ۴۰ سالگی، جزء ده سال کودکی، ۳۰ سال در کوره زندگی عذاب می‌کشد و پخته می‌گردد و چنین رنجی است که خلیل‌الله را قوام میدهد و خلیلی می‌سازد.»

خلیلی در پارچه شعری از روزگار شکایت می‌کند:

دانی که شعار چرخ غدّار
مکر است و فریب و رنج و آزار
یک چشم بصیر در جهانیست
کز جور زمانه خونچکان نیست
تختی که به خون نگشته تر، کو
تاجی که جدا نشد ز سر، کو
در بارگهٔ جهان گشایان
بر خاک نشسته بینوایان
از قافلهٔ جهان ستانها
چون گرد بجاست داستانها
افسانهٔ تاج دلنشین است
آئینهٔ روزگار این است
تاریخ چو دادگاه باشد
اعمال در آن گواه باشـد

در مورد استاد خلیل‌الله خلیلی نویسنده‌گان متعدد چنین نظر داده‌اند:

سعید نفیسی:

«نمونه‌های از نثر فصیح و بلیغ و سلیس خلیلی، ما را به یاد معدودی از سخن‌سرایان می‌اندازد که از نظم و نثر به یک پایه و مایه برخوردار بودند.»

استاد فروزانفر خطاب به خلیلی نموده می‌گوید:

اوستادا ز بعد عهد دراز نامه‌ای سوی ما فرستادی
آشنایان عهد دیرین را پیک نو آشنا فرستادی
خلیل الله از مقام خلیل بینوا را نوا فرستادی

داکتر شفق در مورد او علاوه می‌کند:

«نمی‌توانم از عهده تجلیل سبک خراسانی او برآیم که به راستی در آن وادی یکه‌تاز است.»

مخفی بدخشی نیز در وصف استاد خلیل‌الله خلیلی چنین می‌گوید:

تو ای ادیب سخن سنجی و سخن دانی
در این زمانه که غواص بحر عرفانی
تو استاد سخن پروران این دوری
ز طبع ملک سخن را کنی جهان بانی

گرچه سردار محمد داوود استاد خلیلی را بنابر ملحوظات مناسبات تنگاتنگ با سلطنت، به حیث سفیر در بغداد و عربستان سعودی تعیین کرد، با همه این حال، استاد خلیلی تلاش برای احیای سلطنت ظاهر شاه می‌نمود و یگانه عامل احیای سلطنت بار دوم ظاهر شاه را در نقش شاهنشاه ایران می‌دید. خلیلی در زمان ماموریت‌اش در بغداد، در تماس‌های مکرر خود با سفیر ایران در عراق، شاهنشاه ایران را تشویق کرد تا نقش مؤثری را در اوضاع افغانستان بازی کند. چنانچه این تلاش‌های استاد خلیلی از خاطرات امیر اسدالله علم وزیر دربار شاهنشاهی ایران، آشکار می‌گردد. او در خاطرات خود می‌نویسد:

«کشف تلگراف رمز سفارت شاهنشاهی ایران بغداد. ۲۸۸۰-۲۷ ۵۴/۱۷

جناب آقای امیر اسدالله علم وزیر محترم دربار شاهنشاهی.

محترماً با استحضار عالی می‌رساند شب گذشته استاد خلیل الله خلیلی سفیر افغانستان در بغداد به دیدار این‌جانب آمد، صحبت از وضع افغانستان و موقعیت رژیم فعلی پیش‌آمد سفیر افغانستان با لحنی که حاکی از کمال تأثر بود اظهار داشت: متأسفانه آینده افغانستان بسیار تاریک و نگران‌کننده است و اگر دیر یا زود پای سردار محمد داوود خان از میان برود هیچ شکی نیست که کشور به چنگ عناصر کمونست خواهد افتاد و کار یک‌سره خواهد شد. گفت یگانه راه نجات افغانستان در دست اعلیحضرت شاهنشاه ایران است. مردم وطن‌پرست و شاه‌دوست افغانستان چشم به کمک و یاری شاهنشاه ایران که او را شاهنشاه خود می‌دانند دوخته اند... اگر روزی کابل و قندهار وضعی شبیه سمرقند و بخارا پیدا کند وضع مشهد و بُجنورد چه خواهد بود. گفت چه بسا داوود خان هم در باطن خود بی‌میل نباشد که در افغانستان وضع دگرگون شود و رژیم شاهی در آن مجدد مستقر شود زیرا او ندانسته پا در راهی گذاشته که مشکل بزرگ برای خود و میهن به‌بار آورده است. گفت این مطلب را صریحاً موقعی که داوود خان به بغداد آمد به او گفته است لیکن او پاسخی نداشته تا به او بدهد. سفیر افغانستان طی صحبت چند بار با عبارت مختلف این نکته را بازگو کرد که با از بین رفتن داوود خان و سقوط افغانستان در دامان کمونیسم، تمام منطقه در خطر خواهد افتاد و از هم‌اکنون باید به فکر چاره بود... با عرض ارادت شهید زاده.»

استاد خلیلی علی‌الرغم استبداد و شکنجه‌هایی را که از خاندان شاهی دیده‌بود، بازهم بنابر خصلت طبقاتی خود، در دفاع از استقرار سلطنت و خاندان شاهی سخن به‌زبان می‌راند. در حالی‌که می‌توانست نقش مستقلی را در سرنوشت کشور بازی کند.

همان‌طوری که در بارۀ نقش استاد خلیل‌الله خلیلی گفته‌شد که شاعری در ردیف شعرای کلاسیک زبان پارسی دری از زمانه‌های خیلی دور به قرن بیستم به ارمغان مانده‌بود، اما روش او در قبال مسائل سیاسی کشور، تحت تاثیر احساسات عاطفی شاعرانه‌اش قرار

داشت. شاه امان‌الله که به مشورهٔ سردار عبدلقدوس خان اعتمادالدوله و سایر حلقات نزدیک به دربار، مرزا محمد حسین خان مستوفی الممالک، پدر استاد خلیلی را به دار آویخت و استاد خلیلی هم از این استبداد در خاطرات خود این‌طور حکایت می‌کند:

«یازده سال از عمر من نگذشته بود که پدرِ مرا امان‌الله خان بدون محکمه به قتل رساند، وقتی پدر مرا کشتند، تمام هستی و زندگانی و دارایی ما را ضبط کردند و مرا در یک حویلی محبوس ساختند و به دهن در حویلی پاسبان مقرر کردند که هیچ‌کس به حویلی داخل نشود و من هم اجازه بر آمدن نداشته باشم. من و دو برادر کوچکم و خواهرم درآن حویلی دو سال به تنهایی، بیچارگی، گرسنگی، در کمال فقر و ذلت بسر بردیم، هیچ نفهمیدیم که من در عمر یازده سالگی چه گناه کرده بودم که در زندان باشم.

آن‌جا روس‌ها یک حرکتی کردند آمدند تا مزار شریف را بگیرند به نام طرفداری امان‌الله خان، اما امان‌الله خان یک جوانمردی به خرج داد و گفت من نمی‌خواهم تخت‌وتاج خود را به ذریعه روس‌ها بگیرم و روس‌ها از افغانستان واپس رفتند.»

این اظهارات استاد خلیلی خیلی‌ها عاطفی است. برخلاف امان‌الله به هر وسیله برای دوباره رسیدن به تخت‌وتاج متوسل شد و بهتر است مساعی امان‌الله، شاه مخلوع را از لابلای اسناد جستجو کنیم و ببینیم که چگونه از نیرنگ و فریب، مردم کشور را به دام انداخته بود. یوری تیخانووف[۱۳] از اسناد محرمانه‌یی که بعد از گذشت پنجاه سال در ماسکو به نشر رسید، در این باره می‌نویسد:

«امان‌الله خان که با اتحاد شوروی مناسبات گسترده داشت، مناسبات او ناگهانی برهم خورد. علت برهم خوردن مناسبات، در تشخیص دقیق استالین از حمایتِ آشکارِ دولتِ فاشیستی آلمان از امان‌الله بود. زیرا امان‌الله آماده‌گی خود را برای همکاری با دولت فاشیستی ابراز نموده‌بود. در آستانه‌ی تجاوزات دولت فاشیستی ایتالیا به حبشه، نامه‌ی شاه اسبق را جاسوسان ایتالیا در میان مسلمانان حبشه توزیع نموده‌بود که درآن گفته می-

---

۱۳ Iu.N Tikhonov

شد: (علیه دست‌نشاندگان مزدور انگلیس و عیسویان برپا خیزید) فکر می‌شود که همین اسناد کافی بود تا اتحاد شوروی از مساعدت و همکاری به دوست دیرین افغان خود، دست بردارد. به نوبه خود، امان‌الله موضع‌گیری و حمایت خود را از آلمان و ایتالیا تقویت بخشید. ضرب المثل معروف که مغروق به هر خس و خاشاک دست می‌اندازد.»

پس دیده می‌شود کسی را که استاد خلیلی به‌حیث «جوان‌مرد» در خاطرات خود یادآوری می‌کند، چگونه برای احراز مجدد قدرت، به هر قدرتی التماس و مزدوری می‌نماید. اما استاد خلیلی هرگز کین را نسبت قاتلین پدر در خود راه نمی‌دهد:

فردوسی بزرگ می‌گوید:
پدر کشتی و تخم کین کاشتی
پدر کشته را کی بود آشتی

تهدید مرگ علیه سردار عبدالولی

در هفته اول تأسیس نظام جمهوری، احساسات شورانگیزی محیط شهر را گرفته‌بود و حوادث گوناگونی در گوشه‌وکنار رخ می‌داد. یکی از ماجراهای خطرناکی که در سه روز اولِ تأسیس نظام جمهوری از آن جلوگیری نمودم، مسئله از بین بردن سردار عبدالولی و پدرش مارشال شاه‌ولی خان، عم سردار محمد داوود بود. پدر و پسر در دو اتاق جداگانه در منزل دوم قصر صدارت زیر نظارت قرار داشتند. اتاقی که سردار عبدالولی در آن تحت نظارت قرار داشت، در سمت غرب عمارت و در جناح راست زینه منزل دوم موقعیت داشت و پدرش مارشال شاه‌ولی خان در اتاق مقابل او، منتها در سمت چپ زینه زیر نظارت گرفته شده‌بود. مسئولیت حفاظت آن‌ها به‌دوش پنج نفر از افسران جوان: تورن انجنیر لطیف از چهاردهی، تورن انجنیر عبدالستار اوریا از پغمان، تورن انجنیر آصف از سید خیل، تورن اصغر از پنجشیر و لمری بریدمن تانک لعل‌الدین از پنجشیر قرار داشت. دو نفر از افسران در منزل دوم، دو نفر دیگر در منزل اول و نفر سومی در بیرون عمارت صدارت وظیفه داشتند. طوری‌که اشاره نمودم، جلسهٔ کمیته مرکزی روزانه در عمارت یک‌منزله داخل باغ

دایر می‌گشت که از محل نگه‌داشت مارشال شاه‌ولی خان فاصله‌ی کمی داشت. یکی از روزها به دیدن افسران موظف، داخل قصر صدارت شدم. درآنجا وضعِ بسیار پیچیده‌ای را مشاهده نمودم.

لعل‌الدین که یک افسر جوان، تندخو و سرکشِ تانک بود، هیاهویی را در داخل باغ برپا کرده‌بود. او فریاد می‌کشید که:

«بخدا می‌کشمش! بخدا می‌کشمش! اگر دیگر از دروازه سر خود را بیرون کند!»

حالت هیجانی لعل‌الدین مرا سخت نگران ساخت و به او نزدیک شدم و او را خاموش ساختم و از وی پرسیدم:

«در این‌جا چه اتفاق افتیده‌است که این‌قدر نعره و فغان را برپا کرده‌اید و خیلی احساساتی حرف می‌زنید؟»

لعل‌الدین درحالی که به هیجان آمده‌بود در پاسخ گفت:

«سردار عبدالولی از اتاق بیرون می‌براید و در برنده مشق‌وتمرین می‌کند. در نظر دارد که سلاح رفقا را بگیرد و خود را از عمارت نجات بدهد و ممکن خود را به جایی برساند و علیه ما دست به کار شود! از اینرو، همه ما به این فیصله رسیدیم که موضوع را یک‌طرفه کنیم. در غیر آن سردار محمد داوود این‌ها را نجات خواهد داد و برای ما بلای دیگری را به وجود خواهد آورد!»

درآن لحظات حساس، لعل‌الدین را به آرامش دعوت کردم، اطمینان دادم که سردار عبدالولی به هیچ جای فرار کرده نمی‌تواند و مطمئن باشید و من موضوع را با سردار محمد داوود مطرح می‌سازم. به این ترتیب، پس از تلاش زیاد، آتش درونی آن‌ها تا اندازه‌ی فروکش کرد، اما دلهره‌گی در نهان آن‌ها باقی ماند.

قبل از آن‌که من تشویش و نگرانی افسران را درآن روز با سردار محمد داوود مطرح نمایم، شخص سردار محمد داوود از احساسات سرکش و شورانگیز افسران اطلاع یافته‌بود و

احمد ضیاء قوماندان گارد را وظیفه داد تا سردار عبدالولی و پدرش را به کوتی باغچه که در داخل ارگ موقعیت داشت، انتقال بدهد و هر دو را درآنجا تحت مراقبت مستقیم خود داشته‌باشد. در نتیجه، هر دو پدر و پسر را به کوتی باغچه انتقال دادند. ولی من تا حال ندانستم که واکنش افسران یک عمل خودجوش بود و یا این‌که از بیرون تحریک شده‌بودند؟ سردار محمد داوود برای مدت دو سال سردار عبدالولی را اسیر خود نگه‌داشت، ولی در اثر سازش‌های درون خانواده‌گی و نفوذ شاه مخلوع و بعد از این‌که عقده‌های دیرینهٔ خود را برآورد، او را رها کرد. لویس دوپری[14] مورخ امریکایی که با خاندان سلطنتی مناسبات تنگاتنگ داشت، در زمینه چنین تبصره می‌کند:

«عبدالولی هم پسر کاکای شاه سابق و هم پسر کاکای داوود است. او با بلقیس دختر ظاهر ازدواج نموده‌است. او از نفوذ قابل‌ملاحظه در میان عناصر محافظه‌کار خانوادهٔ سلطنتی برخوردار است. احتمال می‌رفت که جاه‌طلبی‌هایش او را به تخت سلطنت برساند. عبدالولی، پس از دو سال بسر بردن در زندان، در ماه سپتمبر ۱۹۷۵ به جرم خیانت علیه دولت (جرمی که هرگز توضیح داده نشد) در یک دادگاه نظامی محاکمه شد. محکمه به اتفاق آرأ او را برائت داد. رتبه و امتیازاتش اعاده شد. اما از او خواسته شد تا کشور را ترک نماید. او در روم، با دیگر اعضای خانواده سلطنتی پیوسته است.»

داستان سردار محمد داوود و سردار عبدالولی در تاریخ کشور ما پدیده‌ی نوی نیست و سراسر تاریخ قرن نوزدهم و بیستم کشور از خصومت‌ها، قتل ها، اسارت‌ها و سازش‌های برادران و پسران کاکای این خاندان رنگین است.

توهین و تحقیر جنرال ها

در دو هفته اول نظام جمهوری، گرایش آشکاری در تفکر و دیدگاه سردار محمد داوود به مشاهده رسید. وی در یکی از روزها، عده‌ی زیادی از جنرال‌های ارتش را در منزل فوقانی

---

[14] Louis Dupree پروفسور لویی دوپری، باستان شناس آمریکایی و پژوهشگر فرهنگ و تاریخ افغانستان.

عمارت وزارت دفاع به نان چاشت دعوت کرد. من یک‌جا با غلام سرور نورستانی، درآن جلسه سردار محمد داوود را همراهی نمودم. در سالون، میز دراز نان‌خوری قرار داشت که وزیر و رؤسای وزارت دفاع درآنجا روزانه غذای چاشت را صرف می‌کردند. درآن روز، سردار محمد داوود در رأس میز نشسته بود. در جناح راست او، جنرال نیک محمد منگل قرار داشت. جنرال منگل آدم قدکوتاه و چاق بود و همیشه سر خود را می‌تراشید. به همین ترتیب، سایر جنرال ها نیز به دور میز نان خوری نشستند. همه برای لحظه‌ای خاموش بودند و سکوت در فضای اتاق حکم‌فرما بود. نفس ها قید و هیچ‌کس حرفی به زبان نمی-آورد. ملاقات سردار محمد داوود با جنرالان، برایم خیلی دلچسپ بود و می‌خواستم برخورد و واکنش آنها را مطالعه کنم.

سردار محمد داوود که پیرهن خاکیِ یخن‌باز به تن داشت، ناگهان سکوت را شکست و خطاب به جنرال‌ها گفت:

«جرنیل صاحب‌های محترم! ما و شما از دیر زمانی است که باهم معرفت داریم، ولی از ده سال به این‌طرف یک‌دیگر را ندیده‌ایم. امروز سرهای شما را خم می‌بینم. مثلی‌که هنوز هم ترس باداران بالای‌تان باقی مانده‌است. از این‌که آن‌ها بیشتر در قدرت نیستند متأثر می‌باشید...»

درآن جلسه سردار محمد داوود سخنان زشتی به زبان آورد و همه جنرالان را سرزنش و توهین کرد و هیچ کدامی از میان این افسران سال‌خورده سر بالا نکرد، به جز نیک محمد منگل و او هم شروع به ثنا و صفت سردار محمد داوود نمود و او را به حیث استاد خود خواند.

اما سردار محمد داوود به صراحت یادآور شد که:

«از خاطری که باداران‌تان در قدرت نیستند سرهای شما خم است و به نظام نو خوش نیستید.»

جنرال‌ها از سخنان توهین‌آمیز سردار محمد داوود آن‌قدر رنج نمی‌بردند که از موجودیت ما سخت ناراض بودند که این اهانت را روزی افشاء خواهیم کرد. آیا چنین سخنان انتقام-جویانه را به زبان آوردن، از عقده‌ها و حقارت ناشی نمی‌شد؟

سردار محمد داوود بار دیگر تصریح کرد:

«کسانی که به نظام نوین جمهوری خوش نیستند، راه خود را روشن سازند. ما تصمیم خود را گرفته‌ایم و این نظام به استقبال گرم مردم روبرو شده است.»

در اثنای که صحبت‌های سردار محمد داوود ادامه داشت، پیش‌خدمت‌ها غذا را بالای میز ترتیب و تنظیم کردند. همه جنرال‌ها، چون کالبدهای بی‌روحی نشسته بودند و حتی جرأت گرفتن قاشق از همه سلب شده‌بود. من و سرور نورستانی که در آن‌روزها احساس خستگی شدید و گرسنگی داشتیم، بدون توجه به دیگران و روحیهٔ جلسه غذای خود را صرف نمودیم.

مشکل دیگری که در هفتهٔ اول نظام جمهوری پدیدار گشت، موضوع سرنوشت وزارت دفاع بود. سردار محمد داوود از یک طرف، خان‌محمد خان مرستیال را وظیفه داد تا از امور وزارت دفاع سرپرستی کند که به واکنش عده‌ی اطرافیانِ او روبرو شد و از سوی دیگر جنرال عبدالکریم مستغنی را برای پیشبرد امور وزارت دفاع تعیین کرد. درحالی که او می‌توانست از تجربه و خرد هر دو افسران سابقه‌دار نظامی، در استقامت تقویت و استحکام اردوی کشور استفاده کند. از اینرو، اشغال وزارت دفاع و سپس اخراج توهین‌امیز مرستیال خان‌محمد خان، عقده‌ها و واکنش‌های نادرستی را به میان آورد و عواقب آن خیلی‌ها دردناک بود.

بدون شک، حوادث افغانستان از انظار جهانیان پوشیده نبود و قدرت‌های بزرگ و به ویژه همسایگان افغانستان، سخت ناظر انکشاف بعدی اوضاع بودند و تبصره‌های گوناگونی در روزنامه و رسانه‌های گروهی صورت می‌گرفت. در این‌جا لازم می‌دانم که تبصره‌ی روزنامه فرانسوی لوموند را که به‌تاریخ ۲۸ مارچ ۱۹۷٤ مقاله‌ای را تحت نام «افغانستان» به چاپ رسانیده بود، یاد آور شوم: روزنامه زیر نام «یک تحول دشوار» می‌نویسد.

«کابل: آیا در جهان جمهوریت جوانی وجود خواهد داشت که بهتر از این حمایت شده باشد؟

رژیم جمهوری افغان که به تاریخ ۱۷ ژانویه ۱۹۷۳ جانشین نظام سلطنتی گردید، در حصار جایگزین و پناهنده شده‌است. مقر ریاست جمهوری یا قصر محمد ظاهر شاه، پادشاه سابقه می‌باشد، یعنی قصر گلخانه (خانه گل)، اما این قصر در قسمت انتهای یک قلعه یا حصار مستحکم عصری موقعیت داشته که دارای ساختمان برج‌های سترگ و جسیم و ثقیل بوده و با وسایل دفاعی کنگره‌ی مجهز می‌باشد که در داخل آن یک تیم نوکریوال کاملاً مسلح و مجهز قابل ملاحظه به طور مداوم گسترده بود، به نگهداری و دفاع آن موظف است. وسایل این قوا عبارت از گروپ‌های مختلف و متعدد عراده‌جات زره‌سرپوش و تانک‌های به‌ردیف دنبال هم و یک گروه سربازان پیاده نظام به حال مراقبت و ترصد دائمی می‌باشد که با وجود وزش بادهای سرد هندوکش، درآنجا قرار داشته و متمرکز گردیده اند. آیا متمرکز و جابجا کردن این قوای مجهز و مسلح برای حفاظت خودش و نگهداری انقلاب و کودتای آغای محمد داوود می‌باشد؟ البته این قوا دو حرکت خلاف کودتا را در ظرف شش ماه گذشته خنثی نموده و آیا بازهم برای همین مقصد درآنجا مستقر و آماده‌باش گردانیده شده‌اند؟

با وجود این، حکمفرمای جدید افغانستان برای آنانی که مراقب اوضاع در آن سامان باشند، کمترین احساس دیکتاتوری بودن را نداده، بلکه یک رئیس دولت معتدلِ صلح‌دوست و سلیم است.

در هرحال او یک شخصیت سیاسی است که از محبوبیت کتلهٔ عظیم و اکثریت مردم برخوردار می‌باشد. در اردو، یک افغان ناسیونالیست و تسلیم‌ناپذیر بوده و اکثریت اردوی افغانستان را افغان‌ها و پشتون‌ها تشکیل داده‌است.

در فامیل‌های بزرگ افغان که حقوق و مفادشان در حال حاضر مورد اهانت و جرح واقع نشده، منجمله برای قشر کوچک متوسط و طبقهٔ جوان که شعور سیاسی را دارا می‌باشد، سمبول اصلاح‌کننده، تغییر‌دهنده و آزادی‌خواه تلقی می‌گردد. پس داوود عبارت است از یک اصلاح‌کننده، عاشق ساختمان کاری و سازمان‌دهی و ضامن وحدت ملی. او هم‌چنان عامل و مشوق نزدیکی افغانستان و اتحاد شوروی می‌باشد.

بدون شک، با وجودی که از طبقه‌ی نجبا و اعیان می‌باشد، اما زنده‌گی ساده و بسیط را پیش گرفته و جداً آرزو دارد، طوری‌که مصداق آن هم شده، تحولات اجتماعی را در این کشور عقب مانده و فئودال، تسهیل بخشیده و مساعدت نماید. او به همان اندازه کارکن و فعال است که پادشاه سابقه برای لذت بخشی عاشق موسیقی و غیره بوده‌است و رجل سیاسی مستبد و با نیروی می‌باشد که فریضه اعمال

خود بوده، مردی‌ست که در دوره اقتدار و فرماندهی‌اش در امور لشکری و کشوری، ورزیده، ظریف، تیز-هوش و موشکاف می‌باشد.

و بالاخره او شخصیت آزموده، دقیق و با تدبیر ماهرانه در طرح و پی‌ریزی سیاست‌ها و اسباب‌چینی دیپلوماسی افغانستان که عوامل نژادی، قبیلوی و اجتماعی آن‌را درهم مشکل و پیچیده ساخته، است.

او رئیس دولت و صدراعظم بوده و دارای صلاحیت و قدرت مطلقه می‌باشد. برعلاوه آن متصدی کنترول امور دفاعی و اردو، در عین حال عهده‌دار وزارت خارجه نیز می‌باشد.

برادرش محمد نعیم (شاهزاده اسبق) دیپلمات لایق و دارای تجارب کافی در ماموریت‌های سیاسی مختلف و متعدد بوده، او هم مثل برادرش یکی از خواهران شاه سابق را به قید ازدواج خود در آورده، وظیفهٔ سفیر کبیر سیار را برایش تفویض نموده‌اند. علاوتاً او مکلف است تا با مسئولیت و صلاحیت تأم، طرح و تدقیق پلان‌هایی را بنماید که برعهدهٔ داکتر حسن شرق معاون صدارت گذاشته شده‌است. این یک شخصیت دیگر مقام عالی رژیم جمهوری و هم‌چنین باصلاحیت تمام قوای تقنینی این نظام نوین افغانستان می‌باشد.

یک کمیته مرکزی مرموز

در حقیقت رول (کمیته مرکزی)، که از نگاه پرنسیپ، از عاملین برجسته و مهم کودتا تشکیل گردیده، از همین حالا چه می‌باشد؟ طوری که پرزیدنت داوود به ما تصریح کرد:

(بعد از هر انقلاب همیشه یک گروپ موجود می‌باشد که دولت را رهبری و اداره کند. در حال موجود الا قانون اساسی جدید در ظرف یک سال حد اقل تدوین و رسماً اعلام گردد، این کمیته برای اخذ تصامیم بزرگ حتمی پنداشته می‌شود.)

اما بعد از سپری شدن هشت ماه از تغییر رژیم، این کمیته به طور محسوس و قابل ملاحظه، سری و مجهول باقی مانده، ترکیب و وظایف آن برای اطلاعات عامه نشر و افشاء نگردیده، یگانه فوتویی که از این کمیته مرکزی در مطبوعات محلی منتشر گردید، بعد از حذف سروته آن عبارت است از یک جلسه وزرأی کابینه که تمام اعضا از دوربین کمره عکاسی، رو گشتانده‌اند.

به صورت عموم طوری‌که در کابل فکر می‌شود، حد اقل دوازده نفر مخصوص نظامیان در تشکل کمیته مرکزی حصه دارند، اما به طور کامل از حکومت متمایز نیستند. در بطن همین کمیته که اساس و تهداب رژیم جدید است، بین اعضأ آن از همین جا مجادلات و درگیری‌ها برای کسب قدرت بیشتر در

جریان و شکل‌گیری است تا بتوانند قلب، روح و مرکز رژیم را تحت تأثیر خود درآورند. تعداد این‌ها که بین شش و هفت نفر میرسد و سن متوسط شان در حدود چهل سال بوده، مسئولیت و وظایفی که در کودتا برعهده داشته و انجام داده‌اند. حالا وضعیت افسران جوان مادون جداً در نظر گرفته و موقعیت‌شان را درک و قوی ساخته اند. چون خودشان از جمله عاملین و سازمان‌دهندگان کودتا هستند، در مقابل دسیسه محرکین توطئه‌گر، که در شرایط موجود خود و مفاد خویش را در خطر می‌بینند، مانند (جوانان سرسخت تورکی) رادیکال‌های (ناصریست‌ها) یعنی (میتود جمال عبدالناصر فقید)، ایستاده و مقاومت می‌نمایند.

چیزی که از این کمیته درک می‌کنیم، این است که اعضای آن برخلاف صاحب‌منصبان ارشد و عالی رتبه‌یی که به صورت عنعنوی به ارستوکراسی افغان علاقه و وابستگی داشته و اکثراً در غرب تربیه و به فهم پیشرفت صنایع و علوم آماده ساخته شده‌اند، اعضای کمیته عبارت از جوانان ناسیونالیستی می‌باشند که عموماً از قشرهای بسیار محقر و متوسط اجتماع نشأت کرده و اکثراً در اتحاد شوروی تعلیم و تربیه شده‌اند. اما این تذکر ما معنی آن را نمی‌دهد که آن‌ها به ماسکو مانند حزبی و یا کمونیستی باشند.

باید قبول کنیم که یک عده این کمیته، بدون شک از پیروان خطوط اساسی جریده «پرچم» بوده و مرکب از کمونست‌های شوروی می‌باشند و به شکل یک مجمع کوچک ادبا و متفکرین ذهنی و ادراکی، با پیروان خود تبارز می‌کنند. در بین آن‌ها اشخاصی وجود دارد که دارای اقتدار و تسلط زیاد بوده و عبارت‌اند از آقای فیض‌محمد وزیر داخله موجود و قوماندان سابق پراشوت که شخص تنومند و فعال بوده و به آئینی اتکا دارد که عناصر مادی فقط به قوه ایمان داشته و استناد می‌کند، و همچنین آقای پاچاگل وزیر سرحدات، وزرأی مخابرات و فوائد عامه از جمله نظامیان هستند.

چهار نفر صاحب‌منصب دیگر در ردیف و درجه قرار ندارند و به ویژه به واسطه قرابت نزدیک شان از نگاه فکری به آغای محمد داوود قابل تمیز و شناخت می‌باشند، عضو کمیته مرکزی گردیده‌اند. دو نفر عهده‌دار پست‌های مهم و حساس گردیده‌اند، عبارت اند از قوماندان قوای مرکز و قوماندان گارد ریاست جمهوری که رژیم نوین تحت نظر و مراقبت و حفاظت آن‌ها باقی و پا برجاست.

این‌طور فکر می‌شود که اعمال نفوذ و برتریت، به واسطه اطرافیان ملکی پرزیدنت داوود تمرین، تعمیل و به معرض آزمایش گذاشته می‌شود. در بین اقارب نزدیک فامیلش، پیروان و وفاداران ارستوکراسی از یک طرف و صاحب‌منصبان جوان، خشن، تند و خون‌گرم از جانب دیگر، نه تنها تجانس و هم‌آهنگی طبقاتی و اجتماعی وجود ندارد، بلکه مشکلات هم در قسمت تشکل اجتماعی‌شان از نقطه نظر سویه

عمومی، تعلیم‌وتربیه و هم‌چنین اختلاف شدید سن (یعنی خیلی جوان و خیلی پیر) بروز می‌کند. از سویی نظریات سیاسی هریک و یا هرگروپ خیلی متفاوت و متضاد واقع می‌گردد.

استعداد و قابلیت پرزیدنت داوود در مورد حاکمیت کردن بین دو جریان یا تمایلات عمده متشخّص و متمایز، توازن اتفاق و سازش ظاهری رژیمی را هویدا و واضح می‌سازد که هنوز به جستجو و تکاپوی طرق و راه اصلی خود می‌باشد. هم‌چنین محمد داوود با موفقیت در صدد آن برآمده که با متحد کردن و به هم آمیختن استحکام و ثبات و شایستگی اداره نظامیان تحول رژیم سلطنتی و جمهوری استوار بخشیده و این عمل بدون توصل به جبر انجام دهد.

نسبت سوق دادن به تقاعد یک عده پنجاه نفری صاحب‌منصبان ارشد و بلندرتبه، مانند جنرال‌ها و دگروال‌ها، اردو تصفیه و پاک گردیده، تحت اداره وزیر داخله شدت عمل اقدامات پولیسی را مطالعه و باید درک کرد. با وجود آن هم افغانستان از یک رژیم پولیسی بدور است. اما بازهم تمام فعالیت‌های سیاسی تحت عنوان و بهانه (موقتی) کاملاً معطل قرار داده شده‌است. تمام نشراتی که خارج نشریات حکومتی بوده، تحت کنترول آن نمی‌باشد، موقتاً قدغن و از چاپ و انتشار مانده‌اند.

قانون اساسی سابق رسماً باطل اعلام گردیده‌است. در پرنسیپ یک کمیته برای مطالعه قانون اساسی جدید مکلف و توظیف گردیده، تا انواع مختلف نظام‌های موجوده دنیا را بررسی و تدقیق نماید. مباحثات و مطالعات سیستم جمهوری به سیستم سوریایی و الجزایری ادامه دارد.

در مقامات عالی‌رتبه اداری (حرکت و جنبشی)، جهت عزل مامورین سابق و نصب مامورین جدید، به بهانه‌ی مؤثر گردانیدن اداره و مجادله با ارتشاء و فساد جریان دارد. کشف دو حرکت کودتا به صراحت نشان داد جمهوریتی که صرف به محض استقرار و جابجا شدن مدعی و خصم‌های داشته و باید آن‌را شناخته و به حساب شان برسد.

طوری‌که ظاهراً معلوم شد، توطئه ماه سپتامبر سال ۱۹۷۳ توسط یکی از صدراعظمان اسبق به نام آغای میوندوال و یک تعداد زیاد افسران اردو و وکلاء، پی‌ریزی و رهبری می‌شد. آغای میوندوال، آمادگی خدمت‌گذاری را به رئیس جمهور جدید اظهار کرد که پذیرفته نشد و به ما بعد موکول گردید. لهذا فکر می‌کنند که موصوف روی عقده شخصی و انتقام، به این عمل دست زده باشد. منجمله هم دوستان و هم‌پیمانان و هم‌سوگندان او ظاهر شدند و موجودیت یک طبقه پشتون در کابل که شاید از ملیت پاکستانی بوده باشند، دلیل اتهامات و احتجاج‌های را میرساند که رژیم جدید به حکومت پاکستان وارد آورده است. اما شواهد و اسناد مادی مؤثق، راجع به حقیقت اشتراک این دولت در دسیسه بالا، فراهم و

تهیه نشده است. حد قیاس منطقی (اعتراف) میوندوال که (انتحار) او قبل از محکومیت‌اش به مرگ اعلان گردید، قناعت بخش، سالم و قاطع به نظر نمی‌رسید. بلکه فکر می‌شد که امکان دارد او به واسطه آزار و شکنجه و عذاب از پا درآمده باشد.

اقدام و حرکت عمده توطئه دوم، رئیس اسبق اداره امنیتی محمد داوود بود که می‌خواست حرکت ضد رژیم جدید را به‌واسطه تحریک و تشویق برانگیختن تجار عمده، قشرهای مذهبی و افسران اکادمی نظامی افغان، به‌وجود بیاورند، ولی نظر به توطئه اول آمادگی کمتر داشتند و از همین سبب پیش‌بین بمباردمان قصر ریاست جمهوری شده بودند. نتیجه بغاوت این سیاسیون مسلح و مجهز، باعث آن گردید که در محاکمه و تطبیق حکم اعدام بالای عاملین اصلی کودتا اولی، تعجیل زیاد صورت بگیرد و عملی شود. (روزنامه لوموند ۲۷ دسامبر ۱۹۷۳ در این زمینه روشنی انداخته است)

تمام مذاکرات و تشریحات بالا، نمایانگر آن‌ست که یک قسمت از طبقه اشراف (بورژوازی)، که خود را محروم حق مادی و معنوی فکر کرده و از جانب دیگر همین قشر کوچک از حمایت قوای نظامی برخوردار و منتفع می‌گردد، درنگ نکرده بدون تردید در صدد آن هستند تا به‌موقع آن «بلاواسطه قوت زور با رژیم جمهوری مخالفت ورزیده و مبارزه نماید و برای احقاق حقوق خود حتی دست به عملیات از پا درآوردن این رژیم گردند.

در استناد به دلایل بالا، این‌طور نتیجه می‌گیریم که رژیم جدید با برخوردار بودن از حمایت کمونست-های ارتدوکس و صدها عناصر مائوئیست که در بین قشر متعلمین و محصلین محبوبیت و تمایلات دارد حق داشته و دارد که برای حفاظت و نگه‌داری خود این‌طور مجادله و بذل مساعی جدی نماید. این موضوع را هم نمی‌توانیم رد کنیم که در بین اعضای (کمیته مرکزی) افسران جوان پرهیجان و سرکش وجود دارد که با مهارت تام توطئه‌ها را کشف و خنثی سازند، بدین ترتیب موفق شوند پرزیدنت داوود را تحریک و تشویق نماید تا با حلقات و اقشار معتدل متوسط و میانه‌رو کاملاً قطع علاقه نموده و اهمیتی به ایشان قایل نشود. تشبثات بالا پرسش دیگر را مطرح می‌کند که آیا رئیس دولت همدستان و هم‌پیمانان خود را تحت سلطه و اداره مستقیم و موثر خود دارد یا خیر؟ آیا خطر اختلاف نظر و عمل و نفاق و دسته-بندی در بطن کمیته مرکزی قابل اندیشه و تشویش نمی‌باشد؟ در هر صورت این تهدید است عامل بودن و مؤثریت حکومت را از ابتدای روی کار آمدن و استقرار نظام جمهوری فلج و به رکود مواجه ساخته-است.»

نویسنده: ژیرارد – ویرانل و ترجمه متن از طرف محمد اکرم عبقری، رئیس تقنین.

تقرر افسران

هنوز دو روزی از اعلام نظام جمهوری سپری نشده‌بود که سردار محمد داوود هدایت داد تا هرچه عاجل‌تر از میان رفقای قوای هوایی و مدافعه هوایی که در سقوط نظام سهم فعال داشتند، هیئت رهبری قوای هوایی و مدافعه هوایی را تعیین کنم. حسب تعلیمات نامه افسران اردو، عجالتاً بعضی از رفقا برای اشغال وظایف حساس، به رئیس دولت پیشنهاد گردید که در اشغال کرسی‌های مهم قوای هوایی و مدافعه هوایی، به‌جز استحقاق و شایستگی، محک دیگری در نظر گرفته نشد. موضوعات زبان، منطقه و یا تعلقات دیگری اصلاً در تعیینات مردود قرار گرفت.

همه افسرانی که به وظایف مهم در نظر گرفته شد، بالعموم پیلوتان فعال بودند که با موازین و اصول تکتیک قوای هوایی آگاهی و تجربه غنی داشتند. روی همین اصل بود که جدول کادرها را ترتیب و در آن مقرری ذیل را به شخص رئیس دولت پیشنهاد نمودم. همچنان برای تمام افسرانی که در قیام سقوط سلطنت سهم فعال داشتند، دو رتبه ترفیع منظور شد. بازهم تکرار می‌شود که در تقرر افسران، اصل شایسته‌سالاری و استحقاق اولویت داشت و هرگز مسائل تباری، منطقوی، قومی و مذهبی مطرح بحث نبود. این افسران از مناطق مختلف افغانستان و به ملیت‌های مختلف تعلق داشتند، و در این‌جا به‌طور خیلی مختصر روشنی انداخته می‌شود.

- دگروال سید امیر، ارکان حرب امریکا به‌حیث قوماندان قوای هوایی و مدافعه هوایی، او در لغمان تولد یافته بود. قبلاً به‌حیث قوماندان قطعه میگ ۲۱ بگرام ایفای وظیفه می‌کرد.
- دگرمن محمد اکبر مقصودی، رئیس ارکان قوای هوایی و مدافعه هوایی از پنجشیر و قبلاً به‌حیث سرانجنیر بگرام ایفای وظیفه می‌کرد.
- دگروال عبدالقادر پیلوت، به‌حیث قوماندان قوای هوایی از هرات، قبلاً بحیث آمر حرکات میدان هوایی سبزوار (شندند) ایفای وظیفه می‌کرد.

- دگرمن جلال‌الدین پیلوت، آمر گارنیزیون بگرام و قوماندان غند میگ ۲۱ از کابل. قبلاً به‌حیث قوماندان کندک میگ۲۱ بگرام ایفای وظیفه می‌نمود.
- دگرمن غلام سخی پیلوت، از جلال‌آباد و قبلاً به‌حیث قوماندان غند سوو در بگرام وظیفه داشت.
- دگرمن عبدالقادر، انجنیر آمر میدان بگرام، از زرمت پکتیا و قبلاً به‌حیث انجنیر غند ایفای وظیفه می‌کرد.
- دگرمن نظرمحمد پیلوت، قوماندان گارنیزیون سبزوار (شندند)، از فراه قبلاً به‌حیث قوماندان غند تعلیمی دهدادی مزار شریف ایفای وظیفه می‌کرد.
- جگرن سیف‌الرحمن، آمر میدان دهدادی مزار شریف از قره‌باغ کابل.
- جگرن اسدالله پیلوت، قوماندان غند ترانسپورت از غزنی.
- دگرمن عبدالرازق، رئیس لوژیستیک قوای هوایی و مدافعه هوایی از پنجشیر.
- دگرمن انجنیر محمد یعقوب، رئیس تعلیم و تربیه از جبل‌السراج.
- دگرمن انجنیر مرتضی‌قل، سر انجنیر قوای هوایی از آقچه.

این قدم اول تعیینات قوای هوایی و مدافعه هوایی بود، تا فرماندهان پیشین را تعویض و امور محوله را پیش ببرند. زمانی‌که جدول تعیینات را به سردار محمد داوود پیشکش نمودم، سردار محمد داوود به رهبری قوماندانی قوای هوایی و مدافعه هوایی علاقه گرفته گفت:

«من این رفقا را نمی‌شناسم. شما کدام محکی را در تعیین آن‌ها در نظر گرفته‌اید؟»

در پاسخ گفتم:

«باید تذکر داد همه افسرانی که در تعیینات پیشنهاد شده، رفقایی اند که در قیام ضد سلطنتی سهم برجسته گرفته بودند. دوم این‌که در تعیینات، اصل شایستگی و استحقاق در نظر گرفته شده. در این جا تنها در قسمت تعیین قوماندان عمومی قوای هوایی و مدافعه هوایی نظر شما را می‌خواهم که مرا کمک کنید.»

در این اثنا سردار محمد داوود گفت:

«چه مشکلی است؟»

گفتم: «مشکلی نیست فقط می‌خواهم بگویم که برای قوماندانی عمومی من دو کاندید دارم؛ کاندید اول افسر پیلوتی می‌باشد که ارکان حربی خود را از ایالات متحده امریکا گرفته و رتبه دگروالی دارد، و کاندید دوم هم یک افسر پیلوت است که تحصیلات را در اتحاد شوروی به پایه اکمال رسانیده. کاندید اولی نسبت به کاندید دومی دو سال قدم دارد. آیا شما به تقرر این دو افسر کدام نظر خاصی دارید؟»

سردار محمد داوود سخت متوجه شد و قیافه جدی‌تری را به‌خود گرفت و گفت:

«شما بهتر می‌دانید که من این دو کاندید را نمی‌شناسم. همین‌قدر کافی‌ست که از رفقای ما می‌باشند. شما جوان هستید و زندگی هنوز روبروست. به شما یک نصیحت می‌کنم که سرمشق کار خود همیشه قرار داده باشید. زیرا شما در آینده به این‌گونه مسائل خیلی زیاد روبرو می‌شوید. در اداره چه خورد است و چه بزرگ یکی حق است دیگری قانون. زمانی‌که کسی مستحق وظیفه یا پاداش می‌باشد دریغ نکنید! حق ایشان را ادا کنید. اگر در جریان کار قانون‌شکنی کرد، آنگاه قانون را بالای او تطبیق کنید. در آن صورت کار شما خیلی سهل می‌شود. فلهاذا، کاندید اول شما دو سال قدم دارد و او مستحق است. حقش را بدهید.»

بدین ترتیب سردار محمد داوود جدول تعیینات را امضأ کرد و در ضمن خاطرنشان ساخت که کار من از قوای هوایی ختم می‌شود و باید در مرکز با وی وظیفه اجرا کنم.

سپس مقرری جدید در قوای هوایی و مدافعه هوایی ابلاغ شد. در آن‌روز دگروال سید امیر قوماندان عمومی و دگرمن محمد اکبر مقصودی رئیس ارکان را ذریعه هلیکوپتر از بگرام به کابل انتقال داده و طی محفلی در صحن مقابل قرارگاه به افسران قرارگاه قوای هوایی و

مدافعه هوایی معرفی نمودم. آن‌ها پس از صحبت مختصری پیرامون نظام نوین جمهوری، وظایف خود را اشغال کردند.

نخستین کابینه

روز دهم اسد، در داخل عمارت صدارت با محترم داکتر حسن شرق روبرو شدم. او با عجله گفت که خودت را جستجو داشتم خوب شد که به‌موقع آمدید: «خودت را صدراعظم صاحب می‌خواهد البته کدام کار عاجل دارد. عجله کن در دفتر وزیر دفاع انتظارت می‌باشد.»

من به‌سوی دفتر وزیر دفاع روانه شدم که در منزل دوم عمارت مقابل ارگ واقع بود و سردار محمد داوود را در داخل دفتر تنها یافتم. در مقابل میزش نشستم. او مرا خطاب نموده گفت:

«به وزارت مخابرات برو!»

در شروع فکر کردم که ممکن کدام حادثه‌ی اتفاق افتیده که مرا عاجل خواسته است. قدری به‌خود فرو رفتم سردار محمد داوود فوراً درک کرد که پیشنهادش را دقیق نفهمیده‌ام. باز مرا خطاب کرده گفت که:

«به‌حیث وزیر مخابرات فردا باید اشغال وظیفه کنید!»

او به سخنان خود ادامه داد که پیشبرد امور وزارت، نسبت به اقدام بزرگی که انجام داده‌اید، مشکل‌تر نیست و من شما را هم‌کاری می‌کنم. او علاوه کرد که:

«مردم سخت انتظار کابینه جدید را دارند و ما نمی‌توانیم بیشتر از این کابینه را معطل کنیم. از همین اکنون آماده‌گی خود را بگیر!»

حرف بیشتری نداشتم که ابراز کنم و از دفترش بیرون شده دوباره روانه صدارت شدم، جایی که دیگران انتظار مرا داشتند. زمانی که داکتر حسن شرق را مجدّداً در آنجا ملاقات کردم، خنده‌کنان گفت: «صدراعظم صاحب به شما پیشنهاد خاصی کرد؟»

گفتم: «بلی.»

گفت: «پس از همین لحظه آماده‌گی خود را بگیرید، فردا وظیفه جدید باید اشغال شود.»

سردار محمد داوود پس از آن‌که موافقهٔ اعضای کمیته مرکزی را به‌حیث رئیس دولت گرفت، در جلسه اشاره به وظایف بعدی اعضای کمیته مرکزی نموده‌بود. درآن جلسه داکتر حسن شرق را به‌حیث وزیر عدلیه نامزد کرد، اما بنابر مشوره و اصرار اعضای کمیته مرکزی، او را به‌حیث معاون صدراعظم تعیین نمود، ورنه سردار محمد داوود در تصاحب کرسی-های دولتی عطش بیکران داشت. او می‌خواست که هم رئیس دولت، هم رئیس حکومت، وزیر دفاع و هم وزیر خارجه باشد!

مونتسکیو[۱۵] مؤلف اثر جاودان «روح القوانین» میگوید:

«اگر در کشوری حق اعمال هر سه قوه در اختیار یک فرد یا گروه قرار گیرد، آن وقت فاتحه همه چیز را باید خواند.»

پایان جمهوری اول سردار محمد داوود، از همین آغازش هویدا بود. شخصی که همه وظایف مهم دولتی را برای خود تخصیص داده، چگونه می‌توانست از عهده این بارِ گران، سر به سلامتی بدر کند؟ همان حرف حافظ شیراز است:

هر که می‌داند که درد سر بقدر دولت است
کی کلاه خود به تاج پادشاهی می‌دهد

مسلماً که مردم به زودی از نیات سردار محمد داوود آگاهی یافتند. سید مسعود پوهنیار یکی از نزدیکان وی در این زمینه در کتاب خود «قربانیان استبداد» می‌نویسد:

---

۱۵ Charles Louis de Montesquieu.
"There would be an end of everything, were the same man or the same body, whether of the nobles or of the people, to exercise those three powers, that of enacting laws, that of executing the public resolutions, and of trying the causes of individuals."

«خود داوود خان وزیر دفاع، وزیر امور خارجه، صدراعظم و رئیس دولت بود. شرق بار دیگر در کنار داوود جاگرفته و منصب معاونیت صدارت عظمی را به‌دست آورد. از همین زمان بود که ترکیب این چنین دولت، باعث به‌وجود آمدن شکوکی در اذهان گردید.»

زمانی‌که به من کرسی وزارت مخابرات پیشنهاد شد، از نظر روانی من آمده نبودم و حتی لباس مناسب ملکی که شایسته معرفی شدن را با کارمندان وزارت می‌کرد آماده نداشتم! پاچاگل خان و فیض‌محمد خان نیز مانند من آماده‌گی لازمی برای اشغال کرسی در کابینه را تدارک ندیده بودند. این مشکل هم به سرعت حل گردید و ما خود را برای اشغال وظیفه جدید آماده نمودیم.

شب دهم اسد اعضای کابینه اعلام شد و اولین جلسه کابینهٔ جدید، به ساعت نه بجه صبح در تالار وزارت خارجه دایر گردید. دراین جلسه برای نخستین بار، با یک عده چهره-های جدید معرفی شدم، که در معرفی و انتصاب آن‌ها در کابینه، مشوره‌های دوستان خصوصی سردار محمد داوود و داکتر حسن شرق نقش داشتند.

داکتر عبدالمجید که مرد مسن و قدکوتاه بود و زمانی هم به‌حیث وزیر معارف ایفای وظیفه می‌کرد، بسمت وزیر عدلیه و پروفیسور نظرمحمد سکندر که متخصص قلب بود به‌حیث وزیر صحت عامه، توسط سردار محمد داوود معرفی شدند. اما نقش داکتر حسن شرق در معرفی نعمت‌الله پژواک، جیلانی باختری، محمد خان جلالر و داکتر عبدالرحیم نوین تعیین‌کننده بود.

در آغاز جلسه، سردار محمد داوود بعد از مقدمه مختصری، همه را به مسئولیت‌های شان متوجه کرد و سپس داکتر عبدالمجید از اعتماد سردار محمد داوود سپاس نموده و به نمایندگی از تمام اعضای کابینه، وعدهٔ همکاری صادقانه را در راستای برآوردن اهداف نظام جمهوری داد. جلسه بعد از یک ساعت پایان یافت و همه از تالار وزارت خارج شدند.

هنوز از صحن وزارت خارج نشده بودیم که داکتر عبدالرحیم نوین خواهش کرد که وزرأی محترم اسم و تخلص خود را دقیق معرفی کنند، تا بعد ازاین در نشرات رسمی دولت کوتاهی صورت نگیرد.

در این اثنأ، غوث‌الدین که بالای زینه‌های مرمرین وزارت خارجه ایستاده بود، با عجله خواهش کرد که مرا کمک کنید تا برای خود تخلصی را انتخاب کنم. همه به حیرت رفتند و به یک‌دیگر نگاه کردند و سرانجام فیصله ما همین شد که انجنیر غوث‌الدین فایق بهترین شکل معرفی شما می‌باشد. «فایق» به خاطر برای شما سازگاری دارد که حرکت قیام را به پیروزی رساندید. غوث‌الدین خیلی از این تخلص مباهات نمود و خوش شد و همین پیشنهاد را بدون کم‌وکاست و تبصره، به داکتر نوین توضیح داد.

از صحن وزارت بیرون رفتیم و من روانه وزارت مخابرات شدم. موتر یکی از جنرال‌های پیشینِ قوای هوایی در اختیارم قرار داشت و رانندهٔ آن هم در رابطه به دفتر وزیر مخابرات معلومات نداشت. بعد از مشکلات زیاد راه وزارت را سراغ نمودم و از زینه‌های کوچک و تنگ بالا رفتم و در منزل سوم در عقب دروازه‌یی قرار گرفتم که مقام وزارت نوشته شده بود. داخل دفتر شدم، پسر جوانی نشسته بود. نخست مرا دید، به حیرت رفت و بعد پرسید که شما وزیر صاحب هستید؟ گفتم بلی.

او مرا به دفتر وزیر همراهی کرد. تمام کارمندان به دفتر سرازیر شدند. نخست با هیئت رهبری وزارت مخابرات یعنی معین، رؤسا و مدیران عمومی معرفی شدم، بعداً با تمام کارمندان وزارت مخابرات در یک تالار بزرگ ملاقات نمودم و اهداف نظام نوین جمهوری را برای همه توضیح دادم و بدین ترتیب در وزارت مخابرات کار خود را آغاز کردم.

فصل سوم

طرح جبهه متحد به خاطر دفاع از نظام جمهوری

عقل با عقل دیگر دو تا شود
نور افزون گشت راه پیدا شود

- مولانا جلال الدین بلخی

با اعزام خاندان سلطنتی به روم، بالعموم بدگمانی جدی در میان افسران قوای هوایی و مدافعه هوایی نسبت به نظام و بطور اخص نسبت به نیات سردار محمد داوود، به‌وجود آمد که می‌توان سرآغاز افول ستاره نظام را در آن دانست. همین افسران جوان و سرکش که احساسات شریفانه‌ی خدمت گذاری را به مردم و وطن داشتند، مرا سخت زیر فشار قرار دادند که نباید گذاشت تا سردار محمد داوود دوباره به دامان خاندان خود قرار گیرد. این افسران سه دلیل قانع‌کننده ارایه داشتند:

۱. نخست این که سردار محمد داوود، خاندان سلطنتی را به عشرتگاه شاهان تاریخ‌زده فرستاد و اراده ملت در این زمینه مطرح نبود.

۲. دوم سردار محمد داوود جلو شمولیت عده‌ی از افسران هوایی را در کمیته مرکزی نام‌نهاد گرفت که از لیاقت، شایستگی و ایمان‌داری به نظام نوین برخوردار بودند، در حالی‌که بازهم باید تأکید نمایم که افسران قوای هوایی از هر نقطه نظر فهم، دانش، صداقت و سویه تحصیل، نسبت به هر یکی از اعضای کمیته مرکزی، مستحق‌تر بودند و هم شایستگی داشتند. افسران نیروهای هوایی استدلال می‌کردند که اشخاصی مانند سردار حیدر رسولی، مولاداد، دگرمن یوسف، خلیل و سرور نورستانی، نه مستحق بودند و نه هم شایستگی و تقوای لازمی را داشتند. به‌ویژه غلام حیدر رسولی و عبدالقدیر نورستانی را نمادی از ارتشاء و فساد می‌پنداشتند. لیکن با دریغ فراوان که بنابر روابط و ملحوظات معین، آن‌ها کالبد سیاسی جمهوری نوین را تشکیل می‌دادند.

۳. سوم سردار محمد داوود با کهولت، کهن‌سالی و حالت علیلی که داشت، مغایر کلیه قوانین طبیعت حرکت کرد و تمامی کرسی‌های اساسی و مهم نظامی و ملکی حکومت را در تصاحب خود گرفت و به‌خود تخصیص داد که عطش کسب قدرتش را به‌مثابه یک دیکتاتور ثابت می‌ساخت. یعنی سردار محمد داوود هم رئیس دولت،

هم صدراعظم، هم وزیر دفاع و هم وزیر خارجه بود! از نگاه سردار محمد داوود، جامعه فاقد شخصیت‌های شایسته، لایق و با تجربه بود. پس چطور ممکن است مرد سالخورده‌ای که از نظام جمهوری، مردم و قدرت مردم حرف به زبان می‌آورد، اما در عمل برخلاف آن حرکت می‌کند؟

از نظر افسران قوای هوایی و مدافعه هوایی، خیلی تعجب‌آور بود که شخصی چون سردار محمد داوود چگونه موقعی که در موقف متغیر سیاسی قرار می‌گیرد و اوضاع اجتماعی بحران‌آلود وخامت پیدا می‌کند، رفتارش بیشتر ابلهانه می‌شود و به اقدامی دست می‌زند که سرانجام به نابودی خودش و خاندانش کمک می‌کند. یک اصطلاح معروف لاتینی است که در باره وی صدق دارد و می‌گوید: «وقتی که خداوند می‌خواهد کسی را نابود سازد ابتدا عقلش را می‌گیرد.»

از اینرو، افسران هوایی که کتله خیلی آگاه ارتش را تشکیل داده بودند، خودخواهی سردار محمد داوود را به تمسخر گرفتند و ضرب المثل وطنی را تکرار می‌کردند: «سالی که نکو-ست از بهارش پیداست!» آن‌ها سخت تلاش داشتند تا جلو انکشاف خودسری سردار محمد داوود گرفته شود و سردار محمد داوود باید به این باور شود که افسران قوای هوایی و مدافعه هوایی، مطمئن ترین پایگاه حراست و دفاع از نظام جمهوری می‌باشند.

به باور کامل باید اظهار داشت که یگانه راه گسترش و تکامل درست نظام نوین جمهوری و استحکام آن، فقط در ایجاد یک جبهه متحد ملی و مترقی نهفته بود که می‌توانست تمامی نیروهای سیاسی داخل کشور را، صرف نظر از اختلافات گوناگون قومی، قبیلوی، سیاسی، منطقوی و غیره در زیر یک چتر وسیع جبهه گرد آوَرَد و فرصت آن‌را ندهد تا نیرو-ای از نیروهای سیاسی جامعه بیرون جبهه متحد ملی قرار گیرد و احساس تعصب، تحقیر و جدایی نماید. مسلماً که این مشی سیاسی، آغاز پروسه استحکام نظام نوین بوده و ماهیت واقعی نظامی نوین جمهوری را به نمایش می‌گذاشت.

رهبری موقت نظام و یا به اصطلاح کمیته مرکزی، به همکاری جبهه متحد ملی، قانون اساسی جمهوری را تسوید و طی یک مجلس کبیر ملی تصویب می‌کرد. قانون اساسی‌ای که به ابتکار مردم و حمایت مردم به میان می‌آمد، مسلماً از طرف مردم احترام می‌شد و زمینه اتحاد، اتفاق، یک‌پارچگی ملی و ترقی اجتماعی را مساعد می‌ساخت.

با درک ضرورت و نگرانی افسران قوای هوایی و مدافعه هوایی و سایر روشنفکران و شخصیت‌های ملی، من تلاش کردم تا بعد از اشغال کرسی وزارت مخابرات، تماس‌ها و مذاکرات را با احزاب و سازمان‌های سیاسی و شخصیت‌های آگاه جامعه، آغاز نمایم.

دراین راستا، نخستین تماسم با نورمحمد تره‌کی، رهبر حزب دموکراتیک خلق (جناح خلق) صورت گرفت. من از سوابق روابط نورمحمد تره‌کی با سردار محمد داوود آگاهی نداشتم که هر دو نسبت به یک‌دیگر چگونه مناسباتی دارند و حس نفرت و یا دوستی را نسبت به یک‌دیگر پرورش داده اند. البته در سال‌های بعد، از مناسبات سردار محمد داوود و نورمحمد تره‌کی آگاهی یافتم و داکتر حسن شرق پیرامون آن در کتاب خود روشنی انداخته بود.

نورمحمد تره‌کی در رابطه به پیشنهاد ایجاد جبهه متحد ملی، به‌طور خلاصه دو موضوع را مطرح ساخت: «اگر سردار محمد داوود شما را به‌طور رسمی به خاطر ایجاد جبهه متحد ملی موظف می‌سازد، ما خلقی‌ها آماده هستیم در زمینهٔ به‌وجود آمدن جبهه متحد کار مشترک کنیم.»

تره‌کی اضافه کرد که در رابطه به سازمان پرچم، موقف ما روشن است. آن‌ها از بدنه حزب دموکراتیک خلق افغانستان جدا شدند. دروازه حزب به‌روی شان باز است باید دوباره به حزب دموکراتیک خلق بپیوندند و راه دیگری وجود ندارد.

بدون تردید تره‌کی از ایجاد جبهه متحد ملی حمایت کرد، اما شرط او که مرا سردار محمد داوود رسماً در این استقامت وظیفه بدهد، عملی نبود. زیرا تره‌کی خوب می‌دانست که سردار محمد داوود این ابتکار را هرگز نمی‌کند. اگر من ابتکار این طرح را به‌دست داشتم،

بدون توافق و اجازه سردار محمد داوود صورت گرفته‌بود. زیرا می‌خواستم وسیله فشاری مستمر وجود داشته باشد. در غیر آن، سردار محمد داوود به‌خاطر انحصار و تقویت قدرت شخصی‌اش با تشکیل هرگونه جبهه سیاسی مخالف بود. طبیعت سردار محمد داوود با هر امری که زمام او را تهدید و تحدید می‌کرد، سازگار نبود. زیرا سردار محمد داوود نمی-خواست که کنترول حکومت را از دست دهد.

در استقامت تماس با جناح پرچم، به همکار و دوست دیرینه‌ام، عنایت نبیل وظیفه دادم که با ببرک کارمل و یاران نزدیک او در زمینه به‌طور مشخص صحبت کند، تا مبادا فرصت‌های تاریخی را از دست داده باشیم. نبیل شناخت نزدیک با کارمل داشت. زمانی که عنایت نبیل به نمایندگی از من با کارمل رهبر جناح پرچم حزب دموکراتیک خلق و نور احمد نور، موضوع ایجاد جبهه متحد را مطرح ساخت، کارمل به‌طور مطلق ایجاد هرگونه جبهه‌ای را رد کرد. فقط پیشنهاد کارمل این بود: «چون رهبری موجود نظام جمهوری مترقی است، فلهاذا در این مرحله حساس نباید به رهبری نظام نوین درد سری ایجاد کنیم. بگذاریم که رهبری وظایف انقلابی خود را انجام دهد! هر سازمان و حزبی که خود را مترقی می‌شمارد، در این مرحله باید منحل شود و با دولت همکاری کند و خود را در دولت مدغم سازد.»

عنایت نبیل پاسخ کارمل را که در هشت ماده به رنگ سرخ رقم شده‌بود، برایم سپرد که تشکیل هرگونه جبهه را چالشی برای نظام نوین جمهوری می‌پنداشت.

چرا کارمل طرح ایجاد جبهه متحد را رد کرد؟ او به این عقیده بود که سردار محمد داوود یگانه الترناتیفی که برای ایجاد اداره دولتی دارد، فقط در اتکا به جناح پرچم است که از طریق داکتر حسن شرق معاون صدراعظم و فیض‌محمد خان وزیر داخله در جامعه تعمیل می‌شود. این محاسبه از نظر تکتیکی خیلی دقیق بود، زیرا تقرر ۲۱۴ کرسی حکومتی کشور به اثر پیشنهاد وزیر داخله و منظوری معاون صدراعظم صورت گرفت. حتی در تعیین والی‌های ولایات، دست رسا داشتند. از همین‌جا بود که ۱۰۴ حاکم تنها از بخش

پرچم به وظیفه گماشته شدند و به همان تناسب والی‌های ولایات نیز مقرر گردیدند. البته موضوع تقرری یک‌جانبه ولسوال‌ها را من زمانی با فیض‌محمد خان وزیر داخله مطرح ساخته و خاطرنشان ساختم که این شیوه گزینش عواقب ناگوار دارد. او در پاسخ گفت که کمیته مرکزی حزب دموکراتیک خلق (پرچم) برایش هدایت داده تا بدون تصویب کمیته مرکزی، به تقرری ولسوال‌ها خودسرانه مبادرت نورزد. وزیر داخله از من تقاضا کرد که اگر کاندیدی برای ولسوالی‌ها و یا ولایات دارم، او حاضر است موضوع را به کمیته مرکزی پرچم ارجاع و موافقه تقرری آن‌را حاصل کند. چنین موضع‌گیری آشکار فیض‌محمد خان وزیر داخله، برایم غیر قابل تصور بود. اما من نتیجه‌گیری خود را نمودم و بیشتر در زمینه اصرار نکردم.

اما از نظر راهبردهای عمومی، گزینش سیاست انحصارگری، بزرگترین اشتباه برای سردار محمد داوود و هم برای جناح پرچم، به‌ویژه داکتر حسن شرق و فیض‌محمد خان پنداشته می‌شد. نمی‌توان انکار کرد که سازمان پرچم، محض پایگاه کوچکی را در حلقات روشنفکری شهری جامعه، برای سردار محمد داوود تشکیل داده بود که عواقب خیلی دردناک داشت. روش دنباله‌روی کورکورانه و نادیده گرفتن احساسات عقیدتی و فرهنگی مردم، به‌حیث دو عامل تحریکات جنبش ضد نظام، در داخل و خارج کشور قرار گرفت.

در سال‌های اخیرِ زمامداریِ سردار محمد داوود، افراد جناح پرچمِ حزب دموکراتیک خلق افغانستان، از مقامات مهم دولتی تصفیه شده بودند و در سال‌های بعدی که نه پیروان کارمل در دستگاه دولتی بودند و نه هم من نقشی در دولت داشتم، با ببرک کارمل ملاقات‌های زیادی داشتم که همیشه از اشتباهات خود و سازمان خود اعتراف می‌کرد و آن‌را ناشی از عدم اعتمادِ روشنفکران و سلیقه‌های گوناگونِ سیاسیِ نهضت چپ می‌- پنداشت.

بدون تردید با کسانی‌که مسئله ایجاد جبهه ملی را مطرح ساخته بودم، خود را به سردار محمد داوود نزدیک و خوش خدمتی کردند و موضوع را اطلاع دادند و سردار محمد داوود

از تلاش‌هایم برای ایجاد جبهه متحد ملی، آگاهی یافت. او در یکی از روزها همین قدر یادآور شد:

«هنوز وقت است، در آینده روی این موضوع فکر می‌کنیم و تماس خود را با افراد مشخص قطع کن.»

از همین‌جا بود که تلاش برای ایجاد جبهه متحد پایان یافت. آن عده افسرانی که با من در سقوط سلطنت سهم فعال داشتند، در موقف دشواری قرار گرفتند. از یک‌طرف عدم موجودیت یک سازمان فراگیر و از جانبی هم تشویش از گرایشات انحرافی سردار محمد داوود، اوضاع افسران ارتش را در مجموع پیچیده ساخت. از اینرو، در جلسات و مذاکراتی که عمدتاً با افسران قوای هوایی داشتم، نظرات خود را پیرامون سازمان نظامی و موثریتی که آن از سالیان متمادی داشت، به‌طور مشخص برای‌شان بیان کردم و تأکید نمودم که بعد از این، سازمان نظامی موجودیت ندارد و شما افسرانی که تا حال برای انجام یک هدف والای ملی فعالیت داشتید و آن هدف که تأسیس نظام نوینِ جمهوری بود، به‌دست آوردید و حالا موجودیت چنین یک سازمان نظامی، موجه نیست. فلهاذا، هر کدام شما می‌توانید تصمیم لازمی در باره‌ی فعالیت‌های سیاسی آینده خود بگیرید. تعداد زیادی از احزاب و سازمان‌های سیاسی مترقی در جامعه فعالیت دارند و شما می‌توانید در همان سازمانی تنظیم شوید که بعد ازاین و از طریق همان حزب و سازمان، زمینه‌ی سهم‌گیری و خدمت-گذاری را در کشور مفید می‌دانید. یعنی پس از این هر کدام شما مسئولیت خود را دارید. وظایف شما در سقوط نظام سلطنتی، تاریخی و خیلی برجسته پنداشته می‌شود. به نظرم، اگر قرار باشد که دست‌جمعی داخل کدام سازمان مشخصی گردید، اشتباه خواهد بود. دراینجا تصمیم فردی مطرح بحث است و بس.

یکی از رفقا پرسید که موقف شخص خود من چگونه ارزیابی میشود. البته بنابر موقف پیچیده‌ای که با دولت داشتم، همین‌قدر گفتم که عجالتاً عضو هیچ یک از سازمان‌ها یا احزاب نخواهم شد.

بدین ترتیب، تشکل نظامی سیاسی خود را بعد از تقریباً شش سال، منحل اعلام نمودیم و حق‌العضویت‌ها که در سال‌های طولانی تجمع کرده بود، برای دو افسری که مشقت زندان را کشیده بودند کمک شد و در حدود یک‌هزار جلد کتاب را که از پول حق‌العضویت خریده شده بود، در تصاحب یکی از رفقا قرار داده‌شد و بعد ازاین شرایط دشواری به‌وجود آمد. کسانی که حلقه خطرناکی را به‌دور سردار محمد داوود تشکیل داده‌بودند، از هم‌پاشی سازمان نظامی نیروهای هوایی و قوای هوایی را جشن گرفتند و یک‌دیگر را تبریک گفتند. اکثریت این افسرانِ قوای هوایی در بخش حزب خلق تنظیم شدند و عده‌ی خیلی معدود به سازمان پرچم پیوستند. بر اساسِ پیوستنِ همین افسران آگاه و جوان بود که سازماندهی حزب دموکراتیک خلق، در بخش ارتش رونق یافت و نیروی بالقوه در اختیار آن حزب قرار گرفت. عامل اساسیِ این پیوستن‌ها، در تصفیه‌ی افسران از قوای هوایی و مدافعه هوایی و توهین و تحقیر آن‌ها نهفته بود، که از طرف سردار محمد داوود و همکاران نابخرد او صورت گرفت. به اصطلاح مردم ما که این دولتِ خودکامه و اتوکراتیکِ سردار محمد داوود بود که خودش تیشه را به ریشه خود زد و بهترین فرزندان نظامیِ جمهوری را از خود راند.

اتکای بیش از حدِ دولت بالای یک محورِ آرمان‌گرای وابسته به شوروی، تبلیغات جنون‌آوری را در داخل و خارج علیه نظام نوین جمهوری به میان آورد. بعضی از کشورهای سنت‌گرای اسلامی، به‌ویژه عربستان سعودی، تشویش از گرایشاتِ سیاسی نظام نوین از خود نشان داد. از اینرو، لازم دیده‌شد تا سید افغانی، که یکی از روحانیون روشنفکر و آگاه سیاسی بود، در رأس یک هیئت به عربستان سعودی فرستاده شود، تا ذهنیت کاذب و زهرآگینی که از طرف دشمنان داخلی و خارجی افغانستان ایجاد گردیده بود، خنثی ساخته شود. قراری که سید افغانی از گزارش سفر خود به عربستان سعودی برایم حکایه کرد، او گفت که علاوه بر ملاقات‌ها با روحانیون و مذهبیون در عربستان، از طریق تلویزیون آن کشور، برای دو ساعت پیرامون نظام نوین جمهوری و اهداف آن صحبت کرده‌است.

مشِ جدید سیاسی دولت سردار محمد داوود، که در بیانیه‌ی «خطاب به مردم» بازتاب گردیده بود، قضیه‌ی پشتونستان را به مثابه عنصر اساسی و مهم، در سیاست خارجی بازتاب نموده‌بود، که زمامداران پاکستان را به امنیت ملی‌شان متوجه جدی ساخت. برای مقابله با چالش‌های نو، حکومت پاکستان سازمان استخباراتی (آی اس آی) را در سال ۱۹۷٤ در قالب دیگر و با وظایف بزرگتری بازسازی کرد، که استقامت فعالیت‌های آن را هند و افغانستان تشکیل می‌داد. سردار محمد داوود، علی‌الرغم واقعیت‌های نوی که در عرصه بین‌المللی و منطقه در چند دهه اخیر پدیدار گردیده بود، مسئله پشتونستان را چه در اعلامیه تأسیس نظام جمهوری و هم در بیانیه «خطاب به مردم»، بار دیگر به شکل کلاسیک آن مطرح ساخت. بدون تردید در دامن زدنِ جنون‌آمیزِ مسئله پشتونستان، علاوه بر باورهای قبیله‌گرائی و گرایشات اندیشه‌ای شخص سردار محمد داوود، عوامل بیرونی نیز بیشتر دخیل بود. در این رابطه، باید افزود که سفر هیئتِ بلندرتبه نظامی اتحاد شوروی در اوایل عقرب سال ۱۳۵۲، تحت ریاست مارشال ماسکولینکو[۱۶] معاون وزیر دفاع اتحاد شوروی، تحریکات را در سیاست خارجی نسبت به پاکستان به‌وجود آورد و مارشال هوایی که هییت عالی‌رتبه نظامی شوروی را همراهی می‌کرد ، با پرواز هلیکوپتر مرز افغانستان را عبور کرد و در حدود ده کیلومتر داخل خاک پاکستان شد. در نتیجه سفر این هیئت عالی رتبهٔ نظامی، یک قطعه طیارات شکاری افغانستان از میدان هوایی بگرام به میدان هوایی قندهار تعبیه شد.[۱۷]

---

[۱۶] Kirill Semyonovich Moskalenko

[۱۷] مارشال ماسکولینکو معاون وزارت دفاع اتحاد شوروی، در رأس یک هییت بلند رتبهٔ نظامی در خزان سال ۱۳۵۲ وارد کابل شد. در ضیافتی که به افتخار هیئتِ مذکور در تالار پذیرایی وزارت امور خارجه ترتیب داده شد، در یک وقفه ی کوتاه وظیفهٔ ترجمانی سردار محمد داوود را با مارشال ماسکولینکو داشتم. سردار محمد داوود گفت که از مارشال پرسان کن چند سال است در ارتش خدمت میکند؟ من از مارشال پرسش سردار محمد داوود را جویا شدم. مارشال در پاسخ گفت که پنجاه و سه سال است لباس سربازی را به تن دارد. سردار محمد داوود گفت که بلی اینها از تجارب گران‌بهایی در تاریخ کشور خود برخوردار اند.

این یک حقیقت مسلم است که در دوران جنگ سرد و مسابقه تسلیحاتی روی گسترش ساحهٔ نفوذ بین قدرت‌های بزرگ، اتحاد شوروی و هند هدف مشترکی را در قبال منطقه دنبال می‌کردند و پاکستان را به مثابه هم‌پیمانِ راهبردی دنیای غرب، هدف قرار دادند که عمدتاً متوجه بی‌ثباتی پاکستان بود. زیرا پاکستان نقش بسی خطرناکی را از بدوِ تأسیس خود در منطقه بازی می‌کرد و در بیشتر از بیست کشورهای خاورمیانه و افریقا، برای دفاع از نظام‌های ارتجاعیِ وابسته به غرب، نیروهای نظامی داشت. از اینرو، تأسیس دولتی به‌نام پاکستان، توطئه آشکارِ بریتانیای کبیر در آسیا پنداشته می‌شد. افغانستان با ساختار قبیلوی و نامتجانس اتنیکی خود، بهترین تخته خیز برای این‌گونه بازيِ شطرنج سیاسی قرار گرفت و موقف ژئوپولیتیک افغانستان، به انکشاف و تکامل صورت‌بندی اقتصادی جامعه، لطمه بزرگی وارد نمود. رهبران قبیله‌گرا هم نتوانستند از موقعیت جغرافیای سیاسی کشور استفادهٔ معقول کنند و افغانستان در مجموع قربانی جغرافیای سیاسی خود گردید.

زمانی‌که در نظام نو جمهوری، یکه‌تازی و اتکا به یک جناح معینِ سیاسی صورت گرفت، سایر سازمان‌های سیاسی به شمول خلقی‌ها، خود را در نظام جمهوری بیگانه یافتند و به سرعت به جلب و جذب افسران در قطعات قوای هوایی و تانک پرداختند. افسران ارتش هم نیازی به یک تشکل سیاسی اجتماعی داشتند، تا در حزب سیاسی فعالیت سیاسی را دوباره در شرایط نو آغاز و از پیگرد دستگاه استخباراتی نظام جمهوری، احساس مصئونیت و امنیت کنند. و یا به عبارت دیگر، شمولیت آن‌ها به احزاب سیاسی، در حقیقت واکنشی بود به برخوردهای غیرمنصفانه و غیرعادلانه‌ی سردار محمد داوود و حلقات وابسته به سلطنت. زیرا سردار محمد داوود نتوانست و یا عمدی نخواست آن‌ها را به‌حیث اصیل‌ترین نیروهای نظام نوین جمهوری در آغوش گیرد، به استثنای افسرانی که حلقه‌ی برده‌منشيِ خاندان سلطنتی را ناخودآگاه به گوش آویخته بودند. برای خلقی‌ها، پیوستن افسران قطعات و جزوتام‌های مختلف، در حقیقت تحفه عظیمی شمرده می‌شد که سردار محمد داوود به حزب دموکراتیک خلق افغانستان پیشکش نمود.

بخش پرچم توجه خود را به کادرهای ملکی مبذول داشت و به بخش نظامی آن‌قدر توجه نداشت. گمان آن‌را هم نداشتند که در کشورهای عقب‌مانده نظیر افغانستان، بدون توسل به نیروی نظامی، نمی‌شود اهداف سیاسی بزرگ را به‌دست آورد و افراد جامعه در آن سطح آگاهی فرهنگ سیاسی قرار ندارند که از طریق اصول قبول شدهٔ دموکراسی، اهداف سیاسی به‌دست آید. از این‌رو، سازمان پرچم زمانی در بخش نظامی دست به‌کار شد که وقت از وقت رفته بود. حفیظ‌الله امین با زرنگی خاص و مناسبات قبیلوی‌اش، کنترولِ نیروهای تانک و قوای هوایی را در دست گرفت.

فصل چهارم

مسئله میوندوال

گر فراق بنده از بد بندگی است
چون تو با بد بدکنی پس فرق چیست؟

- مولانا جلال الدین بلخی

قبل از آن‌که به مسئله میوندوال بپردازم، بهتر خواهد بود تا پیرامون حیات شخصی و رسمی او، کمی روشنی انداخته‌شود.

در باره‌ی سال تولد میوندوال اختلاف نظر وجود دارد، عده‌ی سال تولد او را ۱۹۱۹ و بعضی‌ها ۱۹۲۱ تذکر داده‌اند. به‌هرحال، محمد هاشم میوندوال در یک خانوادهٔ غریب از پدر مقری و مادر احمدزائی به‌دنیا آمد. پدرش مولوی عبدالحلیم مقری نام داشت. فامیل میوندوال به منطقه عاشقان‌وعارفان کابل نقل مکان کردند و خودش شامل لیسهٔ غازی و بعداً به لیسهٔ حبیبیه انتقال یافت. کار را در روزنامه اتفاق اسلام در هرات آغاز کرد و سپس کارمند آریانا شد.

دوره کار دیپلماتیک او از سال ۱۹۵٤ شروع می‌شود، یعنی زمانی که به‌حیث مستشار سفارت در واشنگتن تعیین گردید. در سال ۱۹۵۷ مامور عالی رتبه وزارت خارجه و متعاقب آن به‌حیث سفیر در لندن گماشته شد. میوندوال در سال ۱۹۵۹ به‌حیث سفیر در کراچی، در سال ۱۹٦۰ سفیر در امریکا و در سال ۱۹٦۲ دوباره به حیث سفیر در پاکستان مقرر گشت. در سال ۱۹٦٤ عضو کابینه داکتر یوسف و متعاقب آن به‌تاریخ دوم اکتوبر سال ۱۹٦۵ به‌حیث صدراعظم انتخاب شد و این وظیفه را تا ماه اکتوبر سال ۱۹٦۷ ادامه داد و سرانجام بنابر دلایل سیاسی با دربار، تحت بهانه مریضی استعفا داد و همه دارایی‌های خود را تسلیم دولت نمود.

میوندوال اختلاف عمیق با دربار داشت و دربار را مانع رشد دموکراسی و انکشاف جامعه می‌پنداشت. درحالی که او مقام صدارت را در اختیار داشت، جمعیت دموکراتیک مترقی «حزب دموکرات مترقی» را ایجاد کرد و از تکامل تدریجی نظام سوسیالیستی حمایت می‌نمود. او جریده مساوات را به‌حیث ارگان نشراتی حزب مذکور به نشر سپرد.

من با میوندوال معرفت نداشتم و نخستین بار میوندوال را در فبروری سال ۱۹٦٦ در جمع دانشجویان افغانستان در ماسکو ملاقات نمودم، زمانی که وی بنابر دعوت حکومت اتحاد شوروی وقت، به آن کشور سفر کرده‌بود. در صحبتی که او با دانشجویان در کاخ دوستی خلق‌ها داشت، یک حرفش همیشه به گوش زمزمه می‌کند: «فکر و هوش خود را بالای درس‌های خود متمرکز سازید و قلب خود را با کشور خود داشته باشید.»

اما زمانی که میوندوال در میتینگ‌های عمومی شهر کابل صحبت می‌کرد، حرف‌هایش را از لابلای جریده مساوات مطالعه می‌کردم و از کسانی که در اجتماعات و گردهم‌آیی-های وی اشتراک داشتند، می‌شنیدم. یکی از صحبت‌های عریان و بدون ترس میوندوال که همه جوانان را به حیرت آورده‌بود، در اکتوبر سال ۱۹٦۵ در پارک زرنگار طی خطابه‌ی به مردم چنین اظهار داشت:

۱. اگر شما در چوکات ماموریت به مقام صدارت هم برسید موقف شما از یک پیش‌خدمت بیش نخواهد بود. (البته در این گفته، یکی از ملازمان پادشاه را تمثیل می‌کرد)
۲. اگر در افغانستان جنرال سه‌ستاره شوید، بازهم مقام شما از یک اردلی بیش نیست. (هدف او جنرال خان محمد، وزیر دفاع بود)
۳. اگر شما در چوکات پارلمان کرسی ریاست را هم داشته باشید، ارزش شما بیش از یک بقچه‌بردار نیست. (البته هدف داکتر ظاهر رئیس شورا بود)

اولین و اسفناک‌ترین حادثه‌ای که در شروع نظام جمهوری رخ داد، موضوع به اصطلاح میوندوال بود. زمانی‌که تحول ۲٦ سرطان اتفاق افتاد، میوندوال مصروف سفری در خارج بود و قراری که بعدها معلوم شد، با شنیدن این تحول سفر خود را قطع کرد و نخست به بغداد و از آنجا مستقیم عازم کابل گردید. مسلماً که توقع خدمت‌گذاری را در شرایط نوین نظام جمهوری به وطنش داشت.

از جانبی، روند انحصار و استحکام قدرت شخصی سردار محمد داوود، مجال و فرصت هرگونه همکاری را از وی ربوده‌بود. در این‌جا سردار محمد داوود و برادرش، مهندس ساختار نظام نوین جمهوری بودند که در ماهیت، با نظام شاهی پسر عم‌اش ظاهر شاه، تفاوتی نداشت. میوندوال که در ضدیت با خاندان محمدزائی و به‌ویژه با سردار محمد نعیم و سردار نوراحمد اعتمادی قرار داشت، یک سروگردن نسبت به هرکسی بالاتر بود و تلاش می‌نمود تا در نظام نوین، مجال سهم‌گیری وسیع اقشار جامعه و روشنفکران را مساعد سازد. او که بنیان‌گذارِ حزب سوسیال دموکرات افغانستان بود، از طریق هواداران خود و عده‌ی از اراکین اسبق نظامی و ملکی، اندیشه و نگرانی خود را نسبت به روندِ موجودِ نظامِ اجتماعی، ابراز می‌داشت.

در «خطاب به مردم» سردار محمد داوود که به تاریخ اول سنبلهٔ سال ۱۳۵۲ پخش شد، دو نکته در رابطه به جلب مردم در جهت استحکام جمهوری جوان، قابل توجه است:

الف: «با از بین رفتن رژیم گذشته، اکنون امکانات آن به‌وجود آمده‌است که کلیه قوای دولتی به‌دست مردم و استقرار حاکمیت ملی، در وجود جمهوری جوان و دموکراتیک افغانستان متمرکز گردد.»

ب: «در این مرحله خطیر و حساسِ تاریخی، تمام نیروهای ملی و مترقی و تمام طبقات وطن‌پرست کشور، در یک جبهه وسیع، تحت لوای رژیم جمهوریت جوان کشور، متحد گردند.»

موضوع دیگری که سردار محمد داوود به مردم وعده کرد، مسئله قانون اساسی کشور بود. او در «خطاب به مردم» گفت: «در زودترین فرصت، کمیسیونی به غرض مطالعه و تدوین مسوده قانون اساسی جدیدِ جمهوریت، تعیین گردیده و پس از طی مراحل قانونی و تصویب آن، از طرف مجلس کبیر افغانستان به مرحله انفاذ درآید و دموکراسی واقعی ملی تحقق یابد.»

این طرح‌های قشنگ و پرمحتوی، مستلزم آن بود که سردار محمد داوود بایست شکیبایی و حوصله‌مندیِ پذیرشِ طیفِ وسیع افکارِ گوناگون سیاسی را، در خود و در همکاران نزدیک خود پرورش می‌داد. مع‌الاسف کردار با گفتار، تفاوتِ زمین و آسمان را داشت و در صدد آن برآمد تا عقده‌های ده سال حقارت و خانه‌نشینی خود را به شکلی از اشکال، از رقبای سیاسی و جریانات و سازمان‌های سیاسی کشور، برآورَد.

پس از یک‌ماه تأمل، برادرش سردار محمد نعیم را به‌حیث نماینده خاص موظف ساخت تا به کشورهایی که تمایلات و وابستگی‌های سیاسی دارد، اعزام نماید.

سردار محمد نعیم، نماینده خاص و فوق‌العاده سردار محمد داوود، به‌تاریخ نوزدهم سنبله، روانه اتحاد شوروی شد و در ماسکو ملاقاتی با کاسیگین[۱۸] صدراعظم اتحاد شوروی داشت و ده روز بعد، یعنی به‌تاریخ بیست‌ونهم سنبله، روانه دهلی شد.

ساعت ده بجهٔ روز بود که من همراه با سایر اعضای کابینه، غرض مشایعت سردار محمد نعیم، به میدان هوایی کابل رفتم. تعداد زیادی از اراکین عالی‌رتبه دولتی در میدان آمده‌بودند. هوای صاف و آفتابی کابل، نسیم خیلی گوارا را با خود داشت. زمانی‌که با عده‌ی از شخصیت‌های حکومتی سرگرم صحبت بودم، در این اثنأ عبدالقدیر نورستانی قوماندان ژاندارم و پولیس آهسته‌آهسته خود را به من نزدیک ساخت و گفت که شکاری خیلی قوی به‌دست آمده است. من تعجب کردم که چه شکاری؟

گفت: «حتما خبر می‌شوید.»

باز از وی پرسیدم که بهتر است همین اکنون حرف‌های خود را بیان کند.

گفت: «توطئه‌ی خیلی بزرگ را کشف کرده‌ایم و بعد از عزیمت وزیر صاحب نعیم خان، مستقیماً نزد رهبر میروم تا امر گرفتاری آن‌ها را صادر کند.» او باز تکرار کرد که «اسناد انکار-ناپذیر به‌دست داریم و رهبر را حتماً قانع می‌سازیم.»

---

[۱۸] Alexei Nikolayevich Kosygin آلکسی نیکولایویچ کاسیگین، سیاست‌مدار برجسته و صدراعظم اتحاد شوروی در دوران جنگ سرد.

حرف‌های قوماندان عمومی پولیس مرا به حیرت آورد. زیرا یک روز قبل میوندوال نگرانی داشت و گل‌محمد کوهستانی را که از همکاران پیشین او بود، نزدم فرستاد و تقاضا داشت که مرا ملاقات کند. نخست گل‌محمد کوهستانی در دفترم از مرگ مادرش خبر داد، که برای آن مرحومه طلب مغفرت نمودم، و بعد گفت:

«دیروز من و محترم میوندوال از کوهستان، جایی که مادرم را دفن نمودم با عجله روانه کابل شدیم، زیرا که میوندوال صاحب فضای سیاسی را آن‌قدر خوب نمی‌بیند و او این نفر را می‌شناسد.»

وقتی که حرف از این نفر را کوهستانی به زبان آورد، اشاره به عکس سردار محمد داوود کرد که در دیوار دفتر آویخته بود. هدف کوهستانی این بود که سردار محمد داوود آدم احساساتی است و زود به سخنان جاسوسان گوش می‌دهد. اگر زمینه ملاقات او را عاجل با سردار محمد داوود مساعد سازی، او از خودت خیلی ممنون خواهد شد. زیرا در تمام کابینه و اطرافیان سردار محمد داوود، کسی را سراغ نداشت که او را همکاریِ صادقانه کند. برای این‌که کوهستانی مطمئن شود، من بدون درنگ موضوع تقاضای ملاقات هاشم میوندوال را به سردار محمد داوود تیلفونی مطرح نمودم و فکر می‌کردم که از ملاقات اجتناب نورزد. اما برعکس، سردار محمد داوود خیلی به جدیت گفت که:

«از هرگونه تماس و مذاکره با میوندوال خودداری کنید!»

کوهستانی پاسخ را شنید و خیلی به حیرت درآمد که چگونه از ملاقات با یک همکار پیشین و صدراعظم سابق این کشور، اجتناب می‌کند.

پس تأکید سردار محمد داوود این را می‌رساند که ذهنیتِ او بیش از پیش علیه میوندوال آماده شده‌بود و میوندوال نیز خودش از جریان دسایس و هیاهویی که علیه او شکل می‌گرفت، آگاهی داشت. از اینرو، می‌خواست از طریق من سردار محمد داوود را مطلع سازد که دسایسی علیه او به‌راه انداخته شده‌است. لیکن سردار محمد داوود، حتی مجال آن را

نداد تا بشنود که میوندوال چه می‌گوید. میوندوال روز بیست‌وهشتم سنبله، به کابل بازگشت نمود تا از فضای ناسالمی جلوگیری کند که خلاف میل و اراده‌اش ایجاد شده‌بود.

روز پنجشنبه، بیست‌ونهم سنبله بود. پس از مشایعت سردار محمد نعیم نماینده خاص سردار محمد داوود به هند، نخست از میدان به دفتر رفتم و تا ساعت دو بجهٔ ظهر در دفتر ماندم و سپس روانهٔ منزل شدم. هنوز در منزل دقایقی را سپری نکرده بودم که عبدالقدیر نورستانی، طی صحبت تیلفونی تقاضا نمود تا به دفتر قوماندانی قطعهٔ منتظرهٔ نمبر۱ که در عمارت سابقه گمرک کابل جابجا بود، حاضر شوم. بدون معطلی به عجله روانهٔ قطعه منتظره شدم و به دروازهٔ دخولی کلانی داخل شده، به منزل دوم بالا شدم. همه از اعضای کمیتهٔ مرکزی در آنجا تجمع نموده‌بودند.

عبدالقدیر نورستانی در جلسه گفت که اسنادی را از منزلی که در کوته‌سنگی واقع بود، به‌دست آورده است که در آن برنامه ترورِ اعضای کمیتهٔ مرکزی، توضیح داده شده‌بود. عکس اعضای کمیتهٔ مرکزی در میان اسناد بود و هر کسی شماره‌بندی شده‌بود و در یک ورق دیگر اسامی افرادی‌که وظیفه ترور آن‌ها را داشتند، درج گردیده‌بود. عبدالقدیر نورستانی گفت که:

«رهبر بدون درنگ امر گرفتاری و تحقیق آن‌ها را داده است و از همین لحظه به گرفتاری آن‌ها دست می‌زنیم. از اینرو، خواستم شما را در جریان قرار بدهم.»

او به من رو آورده افزود که نام رفیق شما قوماندان عمومی و مدافعه هوایی نیز شامل است. علاوه کرد که دستگیری او را یکی از افسران هوایی باید با آن‌ها همکاری کند و خودش دگرمن مرتضی‌قل، سر انجنیر قوای هوایی را انتخاب کرد. گزارش عبدالقدیر نورستانی همین‌قدر بود و بیشتر فیض‌محمد خان وزیر داخله و او موضوع گرفتاری گروپ اول را پیش بردند.

متن ابلاغیه حکومت جمهوری افغانستان

به‌تاریخ ۳۱ سنبله، دو ابلاغیه از طرف حکومت جمهوری افغانستان به نشر رسید:

۱. ابلاغیه اول به متن آتی در مورد مداخلات پاکستان بود: «از مدتی به این‌طرف پاکستان غیرعادلانه و یک‌جانبه ادعا می‌کند که افغانستان در امور داخلی پاکستان مداخله می‌کند. حالانکه دسیسه‌ی در افغانستان کشف میگردد که نظر به دلایل قوی، تحریکات پاکستان در آن دخیل است. به‌حیث حکومت یک مملکت صلح‌دوست که غیر از صلح در وطن خویش و در منطقه و در جهان چیزی نمی‌خواهد، جداً خواهش می‌کند تا حکومت پاکستان بار دوم به این گونه اعمالی که منجر به برهم‌خوردن صلح منطقه و بالاخره صلح جهانی می‌گردد، اقدام ننماید.»

۲. ابلاغیه دوم در باره کشف توطئه بود که چنین از طریق رسانه‌های گروهی به نشر رسید: «از چندی به این‌طرف دسته‌ی از ارتجاعیون، به ضد نظام جمهوری برای برهم‌زدن امنیت و از بین بردن نهضت انقلابی وطن‌پرستان، تشکیل جلسه می‌دادند. دوستان انقلاب با تمام برده‌باری و حوصله، متوجه اوضاع این خائنین بودند. خوش‌بختانه و موفقانه اوشان را با تمام اسناد و شواهد دستگیر نمودند.»

با این‌که تمام مردم افغانستان وقتی که نام از حامیان ارتجاع برده می‌شود، چهره‌های این اشخاص در مقابل چشم‌های شان نمودار می‌گردد، اما برای این‌که خوب‌تر از حقیقت واقف گردند، این‌ها عبارت اند از:

- محمد هاشم میوندوال
- خان‌محمد، دگر جنرال مرستیال
- دگر جنرال متقاعد، عبدالرزاق

باید گفت که این‌ها با یک تعداد اشخاص دیگر روز پنجشنبه ۲۹ سنبله ۱۳۵۲ به امر حکومت گرفتار شدند.

مسوده هر دو اعلامیه را داکتر حسن شرق ترتیب نموده‌بود. هر دو ابلاغیه هرگز با نورم‌های حقوقی و قانونی وفق نداشت و محض یک سلسله مقولات بی‌محتوی و مجرد را افاده می‌نمود. مثلاً در ابلاغیه دوم، کلمات نظیر «نهضت انقلابیون وطن‌پرستان، دوستان انقلاب، خائنین و حامیان ارتجاع»، درج شده‌بود که اصلاً با نورم‌های قبول‌شدهٔ دولت‌داری موافق نیستند. به‌کاربردن کلمه «خائنین»، فقط از صلاحیت محاکم است که بالای دوسیه‌های تحت قضایی، حکم صادر می‌کند. یا این‌که در ابلاغیه گفته نشده که مقامات امنیتی جمهوری افغانستان موضوع را کشف و تحت تحقیق قرار داده‌است. بلکه گفته می‌شود دوستان انقلاب، یعنی کی‌ها؟ همان حلقه‌ی کوچک و محدودی که در ارگان‌های اداری دولت رخنه کرده‌اند، یا مردم افغانستان؟

جالب از همه این‌که موضوع «حوصله» مطرح بحث قرار گرفته‌است. چیزی‌که در حقیقت امر، سردار محمد داوود به فقدان آن دچار بود.

ضرب‌المثل معروف است که سالی که نکوست، از بهارش پیداست. از اینرو، سیر و تکامل جمهوری نوین افغانستان، از هفته‌های اول و ماه‌های اول آن روشن شد. تعداد زیادی از افسران نظامی و ملکی را در سطوح مختلف از منازل‌شان بیرون نموده و به تاکاوی‌های وزارت داخله در شرایط خیلی وحشتناک زندانی ساختند. یک باند خیلی خطرناکِ افسرانِ پولیس را که اکثراً در آلمان غرب تربیت دیده‌بودند، برای استنطاق، به جانِ متهمین جرم کودتا، انداختند. سردار محمد داوود دادگاه نظامی را تحت ریاست جنرال غلام فاروق لوی درستیز اسبق و عده‌ی از افسران مزدور و گوش‌به‌فرمان، دایر ساخت.

سردار محمد داوود از احساسات مردم افغانستان که نسبت به نظام نوین جمهوری از خود نشان داده‌بودند، سوء استفاده کرد و این گروپ را به‌نام جاسوسان غرب محکوم ساخت.

مناسبات من با سردار محمد داوود و حلقه کمیتهٔ مرکزی او روزبه‌روز تیره شده میرفت. این رابطه از نخستین روزهای اعلام جمهوری، با تنش‌ها روبرو شد، یعنی زمانی که سردار محمد داوود در خفاء با نزدیک‌ترین افرادِ وابسته‌اش، تفاهم و تصمیمِ بیرون نمودنِ خانواده سلطنتی را گرفت. از اینرو، تأثیرگذاری من، روی برخورد ناصواب و بی بندوباری‌های پولیس و اسارت افراد بیگناه، ناممکن بود. در جامعه سروصدای شکنجه و ظلم پولیس در پروسه استنطاق بالا شد و از هر گوشه‌وکنار شکایت می‌رسید و تقاضاً می‌شد که ظلم پولیس را به رئیس دولت برسانید. من خیلی تلاش داشتم تا در مسائل وزارت داخله مداخله نکنم. زیرا خودم وزنه خود را در داخل دستگاه دولت دقیق درک می‌کردم و مرا نیز به شیوه‌های گوناگون، مورد پیگرد قرار داده‌بودند.

در یکی از شب‌های ماه میزان که ساعت در حوالی هشت بود، با پاچاگل خان وزیر سرحدات روانه هوتل انترکانتیننتال شدم. البته شهر کابل از نظر محل تفریح و استراحت، شهر خیلی غریبی بود. هر دو داخل تالار شده و در رستوران فوقانی عمارتِ هوتل، دَور یک میز نشستیم.

وزارت داخله وظیفه تعقیب، تحقیق و شکنجه زندانیان قضیه‌ی میوندوال را داشت و هر روز دامنه آن وسعت می‌یافت و عده‌ی زیادی، غرض تحقیق به زندان کشانیده شدند.

ساعت سه بجه بعد از ظهرِ روز ششم میزان بود. داکتر حسن شرق از ما تقاضاً به عمل آورد تا آن‌شب در جریان استنطاق سید امیر، قوماندان اسبق قوای هوایی و مدافعه هوایی، حضور داشته باشیم. طبق اظهارات داکتر حسن شرق، سید امیر حاضر نبود به شخص دیگر تحقیق بدهد و وی اصرار می‌کرد که تنها به جناب محتاط پاسخ خواهد داد و بس.

ساعت در حوالی هشت شام آن شب، در منزل پنجم هوتل انترکانتیننتال، دور یک میز کنار پنجره نشستیم. فضا خاموش بود و هر دو از یاران شب ۲۶ سرطان و اعضای نام‌نهاد کمیتهٔ مرکزی، مطالب و شکایت‌هایی داشتیم و در باره دستگیری میوندوال و گروپ او

تبادل نظر نمودیم. من پاچاگل خان را از تقاضای داکتر حسن شرق با خبر ساختم. ما هر دو در دوراهی قرار داشتیم که آیا در پروسه تحقیقات آن‌شب اشتراک کنیم و یا نه؟

بالاخره به این نتیجه رسیدیم که جریان تحقیقات را از نزدیک می‌بینیم و همچنان حرف‌های دگروال سید امیر، قوماندان عمومی اسبق قوای هوایی را میشنویم. بازدید از جریان تحقیقات زندانیان و داشتن تصویر درست، به‌ویژه موضوع سید امیر، دلچسپی خاص برای ما داشت. زیرا که او از همرزمان ما در قیام ضد سلطنت بود و نقش فعالی در فرماندهی نیروهای هوایی بگرام داشت و با در نظر داشت همان نقش، مسئولیت بزرگی برایش سپرده شد. همچنان می‌خواستیم که بدانیم در منازل تحتانی وزارت داخله چه میگذرد. زیرا در کوچه و بازار از شکنجه و فشار پولیس حرف‌های زیادی برسر زبان‌ها بود. مردم حرف‌های خود را داشت و قضاوت خود را می‌کرد.

نخست با عبدالقدیر نورستانی تماس گرفتیم که زمان استنطاق را برای ما روشن سازد و بنابر هدایت داکتر حسن شرق، ما از جریان استنطاق دیدن خواهیم کرد. قوماندان عمومی ژاندارم و پولیس، در پاسخ گفت که تحقیقات از زندانیانِ قضیه میوندوال به ساعت ده بجه شب آغاز می‌شود و تا ناوقت ادامه پیدا می‌کند.

پدر و پسر: عاملین استبداد و شکنجه

من و پاچاگل خان در حوالی ساعت دوازده نیمه شب روانهٔ وزارت داخله شدیم. در مدخل وزارت داخله، یکی از افسران موظف، ما را راهنمائی کرد. ما از زینه‌های کانکریتی منزل اول به منزل زیرزمینی قدم نهادیم و در برابر ما یک دهلیزِ دراز و نیمه تاریکِ دهشتناکی قرار گرفت. فغان و داد و فریادهای غم‌انگیزی، از اتاق‌های کانکریتی تحتانی در همین دهلیز نیمه تاریک، طنین انداخته بود. برای من قرار گرفتن در چنین وضع، خیلی وحشتناک بود. ما داخل اولین اتاق شدیم که در سمت چپ ما قرار داشت. در برابر ما سه افسر مستنطق پولیس ایستاده‌بود که روبروی‌شان میز و بالای آن آلات مختلف از قبیل وسایل ثبت آواز، کست‌ها، کاغذ و غیره موجود بود. در مقابل آن‌ها مرد مسن و تنومندی که

قامت کوتاه داشت، ایستاده بود. زمانی که به سیمایش چشمانم دوخته شد، او را انسانِ خیلی مطمئن، مصمم و جسور یافتم. ریش او برای یک هفته تراشیده نشده‌بود و تارهای موی ریشِ سفیدش، به‌خوبی در روشنائی چراغ می‌درخشید. در گوشه دیگر اتاق، سید عبدالاله وزیر مالیه ایستاده بود و در حالی‌که دستانش در عقبش از غضب باهم گره خورده‌بود و پاهایش از هم فاصله داشت، همین را عربده می‌کرد:

«او مرستیال بگو! چطور علیه نظام نوین جمهوری قیام می‌کردید؟ برق بدیش!»

این مرد متهم که چون کوه استواری در برابرم جلوه کرد، مرستیال خان‌محمد خان بود. خان‌محمد خان از دوستان دیرینه سردار محمد داوود شمرده می‌شد که در زمان ده سال خانه‌نشینی او، گاه گهی به منزلش سر میزد و احوال سردار محمد داوود را جویا می‌شد. زمانی‌که پولیس می‌خواست با دنده برقی به شکنجه‌اش ادامه بدهد و جناح راست روی او را هدف قرار داده‌بود، فوراً مداخله کردیم و مانع شکنجه شدیم و اظهار نمودیم که ما باور داریم که محترم مرستیال در برابر پرسش‌های شما، بدون هرگونه شکنجه پاسخ می‌دهد. فلهاذا، این دنده برقی را بس کنید. مستنطقین که افسران پولیس بودند، از شکنجه دست برداشتند.

چه دنیای شگفت‌انگیزی است! گاهی انسان را بعضی مسائل خیلی گیچ و سردرگُم می‌سازد. بیست سال قبل از این حادثه گرفتاری میوندوال، یعنی در سال ۱۹۵٤، زمانی‌که عبدالملک عبدالرحیم‌زی را به زندان انداختند، درآن زمان پدر سید عبدالاله، یعنی سید عبدالله خان وزیر داخله بود. مسعود پوهنیار در کتابش می‌نویسد:

«صرفاً عبدالملک تحت شکنجه قرار نگرفت. اما، فحش و دشنامی را که در جریان تحقیق سید عبدالله خان وزیر داخله به او گفته بود، تا آخر عمر به یاد داشت.»

بیست سال بعد، پسر سید عبدالله خان، یعنی سید عبدالاله وزیر مالیه، همان شیوه دشنام و فحش گفتن را در جریان تحقیقِ مرستیال خان‌محمد خان به‌کار می‌برد که پدرش علیه عبدالملک عبدالرحیم‌زی به‌کار برده‌بود. شعر شیخ سعدی به یادم آمد.

عاقبت گرگ‌زاده گرگ شود گرچه با آدمی بزرگ شود

اما این‌بار، خان‌محمد خان خاموش نبود. نمی‌دانم که درآن زمان عبدالملک عبدالرحیم‌زی چه واکنشی از خود نشان داده‌بود، لیکن خان‌محمد خان مرستیال سید عبدالاله را مخاطب قرار داده گفت:

«من خیلی متأسّف ام. محترم صدراعظم صاحب سردار محمد داوود به شخصی مانند تو اتکا کرده است.»

او به ما اشاره کرده گفت:

«ببین! این‌ها هم جوان و انسان‌های مودب هستند، ولی تو خیلی بچه بی‌ادب هستی. هزاران بچه مانند تو از زیر دست من تیر شده‌است. من هرگز مخالف با نظام نوینِ جمهوری نیستم. از این موضوع جناب صدراعظم به‌خوبی آگاهی دارد. من طرف‌دار افغانستانِ مستقل و عضو کشورهای عدم‌انسلاک می‌باشم. من می‌خواهم یک نظامی نظیر یوگوسلاویا در کشور روی کار آید، ولی متأسّف‌ام که تو امروز شخص نزدیک به صدراعظم صاحب می‌باشی!»

سید عبدالاله خاموش ماند و بیشتر نتوانست در محضر ما امر شکنجه برقی را صادر کند. از این اتاق بیرون شدیم و در دهلیز پاچاگل خان به من رو آورده گفت: «خدا نجات بدهد! در این‌جا چه حال است!»

فیصله دیوان حرب در بار...
آخرین گروپ خائنین ملی تطبیق گردید
ملاقات تعارفی
...ای زراعتی

او علاوه کرد: «محتاط صاحب، اگر من خدای ناخواسته به این سرنوشت دچار شوم، فقط در زیر یک پارچه کاغذِ سفید امضأ می‌کنم و می‌گویم حکم آنرا هر طوری‌که می‌خواهید، شما بنویسید!»

از دهلیز چند قدم برداشتیم، به یک اتاق تحقیق دیگری که در جناح راست ما قرار داشت، داخل شدیم. در داخلِ اتاق دگروال سید امیر بود. این اتاق هم مانند اتاق قبلی با

یک میز و وسایل ثبت آواز و وسایل تحقیق مجهز بود. در این اتاق، دسته‌ی از خمچه‌های چوب بید، برای شکنجه هم موجود بود. در این‌جا هم سه افسر پولیس در عقب میز قرار داشتند و در برابر آن‌ها دگروال سید امیر قرار گرفته بود.

زمانی که سید امیر ما را دید، معنویات خود را از دست داد و همین را می‌گفت که «برای خدا اشتباه کرده‌ام از حضور محترم رئیس دولت عفو مرا بخواهید. برای خدا من اشتباه کرده‌ام و عفو مرا بخواهید.» او برخلاف مرستیال، معنویات خود را از دست داده‌بود و با عجز و اعتذار، عفو می‌خواست.

سید امیر را خطاب نموده گفتم:

«بهتر است شما تمام داستان را حکایه کنید تا بتوانیم عفو شما را از جناب صدراعظم و رئیس دولت تقاضا کنیم. بالاخره ما چه بگوییم که چه اتفاقی رخ داده‌است؟»

سید امیر گفت:

«به قیام ضد سردار محمد داوود دعوت شدم. برای عملی ساختن این‌کار، سفارت امریکا مبلغ دو هزار دالر را در اختیارم گذاشت.»

سید امیر ادامه داد:

«از این پول، مبلغ هشتاد هزار افغانی آن‌را از سفارت شوروی برای خود یک عراده موتر والگا خریدم و باقی آن نزدم موجود است. من با عده‌ی از شخصیت‌ها ملاقات‌هایی داشتم، به‌شمول جنرالان اردو مانند عبدالرزاق خان قوماندان اسبق قوای هوایی، ممتاز خان صافی پیلوت، اکرم خان پیلوت و جناب محترم میوندوال و غیره.»

بدین ترتیب سید امیر از نیات خود برای قیام پرده برداشت و همه مسائل را آشکاراً بیان نمود.

زمانی که تقاضای عفو او را به سردار محمد داوود انتقال دادم، وی گفت که:

«گناه سید امیر نسبت به سایر توطئه‌گران بیشتر است. زیرا ما اعتماد بی‌حدی بالای او نمودیم.»

بدین ترتیب به چندین اتاق دیگر نیز سر زدیم و مشاهده نمودیم که افسرانِ مستنطق پولیس به چه شکنجه‌های وحشیانه، متوصل می‌شوند. اتاق آخری که در آن داخل شدیم، اتاقی بود که از میوندوال تحقیق صورت می‌گرفت.

این اتاق نسبتاً کلانتر بود و یک دیوان سه نفری در کنار دیوار قرار داشت که میوندوال در وسط آن نشسته بود. در مقابل آن یک میز قرار داشت و بالای میز اوراق پراکنده افتیده‌بود.

در مقابل میز به فاصله دو متری، یک میز کلان تحریر موجود بود و در روی میز مانند سایر اتاق‌ها تایپ ریکاردرها، کست‌های ثبت آواز و بسی وسایل دیگر قرار گرفته بود. اما در این اتاق از وسایل شکنجه چیزی به‌نظر نمی‌خورد.

میوندوال آرام روی چوکی نشسته بود و به صداهای کسانی گوش می‌داد که علیه او شهادت داده‌بودند. در آنجا چند کست ثبت آواز را شنید که آواز عبدالرزاق خان قوماندان عمومی پیشین قوای هوایی و مدافعه هوایی، جنرال عبدالجبار خان ملکیار، جنرال عبدالسلام خان ملکیار و بسی جنرال‌های دیگر ثبت بود که ثبت آواز آن‌ها در منزل میوندوال در کارته‌پروان و یا در هنگام تدفین جنازه یکی از اقارب ملکیار، صورت گرفته بود.

در تمام کست‌ها شکایت از سردار محمد داوود و شیوه پیشبرد نظام نوین جمهوری شنیده می‌شد، گویا که سردار محمد داوود به افراد ناشایسته و بی‌کفایت اتکا نموده‌است. شکایت بیشتر از یک گروپ چپ‌گرایان وابسته به شوروی بود که کشور را از مسیر بی‌طرفی، آزادی و استقلال به سوی وابستگی به دنیای سوسیالیستی سوق می‌دهند. شکایت از این بود که سردار محمد داوود در مسائل دولت‌داری، با سایر شخصیت‌ها و نخبه‌گانِ با تجربه کشور، مشوره نمی‌کند.

میوندوال تمامی کست‌ها را شنید و در پاسخ گفت:

«بلی چنین است.»

نصرالله، پولیسی که هیئت مستنطقین را رهبری می‌کرد، گفت:

«پس حال که شما تمام کست‌ها را شنیدید، لطفاً شما خود در زمینه روشنی اندازید.»

میوندوال گفت که:

«شب ناوقت شده و من خیلی خسته‌ام. اگر بهتر باشد، باقی مسائل را فردا توضیح خواهم داد.»

در این اثنا مستنطقین پولیس یکی به‌سوی دیگر نگاه کردند و ساعت هم در حدود دو بجه نیمه شب بود. تحقیق را در همین‌جا خاتمه دادند و موضوع را به فردا موکول ساختند. ما از این وحشت‌سرا خارج شدیم و فضای وحشتناکِ اتاق‌های تحقیق، دنده برقی، چوب و وسایل گوناگون شکنجه، مرا سخت رنج می‌داد. هر لحظه چهره‌های هیبت‌ناک نصرالله، عیسی، نبی، اکلیل و سایر پولیس‌های مستنطق از یک‌طرف و حالت وحشت‌زده میوندوال و غرور مرستیال خان‌محمد خان، در مغزم حک شده بود و سخت مرا رنج می‌داد و نقطه چرخشی در اندیشه‌ها و امیدهایم نسبت به نظامی شکل گرفت که خود در تأسیس آن از هیچ تلاش و کوشش دریغ نکردم. نفرت و بدگمانی از همین شیوه‌های برخوردِ غیرانسانی نسبت به رهبری و شخص سردار محمد داوود منشأ گرفت. سخت رنج می‌بردم وقتی که می‌دیدم و نمی‌توانستم نقشی در جلوگیری از شکنجه بازی کنم.

فردا باز هم با همین خاطره‌ی غم‌انگیز به دفتر رفتم. بار دیگر عبدالقدیر نورستانی تماس گرفته و گفت که حتماً در محل سابق باید برای یک ساعت جمع شویم. به عجله به‌سوی محل فرماندهی قطعهٔ منتظرهٔ نمبر۱ رفتم و داخل اتاق متروک در منزل دوم گردیدم. در آن‌جا باز عبدالقدیر نورستانی، سید عبدالاله، فیض‌محمد خان، غلام حیدر رسولی و سایر اعضای نام‌نهاد کمیتهٔ مرکزی گرد آمده‌بودند.

در جلسه عبدالقدیر نورستانی گزارش داد که دیشب محمد هاشم میوندوال به خودکشی دست زد. او چند قطعه عکس‌های میوندوال را بالای میز انداخت که در حالات مختلف

گرفته شده‌بود. استدلال وی این بود که با استفاده از دستمال دست، به خودکشی دست زده‌است. سناریو طوری توضیح داده‌شد که گویا نخست دستمال را مرطوب ساخته تا مقاومت آن‌را بالا ببرد و بعد در یکی از پله‌های کلکین آن‌را بسته کرده و خود را غرغره نموده. برای من فهم این توضیحات خیلی بغرنج بود، زیرا نه من پولیس بودم که با شیوه‌های غرغره آشنائی داشته باشم و نه هم داکتر طبِ عدلی، تا از ملاحظه با چشم و گوش و دهن و یا قسمت‌های دیگر جسد، تشخیص نوع خودکشی و یا قتل عمدی را تثبیت کنم. عبدالقدیر نورستانی همچنان گفت که داکتر طبِ عدلی، بالمکنداس نیز جسد را مشاهده و خودکشی را علت اساسی آن دانسته است.

عبدالقدیر نورستانی و غلام حیدر رسولی و باقی همه تأکید کردند که میوندوال در دو-راهی قرار گرفته بود؛ یا باید تمام رازها را افشاء می‌کرد که مسلماً پای یک قدرت بزرگ در میان می‌آمد و یا این‌که به همین عمل دست می‌زد. آنها علاوه کردند که خوب این سرنوشت تمام جاسوسان است که در مراحل حساس، توان از بین بردن خود را داشته باشند، تا رازها برای جامعه برملا نشود.

اما قتل میوندوال که مستقیماً به دستور سردار محمد داوود توسط عبدالقدیر نورستانی صورت گرفته بود، بیشتر پنهان نماند و شایعه‌ی ترور او را به رقبای سیاسی خود، یعنی پرچمی‌ها حواله کردند و تا توانسته باشند شوروی‌ها را نیز دخیل سازند. قراری که سید مسعود پوهنیار در اثر خود از کتاب نجیم آریا تحت عنوان «محمد هاشم میوندوال» اقتباس می‌کند:

«نصرالله نام پولیس گردن میوندوال را تاب داده شکست و با آخرین لگد قوماندان عمومی امنیه (عبدالقدیر نورستانی) در بطنش، خون از دهن او سرازیر گشت و چون یک مبارز وطن‌پرست جان سپرد.»

فصل پنجم

ضیافت باز محمد خان

چون بسی ابلیس آدم روی است
پس به هر دستی نشاید داد دست

- مولانا جلال الدین بلخی

بازمحمد خان که گاهی او را به‌نام «خان» و گاهی هم به‌نام «ناظر» یاد می‌کردند، یکی از خوانین متنفذ قبیله منگل بود که در خوگیانی زندگی داشت. قبیله خوگیانی که کمیت آن‌ها به یک‌صدهزار نفر می‌رسد، در دامنه‌های سفید کوه منطقه خوگیانی و قسماً منطقه منگل، حیات بسر می‌برند. بازمحمد خان سراسر زندگی خود را وقف خدمت‌گذاری در رکاب سردار محمد داوود نموده‌بود. بنابر خصلتِ مناسباتِ ماقبلِ فئودالی قبایل، این‌گونه وابستگی را در گذشته‌های نه چندان دور، وابستگی غلامی یاد می‌کردند که تا زمان سلطنت امیر عبدالرحمان خان، با همین نام ادامه داشت. لیکن بنابر تحولاتی که در جهان صورت گرفت، مناسبات غلامی به شکل نوین وابستگی مبدل شد. بعد از این به‌نام ناظر، یاور و غیره یاد می‌کردند. لیکن در ماهیت، کدام تغییری پدیدار نگردیده بود.

موضوع جالبِ توجه این‌ست که این‌گونه روابط اجتماعی، به‌حیث رسم‌ورواج پذیرفته شده‌بود. موقف‌های اجتماعی به‌طور ارثی به نسل‌ها انتقال می‌یافت. یا به عبارت ساده، می‌توان گفت که از خان خان‌زاده و از خانواده غلام به یقین غلام‌زاده، تولد می‌شد.

گرچه بازمحمد خان شخص بی‌سوادی بود، اما مرد هوشیار و خیلی باتجربه که گرمی و سردی روزگار را چشیده بود. او را دوستانش به‌نام «خان» یاد می‌نمودند و در رازهای زندگی خصوصی سردار محمد داوود دخیل بود. قراری که از دوستانش شنیده بودم، او از هاشم خان صدراعظم (۱۹۳۳-۱۹٤٦)، به سردار محمد داوود منحیث یادگاری میراث مانده‌بود. بر مبنای همین وابستگیِ برده‌منشانه، پسرِ خان تورن عبدالمجید، نیز به حیث یاور سردار محمد داوود پرورش یافته بود و تمام فرزندان او در خدمت سردار محمد داوود بودند. در باره صداقت آن‌ها نسبت به خانواده سردار محمد داوود، البته تردیدی وجود نداشت.

در یکی از روزهای زمستان که هوای کابل سرد بود، پسر باز محمد خان، تورن عبدالمجید در وزارت مخابرات به دفترم آمد و مرا با عده‌ی از همرزمانم به دهکدهٔشان در خوگیانی دعوت نمود. من با علاقمندی دعوت خان را پذیرفتم و فیصله شد همه کسانی

که در این دعوت اشتراک می‌نمایند، باید یک‌جا صبحِ روز جمعه، جانب خوگیانی که بیشتر از دو صد کیلومتر از کابل فاصله داشت، حرکت نماییم. دراین دعوت فیض‌محمد خان وزیر داخله، پاچاگل خان وزیر سرحدات و عده‌ی از افسران قطعات پیاده و تانک، نیز اشتراک داشتند.

ما ذریعهٔ وسایط جداگانه به وقت معین جانب جلال‌آباد حرکت نمودیم، در حوالی ساعت ده بجهٔ صبح، وارد شهر جلال‌آباد شدیم و بدون توقف از آن‌جا روانهٔ خوگیانی گردیدیم. هوای جلال‌آباد خیلی ملایم بود، در حالی‌که هوای کابل سرد و برف می‌بارید. ما از دهکده‌های باغبانی، سرخ‌رود و از کنار باغ‌های نارنج و مالته گذشتیم و به تپه‌های خشک و سنگ‌زار خوگیانی رسیدیم.

خوگیانی طبیعت نهایت قشنگ و زیبا دارد و بالای تپه‌های سنگی افتیده‌است. خوگیانی از استقامت شرق به دامنه‌های سرسبزِ سفیدکوه وصل می‌شود که از جنگلات پوشیده است. زمانی‌که کاروان عراده‌جات ما به استقامت تپه‌ها پیش رفت، به دو کنار سرک صدها نفر از باشنده‌گان دهکده‌های خوگیانی به گرمی از ما پذیرایی کردند. این مردم با وصف همین حالت فقیرانه و فلاکت‌بار، اما سرشار از صمیمیت و احساسات شریفانهٔ انسانی بودند که گاهی مرا به اندیشه غرق می‌کرد که چگونه می‌شود سطح زندگی اقتصادی این توده‌های محروم جامعه را تغییر داد. آن‌ها از ابتدایی‌ترین وسایل زندگی بی‌بهره می‌باشند و همه سرکرده‌ها، چه ملا و ملک و چه خان و حاکم، در حق ایشان ظلم روا داشته‌اند.

بازمحمد خان و خانواده او، درآن روز ترتیباتِ پذیرایی گرمِ مهمانان را بر فراز بام‌های منازل خود گرفته بودند. زمانی‌که از فراز بام‌های منازل بالای تپه به هر سو نگاه می‌کردم، چشمانم به مناظر خیلی زیبا در افق‌های دور گره می‌خورد و زمانی‌که به طرف شرق می‌دیدم، آسمان صاف با جنگلاتِ کوه بافت خورده بود.

نخست فکر می‌کردم که این ضیافت خیلی‌ها بی‌آلایشانه است، تنها به‌خاطر احترامی که بازمحمد خان نسبت به افسران تحول‌طلب و جمهوری‌خواه دارد، ما را به این روستای دور دعوت کرده‌است. اما بعداً متوجه شدم که بازمحمد خان رقابت شدیدی با ملک قیس داشت که یکی از خوانین رقیب او در منطقه خوگیانی بود. این دعوت را به‌مثابه قدرت‌نمایی سازمان‌دهی نموده‌بود تا رقیب را متوجه عواقب دشمنی‌های دیرینهٔ قبیلوی-اش بسازد.

دراین اواخر به کتابی دسترسی پیدا کردم که به‌نام «نبرد افغانی استالین» یاد می‌شود. در اثر مذکور دریافتم که رقابت بازمحمد خان منگل و ملک قیس، پدیدهٔ محلی نبوده که آن‌را به مخاصمت‌های کلاسیک خوانین و ملک‌های دهکده‌های کشور توضیح داد، بلکه پیوند تاریخی به دشمنی‌های خاندان یحیی و زمامداری امان‌الله پادشاه پیشین کشور پیدا می‌کند. در این‌جا بهتر می‌دانم که متن روسی کتاب را با ترجمه فارسی دری آن اقتباس نمایم:

«کلیه مبانی تشویش و نگرانی نزد نادر و متحدین او انگلیس‌ها وجود داشت. طبق اطلاعات شبکه‌های جاسوسی شوروی، داخل شدن غلام نبی خان به کشور، علامه برای قیام قبیله خوگیانی تحت رهبری کلان آن قبیله، ملک قیس محسوب می‌شد. و سایر قبایل پشتون ساکنِ قلمروهای شرق و جنوب، از این قیام باید پشتیبانی خود را اعلام می‌کردند. در نتیجه آن، بلادرنگ طرف‌داران امان‌الله قیام مسلحانهٔ پشتون‌ها را علیه دولت مرکزی بسیج می‌ساختند. اما در اثر پیش‌گیری و تدابیر متقابلی که از طرف نادر و انگلیس‌ها گرفته شده‌بود، این برنامه‌ی اغتشاش به ناکامی انجامید و غلام نبی خان ناگزیر داخل کابل گردید.»

آنچه که در این‌جا خیلی مضحک به نظر می‌خورد، این‌ست که قبایل مرزی پشتون‌ها که در سال ۱۹۲۸ موجب اغتشاش، تکفیر و اخراج امان‌الله خان شدند، این‌بار در تلاش به‌قدرت رساندن مجدد آن به تاج و تخت کابل می‌باشند.

فلهاذا، دیده می‌شود که قیس کلان قبیله خوگیانی، در بسیج‌سازی شورشِ ضد نادر شاه، نقش بسی مهمی داشت و بازمحمد خان که شخص متنفذِ قبیله خوگیانی و از جاسوسان دیرینه هاشم خان بود، در خنثی سازی شورش قبایل، دست دراز داشت. ملک قیس، مانند سایر طرفداران امان‌الله شاهِ مخلوع، در عقب پنجره‌های زندان قرار گرفت.

پس تا کدام اندازه نوساناتِ مواضع قبایلِ پشتون در نوار مرزی، موجب آشفتگی و نابسامانی‌های امنیتی اوضاع داخلی کشورهای همسایه میشود؟ از اینرو، نوسانات مواضع قبایل مختلف پشتون، پیشینه‌ی تاریخی دارد و همه حکمرانان دهلی و کابل با این پدیده روبرو بودند. سراسر تاریخ منطقه، در حقیقت تاریخ نوسانات مواضع قبایلِ پشتون است. با ملاحظه به صفحات تاریخِ چهار قرن اخیر، بارها نمونه‌های بارزی از تغییر را در دوره‌های مختلف مشاهده می‌کنیم که از نوساناتِ مواضع قبایلِ پشتون، گواهی می‌دهد. در این جا به‌طور نمونه می‌توان از یک حادثه یادآور شد.

در پایان قرن هفدهم و آغاز قرن هجدهم، نخست شیرمست خان و متعاقب آن رهبران درانی‌ها، از شاه حسین صفوی (۱۶۷٤-۱۷۲۲) مقام و پول دریافت می‌کردند. بعد از برخوردی که شیر خان قندهاری با حکومت صفوی داشت، جهت خویش را تغییر داد و در خدمت حکمرانان مغول قرار گرفت. به این ترتیب این‌گونه وابستگی‌های نوسانی، بیشتر انگیزه‌ی مالی داشته که توسط صفوی‌ها، مغول‌ها، انگلیس‌ها، روس‌ها و در این اواخر امریکایی‌ها به کار برده می‌شود. خوانین و متنفذین قبایل، به‌حیث دلالان سرنوشت خود و قبایل خود را در تصاحب نیروهای بیگانه قرار می‌دهند.

به هرحال، برمی‌گردیم بر اصل مسئله، تقریبا سه ساعت را ما در فراز بام‌های قلعه باز-محمد خان، با جمعیت کثیری از مردمان روستای خوگیانی سپری کردیم و از ما با تهیه غذاهای گوناگون، به گرمی پذیرایی نمودند. روزها کوتاه بود و شام بزودی فرا رسید. ما هم نمی‌توانستیم زمان بیشتری را در این محل سپری کنیم. بالاخره از مهمان‌نوازیِ خانواده باز-

محمد خان و هم‌دیارانش سپاس نموده و خداحافظی کردیم و از آن‌جا روانه جلال‌آباد شدیم.

در برگشت جانب جلال‌آباد، جگرن اسلم وطنجار مرا همراهی می‌کرد. بازهم به سرعت و گاهی آهسته از میان دهکده‌های بلندوپست گذشتیم و پس از یک‌ساعت به شهر جلال‌آباد رسیدیم. هوا تاریک شده‌بود. درآن‌جا بین همراهان ما اختلاف‌نظر ایجاد شد. عده‌ی علاقمندِ برگشت به کابل بودند و عده‌ی دیگر می‌خواستند که شب را در شهر جلال آباد سپری نموده، روز بعد راه کابل را در پیش گیرند.

من و وطنجار تصمیم گرفتیم شب را در جلال‌آباد سپری نموده مهمان محمد اکرم، آمر مخابرات آن‌جا باشیم و روز بعد روانه کابل شویم. وزارت مخابرات دارای مهمان‌خانه در شهر جلال‌آباد بود که از سال‌ها قبل غرض تفریح و استراحت کارمندان آن وزارت، تدارک دیده شده‌بود. این مهمان‌خانه در مرکز شهر و در میان درختان نارنج، در یک تعمیر دو-منزله‌ای بنا یافته بود.

هنگامی که عزیزالله واصفی والی ننگرهار، از توقف ما در جلال‌آباد خبر شد، ما را به نان شب دعوت کرد، بنابر خستگی از دعوت وی معذرت خواسته شد. شب را در جلال‌آباد سپری کردم. ساعت شش بجه سحرگاه، جلال‌آباد را به قصد کابل ترک نمودم و ساعت نو بجه روز داخل دفتر در وزارت مخابرات گردیدم. هنوز چند دقیقه سپری نگشته‌بود که زنگ تیلفون به‌صدا در آمد و تیلفون را برداشتم. سردار محمد داوود به صدای خیلی آهسته گفت:

«وزیر صاحب، شما را می‌خواهم ببینم، اگر به دفتر بیایید.»

تیلفونِ سردار محمد داوود در ذهنم تشاویش گوناگونی ایجاد کرد که حتماً کدام حادثه-ای اتفاق افتاده‌است. چون‌که در آغاز کار صبحانه، سردار محمد داوود با این شتابزده‌گی هرگز تماس نمی‌گرفت. روانه دفتر ریاست جمهوری شدم. داخل اتاق انتظار گشتم و جان محمد خان یاور صدراعظم، انتظارم را داشت. در دعوت روز قبل جان محمد خان نیز

اشتراک نموده بود، اما بدون سپری نمودن شب در جلال آباد، روانه کابل شد. پس از ادای احترام، جان محمد خان گفت که صدراعظم صاحب انتظار شما را در دفتر کارش دارد.

من داخل دفتر سردار محمد داوود شدم و بعد از احترام در کرسی‌ای که در مقابل میزِ کارش قرار داشت، موضع گرفتم. سردار محمد داوود خیلی آرام به‌نظر می‌خورد.

او پرسید که: «مهمانی دیروز شما چطور گذشت؟»

در پاسخ گفتم: «خیلی خوب بود. از نزدیک با خوگیانی و مردم آن آشنائی حاصل کردم.»

گفت که «دیشب در جلال آباد بودید؟»

گفتم: «بلی! در مهمان‌خانه وزارت مخابرات، شب را سپری کردم.»

گفت که «مهمان‌خانه به‌درد وزارت مخابرات نمی‌خورد. شما مهمان‌خانه را به وزارت قبایل تسلیم کنید که آن‌ها اکثری اوقات مهمان‌دار هستند.»

گفتم: «خوب است.»

گفت: «کی دیشب با شما در مهمان‌خانه جلال‌آباد باقی مانده‌بود؟»

گفتم: «جگرن اسلم وطنجار، قوماندان کندک تانک گارد ریاست جمهوری.»

سردار محمد داوود بیشتر چیزی نگفت و از من تشکر کرد. من هم موضوع را به خوبی درک کردم که عزیزالله واصفی والی ننگرهار، وظیفه جاسوسی خود را انجام داده و گزارش تفتین‌آمیز به سردار محمد داوود مخابره کرده است و همین گزارشات ناقص و غلط موجب نگرانی سردار محمد داوود شده. سردار محمد داوود طوری‌که قبلاً اشاره کردم، به شبکه‌های جاسوسان خصوصی خود، اهمیت بیشتر قایل بود. در نتیجه گزارشِ تفتین-آمیزِ واصفی، جگرن اسلم وطنجار در همان روز به احتیاط سوق داده‌شد و برای چندین سال در حالت احتیاط باقی ماند. مسلماً که وطنجار، این سبکدوشی را غیرموجه و

خیلی‌ها بی‌انصافانه پنداشت و تا آخرین روز زندگی، سردار محمد داوود و خاندان محمدزائی را که اتکا به مخبران مزدور خود می‌کردند، نبخشید.[۱۹]

اما واصفی مانند سایر جاسوسان خصوصی سردار محمد داوود، مورد اعتماد بیشتر قرار گرفت، تا این‌که وظیفه ریاست لوی جرگهٔ تقلبیِ سال ۱۹۷۶ به وی سپرده شد و زیر نظر او قانون اساسی جمهوری به تصویب رسید که دیکتاتوری استبدادی و مطلق‌العنانِ سردار محمد داوود را نهادینه ساخت. این یک حقیقت مسلم است که اتکای نظام‌های خودکامه‌ی ضد مردمی، همیشه به جاسوسان، چاپلوسان و مدّاحان می‌باشد. در همین‌جا بی‌مورد نخواهد بود تا بعضی از جاسوسان و مخبرانِ سرشناس سردار محمد داوود را نام بگیرم که عبارت بودند از: عزیزالله واصفی، آصف سهیل عبدالله وردک، شاپور احمدزی، تاج‌محمد وردک، غوث‌الدین فایق، رحیم شیدا و ده‌ها فرد دیگر.

بگفته سقراط:

«به همین منوال کسی‌که پیشوای مردم است، چون توده را مطیع فرمان خویش می‌یابد، نمی‌تواند خود را مهار کند و دست خود را به خون همنوع می‌آلاید، افراد را به وسیله تهمت و افتراء که حیله متداولی است، به دادگاه می‌کشاند و جان آنان را برباد می‌دهد. با زباهان ناپاک، خون خویشاوندان خود را می‌آشامد، برخی را از میهن می‌راند، برخی دیگر را به قتل می‌رساند، راه گریز از پرداخت دیون را نشان می‌دهد، زمین‌ها را به طرز نوین بین مردم تقسیم

---

[۱۹] من صبح روز هفتم ثور ۱۳۵۷ که ارگ ریاست جمهوری در محاصرهٔ قطعه تانک بود و نیروهای گارد ریاست جمهوری با آخرین تلاش‌ها مقاومت ناامیدانه خود ادامه می‌دادند و سردار محمد داوود هم هنوز زنده‌بود، اسلم وطنجار را بالای تانکش در مقابل رادیو افغانستان دیدم که از تانک فرود آمد و مرا در آغوش گرفت. در حالی که اشک از چشمانش جاری بود گفت که «چهار سال است که خودت را ندیده ام.» یعنی از همان شبی که در جلال‌آباد باهم سپری نمودیم. «سردار داوود نسبت به من و خودت برخورد خیلی ناجوان‌مردانه کرد. ولی امروز پاداشِ ناجوانمردی‌های خود را می‌گیرد.»

می‌کند، آنگاه به حکم جبر و ضرورت، چنین کسی یا به دست دشمنان خویش هلاک می‌یابد یا به زمامداریِ مطلق می‌رسد و مبدل به گرگ می‌گردد. آیا اینطور نیست؟»

آری! ضیافت بازمحمد خان منگل را می‌توان نقطه عطف در تجدیدنظرِ تعهدات نسبت به نظام جمهوری و به‌ویژه سردار محمد داوود و نزدیکانش محسوب کرد و هشداری به همه نیروهای مترقی و روشنفکر کشور بود. سردار محمد داوود در فرصت‌های مناسب به تصفیه افسران پرداخت و نیروهای تاریخ‌زده وابسته به سلطنت را دوباره به‌-قدرت رساند.

فصل ششم

مسئله پشتونستان

عالمی را یک سخن ویران کند
روبهان مرده را شیران کند

- مولانا جلال الدین بلخی

پشتونستان و یا سرزمینی که قبایل پشتون درآنجا زندگی می‌کنند، یکی از جنجال‌برانگیزترین قلمرو در سراسر آسیا پنداشته می‌شود. این قلمرو، حد اقل در پنج قرن اخیر اوضاع امنیتی و سیاسی منطقه را تحت تأثیر قرار داد. حاکمیت نظام قبیلوی، عقب‌مانده‌گی اقتصادی و اجتماعی و جدال‌های دوامدار بین قبایل گوناگون، شرایط را به وابستگی‌های گوناگون به کشورهای قدرتمند همسایه، یعنی مغول‌ها، صفوی‌ها، انگلیس‌ها، روس‌ها و جرمن‌ها، در دوره‌های مختلف مساعد ساخت. انگلیس‌ها از همه بیشتر در سرنوشت قبایل پشتون در دو صد سال اخیر دست باز داشتند و از حفظ نظامِ قبیلوی در راستای منافع استعماری خود، استفاده می‌کردند.[۲۰]

ارنولد فلیچر[۲۱] بدین باور است که تأسیس پاکستانِ نیرومند، به‌منافع درازمدت بریتانیا- ست و توازنی را در مثّل خصمانه هند ایجاد می‌کند و شمولیت پشتونستان جز پاکستان، در این راستا مؤثر تمام می‌شود.

اگر در رفراندوم سوم جون سال ۱۹۴۷ در حدود ۲۸۹۲۴۴ پشتون به نفع پاکستان رأی دادند، یک امر تصادفی نبود، بلکه زمام‌داران استعماری بریتانیا، به‌قدر کافی سیادت سیاسی خود را بر قبایل تأمین کرده‌بودند. در آن‌زمان داکتر خان، عضو حزب کانگرس و برادر غفار خان، وزیر اعلی و یک انگلیس به‌نام سر اولف کاروی[۲۲] والی ایالت سرحد بود. در رفراندومی که تحت اشراف انگلیس برگذار شد، صرفاً ۵۱ فی‌صد واجدین شرایط اشتراک

---

[۲۰] چرچل صدر اعظم انگلستان همیشه تأکید می‌کرد که برای برقراری سلطه استعمار، دو چیز لازم است؛ مردم جاهل و بی سواد و زمام‌داران خاین، که هردو عنصر در میان بعضی از قبایل به وضاحت تشخیص می‌شد.

[۲۱] Arnold C. Fletcher آرنولد فلچر، مؤرخ و محقق شناخته شده در مورد افغانستان.

[۲۲] Sir Olaf Kirkpatrick Caroe اولف کاروی، والی ولایت مرزی شمال غربی هند در سال‌های ۱۹۴۶-۱۹۴۷.

کردند، که بنابه ادعای مقامات انگلیس از مجموع ۲۹۲۱۱۸ رأی داده‌شد، ۲۸۹۲٤٤ رأی آن یعنی ۹۹٫۵ فیصد آرأ به نفع الحاق به پاکستان و صرفاً ۲۸۷٤ رأی به نفع غفار خان یعنی الحاق به هند به صندوق‌ها ریخته‌شد. درآن روز غفار خان و خانواده‌اش به اندازه امروز در بین پشتونستان و مسلمانان مطرود و منفور نبودند.

یوری تیخانوف[۲۳] دانشمند روس در اثری به‌نام «نبرد افغانی استالین» از افغانستان در مجموع و قبایل پشتون به‌طور ویژه چنین نتیجه‌گیری می‌کند:

«کشورهای مختلف رقابت‌های طولانی در افغانستان داشتند تا پایگاهی را برای خود، غرض نفوذ در نواحی مرزی امپراطوری روسیه-اتحاد شوروی و هند بریتانوی ایجاد کنند. خلاء قدرت، مسلح بودن مردمانِ این سرزمین و مش جدائی‌طلبی قشر ممتاز محلی، شرایط مساعدی را برای فعالیت‌های تخریب‌کارانه در این مناطق، آماده ساخت.

از پایان قرن نزدهم، یکی از مهم‌ترین مناطقی که در آتش اغتشاشات و ناآرامی‌ها می‌جوشید، سرزمین مرزی هند بریتانوی و افغانستان است. یعنی جایی‌که قبایل پشتون متوطن می‌باشند. پشتون‌ها با مقاومت مسلحانه، جلو هر گونه تلاش‌های بریتانیای کبیر را برای ایجاد کنترول اداری در سرزمین خود گرفتند. در جریان یک‌ونیم قرن اخیر، دولت-هایی که مخاصمت و رقابت با انگلیس‌ها داشتند، سعی نمودند افغانستان را تخته خیز فعالیت‌های تخریباتی خود علیه هند بریتانوی تبدیل نمایند.»

اگر ما در این جا گذشته‌های تاریخی را عجالتاً نادیده بگیریم و فقط به حوادث صد سال اخیر متمرکز شویم، دیده خواهد شد که نخستین‌بار در سال ۱۸۷٤، حکومت دیزرائیلی[۲٤] بریتانیا «سیاست تعرضی» آن کشور را نسبت به افغانستان، ایران و آسیای میانه، اعلان کرد. اما این یک مشی تعرضی بود که برای پیاده‌ساختن آن به زمان نیاز داشت. صدراعظم

---

[۲۳] Yuri Tikhonov پروفیسور داکتر یوری تیخانوف.

[۲٤] Benjamin Disraeli بنجامین دیزرائیلی، (۱۸۰٤-۱۸۸۱) سیاست‌مدار و صدراعظم انگلستان.

انگلستان هدف این سیاست را در پارلمان آن کشور، الحاق مناطق قبیله‌نشینِ پشتون‌ها به هند، توضیح داد.

زمانی‌که لیتن[۲۵] به‌حیث معاون گورنر هند در سال ۱۸۷۶ تعیین گردید، وی تدارکات و احضارات را برای شعله‌ور ساختن جنگ دوم افغان و انگلیس آغاز کرد. البته برنامه‌ی نظامی بریتانیا، زیر نام جلوگیری از پیشروی روسیه به سرحدات افغانستان، توضیح و تبلیغ می‌شد.

انگلیس‌ها که تجارب تلخی از گذشته‌های نه چندان دوری داشتند، به این باور بودند که پیروزی محض زمانی میسر می‌گردد که قبایل پشتونِ متوطنِ کوهستانات، در جنگِ روبرو بی‌طرف باقی بمانند و قبایلی که در شرق متوطن استند، از سایر قبایل جدا شوند. آنچه برای انگلیس‌ها اهمیت داشت، عبور نمودن مصئونِ قطارهای نظامی از مناطق قبایل آزاد به جانب سرحد افغانستان بود، تا قطارهای نظامی در مسیر راه مورد حمله‌ی قبایل مسکون قرار نگیرد. انگلیس‌ها در این راستا، اقدامات گوناگونِ اقتصادی را از قبیل معافیت از مالیات، عفو باقیات گذشته، از بین بردن مالیات اموال تجارتی و افزایشِ سبسایدی سالانه، برای قبایل مذکور اتخاذ نمودند. بدین‌ترتیب توانستند بی‌طرفی مناطق قبایل را کمائی و راه هجوم به کابل را برای خود باز نگه‌دارند.

در سال ۱۸۷۸ آتش جنگ دوم افغان-انگلیس افروخته شد. ارتش افغانستان از حمایت قبایل، کاملاً بی‌بهره ماند. از اینرو، دره‌ی خیبر و کورم، به روی تهاجمِ نیروهای بریتانیا، مسدود نگردید.

امیر محمد یعقوب خان که بعد از مرگ پدر امیر شیرعلی به تخت سلطنت نشست، معاهده‌ی غیرمساوی گندمک را با انگلیس‌ها عقد نمود. مطابق ماده‌های این موافقت-نامه، بخشی اراضی از قبیل کورم، سیبی و پسین، خیبر، میچین و گذرگاه‌های کوهستانی،

---

[۲۵] Robert Bulwer-Lytton رابرت لیتن، (۱۸۹۱-۱۸۳۱) سیاست‌مدار انگلیس و نایب‌السلطنه هند.

تحت کنترول انگلیس‌ها درآمد. با امضای این معاهده، انگلیس‌ها یک بخش دیگر قبایل پشتون را با هند، تحت سلطه‌ی خود ملحق کردند.

گرچه انگلیس‌ها در جنگ دوم افغان-انگلیس (۱۸۷۸-۱۸۸۰) شکست خورند، اما توانستند اعتبار معاهده‌ی گندمک را حفظ کنند و تمام سرزمین‌های اشغال‌شده را در تحت سلطه‌ی هند بریتانوی نگه‌داری کنند.

تلاش انگلیس در قدم اول جابجا کردن نیروهای خود در دره خیبر بود و عجالتاً ضرورتی احساس نمی‌کردند که قلمروهای کوه‌نشین قبایل را مستقیماً تحت تابعیت درآورند. لیکن در برابر قبایل خیبر، از گذشت‌های زیاد استفاده نمودند. در سال ۱۸۸۱ با قبیله‌ی افریدی معاهده‌ای را امضأ کردند و همین معاهده، نمادی برای سایر معاهدات با قبایل پشتون که در مناطق شرق متوطن بودند، قرار گرفت. در موافقت‌نامه آمده بود:

۱. حکومت بریتانیا آزادی قبایل را به رسمیت می‌شناسد و از علی‌مسجد و لندی‌کوتل قشون خود را بیرون می‌سازد.
۲. قبیله‌ی افریدی در برابر سبسایدی، امنیت عبور و مرور دره‌ی خیبر را تأمین می‌نماید.
۳. تمام مالیات را حکومت بریتانیا گردآوری می‌نماید.
۴. نظم و امنیت تمام خیل‌های مربوط را قبیله‌ی افریدی بدوش می‌داشته باشد.

۵. برای تأمین امنیت عبور و مرور، زیر نظر افسران انگلیس از جنگ‌جویان افریدی نیرو-های خاصِ امنیتی ایجاد می‌شود.

امیر عبدالرحمن که از قبایل وزیر دلِ خوش نداشت و فشار اقتصادی و نظامی انگلیس‌ها را تهدید جدی به بقای زمامداری خود می‌دانست، از مداخله در امور قبایل وزیر، افریدی و مهمند دست کشید و در برابر سبسایدی ۱۸۰۰ هزار روپیه سالانه، در سال ۱۸۹۳ معاهده‌ی دیورند را امضأ نمود. البته انگلیس‌ها قبل از آن‌که داخل مذاکره و عقد معاهده با امیر عبدالرحمن خان شوند، طرف‌داری و حمایت عده‌ی زیادی از سران قبایل را در بدل پرداخت پول خریداری نموده‌بودند. مسلماً نامه‌ی امیر عبدالرحمن عنوانی ملا پیوند وزیر که به‌قلم خودش نگاشته شده، نمایان‌گر نارضایتی امیر نسبت به سران قبایل ماورای خط دیورند می‌باشد.

امیر به خط خود در جواب ملا پیوند نوشت:

«ملا پیوند در حفظ الهی باشید خطی که برای خلیفه نورمحمد خان ارسال کرده‌بودید و آن‌را نزد من روان کرده از احوال خود که نوشته‌اید، دانستم و حالا برای شما می‌نویسم که در ۱۵ سال هرچه سعی کردم و کوشیدم که مردم وزیری و مسعودی احکام خدا و رسول را قبول کنند از غرض جوی ملایان و ملکان که مردم را فریب و بازی دادند گفتار مرا گوش نداده امور دین و دنیای ایشان را خراب کردند. اکنون جای آن نمانده است که شما خط باز به آدم من بنویسید خود شما سررشته امور خود را می‌دانید جای پرسیدن شما از ما نمانده‌است. هرچه خیر خود را خود می‌دانید خود بکنید اگر سخن گفتن است در همان پانزده سال پیش گفته شد حالا سخن گفتن فضولست خود می‌داند و کار خود. خدا خیر برای شما پیش آرد!»

اغلب بعضی افراد ناآگاه استدلال می‌کنند که معاهده‌ی دیورند برای مدت صدسال اعتبار دارد، گویا که معاهده‌ی دیورند در سال ۱۸۹۳ عقد گردید و باید در سال ۱۹۹۳ از

اعتبار ساقط پنداشته می‌شد. اما در متن معاهده چنین مطلبی دیده نمی‌شود. اگر دولت استعماری بریتانیا در سال ۱۸۹۷ معاهده‌ای را با دولت چین به‌خاطر تصاحب هانگ-کانگ به امضأ رسانید، درآن معاهده میعاد اعتبار آن برای صدسال تعیین گشته‌بود که با گذشت صدسال جمهوریت مردم چین رسماً خاک خود را در سال ۱۹۹۷ از دولت بریتانیا، طی مراسم خاصی، تسلیم شد و بیرق جمهوریت مردم چین در فراز آن به اهتزاز درآمد.

در معاهده‌ی دیورند، میعاد اعتبار تعیین نشده بود و زمام‌داران افغانستان در مواقع زمام-داری خود به نوبه، به آن مهر تائید و اعتبار را گذاشتند.

گرچه حکومت انگلیس بعد از مرگ امیر عبدالرحمن در سال ۱۹۰۱ میلادی، پسرش امیر حبیب‌الله را به هند دعوت نمود، لیکن به علت تعلل پذیرشِ دعوت به هند، تا اندازه‌ای نگرانی داشت. این نگرانی انگلیس‌ها، بنابر اظهارات امپراطور آلمان ویلهلم دوم[۲۶] موجه بود. در سال ۱۹۰۴ امپراطور آلمان طی نامه‌ای، به امپراطور روسیه خاطرنشان ساخته بود که:

«سرحدات زمینی هند و افغانستان یگانه منطقه‌ای می‌باشد که در آن‌جا ارتش انگلیس کاری را نمی‌تواند انجام بدهند و توپ‌های آن‌ها توان سرکوبی مناطق دشمن را ندارند.»

از اینرو، وزارت خارجهٔ آلمان نقش قبایل را در نظر گرفته بود و در شروع جنگ جهانی اول، یعنی در ماه سپتامبر سال ۱۹۱٤، یک هیئت دیپلماتیک فرستاده‌شد که در جریان جنگ، مناسبات انگلیس و افغانستان را برهم بزند و برای پیاده‌شدن این برنامه امیر حبیب‌الله باید در یک پیمان نظامی علیه انگلیس شامل شود. همچنان برای امیر وعده نموده‌بودند که اگر چنین پیمانی را عقد کند، یک بخش قلمروهای تحت سیطره‌ی انگلستان را دوباره به افغانستان الحاق نماید.

---

[۲۶] Friedrich Wilhelm Viktor Albert; Wilhelm II ویلهلم دوم (۱۸۵۹-۱۹٤۱) ، آخرین قیصر آلمان و پادشاه پروس.

در صورتی که امیر حبیب‌الله در پیمان علیه بریتانیا شامل نشود، حد اقل اجازه بدهد تا آلمان‌ها فعالیت‌های خود را در مناطق شمال غرب هند علیه انگلیس‌ها به‌راه اندازند. یعنی به تعبیر دیگر، امیر از فعالیت‌های جرمن‌ها چشم‌پوشی کند.

مسئولیتِ اجرای این دکترین را ستادکل ارتش آلمان به‌دوش گرفته بود که شناخت کامل از قبایل پشتون در اختیار داشت و سلطان ترکیه هم تبلیغات جهاد را در مناطق قبایل، علیه بریتانیا به راه انداخت. از اینرو، نخستین گروپ افسران آلمان، تحت رهبری اوسکار فون نیدرمایر[۲۷] زیر پوششِ هیئتِ کاوشگرانِ دانشگاهِ مونشن، در سال ۱۹۱۲-۱۹۱۴ به ایران اعزام شد. جرمن‌ها از دو کانال فعالیت‌های خود را در افغانستان بسیج ساختند. یعنی گروپ افسران آلمان را نیدرمایر و گروپ کارمندان وزارت خارجه را هینتگ[۲۸]، سکرتر سفارت آلمان در تهران پیش میبرد.

نیدرمایر با یک تیم ۱۵۰ نفری در جون سال ۱۹۱۵ از شهر اصفهان روانه افغانستان شد. بعد از یک‌ونیم ماه به هرات رسید و از جمله تیم او، فقط ۲۶ نفر زنده ماند و باقی از گرمی هوا و حملات اعراب در مسیر راه، از بین رفتند. نیدرمایر به‌تاریخ دوم اکتوبر وارد کابل شد. ظفر حسن که خودش ناظرِ ورود هیئت به کابل بود در باره‌ی ترکیب هیئت در خاطرات خود چنین می‌نویسد:

«هفتم اکتوبر سال ۱۹۱۵ میلادی، هیئت هندی، ترکی و آلمانی از راه ایران به کابل رسید. رئیس هیئت راجه مهندرا پرتاب بود، او از یک خانواده‌ی فئودال بود که در منطقه‌ی هاتهرس که در نزدیکی بنارس واقع است، در جنگ اول جهانی علیه انگلیس‌ها با جرمن‌ها پیوست و با مولانا برکت‌الله سندی که اصلاً از بهوپال است، همراه بود. مولانا برکت‌الله برای

---

[۲۷] Oskar Ritter von Niedermayer (۱۸۸۵-۱۹۴۸) ژنرال، پروفیسور و افسر استخباراتی آلمان.

[۲۸] Werner Otto von Hentig (۱۸۸۶-۱۹۸۴) افسر و دیپلمات ارتش آلمان.

اشاعه دین اسلام در جاپان کار می‌کرد و در حزبی که امریکایی‌ها تشکیل داده‌بودند، شامل گردید و برخلاف انگلیس‌ها به مبارزه پرداخت. قبل از جنگ اول جهانی، او هم به جرمن‌ها پیوسته بود. نماینده ترکیه یک افسر ژاندرمری کاظم بیگ نام داشت و عضو هیئت جرمن فون هینتگ و نماینده اطریش نیدرمایر بود. فوتوی هیئت را برای من راجه مهندر پرتاب در سال ۱۹۲۳ میلادی داد. هدف این هیئت برانگیختن امیر افغانستان در برابر انگلیس‌ها و آمادگی حمله به هندوستان بود تا به این ترتیب تعداد زیادی از فوج‌های انگلیسی درعوض سکونت در محاذهای اروپایی، به اقامت در هندوستان مجبور کردند.»

با ورود هیئت، موقف طرفداران آلمان در کابل تقویت یافت. امیر حبیب‌الله که انتظارِ نتیجه‌ی جنگ اول جهانی را می‌کشید، نمی‌توانست موقف خود را در قبال فعالیت جرمن ها و ترک‌ها در مناطق قبایل روشن سازد. بالاخره در موقف او نسبت به بریتانیا کرنش پدیدار گشت و ناگزیر به همکاری برادرش سردار نصرالله خان، برای هیئت جرمن‌ها و ترک‌ها اجازه داد تا وارد مناطق قبایل سرحدی گردند و تبلیغات جهاد را علیه دولت هند بریتانوی به‌راه اندازند.

آن عده عساکر پشتونِ قبایلی که در ارتش بریتانیا در جبهه‌ی فرانسه می‌جنگیدند، از صحنه‌ی جنگ فرار کردند و دوباره به قبایل برگشت نمودند. امیر حبیب‌الله در برگشت آن‌ها نیز مداخلت نکرد که این امر هم موجبِ نگرانی انگلیس‌ها گردید که شورش را در بین قبایل وزیر و مهمند در قبال خود داشت.

امیر حبیب‌الله، با در نظر داشت روحیه‌ی ضد بریتانوی مردم، پیمانی را با جرمن‌ها عقد کرد، طوری‌که سیاست بی‌طرفی امیر حبیب‌الله را منتفی نمی‌ساخت. این پیمان، امیدواری‌هایی را در باشندگان هند و قبایل پشتون به‌وجود آورد که عنقریب جهاد عمومی علیه دولت بریتانیا اعلان می‌گردد. مسلماً که امیر حبیب‌الله چنین قیام ضد بریتانیا را نمی‌خواست. از اینرو، جلسه‌ی سران قبایل را با روحانیون در کابل دایر ساخت و بار دیگر سیاست بی‌طرفی خود را پیرامون جنگ اول جهانی تائید و تصویب کرد. امیر حبیب‌الله به

مردم وعده داد، زمانی جهاد را علیه بریتانیا اعلان خواهد کرد که کشتی‌های جنگی آلمان در سواحل هند لنگر اندازند. اظهارات امیر حبیب‌الله خود نیرنگی بود که هرگز نمی‌خواست علیه انگلیس‌ها شورشی به‌راه انداخته شود.

نیدرمایر و هینتگ از سیاست مزدورانه‌ی امیر حبیب‌الله آگاهی نداشتند و گمان می‌بردند که عنقریب امیر جهاد را علیه بریتانیا اعلان می‌کند. نیدرمایر برنامه‌ی عمل را در مناطق پشتون‌نشین قبایل مرزی به برلین گزارش داد و طور ذیل خلاصه کرد:

- استحکامات مزید در مرزهای مشترکِ افغان و هند بریتانوی.
- وارد نمودن ضربات به گارنیزیون‌ها و کاروان‌های نظامی انگلیس.
- بسیج نمودن تبلیغات ضد انگلیسی در قلمرو هند.

نیدرمایر برای انجام موفقانه‌ی این برنامه‌ی عمل، یک میلیون پوند سترلنگ و دو هواپیما از ستادکل ارتش آلمان تقاضا نمود. آلمان‌ها به عجله تحریکات را در قبایل پشتون دامن زدند و برنامه‌ی سرنگونی امیر حبیب‌الله را طرح نمودند. انگلیس‌ها این توطئه‌ی ضد امیر را کشف و به امیر حبیب‌الله اطلاع دادند. امیر حبیب‌الله بنابر همین دلیل، تمام روابط را با آلمان‌ها قطع نمود. انگلیس‌ها به پاداش خدمات امیر حبیب‌الله، معاش مستمری سالانه او را به ۲٫۴ میلیون روپیه افزایش دادند و همچنان وعده کردند که در ختم جنگ جهانی، ۶۰ میلیون روپیه اضافه برایش بپردازند.

زمانی‌که شبکه‌های جاسوسی روسیه و بریتانیا در جستجوی شکار نیدرمایر و هینتگ برآمدند، آن‌ها از راه مختلف فرار نمودند. نیدرمایر خود را به ترکیه رساند و از آن جا به همراهی ده‌ها افسر به آلمان رفت. در مارچ ۱۹۱۷ قیصر آلمان ویلیام دوم نشان اعلی را به پاس خدماتش در شرق میانه، به نیدرمایر اهدا کرد.

هینتگ راه پرخطری را پشت‌سر گذاشت. از طریق سلسله کوه‌های هندوکش خود را به چین رساند و از آن‌جا به امریکا رفت و با پاسپورت دیپلماتیک، خود را به آلمان رساند.

دولت هند بریتانوی از فعالیت‌های جرمن‌ها در مناطق قبایل و ارتباط آن‌ها با حکومت افغانستان نگرانی‌های زیادی داشت. از اینرو، یکی از شیوه‌های معمول و مؤثر که از گذشته‌ها تجربه داشتند، تطمیع و حمایت دولت مزدورِ امیر حبیب‌الله بود.

به مجردی که دولت هند بریتانوی موضوع پرداخت سالانه مبلغ یک میلیون و هشتصد هزار روپیه به‌شمول قروض قبلی را از سر گرفت، باردیگر امیر حبیب‌الله تعهدات پدرش را قرار ذیل تائید نمود:

«امیر حبیب‌الله بدین وسیله توافق می‌نماید که در امور مهم اساسی و فرعی مندرج معاهده خط دیورند، در ارتباط به امور داخلی و خارجی و سایر تفاهماتی که اعلیحضرت امیر عبدالرحمان خان، پدر مرحوم من با حکومت اعلی بریتانیا منعقد نموده و مطابق به آن عمل کرد، من هم مطابق به همان موافقت‌نامه و معاهده خط دیورند، عمل نموده‌ام، عمل می‌نمایم و عمل خواهم کرد و من در هیچ معامله و پیمانی آن‌ها را نقض نمی‌نمایم.»

امیر حبیب‌الله خان، به جای سفر به هند، نماینده حکومت بریتانیا (سر لویس دَین[۲۹]، وزیر خارجه بریتانیا برای هند) را در کابل پذیرفت و پس از مذاکراتی، در تاریخ ۲۱ مارچ ۱۹۰۵، «توافق‌نامه دین-حبیب‌الله» را به امضاء رسانید. امیر حبیب‌الله خان در این توافق-نامه متعهد شد که به توافقات قبلی میان امیر عبدالرحمان خان و حکومت انگلیس، از جمله معاهده‌ی دیورند پای‌بند است. به این ترتیب، برای اولین بار معاهده‌ی دیورند پس از مرگ عبدالرحمان خان تمدید شد و تا درگذشت امیر حبیب‌الله خان و آغاز جنگ سوم افغان-انگلیس در سال ۱۹۱۹ از اعتبار برخوردار بود. موافقت‌نامه ۱۹۰۵ بین امیر حبیب‌الله و لویس دین وزیر خارجه بریتانیا برای هند، در آرشیف دولتی هر دو کشور موجود است.

---

[۲۹] Louis W. Dane (۱۸۵٦-۱۹٤٦) سر لویس دَین، وزیر خارجه بریتانیا برای هند.

امان‌الله بعد از قتل پدر به تخت سلطنت نشست و جنگ سوم افغانستان و انگلیس پایان یافته بود. به‌تاریخ ۲۶ جولای ۱۹۱۹، هیئتی به ریاست علی احمد خان، ناظر امور داخله و هیأت انگلیسی به‌ریاست سر هملتن گرانت[۳۰]، سکرتر امور خارجه در راولپندی به مذاکرات شروع کرده، سرانجام به‌تاریخ ۱۸ اگست ۱۹۱۹ «معاهده‌ی صلح بین دولت بریتانیا و دولت افغانستان» به امضأ رسید. محتوای آن ازاین قرار بود:

۱. برقراری مجدد صلح بین دو کشور.
۲. منع تورید اسلحه به افغانستان از طریق هند.
۳. قطع شدن امداد پولی هند به افغانستان.
٤. تصدیق مجدد خط دیورند از جانب افغانستان و تعیین خط سرحد در حصه تورخم به میل انگلیس.

جنگ سوم افغان-انگلیس با «پیمان صلح راولپندی» در تاریخ ۱۸ گست ۱۹۱۹ به پایان رسید. دولت بریتانیا در این پیمان استقلال افغانستان و نیز حدود مرزی این کشور را به رسمیت شناخت و تمام توافقات پیشین با امیران افغانستان، از جمله مقرری سالیانه ۱.۸ میلیون روپیه هندی و حق ترانزیت اسلحه از خاک هند را باطل اعلام کرد. با این‌حال در رابطه با خط دیورند، ماده پنجم پیمان صلح راولپندی به صراحت می‌گوید «دولت افغانستان سرحد هند و افغانستان را به همان شکلی که امیر حبیب‌الله خان پذیرفته بود، می‌پذیرد.» پیمان صلح راولپندی در آرشیف موجود است.

زمانی‌که محمد نادر خان به‌قدرت رسید، او برادر خود سردار شاه‌ولی خان را به‌حیث وزیر-مختار و نماینده‌ی خاص، به لندن فرستاد. پس از ورود به لندن، از طریق تبادله‌ی یادداشتِ دیپلماتیک با آرتور هندرسون[۳۱] وزیر خارجهٔ بریتانیا، در ٦ جولای ۱۹۳۰،

---

[۳۰] Sir Alfred Hamilton Grant سر هملتن گرانت، دیپلمات و نماینده انگلیس در کنفرانس راولپندی. (۱۸۷۲-۱۹۳۷)

[۳۱] (۱۸٦۳-۱۹۳۵) Arthur Henderson آرتور هندرسون، سیاست‌مدار حزب کارگر انگلیس.

معاهده‌ی صلح کابل سال ۱۹۲۱ را مورد تأیید قرار داد. در ماده دومِ این یادداشت گفته می-شود:

«در پاسخ [به یادداشت شما] من نیز افتخار دارم تا رسماً ثبت نمایم که درک ما نیز همین است که این دو معاهده، معاهدهٔ ۱۹۲۱ و معاهدهٔ تجارتی جون ۱۹۲۳، دارای اعتبار تأم بوده و کاملاً مرعی‌الاجرا می‌باشد.»

سپس همین توافق‌نامه دوستی و تجارتی، به شمول رسمیت خط دیورند به عنوان مرز بین المللی، از طریق تبادله یادداشتی دیپلماتیک میان شاه‌ولی خان، وزیر مختارِ نادر خان پادشاه افغانستان در لندن و آرتور هندرسن، وزیر خارجه بریتانیا، در تاریخ ۶ جولای ۱۹۳۱ بار دیگر تایید شد.

زمانی‌که جنگ اول جهانی پایان یافت و هینتگ در چین وظیفه‌ی دیپلماتیک را پیش می‌برد و از همان‌جا در سال ۱۹۲۰، بازهم قبایل وزیر را که تحت سلطه‌ی انگلستان قرار داشتند، آهسته‌آهسته دوباره سازماندهی می‌کرد. زمانی‌که در مناطق شمال‌غرب هند بریتانوی، تحت رهبری فقیر هیپی قیام و شورش اوج گرفت، همین دیپلمات در سوریه با اجنت خود محمد سعدالله گیلانی که به‌نام «پیر شامی» مشهور بود، ارتباط قایم کرد. این شخص عضو خانواده گیلانی بود که در جهان اسلام شهرت داشت. رهبر این خانواده شخصی به‌نام ایروسلیم الحسین نام داشت که با کشورهای عضو پیمان «محور» همکاری می‌نمود.

از جانب دیگر پیروان زیادی از فرقه‌ی صوفی القادریه در افغانستان موجود بودند و حتی بعضی از وزرأی کابینه هم پیروِ همین مکتب صوفیه بودند. بنابران، جرمن‌ها پیر شامی را به مناطق قبایل متوطن ساختند، تا از یک‌طرف شورش را علیه انگلیس‌ها بسیج نماید و از جانبی هم زمینه‌ی دوباره به‌قدرت رساندن امان‌الله خان را مساعد سازد.

آلمان در جنگ اول به شکست روبرو شد و برنامه‌ی آن در هند بریتانوی تحقق نیافت، گرچه قسماً شورش‌هایی را در قبایل وزیر، مهمند و افریدی به‌راه انداخت، اما آنقدر مؤثر

نبود که به سیستم استعماری بریتانیا در هند لطمه وارد کند. آلمان ها از افغانستان خارج شدند و جای آن‌ها را اتحاد شوروی گرفت، یعنی همان نقشی که به‌دوش آلمان‌ها در شروع قرن بیستم و جنگ جهانی اول در جهت تضعیف و برچیدن دامنه‌ی امپراطوری بریتانیا از نیم‌قارهٔ هند بود، به‌دوش اتحاد شوروی قرار گرفت. قبایل پشتون که در مناطق شمال‌غرب هند بریتانوی مقیم بودند، این‌بار به‌حیث بستر فعالیت شوروی‌ها علیه هند بریتانوی، در قالب و مضمون نو تبدیل گشتند. مسلماً که حکومت افغانستان زمینه‌ساز همه این فعالیت‌های ضد استعمار انگلیس پنداشته می‌شد. اگر هسته‌ی مرکزی حکومتِ موقتِ آزادی‌خواهان هند در کابل به کمک شبکه‌های استخباراتی جرمن ایجاد گشت، ایجاد شبکه‌های انترناسیونالیسم پرولتری، توسط بلشویک‌ها در کابل به‌وجود آمد که استقامت کار و فعالیت‌شان قبایلِ پشتونِ مرزی بود. این فعالیت به‌دوش دیپلمات شوروی نیکولای زخاروویچ براوین [۳۲] در کابل گذاشته شد. براوین از دیپلمات‌های برجسته‌ی دوران تزار روسیه محسوب می‌شد که در زبان‌های شرق، آشنایی داشت و در تهران هم ماموریت انجام داده بود.

این بود کرونولوژی مختصر خط دیورند و قبایل ماورای آن که در سراسر تاریخِ موجودیت خود، آشوبی را برای خود و کشورهای همسایه به‌وجود آورده‌اند. حوادث در صدسال اخیر

---

[۳۲] Bravin, Nikolay Zakharievich

نیکولای زخاروویچ براوین یکی از دیپلمات های دوران تزار روسیه بود که برای زمان طولانی در ایران وظیفه انجام می‌داد . او شناخت کافی از اوضاع شرق‌میانه داشت. در ایالت سیستان ایران به‌کرد و از آن‌جا فعالیت‌های دولت بریتانیا و المان را در منطقه تحت کنترول حیث قونسل کار می گرفته بود. در اکتوبر سال ۱۹۱۷ یگانه دیپلمات تزار روسیه بود که از انقلاب اکتوبر پشتیبانی کرد و پرچم انقلاب اکتوبر را بر فراز سفارت ایران در تهران به اهتزاز در آورد. نامزدی او را به‌حیث رئیس نماینده‌گی سیاسی دولت شوراها در افغانستان شخص چیچیرین رئیس دولت تائید کرد. به‌تاریخ اول جولای سال ۱۹۱۹ هیئت سیاسی نظامی شوروی سرحد را عبور و وارد کابل شد و به‌تاریخ ۲۱ اگست سال ۱۹۱۹ سفارت شوروی در کابل گشایش یافت. اما براوین را بنابر بدگمانی از طرف دولت شوراها طوری که گفته می‌شود ترور نمودند.

به‌شکل دراماتیک تغییر خورده‌است و انگلیس‌ها بعد از جنگ عمومی دوم و در نتیجه‌ی بیداری خلق‌های آسیا، منطقه را ترک کردند و افغانستان بیشتر با هند بریتانوی هم‌سرحد نبود، بلکه دولت جدیدی به‌نام «پاکستان» جای آن‌را اشغال کرد. یعنی واقعیت‌های جدید پدیدار گشت که ایجاب روش‌های بکر و تازه را می‌نمود.

با فهم مطالب فوق، در سال ۱۹۷۲ یعنی قبل از تحول ۲٦ سرطان، در صحبت‌های دو-به‌دو با سردار محمد داوود که در منزلش صورت می‌گرفت، نظرات خود را در باره‌ی پاکستان و به‌ویژه قبایل پشتونِ ماورای خط مرزِ موجود، صادقانه و بدون کدام ملحوظی ابراز داشتم. سردار محمد داوود حساسیت شگفت‌آوری در آن‌زمان نسبت به پاکستان از خود نشان می‌داد و در خلال صحبت، مزاجش برهم می‌خورد و سیمای خشنِ غم‌انگیزی را به‌خود می‌گرفت. خوب به خاطر دارم که باری از بحث روی موضوع پشتونستان طفره رفت و همین‌قدر گفت:

«اگر خدا خواست پیروز شدیم، همان‌زمان روی موضوع تصمیم خواهیم گرفت.»

زمانی‌که قیام مسلحانه در صبحدم ۲٦ سرطان ۱۳۵۲ به پیروزی خود نایل آمد، در اعلامیه‌ی جمهوری در مورد پشتونستان تذکر رفته بود:

«در مورد روابط ما با پاکستان که یگانه کشوری است که روی قضیه‌ی پشتونستان باآن یک اختلاف سیاسی داریم و تا کنون به حل آن موفق نگردیده‌ایم. سعی دایمی ما برای یافتن راه حل قضیه پشتونستان دوام خواهد کرد.»

بار دیگر سردار محمد داوود در بیانیه‌ی «خطاب به مردم»، موضوع مناسبات با پاکستان را چنین توضیح داد:

«در مورد مناسبات با پاکستان باید گفت که متاسفانه این یگانه کشوری‌ست که روی مسئله‌ی ملی پشتونستان و حقوق برادران پشتون و بلوچ خود، با آن اختلاف‌نظر داریم. دولت جمهوری افغانستان با حوصله و خون‌سردی کامل، در پیدا کردن راه حلِ مسالمت‌آمیز و شرافت‌مندانه‌ی مسئله‌ی پشتونستان، مجدانه سعی خواهد کرد.»

نخستین گام عملی دولت به‌تاریخ ۲۷ اسد ۱۳۵۲ آغاز شد، زمانی که وحید عبدالله معین سیاسی وزارت خارجه، سفیر پاکستان ابوالحسن اصفهانی را در وزارت خارجه ملاقات نمود و نگرانی حکومت را نسبت حبس زعمای عوامی ملی در بلوچستان، به وی اظهار کرد. سید وحید عبدالله مردی کوتاه‌قد، چاق و سرِ طاس داشت و عینک به چشم می‌کرد. به اتکای توضیحات سید مسعود پوهنیار:

«وحید عبدالله از صنف هفتم فارغ گردیده بود و زمانی هم در سفارت افغانستان در لندن کاتب بود. ادعا می‌کرد که از کودتا مطلع بوده یا این‌که در آن دست داشته است. در ایامی که داوود خانه‌نشین بود، وحید عبدالله با وی رفت‌وآمد داشت و این‌گونه روابط از نظر داوود، اهمیت خاصی داشت. پس از کودتا، وی فرد اول وزارت امور خارجه به‌حساب می‌آمد.»

موضوع پشتونستان از چوکات مناسبات دو کشور برآمده و عبدالرحمن پژواک در بیست‌وهشتمین اسامبله عمومی ملل متحد، ضمن بیانیه در مورد روابط جمهوری افغانستان با کشورهای منطقه، در باره‌ی مسئله‌ی پشتونستان چنین گفت:

«در روابط ما با پاکستان بایست متذکر شد که متأسفانه اختلاف سیاسی ما در باره مسئله‌ی پشتونستان و اعاده و احترام به حقوق فطری برادران پشتون و بلوچ ما، تا حال راه حل پیدا نکرده است. مسئله پشتونستان که از احتراز حکومت سابق و موجود پاکستان جهت اعتراف به مطالبات مشروع بیش از هفت میلیون مردم که توسط اعمال قوه نظامی توسط یک قدرت استعماری از وطن آبایی ایشان یعنی افغانستان جدا شده‌اند، نشأت کرده است، مسئله‌ی ملی افغان‌ها به‌شمار می‌رود و ما به‌طور جدی سعی خواهیم کرد تا برای این مسئله راه حل مسالمت‌آمیز و عادلانه پیدا شود.»

از مطالب بالا دیده می‌شود که چگونه نظام نوین که هنوز در مراحل طفولیت خود قرار داشت، به ماجراجویی خطرناکی دست می‌زند. با دشمنی مشت‌وپنجه نرم می‌کند که از هر نگاه امکانات قوی برای چلنج‌های کودکانه در اختیار دارد. اگر قضاوت و بصارت سالم

بر اندیشه‌های ما مسلط باشد، می‌بینیم که پاکستان از حمایتِ کلیه کشورهای اسلامی، عربی و غربی برخودار است که از بدو پیدایش خود به‌حیث دوست استراتیژیک دنیای غرب و امریکا شمرده می‌شود. درآن زمانی که پاکستان به چالش‌های نو روبرو شد، یعنی سیاست افراطی سردار محمد داوود در قبال قضیه‌ی پشتونستان در اولین سال نظام جمهوری، نهاد شبکه‌ی استخبارات نظامی را برای مقابله با تحریکات خارجی اساس-گذاری کرد.

با وجودی که در کشور نظامِ نوینِ جمهوری اعلام گردید، اما در گزینش کادرهایی که سیاست خارجی نوین جمهوری را به شایستگی در خارج نماینده‌گی کند، گزینه‌ی اختصاصی افراد وابسته به خاندان سلطنتی وجود داشت و بس. البته در این رابطه غلام حضرت کوشان در کتاب «سرگذشت ملت مظلوم افغانستان در مسیر سده‌ی بیستم» توضیحات مفصل‌تری ارایه داشته و می‌نویسد:

«در قدم اول سفارت به کسانی محول می‌گردد که در کابینه سردار محمد هاشم، سردار شاه محمود و سردار محمد داوود کرسی‌های وزارت‌های خودمختار به تصرف‌شان بود. سفارت حق مسلم و انفکاک‌ناپذیر آن‌ها بود. برای نمونه اسمای سفرایی راکه طی دهه‌های طولانی به توارث و تواتر می‌گرفتند، در این‌جا ذکر می‌کنم. مهره‌هایی که در سیاست خارجی سردار محمد داوود فعال بودند:

- سردار محمد نعیم
- سردار نوراحمد اعتمادی
- سردار زلمی محمود غازی
- عبدالرحمن پژواک
- داکتر علی احمد پوپل
- وحید عبدالله
- داکتر عبدالواحد کریم

- سردار حمیدالله عنایت سراج
- میر محمد یوسف
- سید مسعود پوهنیار
- عبدالله ملکیار
- داکتر عبدالظاهر
- سردار اسدالله سراج
- سردار حبیب‌الله طرزی
- سردار غلام محمد شیرزاد
- سردار غلام یحیی طرزی
- سردار احمد علی سلیمان
- سردار فیض محمد ذکریا
- سردار محمد عثمان امیر
- سردار سلطان احمد شیرزوی
- سردار عزیزالله قتیل
- سردار محمد اکرم نور
- سردار عبدالحسین عزیز
- سردار شیراحمد
- سردار جنرال محمد قاسم
- سردار محمد شعیب مسکینیار
- سردار محمد اکبر»

علاوه به سرداران مذکور، افراد و خانواده‌های کتگوری دوم هم وجود داشتند که در قدمه‌های پائین‌تر نقش مهمی را برای پیشبرد سیاست خارجی اجرا می‌کردند.

به‌هر حال، در یکی از جلسات کابینه روی مسائل پاکستان، سردار محمد داوود گفت که دو شخص در وزارت خارجهٔ پاکستان خیلی فضول هستند: (واژهٔ فضول از سخنان سردار محمد داوود است) یکی آغاشاهی و دومی هم عزیزاحمد. او اضافه کرد هر زمانی‌که مسئله اختلاف‌نظر روی مرزهای مشترک ما به‌سوی حل می‌رود همین دو نفر تمام جریان پیشرفت امور را برهم می‌زنند.

سردار محمد داوود برای حفظ فشار بالای پاکستان در یکی از جلسات کابینه دو نفر را به دو وظیفه پیش‌نهاد کرد. نخست داکتر علی احمد پوپل را که در جاپان به‌حیث سفیر ماموریت داشت، به‌حیث سفیر در پاکستان پیش‌نهاد کرد. سردار محمد داوود استدلال کرد که پوپل در موضوع پشتونستان خیلی‌ها وارد است و مذهب پاکستانی‌ها را می‌فهمد.

دوم عبدالرحمن پژواک را به تاریخ ٤ میزان ۱۳۵۲ از سفارت آلمان به دهلی، عوض داکتر عبدالظاهر تعیین نمود. در حالی‌که پژواک به تاریخ ۲۳ اسد ۱۳۵۲ وظیفه سفارت را در آلمان اشغال کرده‌بود، یعنی او محض چهل روز در آلمان سفیر بود و بس. منطق سردار محمد داوود این بود که موجودیت پژواک در دهلی، فشار نیرومندی بالای پاکستان می‌باشد. بدین ترتیب سردار محمد داوود مهره‌های سیاست خارجی‌اش را علیه پاکستان آرایش داد. رهبران پاکستان هم دست بالای دست در انتظار از بین رفتن ابرهای تیره در مناسبات دو کشور نه‌نشستند. سیاستمداران پاکستان با حامیان غربی خود، به‌ویژه انگلیس‌ها که برداشت‌های تلخ طولانی از سردار محمد داوود داشتند، تدابیر مقدماتی خود را برای جلوگیری از هرگونه خطر احتمالی اتخاذ نمودند، یعنی حکومت پاکستان به نوبه خود اقدامات آتی را علیه عطش افراطی سردار محمد داوود به‌راه انداخت:

نخست سازمان استخباراتی نظامی را در سال ۱۹۷٤ بازسازی کرد و نقش بیشتری در امور کشورهای همسایه داد. این سازمان فعالیتِ ضد افغانستان را سازمان‌دهی کرد و تحت نظر آن، تبلیغات گسترده و دامنه‌داری علیه نظام جمهوری داوود آغاز گردید. کار این سازمان بیشتر با عناصر افراطی چپ و راست بود، به‌ویژه در بخش بنیادگرایان اسلامی،

ای.اس.ای. دست‌آورد برجسته‌ای داشت. به قول مجله اقتصادی شرق‌دور، تنها در سال ۱۹۷٤ در حدود پنج‌هزار عناصرِ بنیادگرای احزاب اسلامی، تحت کنترول آن قرار داشت.

اقدام دیگری که پاکستان در قسمت تجرید ساختنِ نظام جمهوری افغانستان برداشت، موضوع جلسه‌ی سران کشورهای اسلامی در لاهور بود که در ختم دلو همان سال دایر می‌شد. روی همین منظور، عزیز احمد وزیر خارجه پاکستان، به‌تاریخ ۱۲ دلو وارد کابل شد و دعوت‌نامه ذوالفقارعلی بوتو، صدراعظم پاکستان را به سردار محمد داوود وسیله گشت. سردار محمد داوود از اشتراک افغانستان در جلسه‌ی سران کشورهای اسلامی اطمینان داد، اما از اشتراک شخص خودش در کنفرانس، اباء ورزید و عبدالرحمن پژواک را به‌حیث رئیس هیئت افغانی در کنفرانس معرفی کرد.

وزارت مخابرات افغانستان در آن‌زمان، محض یک کانال ارتباطی بیست‌وچهار ساعته با پاکستان داشت. همین کانال برای تبادل معلومات فعال بود. خبر عدم اشتراک سردار محمد داوود در کنفرانس سران کشورهای اسلامی، طنین انداخت. ساعت در حوالی نیمه‌شب بود که معمر قذافی، رهبر لیبیا طی یک صحبت تیلفونی با سردار محمد داوود، از وی تقاضا به‌عمل آورد تا در جلسه‌ی سران اشتراک نماید. معمر قذافی گفت:

«من و برادر سادات فردا ذریعه هواپیما وارد کابل می‌شویم و شما را با خود به کنفرانس سران در لاهور می‌بریم. همین خواهش ماست! اشتراک شما به اتحاد کشورهای اسلامی مؤثر تمام می‌شود.»

قذافی به‌زبان انگلیسی صحبت می‌کرد و سردار محمد داوود هم به‌زبان فرانسوی پاسخ می‌داد. همین مشکلِ زبان، مانع بزرگ افهام‌وتفهیم بین آن‌ها گردید. سردار محمد داوود به قذافی وعده داد که روز بعد تصمیم خود را خواهد گرفت.

سردار محمد داوود بدین ترتیب، خواهش رهبر لیبیا را نه‌پذیرفت و همان شب با عبدالرحمن پژواک در دهلی تماس برقرار کرد و برای وی هدایت داد تا فردا در جلسه‌ی سران کشورهای اسلامی اشتراک کند. مسلماً عدم اشتراک سردار محمد داوود، لبۀ تیز

تبلیغات زمام‌دارانِ پاکستان را علیه او بُرنده‌تر ساخت و سخنرانی پژواک هم در کنفرانسِ سرانِ کشورهای اسلامی در اسلام‌آباد، به واکنش شدید روبرو شد و قذافی گامی فراتر گذاشت و طی سخنرانی گفت که:

«سرحدات پاکستان را کفار تهدید می‌کند و دفاع از سرحدات پاکستان، در حقیقت دفاع از اسلام است.»

این کنفرانس موفقیت بزرگی برای پاکستان شمرده شد. حکومت ذوالفقارعلی بوتو توانست در جهان اسلام، سیاست غیر واقع‌بینانه‌ی سردار محمد داوود نسبت به پاکستان را به درستی توجیه کند و افغانستان را تجرید نماید.

تعیین داکتر علی احمد پوپل، نمادی از روش خصمانه‌ی سردار محمد داوود نسبت به پاکستان بود. داکتر علی احمد پوپل از چهره‌های عبوسی بود که مسئله‌ی پشتونستان را در سراسرِ حیاتِ سیاسی خود، دامن می‌زد و خود را به سردار محمد داوود در این راستا نزدیک می‌پنداشت. گرچه علی احمد پوپل یکی از اعضای تیم فعال دوران صدارتِ سردار محمد داوود در سال‌های ۱۹۵۳-۱۹۶۳ بود، اما سردار محمد داوود در دوران خانه‌نشینی خود، به‌ویژه در زمانی‌که او را طی ملاقات‌های متعدد در منزلش ملاقات نمودم، او را از جمله اعضای تیم سست‌عنصر محکوم می‌کرد، گویا که در دوره‌های بعد از صدارتِ داوود، وظایف مختلف حکومتی را قبول‌دار شد و مانند سردار محمد داوود، می‌بایست در منزل می‌نشست و از پذیرش وظایف دولتی اجتناب می‌کرد.

علی احمد پوپل یکی از چهره‌های خطرناکی بود که در دوران جنگ دوم جهانی، مقالات متعددی به دفاع از آلمان هیتلری در مجله‌ی آریانا به نشر می‌سپرد و مقالات او در نشرات سال‌های ۱۹۴۴ به چاپ رسیده است. به عبارت دیگر می‌توان گفت که علی - احمد پوپل از اولین حلقه‌ی فاشیست‌های جوان افغان بود که به نفع آلمان هیتلری فعالیت می‌کرد و شاهزاده داوود از جمله بنیانگذاران این گروه بود.

اما در دوره‌ی زمام‌داری مجدد سردار محمد داوود بعد از سال ۱۹۷۳، همین عنصر «ضعیف» به اصطلاحِ سردار محمد داوود، فعال شد و به‌حیث مهره‌ی اساسی سیاست داخلی و خارجی داوود در پاکستان تعیین گردید.

شبکه‌ی استخبارات نظامی پاکستان، به فعالیت‌های ضد سردار محمد داوود اقدامات دامنه‌دار و جسورانه را به‌راه انداخت. در مدت چند سال، بیشتر از ده‌ها شورش و قیام را از افراطیون اسلام‌گرا در نقاط مختلف افغانستان شعله‌ور ساخت و جنگ روانی شدیدی را نیز علیه نظام سردار محمد داوود پیش برد. سردار محمد داوود ناگزیر گشت تن به کرنش دهد و از آرمان‌های بیشتر از نیم‌قرنه‌ی خود منصرف شود و در حقیقت این زهر تلخی بود که نوشید. وی در اولین گام، سردار نوراحمد اعتمادی پسر کاکای خود را از ماسکو به اسلام آباد تعیین نمود و علی احمد پوپل را از اسلام آباد به ماسکو روانه کرد. تقرر نوراحمد اعتمادی مبین نیات نیک سردار محمد داوود به پاکستان بود، گویا که نزدیک‌ترین عضو فامیل خود را به پاس دوستی و حسن هم‌جواری، توظیف نموده‌است.

سردار محمد داوود، آن‌گونه که در پیش‌گفتار پیش‌بینی صورت گرفت، گام بزرگی را در راه برقراری روابط با پاکستان در مورد مسئله‌ی پشتونستان برداشت. در این اقدام تا اندازه‌ای، نارضایتی سردار محمد داوود از موقفِ خان عبدالغفار خان بود، که پیش‌نهاد سردار محمد داوود را برای ایجاد یک حکومت جلای وطن برای پشتون‌ها رد کرد. جانب پاکستان نیز به نوبت خویش درک نمود که هدف بریتانیا آن نبود که خط «دیورند» تا تقسیم نیم‌قاره در سال ۱۹۴۷، یک مرز بین المللی باشد. بسیاری منابع رسمی بریتانوی این امر را تأیید می‌کنند.

در معاهده‌ی سال ۱۸۹۳ این خط به حیث مرز هندوستان توضیح نگردید، بلکه به‌حیث مرزهای شرقی و جنوبی ساحه‌ی سیطره‌ی امیر و حدود ساحه‌ی نفوذِ هر دو حکومت شناخته شد. هدف توسعه‌ی نفوذ بریتانیا بود، نی مرزهای هند.

ذوالفقار علی بوتو، صدراعظم پاکستان و سردار محمد داوود رئیس جمهور افغانستان، در سال ۱۹۷٦ از کشورهای یک‌دیگر دیدن کردند. بوتو از ۷ تا ۱۱ جون از افغانستان رسماً بازدید به‌عمل آورد. در زمان اقامت بوتو در کابل، داکتر انس وظیفه‌ی مهمان‌داری وی را برعهده داشت. من در یک ملاقات تصادفی که با داکتر انس در منزل اقاربش در مکروریان داشتم، او پیرامون برداشت خود از سفر ذوالفقار علی بوتو به کابل، چنین گفت:

«در ختم مذاکرات با سردار محمد داوود، جناب بوتو را به بامیان هم‌راهی کردم. بوتو در زیر آسمان پرستاره‌ی بامیان و هوای خوش‌گوار، شب را در پای بتِ بزرگ بامیان با همراهان خود خوش گذرانید و هر لحظه رضایت خود را از برداشت مذاکره با سردار محمد داوود یادآوری می‌نمود.»

ولی داکتر انس خان از توضیحات بیشتر در مورد خودداری کرد. تنها در دیدگاه سردار محمد داوود، ناامیدی و عقب‌نشینی راهبردی در موضوع پشتونستان دیده می‌شد. سردار محمد داوود به این نتیجه رسید که سیاست «سکوت» را در قبال پشتونستان اختیار کند.

بوتو صدراعظم پاکستان نیز تعهد کرد که جلو افراطیون اسلام‌گرا را بگیرد تا بیشتر علیه زمام‌داری سردار محمد داوود به تحریکات مبادرت نورزند که کمیت‌شان به پنج‌هزار نفر می‌رسید و رهبری آن‌ها را گلبدین حکمتیار، برهان الدین ربّانی و غلام‌محمد نیازی برعهده داشتند.

سردار محمد داوود از ۲۱ تا ۲٤ اگست ۱۹۷٦، در راه بازگشت از پنجمین کنفرانسِ سرانِ کشورهای غیرمنسلک در کولمبو پایتخت سریلانکا، از پاکستان بازدید به عمل آورد. سردار محمد داوود در باغ شالمار در مقابل هزاران پاکستانی سخنرانی نمود که در صحبت وی، حرف‌های از برادری و دوستی به گوش می‌خورد. مذاکرات هم بین زمام‌داران دو کشور صورت گرفت و در پایان ملاقات اول، یک اعلامیه‌ی روی‌همرفته نرم و بی‌خطر به نشر رسید. در واقع پاکستان برای اولین بار پذیرفت که یک «اختلاف سیاسی» میان دو کشور وجود دارد. به این سبب، جانب افغانی پذیرفت که این اختلاف سیاسی را مطابق

روحیه‌ی پانچیلا «پنج اصل» هم‌زیستی مسالمت‌آمیزِ کنفرانس باندونگ ۱۹۵۵، حل نماید. مهم‌ترین دو اصلِ کنفرانس باندونگ، احترام به مرزهای کشورهای همسایه و عدم‌مداخله در امور داخلی یک‌دیگر می‌باشد.

بنابرین احتمال می‌رفت که افغانستان خط دیورند را «با تعدیلات کوچک» به حیث مرز بین‌المللی بپذیرد، اگر پاکستان خودمختاری صوبه‌ی را که در فصل چهارم قانون اساسی ۱۹۷۳ آن کشور پذیرفته است، به صورت دقیق عملی نماید. به این‌گونه از لحاظ نظری، انتظار می‌رفت آنچه پس از ملاقات اول داوود و بوتو باقی مانده بود، به وسیله‌ی تماس‌های دیپلماتیک تعقیب شده و طرح موافقت‌نامه‌ای بر مبنای قوانین بین‌المللی «عقلانی و عادلانه» تهیه گردد.

ملاقات ماه اگست در پاکستان، سهم ناچیزی در غنای مبانی طرح‌شده در مذاکرات اول داشت. گرچه بوتو، می‌خواست که معاهده‌ای را به زودی ممکن به امضأ برساند. اگر جانب افغانی چنین معاهده‌ای را به امضأ می‌رساند، در واقعیتِ امر، از سیاست ضد خودمختاری صوبه‌ای بوتو حمایت می‌نمود. سردار محمد داوود، بدانگونه که حوادث بعدی نشان داد، پیش از امضای موافقت‌نامه‌ی نهایی، به انتظار نتیجه‌ی انتخابات ماه مارچ ۱۹۷۷ نشست. انتخابات ماه مارچ در پاکستان، با نتایج فاجعه‌باری همراه گردید. این امر با مظاهره‌های خونین، همراه با تشکیل حکومت نظامی در پاکستان برای چهارمین بار در تاریخ کوتاه‌مدت این کشور، دستگیری و محکمه‌ی بوتو به اتهام شرکت در قتل سیاسی، منجر گردید و ذوالفقار علی بوتو به تاریخ چهارم اپریل ۱۹۷۹ اعدام شد.

جنرال ضیاءالحق، رهبر حکومت نظامی پاکستان، آن‌گاهی که در ماه اکتوبر ۱۹۷۸ از کابل دیدار نمود و تلاش برای ادامه‌ی مذاکرات را با کابل داشت، اما حکومت افغانستان خواهان آن بود که پس از ایجاد یک حکومت باثبات و پایدار در پاکستان، به مذاکره ادامه دهد. شوربختانه که موضوع نام‌نهاد پشتونستان به‌مثابه دانه‌ی سرطانی به حکومات بعدی رنگارنگ افغانستان میراث ماند و این دانه‌ی سرطانی، همه را در کام خود به نحوی از انحا

فرو برد. در حقیقت سردار محمد داوود، نورمحمد تره‌کی، حفیظ‌الله امین، ببرک کارمل و داکتر نجیب به شکلی از اشکال، در مرداب پشتونستان غرق شدند.

داکتر نجیب خود را از حامیان سرسخت پشتونستان و به‌ویژه خان عبدالغفار خان و پیروان او می‌پنداشت و گاه‌گهی تا مرز اغراق حرافی می‌کرد. در موضع‌گیری سیاسی او نسبت به مسئله‌ی پشتونستان، مانند سردار محمد داوود تغییراتی پدیدار گشت که ناشی از ناامیدی‌ها نسبت به رهبران حزب عوامی ملی و سایر دلالانِ به اصطلاح پشتون‌خواه می‌شد. زمانی‌که گروه وابسته به حزب عوامی ملی پاکستان، به‌ویژه شاعر اجمل ختک در آستانه‌ی خروجِ نیروهای نظامی اتحاد شوروی از افغانستان، بدون اطلاع داکتر نجیب کابل را ترک و راه فرار را در پیش گرفت، داکتر نجیب خبرِ فرار مخفیانه‌ی اجمل ختک را از فرید ظریف، آمر شعبه‌ی روابط بین‌المللی ریاست جمهوری زمان، شنید که من اتفاقا در دفترش حضور داشتم و واکنش داکتر نجیب را مشاهده کردم. او سخت به خود پیچید و سیمایش دگرگون گشت و به من رو آورده گفت:

«رفیق محتاط! شانزده سال می‌شود که اجمل ختک مانند شاهزاده دراین شهر زندگی داشت. او در زمان سردار محمد داوود هم از امتیازات بی‌حد و حصری برخوردار بود. اما حال خبر شدم که مرموزانه از سفارت پاکستان پاسپورت به‌دست آورد و بدون خدا-حافظی از طریق هواپیما، کابل را به‌قصد دهلی ترک نمود و مسلماً از آن‌جا روانه‌ی پاکستان خواهد شد. در پرواز کابل-دهلی، فرید ظریف هم‌سفرش بود و اجمل ختک به نواسه‌ی خود می‌گفت که: زویا! اوس خپل کورته زو. هلته شنی باغونه شته. ما راستی مردم عجیبی هستیم. منافع مردم خود را فدای منافع این جاسوسان انگلیس نموده‌ایم. اگر شما در باره اجمل ختک و سایر این اجنت‌های انگلیس تبصره کنید عده‌ی رفقا شما را محکوم می‌کنند که محتاط یک تاجیک است و با مسئله پشتونستان مخالفت دارد. پس نی! من اگر زنده بودم می‌دانم که در آینده چه کنم!»

بیایید لحظه‌ای به عقب برگردیم و حرف‌هایی از داکتر خان صاحب، برادر خان عبدالغفار خان را به آنانی توصیه کنیم که هنوز هم غرق در اندیشه‌های شوونیستی به‌سر می‌برند و خواب‌های بزرگ‌تری را می‌بینند. به قول هارون نویسندۀ اثر «داوود در چنگال ک-ج ب»:

«داکتر خان پس از رهایی زندان در سال ۱۹۵۳، بیرق پشتونستان را بر زمین گذاشت و گروه جدیدی را به نام (حزب جمهوری‌خواه) تشکیل داد. وی با مقامات پاکستانی به توافق رسیده و در سال ۱۹۵۵ به حیث وزیر اعلای پاکستان غربی منصوب شد. دراین منصب، وی خطاب به حکام افغانستان گفت: فکر می‌کنید مردم قبایل این طرف خط دیورند، خواهان الحاق با کابل هستند؟ اول، از سه میلیون پشتون خود استمزاج و نظرخواهی کنید. من تضمین می‌کنم که همه‌ی آنان به نفع الحاق به پاکستان رأی خواهند داد.»

عین مطلب را زمانی برادرزاده‌ی او عبدالولی خان به نورمحمد ترهکی توصیه کرد. اما جای تأسف و بدبختی است که رهبران افغانستان زمانی به هوش می‌آیند، بصیرت سیاسی پیدا می‌کنند و از خواب غفلت بیدار می‌شوند که زمان سپری شده و خیلی ناوقت است! یا به اصطلاح غربی‌ها که قطار از ایستگاه عبور کرده.

در مسئله پشتونستان بهتر است پاراگرافی را از یادداشت‌های سرور یورش، که دستیار نزدیک داکتر نجیب بود، در این‌جا بیاورم. او در صفحه ۵۳ کتاب دست‌نویسِ خود می‌-
نویسد:

«در رابطه با مسائل و منافع ملی، دو نکته دیگر قابل غور و دقت است: مسئله پشتونستان و بلوچستان و رابط افغانستان با کشورهای همسایه. در مورد موضوع اول باید گفت که در این هیچ جای شک نیست که اتخاذ تصمیم نهایی در این زمینه از صلاحیت انحصاری مردم افغانستان و نمایندگان با صلاحیت آنهاست. ولی هر فرد افغان حق دارد در زمینه ابراز نظر نماید.

اگر به سوابق تاریخی مسئله توجه نماییم، خواهیم دید که این مسئله از یک‌سو با مسائل سرحدی بین افغانستان و پاکستان ارتباط می‌گیرد که در این‌جا مورد بحث نیست و از سوی دیگر، محصولِ موقفِ سیاسی اشخاص و گروه‌های ناسیونالیستِ افراطی افغانی و نیز ناشی از اهداف و اغراض اتحاد شوروی در دوران جنگ سرد بوده است. هم افغان‌های ناسیونالیستِ بنیادگرا و هم اتحاد شوروی، ظاهراً دم از حقوقِ برادران پشتونِ و بلوچِ ماورای سرحد میزدند، ولی در حقیقت از آن به مقاصد سیاسی استفاده می‌کردند و سعی می‌نمودند در پاکستان تخریبات و ناآرامی‌ها ایجاد نمایند. اولیای امور افغانستان حتی در بعضی موارد، به منظور پوشاندن ضعف‌های داخلی خویش و انحراف افکار عامه از آن‌ها، این مسئله را دامن میزدند و در اطراف آن هیاهوی فراوان به‌راه می‌انداختند.

اگر مسئله واقعاً برسر حقوق و آزادی پشتون‌ها و بلوچ‌های ماورای سرحد است، در صورتی‌که رهبران پشتونِ پاکستان نتوانند از حقوق پشتون‌ها دفاع کنند، پس ما افغان‌ها نمی‌توانیم و نباید موقف کاسه‌ی گرمتر از آش را به خود بگیریم. برادران ما باید در درجهٔ اول خودشان بنابر اصل حق تعیین سرنوشت، در زمینه تصمیم بگیرند.

تجارب و سوابق تاریخی بیانگر این حقیقت است که رهبران پشتون و بلوچِ ماورای سرحد، هیچ‌گاه در این مورد موقفِ صریح و روشن نداشته‌اند. آن‌چه روشن است، این‌ست که آن‌ها از ادعاهای بی‌موردِ رهبران افغانستان و اتحاد شورویِ وقت، دراین مورد استفاده‌های شخصی فراوان نموده‌اند. بر هیچ‌کس پوشیده نیست که آن‌ها در این رابطه، هم از مقامات انگلیسی و شوروی و هم از حکومت‌های هند و پاکستان، استفاده‌های مادی شخصی نموده‌اند. در حالی‌که استفادهٔ مادی و مالی از ما افغان‌های بیچاره را حقِ پدری خود دانسته‌اند.»

سفر عبدالولی خان به کابل

عبدالولی خان پسر عبدالغفار خان که مرد خیلی تنومند و بلندقامت بود و موهای سفید داشت، از طریق تورخم به تاریخ بیست جدی ۱۳۵۲، وارد کابل شد. از آن‌جایی که این سفر

در شرایطِ نوِ نظام جمهوری صورت گرفت، به سفر عبدالولی خان توجهٔ خاصی معطوف گشت. یک گروپ خاص به شمول فیض‌محمد خان وزیر داخله، وحید عبدالله معین وزارت خارجه، عبدالقیوم وزیر معادن و صنایع و بعضی از حلقات قبیله‌گرا، در دهانه‌ی تنگی پل‌چرخی، از وی پذیرایی کردند. عبدالولی خان در مهمان خانهٔ صدارت به‌حیث مهمانِ ویژه مورد توجه و پذیرایی قرار گرفت و چند روز بعدتر خانم‌اش نسیم ولی با او پیوست.

پاچاگل خان وزیر سرحدات مهمان‌دار عبدالولی خان بود و او را در تمام ملاقات‌هایش همراهی داشت. در این سفر دو موضوع برایم خیلی جالب به‌نظر خورد.

پاچاگل خان مرا تشویق کرد که باید با عبدالولی خان از نزدیک معرفی شوم. ما هر دو روانهٔ مهمان‌خان‌ی صدارت شدیم. در مهمان‌خانه عبدالولی خان را یک‌جا با اجمل ختک ملاقات نمودم. هنوز بین ما تبادل‌نظر صورت نگرفته بود که نورمحمد تره‌کی و حفیظ‌الله امین رهبران حزب دموکراتیک خلق (خلق)، هردو داخل اتاق شدند و صحبت‌ها روی موضوعِ قبایلِ ماورای سرحد و موقف افغانستان شروع شد.

عبدالولی خان در خلال صحبت به نورمحمد تره‌کی روی آورده گفت:

«تره‌کی صاحب! ما در منطقه‌ی مردان، چهار فابریکهٔ شکر داریم.»

باز تکرار کرد که تنها در مردان. «اما شما در سراسر افغانستان دو فابریکهٔ شکر دارید، یکی فابریکهٔ قند بغلان است که ظرفیت خیلی محدود دارد و دوم هم فابریکهٔ نیشکر جلال‌آباد است که گاه کار می‌کند و گاهی هم از فعالیت باز می‌ماند. پس شما خود قضاوت کنید که الحاق شما با ما به نفع شماست. شما در سطح خیلی پایین قرار گرفته‌اید.»

سخنان عبدالولی خان بازتابی از حقایق بود، زیرا در سال ۱۹۱۱ میلادی در ایالت مرزی شمال باختری هند بریتانوی، ۹۷۶ مکتب وجود داشت که درآن مکاتب ۳۲ هزار شاگرد سرگرم آموزش بودند. ۸۰ شفاخانه و درمان‌گاه، ده چاپ‌خانه و سه روزنامه کار می‌کرد. به

سال ۱۹۱۳ در شهر پشاور، مرکز اداری ایالت شمال باختری مرزی که باشندگان آن بیشتر پشتون‌تبار اند، کالج اسلامی ایجاد گردید که بعدها به دانشگاه پشاور تحول یافت.

دگرگونی‌ها در گستره ایالت مرزی شمال باختری، درست همانند دیگر استان‌ها در سایر قسمت‌های باختری هند بریتانوی، در بخش‌های زیرساخت، آموزش و توسعهٔ صنعتی در سال‌های حاکمیت بریتانیا، آغاز فصل معینی را برای کشور نو- تأسیس پاکستان تأمین نمودند. حال‌آن که، در افغانستانِ مستقل، پس از چندین دهه مدرنیزاسیون از سوی کابل در آستانه‌ی کودتای اپریل ۱۹۷۸، برای ۱۵ میلیون باشندهٔ کشور ٤۱۸۵ مکتب و ۷٦ بیمارستان وجود داشت و شمار پزشکان به ۱۱۷۰ نفر می‌رسید.

البته محتوای مکاتب را به چالش نمی‌گیریم و تنها به ارقام اکتفا می‌کنیم.

به هر حال، سر اولف کاروی آخرین گورنر بریتانیا در ایالت شمال‌غرب سرحدی، در اثر خود بیش از نیم‌قرن قبل گفته بود که:

«روزی فرا خواهد رسید که پشاور کابل را در خود منحل سازد، نه کابل پشاور را.»

سخنان عبدالولی خان در حقیقت ادامه و تأیید سخنان کاروی بود که تأثیر آنی ناخوشایند بالای روان نورمحمد تره‌کی داشت و در حقیقت آبی بود که روی شعله‌های احساسات قبیلویِ تره‌کی ریخته شد. تره‌کی بدون درنگ به پاسخ او پرداخت و گفت:

«خان صاحب! امروز در جهان مبارزهٔ طبقاتی ادامه دارد. ما مبارزهٔ طبقاتی را به راه انداخته‌ایم و ما از تمام طبقات زحمت‌کش پاکستان دفاع می‌کنیم. امروز بیشتر دوران مبارزاتِ قبیلوی که پدر شما پاچا خان آغاز کرده‌بود، سپری شده‌است. ما از زحمت‌کشان سندی، پنجابی و کشمیری در پاکستان پشتیبانی می‌کنیم.»

بدین ترتیب، نورمحمد تره‌کی تفهیم کرد که ما با مسائل قبایلِ پشتونِ ماورای سرحد، بیش ازاین برخورد قبیلوی نمی‌کنیم. ما از تمام زحمت‌کشان پاکستان که به‌خاطر حقوق شان مبارزه می‌کنند، حمایت و پشتیبانی می‌نماییم.

پاسخ نورمحمد تره‌کی نیز تأثیرات برجسته‌ی داشت، یعنی آبی بود که بالای خاکستر ریخته شد. عبدالولی خان خاموش ماند و رشته سخن را اجمل ختک گرفته گفت:

«تره‌کی صاحب، شما راست می‌گویید. زمانی‌که ما تظاهرات را در پشاور به‌راه می‌اندازیم، زحمت‌کشان و پیشه‌وران سندی و پنجابی با ما نمی‌پیوندند. منطق آن‌ها همین است که شما مطالبات کوچک قبیلوی دارید.»

من از اولین ملاقات خود با خان عبدالولی خان چنین استنباط کردم که حزب عوامی ملی و حامیان آن، سیاست وابسته به پاکستان را پیش می‌برند و کدام برنامه‌ای به مفهوم پشتونستان مستقل، مطرح بحث نیست. سیاست خوانین و احزاب مربوط به آن‌ها تنها بالای یک اصل استوار است و آن استفاده‌ی حداکثرِ مالی از امکانات افغانستان و زمام-داران پاکستان است و بس! آن گروه‌های خورد و کوچکی که طرف‌دار ایجاد یک پشتونستانِ مستقل و یا پشتونستان و افغانستان در چوکات حدود جغرافیایِ سیاسیِ زمان احمدشاه ابدالی می‌پندارند، در دنیای تخیلات واهی بسر می‌برند و از واقعیت‌های هم-گرایی امروزی بیگانه‌اند. آن‌ها در حقیقت به خود و مردم خود جفا می‌کنند و سرزمین خود را به کانون داغ جدال‌های دایمی مبدل می‌سازند.

بر اساس سخنان پاچاگل خان که در جلسه‌ی ویژهٔ سردار محمد داوود و عبدالولی خان اشتراک داشت، سردار محمد داوود سه طرح را روی کاغذ به عبدالولی خان ترسیم نموده پیش‌نهاد کرد:

۱. پشتونستان به‌حیث یک کشور مستقل
۲. پشتونستان به‌حیث ایالت فدرالی پاکستان
۳. پشتونستان و افغانستان به‌حیث یک کشور واحد

عبدالولی خان با درک روان سردار محمد داوود، بالای طرح سومی انگشت تائید گذاشته گفت که «این مسئولیت تاریخی ماست، اگر ما در این راه مساعی به‌خرج ندهیم نسل‌های بعدی، ما را محکوم می‌کنند.» پاچاگل خان افزود که سردار محمد داوود با شنیدن این پاسخ، لبخندی نموده همین‌قدر گفت که: «پس از آنکه تداوی شما در لندن تکمیل شد و دوباره برگشت نمودید، باهم در زمینه صحبت می‌کنیم.»

عبدالولی خان شخص خیلی دراک و باتجربه‌ای بود، او به‌خوبی می‌دانست که چگونه به سردار محمد داوود پاسخ دهد. اما هرآنچه عبدالولی خان گفت حقیقت نداشت، زیرا او هم در شرایط تسلط استعمار رشد یافته بود و ارتباط و تماس‌های زیادی با لندن داشت. بعد از این ملاقات، خان عبدالولی خان به‌تاریخ ۳۰ جدی ۱۳۵۲ روانهٔ لندن شد و هر زمانی- که به لندن سفر می‌کرد مصارف سفر خود را از سفارت افغانستان در لندن مطالبه می‌نمود. طوری‌که داکتر عبدالمجید سفیر افغانستان در لندن در خاطرات خود از صحبت تیلفونی عبدالولی خان یاد نموده که او در لندن تقاضای معاش خود را نموده بود.

اما بدبختانه، سردار محمد داوود به یک پیمانهٔ بزرگی، امکانات ناچیزِ این کشورِ فقیر و مردم بدبخت را روی پروژه‌ی بی‌ثمری که موجودیت افغانستان را بالای نقشه‌ی سیاسی جهان به مخاطره انداخت، مصرف کرد و مانع وحدت و یک‌پارچگی اقوام و ملیت‌های ساکن کشور شد. بدین‌گونه رژیم‌های سیاسی بعدی نیز اشتباهات سردار محمد داوود را تکرار کردند، به جبن و ترس زانو زدند، جرأت و شهامت آن‌را نداشتند که خود را برای همیشه از اسارت میراث‌خوران استعمار بریتانیا نجات دهند و سرنوشت خود و آرمان‌های خود را در پای منافع خوانین قبایل که هرگز علاقمندی به افغانستان نداشتند، فدا نمودند. سرانجام، موجودیت جغرافیای سیاسی امروز افغانستان، در نقشهٔ سیاسی جهان مورد پرسش قرار گرفته است.

فصل هفتم

آشیانه های جاسوسی

گوش خر بفروش و دیگر گوش خر
کاین سخن را در نیابد گوش خر

- مولانا جلال الدین بلخی

افغانستان در سراسر تاریخِ موجودیتِ خود، به‌مثابه مرکز تلاقی شبکه‌های جاسوسی کشورهای خورد و بزرگ، نقش مهمی را بازی کرده‌است. به‌ویژه این سرزمین از آغاز قرن نوزدهم تا به امروز، توجهٔ کشورهای سرمایه‌داری غرب را به‌خود جلب نموده و شبکه‌های استخباراتی در این سرزمین باهم رقابت داشته‌اند. در دوران جنگ عمومی دوم، رقابت-های جدی برای تسلطِ نفوذ بالای حکومت افغانستان، میان دول متحارب وجود داشت. از یک‌طرف آلمان، ایتالیا و جاپان فعالیت‌های خود را در کابل هم‌آهنگ می‌ساختند و از جانب دیگر اتحاد شوروی و انگلستان، علیه نفوذ آن‌ها در کابل سخت مصروف بودند. حکومت افغانستان در حالتی قرار نداشت که موقفِ روشن داشته باشد و از هر جانبی که احساس نیرومندی ملاحظه می‌شد، به همان طرف می‌گرایید.

با وجودی که جنگ دومِ جهانی پایان یافت، اما فعالیتِ شبکه‌های جاسوسی در افغانستان نه تنها کاهش نیافت، بلکه در قالب نو بین بازیگران ابرقدرت‌های جهان، افزایش و شکل گرفت. به‌ویژه بی‌طرفی دایمی افغانستان به ضرر آن تمام شد. بنابران شبکه‌های جاسوسی ساواک ایران، سی آی ای ایالات متحده، آی اس آی پاکستان، کی جی بی اتحاد شوروی و موساد اسرائیل، در کابل وجود داشتند و روی اهداف مشخص، فعالیت می‌نمودند. برای کشورهای کوچک نظیر افغانستان، خیلی دشوار بود تا خود را از خطر شبکه‌های جاسوسی، مصئون نگه داشته باشد.

در خزان سال ۱۹۷۲ میلادی، زمانی‌که در آستانهٔ تدارک قیام مسلحانه بودیم، یکی از روزها سردار محمد داوود از من پرسید:

«در داخل شهر گاه‌گهی بالای منازل، آنتن‌هایی را می‌بینم مانند خانه‌ی جولا، شما به-حیث اهل مسلک بگویید که این‌ها چه می‌باشند؟»

البته سردار محمد داوود باری هم کتاب نویسنده‌ای به نام دیوید روس را یاد کرد که درآن کتاب کابل و بنکاک، به‌حیث مراکز عمده‌ی جاسوسی در آسیا معرفی شده‌بود. البته من

این کتاب را نخوانده‌ام و تنها از لابلای اظهارات شخص سردار محمد داوود شنیدم که آن کتاب را خوانده بود.

اولین جلسه‌ای را که به‌حیث وزیر مخابرات با کارمندان فنی آن وزارت دایر نمودم، روی کسب معلومات در باره‌ی همین آنتن‌هایی بود که در بالای منازلِ نواحی مختلف شهر کابل به مشاهده می‌رسید. کارمندان مسلکی وزارت مخابرات که مسئولیت نصب و فعالیت شبکه‌های بی‌سیمِ کشور را داشتند، در زمینه پاسخی نداشتند. تنها همین‌قدر استدلال نمودند که مادهٔ دوم قانون «تیلفون و تلگراف» در کشور به صراحت حکم می‌کند که نصب و فعالیت دستگاه‌های مخابره، از صلاحیت وزارت مخابرات است. هرگاه ادارات دولتی می‌خواهند برای بهبود امورات خویش دستگاه مخابره داشته باشند، مکلف اند به وزارت مخابرات مراجعه کنند و اجازه‌ی فعالیت را از وزارت مخابرات حاصل نمایند و وزارت مخابرات مکلف است برای ادارهٔ مذکور، فرکانسی کار و زمان ارتباط را تعیین کند.

این حکم در قسمت همه سفارت‌خانه‌ها و نماینده‌گی‌های سیاسی کشورهای خارجی، نیز قابل تطبیق بود. بعضی از سفارت‌خانه‌های کشورهای بزرگ، دستگاه‌های مخابرهٔ خود را داشتند که در چوکات سفارت‌خانه فعالیت می‌کردند. از اینکه این سفارت‌خانه‌ها و نماینده‌گی‌های سیاسی به کدام پیمانه قوانین کشور را در فعالیت خود مراعات می‌نمودند، یک امر جدا پنداشته می‌شد.

لیکن نصب آنتن‌های شبکه‌ی استخباراتی در منازل شهر، یک موضوع کاملاً آشکار و قابل پرسش بود که ایجاب کنترول و تطبیق قوانین کشور را می‌کرد.

من برای تثبیت منازلی که بر فراز بام‌های آن، آنتن‌ها مانند خانه‌ی عنکبوت از دور به‌چشم می‌خورد، یک گروپ افراد مسلکی را تحت نظر انجنیر زیورالدین یعقوبی مدیر عمومی پلان وزارت مخابرات و انجنیر امیر محمد فنا مدیر عمومی شبکه‌های تیلفون و به همکاری قوماندانی عمومی ژاندارم و پولیس وزارت داخله تعیین نمودم، تا در سراسر شهر

کابل موجودیتِ دستگاه‌های مخابره را تثبیت و گزارشی به مقام وزارت تهیه کنند تا وزارت مخابرات بتواند در زمینه تدابیر لازمی را اتخاذ نماید.

گروپ موصوف طی چند روز بررسی خود، موجودیت پانزده منزل را تثبیت کرد که به خارجی‌ها تعلق داشت و همه تحت عناوین گوناگون، در شهر برای خود آشیانه گرفته بودند. زمانی‌که تحقیقات صورت گرفت، هیچ کدامی اجازه‌ی فعالیتِ دستگاه‌های مخابروی را نداشت. از آنجایی‌که فعالیتِ همه‌ی آن‌ها غیرقانونی ثابت شد، تمام دستگاه‌های مخابراتی ضبط گردید. در اینجا لازم می‌دانم تا از سه حادثه یادآور شوم که برای خواننده‌گان محترم خالی از دلچسپی نخواهد بود.

حادثه اول: دستگاه مخابره از منزل شخصی مصادره شد که خود را نماینده‌ی شرکت هوایی آریانا معرفی کرد. او برنت نام داشت. شخص موصوف برای سی‌وپنج سال به‌حیث افسر پولیس در امریکا ایفای وظیفه کرده‌بود. او را در زمان بازنشستگی به افغانستان فرستادند. دستگاه مخابره‌ی شخص مذکور، در وزارت مخابرات قید شد و برایش فرصت داده‌شد تا بتواند سند قانونی فعالیت خود را به وزارت مخابرات ارایه کند.[۳۳]

حادثه دوم: حادثه دوم خشکه‌شویی حکیم بود که در کارته‌چهار موقعیت داشت و به‌حیث مرکز شبکهٔ استخباراتی فعالیت می‌نمود. از طریق همین مرکز با تمام افغانستان به‌شمول لشکرگاه و بامیان ارتباط برقرار می‌شد. گروپ موظفِ وزارت مخابرات، فعالیت دستگاه مخابرهٔ مذکور را فلج نمود و وسایل آن‌را به وزارت مخابرات انتقال داد. اگرچه مالک خشکه‌شویی حکیم خواهرزاده‌ی غلام حیدر رسولی لوی درستیز بود، ولی این قرابت تأثیری در فعال ساختن مجدد آن نداشت. دو ماه بعد از فلج‌سازی شبکهٔ جاسوسی

---

[۳۳] برنت Bernett در دوره‌ی سلطنت، به‌حیث معاون ریاست شرکت هوایی آریانا در افغانستان کار می‌کرد و در زمان زمام‌داری سردار محمد داوود از افغانستان خارج شد، بعداً در دورهٔ حاکمیت حزب دموکراتیک خلق افغانستان در دهلی برای خود لانه ساخت و مصروف انتقال کارمندان شرکت آریانا به امریکا گردید، تا زمینه‌ی سقوط شرکت هوایی آریانا را فراهم ساخته باشد.

خشکه‌شویی حکیم، داکتر حسن شرق که در آن زمان وظیفه‌ی معاون صدارت را برعهده داشت، طی صحبت هیجانی تیلفون، همین‌قدر گفت که:

«برای خدا وزیر صاحب! امروز سفیر امریکا به ملاقاتم آماده بود و شکایت داشت که از دو ماه به این‌طرف تیم‌های‌شان در یکاولنگ و مناطق دوردست بدون ارتباط باقی مانده-اند. اگر شبکه مخابره‌ی آن‌ها دوباره فعال نشود، آماده‌گی برای بیرون رفتن از افغانستان را گرفته‌اند!»

در آن‌زمان فعالیت شبکه‌های استخباراتی امریکا از دیدگاه سردار محمد داوود به منافع و استقلال کشور، خطرناک پنداشته می‌شد. به‌ویژه فعالیت گروه عیسویان امریکایی که وظیفه‌ی اشاعه دین عیسویت را در افغانستان پیش می‌بردند و در مرحله نخست نابینایان کشور را نشانه گرفته بودند. بدین منظور تأسیس شفاخانهٔ نور، توسط همین گروه به کمک داکتر هارپر از نظر دور نبود و نخستین کسی را که به دین عیسویت کشانیده بودند، شخصی به‌نام نابینای خلمی، رئیس انجمن نابینایان بود.

مسلماً که در دوره‌ی زمامداری ظاهر شاه، به فعالیتِ گروه اشاعه‌گران دین عیسوی توجه مبذول نشده بود. گرچه موسی شفیق آخرین صدراعظم زمان شاهی، قرار افواهات به فعالیت گروه عیسویان در کشور متوجه شد، هدایت اخراج شخصی را به‌نام اشکنیز که هویت یهودی و تابعیت امریکایی داشت، صادر کرده بود. اما اشکنیز در آغاز جمهوریت با استفاده از تیلفون‌های شهری به توهین و سرزنشِ بعضی از اعضای کابینه پرداخت و در اثر شکایت پاچاگل خان وزیر سرحدات، از افغانستان اخراج گردید.

حادثه سوم: مهم و اساسی، موضوع آنتن‌های مخابره بالای قلهٔ مرتفع کوه آسمایی بود. قلهٔ آسمایی به ارتفاع ۳۳۰ متر در نقطه وسطی شهر کابل موقعیت دارد که در فراز آن شبانه چراغ سرخی از هر گوشه‌وکنار شهر کابل به نظر می خورد.

در یکی از روزهای ماه اسد ۱۳۵۲ که جوش‌وخروش مردم کشور از استقبال نظام جمهوری در گوشه‌وکنار طنین انداخته بود و ترانه‌ی «جمهوری ما مبارک» از هر گوشه‌وکنار

خیابان‌های شهر به گوش می‌رسید، انجنیر امیر محمد فنا هروی را که انسان وطن‌دوست و شایسته در وزارت مخابرات بود، با دو همکار دیگر توظیف نمودم که به فراز قله کوه آسمایی بالا شده، تعداد و ویژه‌گی آنتن‌ها را تثبیت کنند.

قرار گزارشی که بعداً از بررسی آنتن‌های بالای کوه ارایه داشتند، هشت نوع آنتن در قلهٔ کوه آسمایی نصب گردیده بود که به استقامت‌های مختلف در داخل و خارج کشور، ارتباطات را تأمین می‌کرد. یعنی بدین معناست که از طریق آنتن‌های مذکور با تمام نقاط دنیا به شمول حوزه‌ی کابل ارتباط تأمین می‌گردید. در نقطه‌ی محوری قله، یک احاطه خشتی بدون دروازه وجود داشت و در داخل آن ترانسفارماتور قوی برای تغذیه‌ی آنتن‌های مذکور جابجا شده بود و انرژی برق به‌واسطه پایه‌های خیلی قوی از قسمت قول آبچکان به ترانسفارمر انتقال داده می‌شد. اداره انکشافی امریکا و سفارت امریکا خود را مالک این شبکه معرفی نمودند.

موضوع دستگاه مخابراتی نصب بر فراز کوه آسمائی را به سردار محمد داوود گزارش دادم. سردار محمد داوود هدایت داد تا سوابق آن‌را پیدا کنم که کدام مقام و چه وقت اجازه نصب آنتن‌ها را داده است.

حسب هدایت رئیس دولت، معلومات از تمام ارگان‌های مربوط خواسته شد، تا اگر سوابقی در مورد نصب آنتن‌های بالای کوه آسمائی وجود داشته باشد، به وزارت مخابرات اطلاع دهند. اما هیچ مرجعی نتوانست معلومات در رابطه به آنتن‌های استخباراتی بالای کوه ارایه کند. همچنان از طریق وزارت خارجه با سفارت ایالات متحده امریکا تماس گرفته شد.

سفیر ایالات متحده امریکا آغای تیودور ایلیوت[۳۴] با رئیس ادارهٔ انکشاف بین‌المللی امریکا در یکی از روزها به دفترم آمد. ایلیوت مرد جوان و بلندقامتی بود و ادعا داشت که

---

[۳۴] Theodore-Eliot

جوان‌ترین سفیر امریکاست و او سن خود را چهل‌وپنج وانمود ساخت. صحبت بین ما روی یک سلسله مسائل عامِ تعارفاتی صورت گرفت و در ضمن، از وی تقاضا نمودم تا پیرامون آنتن‌های بالای کوه اگر اسنادی نزد آن سفارت موجود باشد، به مقامات این کشور تقدیم کنند.

فعالیت‌های غیرقانونیِ شبکه‌ی استخباراتی، دست‌آویزی برای سردار محمد داوود چیزی بیش نبود و شخص سردار محمد داوود بازی دوگانه‌ی را در این رابطه پیش می‌برد. به امریکایی‌ها تفهیم می‌کرد که او ناتوان است و نسل نو نسبت به امریکا برداشت‌های خود را دارد و از جانبی هم مرا و همرزمان مرا تشویق می‌کرد که این کشور صاحبی دارد و نباید هیچ کشوری بدون اجازه در داخل خاک ما، هر چه که دلش بخواهد همان را انجام دهد! دولت‌های ملی همواره بالای منافع مردم خود اتکا و از آن حراست می‌کنند و لجام‌گسیختگی و فساد، صفات دولت‌های غیرملی و ضد مردمی است.[۳۵]

من به سوابق اجازه نصب شبکه مخابراتی علاقه گرفتم. سفیر امریکا به رئیس اداره انکشاف بین‌المللی آن کشور روی آورده گفت که اسناد آنتن‌ها را ترتیب و به مقامات افغانی تقدیم کند. صحبت ما در همین‌جا پایان یافت و برای چند روزی انتظار به‌دست آوردن اسناد را داشتیم. رئیس دولت را در جریان صحبت قرار دادم.

هنوز دو هفته سپری نشده بود که رئیس ادارهٔ انکشاف بین‌المللی ایالات متحده امریکا اطلاع داد که اسنادی در زمینه وجود ندارد، ولی نصب آنتن‌ها به اساس هدایت شفاهی شخص سردار محمد داوود در سال ۱۹۵۹، یعنی زمانی‌که ایشان عهدهٔ صدارت را داشتند، صورت گرفته است. مسلماً که پای رئیس دولت را در میان آوردند، تا پوششی روی

[۳۵] در اوضاع امروزی بیشتر منافع ملی مطرح نیست. ایجاد شرکت‌های مخابراتی لجام‌گسیخته در کشور زیر نام بازار آزاد، به منافع ملی سخت ضربه وارد کرده‌است. به مجرد برقراری تماس تیلفونی بین دو شخص در کشور، تمام هویت آن‌ها روی پرده‌های دستگاه استخباراتی در کشورهای غرب، به ویژه ایالات متحده امریکا ثبت می‌شود. فلهذا، به مفهوم محرمیت و اسرار خانواده‌گی چیزی وجود ندارد.

فعالیت‌های استخباراتی خود نموده‌باشند. تمام فعالیتِ شبکه‌های مخابراتی خارجی باید در چوکات میثاق‌های قبول‌شده‌ی بین‌المللی و بر اساس روابط بالمثل استوار باشد. اگر هر کشوری بدون اجازه‌ی دولت و بدون کنترول، بالای تپه‌های کابل آنتن‌های استخباراتی خود را نصب کند و فعالیت‌های غیر مجاز را از داخل خاک افغانستان علیه کشورهای همسایه به راه اندازند، این امر تخطی صریح به آزادی و استقلال افغانستان شمرده می‌شود.[۳۶]

من استدلال طرف امریکایی را به سردار محمد داوود اطلاع دادم که گویا شخص صدراعظم در سال ۱۹۵۹ هدایت شفاهی نصب دستگاه‌ها را داده‌اند. سردار محمد داوود این ادعا را رد کرده گفت: «قطعاً اجازه شفاهی وجود ندارد!»

چون‌که مقامات سفارت امریکا و اداره انکشاف بین‌المللی، در باره‌ی نحوه و اجازه فعالیت دستگاه‌های مخابراتی بالای کوه آسمائی نتوانستند سندی را ارایه کنند، بناً فیصله شد تا آنتن‌ها از فعالیت باز مانَد و برای این منظور و یگانه راه جلوگیری از فعالیتِ شبکهٔ مخابراتی، قطع نمودن انرژی برق از برج برق قول آبچکان بود که در نتیجه دستگاه‌ها خاموش شدند و از فعالیت باز ماندند و تنش آشکاری به میان آمد.

یک ماه بیشتر از توقفِ فعالیتِ دستگاه‌های مخابراتیِ بالای کوه آسمائی نگذشته بود که داکتر حسن شرق، تیلفون کرده گفت که کار خیلی عاجلی در پیش است اگر به دفترش بروم. همان‌روز به دفتر وی رفتم که در یک اتاقِ کوچکِ منزل دوم عمارتِ صدارت قرار داشت. به مجردی که داخل اتاقش شدم، از جا برخاست و گفت که «برای خدا خبر داری چه حادثه رخ داده است؟»

در سه دهه اخیر در پهنای انکشافات سریعی که در بخش تکنولوژی معلوماتی صورت گرفت، [۳۶] کنترول

شبکه‌های مخابرات، افسانه‌ای بیش نیست.

گفتم نخیر! گفت که آمریکایی‌ها بار وبستر را بسته‌اند از کشور خارج می‌شوند و گروپ-های‌شان در نقاط مختلف تصمیم برگشت به کابل را دارند. حتماً کوشش کنید که ارتباط‌شان تأمین شود تا از کشور خارج نشوند.

گفتم این کار عملی است و شما یک یادداشت رسمی عنوانی وزارت مخابرات صادر کنید و وزارت مخابرات در فعالیتِ مجدد دستگاه‌ها، اقدام عملی می‌نماید.

بعد ازآن خواهش کرد که حداقل دستگاه خشکه‌شویی حکیم را دوباره فعال سازم که آمریکایی‌ها در لشکرگاه بی‌ارتباط مانده‌اند. برای مدت کوتاه، اجازه فعالیتِ مجدد داده‌-شد. اما موقف وزارت مخابرات خیلی قانونی بود که باید اجازه‌ی رسمیِ فعالیت گرفته شود. وزارت مخابرات کدام ممانعت ندارد. بدین ترتیب، قسماً فعالیت آشکار شبکه‌ها متوقف شد، ولی از جانب دیگر عناصر ضعیف ضد ملی دروازه را برای جاسوسان رنگارنگ باز گشودند.

نوسان موقف در قبال معاهده آب دریای هلمند

در ملاقات‌هایی که با سردار محمد داوود طی نیمه‌دوم سال ۱۹۷۲ و نیمه‌اول سال ۱۹۷۳ داشتم و هر زمانی‌که مناسبات افغانستان با ایران مطرح بحث قرار می‌گرفت، نفرت و بدبینی شگفت‌آوری را در سیمای او نسبت به ایران مشاهده می‌نمودم. من در کتاب سقوط سلطنت، یادداشت‌های خود را در این مورد چنین نگاشته ام:

«سردار محمد داوود گفت: بنگرید! چندی قبل سردار عبدالولی با فامیل خود جهت اشتراک در تاج‌گذاری دوهزار و پنج صدمین سالگرد داریوش کبیر عازم تهران شد. گرچه شهنشاه از شاه افغانستان دعوت نموده بود تا در این مراسم اشتراک ورزد، ولی شاه دعوت را به داماد خود تسلیم نمود و دامادش در این دعوت سهم گرفت. زمانی‌که مراسم بر سر مقبره داریوش برگزار گردید، شهنشاه در آن‌جا سوگند یاد کرد که من همان سرزمین‌های باستانی که تو فرمانروایی داشتی، به‌دست خواهم آورد. دراین سوگندنامه، پرسشی ایجاد می‌شود که

کدام سرزمین ها؟ بلی! آن سرزمین‌هایی که از لابلای کتاب‌های کهنه (هدف از سردار محمد داوود اشاره به شاهنامه فردوسی بود که بزرگترین شاهکار حماسی جهان است و در مورد قلمرو ایران باستان معلومات سودمندی ارایه می‌دارد) هویدا می‌گردد. یعنی ازبکستان، خراسان و غیره نواحی افغانستان! آیا این یک مطلب توسعه‌طلبی و ماجراجویی نیست؟ آیا این مطلب از مغز امپریالیست‌های غرب تراوش نمی‌کند؟ که می‌خواهند روحیه هم-زیستی مسالمت‌آمیز کشورهای منطقه را متشنج نموده و خود بهره‌برداری‌های سیاسی بنمایند. آیا یک فرد افغان واقعاً می‌تواند چنین چیزی را بشنود؟ نخیر! او باید مجلس را ترک می‌کرد و منحیث احتجاج عازم کشورش می‌گردید.» [۳۷]

سردار محمد داوود در آن‌روز موضوع قراردادِ آب هلمند را نیز به باد انتقاد گرفت و روحیه ضد ایرانی خود را به نمایش گذاشت.

در اولین روزهای نظام نوین جمهوری که ما دور میز گرد، در منزل اول عمارت صدارت نشسته بودیم و روی مسائل مهم کشور تبادل نظر می‌نمودیم، سردار محمد داوود دوسیه‌ی آب هلمند را تحت غور قرار داد. طبق این معاهده، برای ایران ۲۲ متر مکعب آب در ثانیه سهم در نظر گرفته شده بود و معاهده آب هلمند به‌تاریخ ۲۲ دلو ۱۳۵۱ بین موسی شفیق و امیر عباس هویدا صدراعظمان افغانستان و ایران، در کابل به امضأ رسید.

---

[۳۷] کروش کبیر پسر کمبوجیه، بنیان‌گذار و نخستین شاه شاهنشاهی هخامنشی از سال ۵۵۹ تا ۵۳۰ قبل میلاد حکم‌فرمایی کرد. مراسم تاجگذاری به مشورت همه بزرگان ایالات تحت سلطهٔ ایران که در پاسارگاد گردهم آمده بودند، صورت گرفت. داریوش کبیر سومین شاه هخامنشی، طرح کاخ تخت جمشید را ریخت، ۲۵ هزار یهودی را از زندانِ بابل آزاد کرد و تعلیمات عمومی را جبری و رایگان ساخت و خط آرامی را جایگزینِ خطِ میخی نمود، تقویم کنونی (ماه ۳۰ روز) را پایه‌گذاری کرد و اولین بار وزارتخانه‌هایی را برای اعمار و انکشافِ کشور به‌وجود آورد. داریوش در سال ۵۲۱ قبلِ میلاد فرمان داد: من عدالت را دوست دارم از گناه متنفرم و از ظلم طبقاتی بالا به طبقات پائینِ اجتماع، خشنود نیستم.

البته دوسیه آب هلمند را سردار محمد نعیم با تیم خود تحت مطالعه قرار داد. پس از آن‌که دوسیه بررسی شد، در یکی از روزها سردار محمد داوود به جلسه چنین گزارش داد:

«رفقا! ما یک تیمی را تعیین نمودیم تا قراردادِ آب دریای هلمند را مورد بررسی قرار دهد. تیم ما دریافت که خدا شاهد است آن‌قدر دقیق کار شده که من برای تان گفته نمی‌توانم.»

هر ملاقات و صحبتی که سردار محمد داوود قبل از تحول ۲۶ سرطان با هرکسی که انجام داد، اولین حمله را بالای معاهده‌ی آب هلمند نموده بود و معاهده‌ی آب هلمند را یک خیانت ملی تاریخی می‌پنداشت! خیلی شگفت‌آور بود که چقدر زود بنابر درنظر- داشت منافع خود و خانواده، موضع خود را تغییر داد و همین را به گوش ما زمزمه می‌کرد که: «خدا شاهد است چقدر دقیق کار بالای معاهده‌ی آب هلمند صورت گرفته!»

سردار محمد داوود در واپسین سال‌های زمام‌داری خود، سفری به ایران داشت و از مناسبات حسنه و همجواری حرف‌های زیادی به زبان آورد. دولت ایران دو میلیارد دالر برای تمدید خط آهن تهران کابل و همچنان تمویل پروژه‌ی شاهراه دیشو-لشکرگاه وعده نمود که افغانستان را به بندر عباس وصل می‌کرد. سردار محمد داوود بیشتر از مزایای معاهده‌ی آب هلمند صحبت می‌کرد. [38]

---

[38] تبصره: شاهنامه فردوسی که سردار محمد داوود به حیث «کتاب‌های کهنه» از آن یادآوری نمود در حقیقت آئینه تاریخ است که ما خود را، زبان خود را، فرهنگ خود را و گذشته‌های خود را در چوکات جغرافیای پهناوری مشاهده می‌کنیم و ازآن اندرز می‌گیریم. پند و نصیحتی از حکیم دانای طوس:

هر آنکس که دارید رای و خرد   بدانید کین نیک و بد بگذرد
همه رفتنی‌ایم و گیتی سپنج   چرا باید این درد و اندوه رنج
زهر دست چیزی فراز آوریم   بدشمن سپاریم و خود بگذریم
بترسید یکسر ز یزدان پاک   مباشید شاد اندرین تیره‌خاک
که این روز بر ما همی بگذرد   زمانه دمی ما همی بشمرد

فصل هشتم

مردان اندیشه و مبارز

گوارا باد آن باده که اندر فتح نوشندش
در این پیکار، در این کار،
دل خلقی است در مشتم،
امید مردمی خاموش هم‌پشتم

- سیاوش کسرایی

عبدالواسع کوهستانی، پیلوت

در میان افسرانی که در مبارزه انقلابی از خود شهامت، صداقت و مردانگی نشان دادند، یکی هم دگروال پیلوت عبدالواسع کوهستانی بود و او زندگی شریفانه داشت. ما در آغاز کار انقلابی دو عبدالواسع که هردو هم‌صنف هم بودند در صف خود داشتیم. اولی داکتر عبدالواسع رنجبر از غلام‌علی بگرام و دومی عبدالواسع پیلوت از کوهستان.

داکتر عبدالواسع رنجبر با استفاده از بورس تحصیلی غرض ادامه تحصیلات به شهر سیمفروپل اتحاد شوروی رفت و برای یک مدتی از مبارزه داغ دور ماند. اما عبدالواسع پیلوت برخلاف مرد صریح و تندمزاج بود که هرگز نمی‌توانست با فساد در ارتش سازگاری کند. از اینرو، در زمان سلطنت ظاهر شاه، هنگامی‌که عبدالواسع در قطعه میدان هوائی طیارات بمباردمان در شندند ایفای وظیفه می‌کرد به افشاگیری فروش تانکرهای تیل پرداخت که از طرف تورن‌جنرال شرین خان قوماندان گارنیزیون شندند در بازار شهر هرات به فروش می‌رسید. این افشاگری خشم مقامات دولت و به‌ویژه وزارت دفاع را برانگیخت او را با همکارانش به زندان انداختند. موضوع فروش تیل شندند در مطبوعات وقت بازتاب یافت و در پارلمان آن دوره مناقشات داغ صورت گرفت و البته اسناد آن در ارشیف موجود است.

در کودتای شب ۲۶ سرطان ، عبدالواسع پیلوت در یکی ازگروپ‌های ما تنظیم بود که بایست به‌سرعت و به‌موقع به انجام وظیفه خود می‌پرداخت. با درد و اندوه فراوان حادثه نامیمون برای او و فامیلش رخ داد. روز بیست‌وپنج سرطان پسر خود را از دست داد و در نتیجه از انجام وظیفه دور ماند. زمانی‌که از تحرکات آن‌شب تاریخی آگاهی یافت به-

سرعت به محل قومانده شتافت، جایی‌که من نیروهای قوای هوائی دخیل در قیام مسلحانه را رهبری می‌کردم.

اولین حرفش این بود که «چرا مرا خبر نکردید؟»

در پاسخ گفتم که با تاثر عمیق موضوع مرگ نابه‌هنگام پسرت مرا واداشت که تو را در جریان قرار ندهم.

باز با همان لحن تند گفت: «این‌جا سرنوشت مردم تعین می‌شود و آن مرگ یک فرد است. کدامش مهم است؟ مردم و یا یک فرد؟» من برایش گفتم که «حال وقت بحث روی موضوع نیست و هنوز شروع تحول است. بروید با گروپ خود یک جا شوید و وظائف خود را در داخل شهر انجام بدهید.»

او به‌سرعت از من دور شد و با گروپ خود در داخل شهر به وظائف خود پرداخت. بعد از آن فرمان مقرری او به‌صفت سرمامور شهر کابل صادر گردید و به تأمین امنیت شهر پرداخت. او در مدت کوتاه که سرمامور پولیس شهر کابل بود وظائف خود را موفقانه پیش می‌برد. او و همراهان او کنترول جدی بیست‌وچهار ساعته در شهر کابل داشت و جلو سؤاستفاده‌های گوناگون را می‌گرفت و از روش قاطع و آشتی‌ناپذیر او به‌مقام وزارت داخله و صدارت شکایت نمودند. وزیر داخله شکایات را نادیده گرفت اما سردار محمد داوود طی یک صحبت برایم گفت که «رفیقت خیلی تند حرکت می‌کند، برایش توصیه کنید که نزاکت‌های جامعه را در نظر بگیرد.»

روی همین موضوع با عبدالواسع پیلوت صحبت کردم و او در جواب خیلی جدی برایم گفت که «شما توصیه می‌کنید که جلو سوئ استفاده را نگیردم و به قانون‌شکنی توجه نکنم؟ پس مفهوم این تحول نظام جمهوری چیست؟ من هرگز سازش نخواهم کرد.» بعد از چندی داکتر حسن شرق برایم گفت که «عبدالواسع پیلوت نظام نوین جمهوری را با مردم روبرو می‌سازد، بهتر است که او را به جای دیگری تبدیل نمائیم.»

دگروال عبدالواسع به‌دستور معاون صدراعظم به‌حیث قوماندان سرحدی ولایت نیمروز تبدیل شد. در ولایت نیمروز فعالیت توده‌یی را با مردمان رنج‌دیده‌ی آن ولایت آغاز کرد و به حفر کانال‌ها پرداخت و از حقوق دهاقین علیه مالکین زمین دفاع و از همه مهم‌تر این‌که در استحکام و تقویت سرحدات پرداخت و جلو قاچاق را در مرز آن ولایت گرفت. بار دیگر علیه او توطئه بستند که عامل کشیدگی بین دو کشور، یعنی ایران و افغانستان می‌شود.

هارون در کتاب خود در این مورد اشاره می‌کند که:

«دگروال عبدالواسع باشنده بولغین شمالی به‌حیث قوماندان سرحدی ولایت نیمروز مقرر شد. وی در ناحیه چهاربرجک نیمروز علنا بر خاک ایران تجاوز کرد. نامبرده می‌خواست بدون ترتیب بخشی از خاک ایران را تصرف کند. سرحد به رسمیت شناخته‌شده بین دو کشور را از میان برده خط سرحد جدیدی ترسیم کند.»

بار دیگر داکتر حسن شرق به من تماس گرفت و گفت که: «این رفیق ما خیلی تند می‌رود و چیزی نمانده است که مناسبات افغانستان را با ایران خدشه‌دار سازد. بنابران ناگزیریم او را دوباره به مرکز احضار کنیم.»

دگروال عبدالواسع به‌طور عاجل توسط چرخبال به کابل انتقال داده شد. زمانی‌که او را از نزدیک ملاقات کردم وی ادعا داشت که «ایرانی‌ها بخشی از خاک ما را به خود ملحق ساخته‌اند و هیچ‌کس توجه نمی‌کند و من وظیفه ملی خود دانستم قبرستان خود ساخته ایرانی‌ها را از داخل خاک خود دور کنم و خط مرز را به محل اصلی آن انتقال دهم.»

دگروال عبدالواسع را این‌بار به نقاط دوردست دیگر تبدیل نمودند و به‌حیث قوماندان سرحدی ولایت بدخشان مقرر شد تا به اصطلاح از شر ماجراجویی او مقامات دولت مصئون باشند. در ولایت دورافتاده بدخشان با مسائل و مشکلات گوناگونی روبرو شد. در بدخشان شخصی به نام تاج‌محمد وردک والی بود و وظیفه داشت تا جنبش روشنفکری بدخشان را که از اندیشه‌های محمد طاهر بدخشی مایه گرفت سرکوب کند. زیرا تاج

محمد وردک والی بدخشان، مانند رحیم شیدا والی تخار، نقش مخبران خصوصی سردار محمد داوود را به‌دوش داشت.

دگروال عبدالواسع قوماندان سرحدی به دو مشکل در ولایت بدخشان روبرو شد. ازیک-طرف به‌حیث کارمند امنیتی وزارت داخله و به‌ویژه یکی از فعالین رویداد ۲٦ سرطان ناگزیر بود وظائف محوله دولتی را انجام دهد و از جانب دیگر علایق خاصی‌که به دفاع از حقوق ملیت‌های تحت ستم داشت و از موضوع طبقات مستمند و مستحق جامعه دفاع می‌کرد، نمی‌توانست به ماجراجویی‌های بخشی از روشنفکران که زیر نام «جنگ‌های پارتیزانی» بعضی از تأسیسات دولت را در ولایت بدخشان هدف قرار داده بودند، سازش کند.

دگروال عبدالواسع از حادثه‌ی درواز که گروه‌ای بالای دفتر شرکت هوایی باختر در درواز حمله کردند و پول دفتر باختر را ربودند، سخت ناراض بود. زیرا او می‌گفت که «این جرقه برای مقامات ولایت دستاویز داد تا دولت جدی با روشنفکران ماجراجو برخورد کند.»

او در برگشت از ولایت بدخشان برایم توضیح داد که «این چگونه جنگ پارتیزانی است همین به اصطلاح پارتیزان‌ها را گرفتار و ذریعه یک موتر و دو محافظ به زندان کابل انتقال دادند. آیا در این راه دشوار طولانی بدخشان کابل امکانی وجود نبود که خود را نجات بدهند؟» او در نتیجه گفت که «این دوستان ما بدون درنظرداشت شرایط و اوضاع راه‌ای را که انتخاب کرده‌اند به ترکستان می‌رود.» با وجود آن دگروال عبدالواسع در رهایی زندانی‌های مبارزین بدخشان، با جسارت و شهامت همکاری نمود. به‌ویژه دگروال عبدالواسع، با وجود همه دشواری‌هایی که در بدخشان داشت، در آن جا نقش خود را به نفع روشنفکران و توده-های مردم به خوبی ایفا کرد. [۳۹]

---

[۳۹] مرحوم طاهر بدخشی، در آن روزهای دشوار از طریق جناب جنرال عبدالحی نهضت از من خواهش کرد تا در نجات عبداللطیف پدارم که یک جوان نورسته و انقلابی بود و در زندان بدخشان به سر می-برد، کمک کنم. بنابران طی یک پرزه از دگروال عبدالواسع آمر سرحدی بدخشان خواهش نمودم تا در

با دریغ دگروال عبدالواسع دچار تکلیف مریضی گُرده شد و هر دو گُرده او از فعالیت بازماند. تداوی در دهلی و کابل نتیجه نداد. از این ناحیه خانواده‌ی او سخت رنج می‌برد. اما خودش با ایمان و اراده‌ی قوی‌ای که داشت و با فهم این‌که راه بهبود صحی موجود نیست و زندگی فقط رنج دامنه‌دار برای فامیل اوست، در یکی از صبح‌دم هنگامی‌که همسرش نماز صبح را ادا می‌کرد، پنجره منزل را باز و خود را از منزل چهارم بیرون انداخت و جابجا چشم از جهان پوشید. او نمادی از وطن‌پرستی، صداقت و وفاداری بود. یادش گرامی باد!

نورالله تالقانی

پس از آن‌که نخستین کابینه دولت جمهوری افغانستان در یازدهم اسد سال ۱۳۵۲ تشکیل یافت، غوث‌الدین فایق به‌حیث وزیر فوائد عامه تعین شد، نورالله تالقانی را در کرسی ریاست اداری آن وزارت مقرر کرد. نورالله تالقانی در مدت کوتاه‌ای که رئیس اداری آن وزارت بود برعلاوه امور اداری، در ایجاد یک کتاب‌خانه در چوکات آن وزارت اقدام کرد و در مدت کوتاه هزاران جلد کتاب را از منابع داخلی و خارجی برای کتاب‌خانه مذکور تهیه و در اختیار کارمندان آن وزارت و علاقمندان کتاب قرار داد. اما چند ماه هنوز نگذشته بود که او را از ریاست اداری سبکدوش کردند.

در یکی از روزهای خزانی سال ۱۳۵۲ غرض پاره‌ای امور به کاخ ریاست جمهوری رفتم و داخل اتاق انتظار شدم. جگرن جان محمد خان زرمتی در آن زمان رئیس دفتر رئیس دولت بود. در اتاق انتظار عده‌ی زیادی از جنرال نظامی و افراد ملکی نشسته بودند و انتظار

فرار عبداللطیف پدرام از زندان همکاری کند. دگروال عبدالواسع با جسارتی که داشت، پدرام را از زندان فرار داد و تسلیم عبدالحی نهضت نمود.

ملاقات رئیس دولت را می‌کشیدند. دراین میان نورالله تالقانی هم نشسته بود. او به‌-مجردی که مرا دید، خواهش کرد تا از سردار محمد داوود تقاضا کنم که او را نزد خود بپذیرد.

من بدون نوبت داخل اتاق کار رئیس دولت شدم و بعد از اجرای امور و هدایت لازمی، موضوع نورالله تالقانی را با رئیس دولت مطرح نمودم که اگر او را نزد خود بپذیرد بهتر می‌شود، زیرا وی حرفی برای گفتن دارد که با رئیس دولت می‌خواهد شریک سازد.

در این اثنا سیمای سردار محمد داوود تغیر کرد، جدی شد و گفت: «وزیر صاحب، شما در جریان قرار دارید که تالقانی په کرده؟»

در پاسخ گفتم «نخیر!»

رئیس دولت علاوه کرد که «دیروز رحیم شیدا والی تخار برایم خبر داد که نورالله تالقانی در آن‌جا جتماعی را به‌وجود آورده و علیه دولت تخریبات و تبلیغات نموده است! من هرگز او را نمی‌خواهم ببینم.»

من در دفاع از تالقانی گفتم که «جناب رئیس صاحب دولت، نورالله تالقانی اصلا به تخار سفر نکرده است. من نمی‌دانم که جناب والی بر چه اساس گزارش حضور او را در اجتماع تخار می‌دهد؟»

رئیس دولت باز به صراحت گفت که این شخص مطلوب نیست اصلا نمی‌خواهد ببیند.

من به صراحت لهجه سردار داوود بیشتر حرفی نداشتم و با دوسیه خود از دفتر کارش بیرون شدم. نورالله تالقانی را با خود به صالون کلان پذیرایی رئیس دولت بردم. من موضوع ذهنیت رئیس دولت را برایش توضیح کردم که والی تخار و یا کدام مرجع در مورد او اطلاعات کاذب را ارایه نموده و سردار محمد داوود خیلی خشم‌گین بود.

نورالله تالقانی در حالی‌که چشمانش را اشک لبریز کرده بود با گلوی خسته گفت «جناب وزیر صاحب متشکرم که ذهنیت مرا روشن کردید. گرچه خودم هم حدس می‌زدم. می-

دانید که چرا رئیس دولت این‌گونه برخورد کرد؟ زیرا که من پشتون نبودم! پشتون نبودن در این کشور گناه است! من ازبک هستم مسلما برای من در چوکات دولت وظیفه مناسب نیست. من به درستی می‌دانم که وظیفه ما نفرخدمت بودن است.»

در آن لحظه احساسات غم‌انگیز تالقانی را درک می‌کردم. دستش را گرفتم و از کاخ ریاست جمهوری خارج شدیم. بدین ترتیب تالقانی برای مدت بیشتر از چهار سال در احتیاط وزارت دفاع قرار گرفت.

نورالله تالقانی اهل قلم بود و عشق شورانگیزی به کتاب و مطالعه داشت. در شروع جوانی کار سیاسی را با محمد طاهر بدخشی آغاز کرد و در امر روشنگری، نقش به‌سزایی در بین افسران اردو داشت. زمانی هم سردار عبدالولی به موجب فعالیت‌های سیاسی‌اش، لباس نظامی نورالله تالقانی را به امر خود از تنش دور کرد و از ارتش منفک ساخت. برای یک مدتی هم از طاهر بدخشی فاصله گرفت و مناسبات دوستانه با همه روشنفکران صرف‌نظر از سلیقه و وابستگی‌های سیاسی‌شان داشت.

پس از آن‌که مرا و چهل‌وسه نفر افسران هم‌فکر مرا سبکدوش و در اسارت خانه قرار دادند، تالقانی مناسبات خود را در اوضاع اختناق‌انگیز پنج‌سال زمام‌داری سردار محمد داوود استوار نگه‌داشت و در تأمین ارتباط با نیروهای چپ ضد نظام خودکامه سردار محمد داوود نقش مهمی را بازی کرد که در این جا ایجاب می‌کند دو حادثه را تذکر بدهم.

دریکی از شام‌گاهان شرایط دشوار که همه‌ی ما به اصطلاح از بام تا به شمام تحت پیگرد دولت قرار داشتیم، نورالله تالقانی داخل منزل شد و همین‌قدر گفت که «دگروال عبدالقادر قوماندان پیشین قوائی هوای که تحت مراقبت شدید نیروهای امنیتی است، تقاضای ملاقات عاجل را نموده است. نظر شما چیست؟ آیا می‌خواهید که چنین یک ملاقات را تنظیم کنم؟ به نظرم که خیلی مهم است.»

در پاسخ گفتم که اقدام ضروری و در شرایط موجود لازم است که با دگروال عبدالقادر یک بار به‌هر شکلی که می‌شود ملاقات کنم. تالقانی گفت که خوب است و او تمام اوضاع را در نظر گرفته این ملاقات را تنظیم می‌کند و من را در جریان می‌گذارد.

دو سه روزی نگذشته بود که نورالله تالقانی اطمینان داد که ساعت هشت آن‌شب یکجا به ملاقات دگروال عبدالقادر میرویم و من خود را با شیوه‌هایی که لازم می‌بینم خود را آماده سازم و هر دو درتاریکی شب به دیدن او خواهیم رفت.

من با مخبران وزارت داخله مناسبات خوبی داشتم، زمانی‌که تاریکی حکم‌فرما شد، به مخبران گفتم که بچه‌ها به خانه‌های‌تان بروید من جای نمی‌روم. مطمئن باشید. آن‌ها خوش شدند و اطراف منزل مرا ترک نمودند. ساعت هشت در یکی از نقاط تاریک و خموش تالقانی را ملاقات و هر دو سمت چمن حضوری حرکت کردیم. زمانی‌که به نزدیک تپه رسیدیم، تالقانی گفت که دگروال عبدالقادر در بین جنگلات زیر تپه انتظار دارد. من به تعجب رفتم وَ داخل جنگل شدم و در تاریکی دگروال عبدالقادر را ملاقات کردم.

بعد از این‌که یک‌دیگر را در آغوش گرفتیم، او را مخاطب قرارداده گفتم که «خیلی جای خطرناک را برای ملاقات انتخاب کرده اید. باید بدانید که هرلحظ ممکن این جنگل مورد توجه پولیس قرار گیرد، زیرا همیشه جرم و جنایات در تاریکی شب در بین جنگلات صورت می‌گیرد. بیا از این جا به صحن چمن حضوری برویم و در آن جا در روشنائی چراغان صحبت کنیم. هرگز مورد توجه کسی قرار نمی‌گیریم.» او قبول کرد و هر سه به‌سوی چمن-حضوری حرکت کردیم. زندگی شکل عادی خود را داشت و عرادجات عبور مرور می-کردند و هیچ‌کس توجه نمی‌کرد که کی‌ها هستند و کجا می‌روند.

من و قادر در روی سبزه‌های چمن نشستیم و نورالله تالقانی دورتر از ما قدم می‌زد و متوجه تردد عرادجات و مردم بود.

آن‌شب اولین بار بود که بعد از سبک‌دوشی و تضیقات و تهدیدهای امنیتی باهم ملاقات کردیم. دگروال عبدالقادر گفت: «دیدی! سردار محمد داوود چگونه ما را فریب داد.

این محمد زائی‌ها تجربه کافی در فریب و نیرنگ دارند. ما مردمان بیچاره و دهاتی را خیلی به آسانی بازی می‌دهند. خوب، حالی فریب خوردیم و ما را خیلی ضربه زدند، بعد از این چه کنیم؟ ما باید به‌هر شکلی که می‌شود انتقام خود را بگیریم! خودت را سردار محمد داوود هرگز نمی‌بخشد. ما کوشش می‌کنیم که بعد از این بالای خودت حساب نکنیم، اما تلاش می‌کنیم که آهسته‌آهسته خود را به هرشکلی که شود احیا نماییم، در غیر آن ما از فریب‌خوردگانی خواهیم بود که نسل‌های بعدی ما را نخواهند بخشید.»

البته این فشرده حرف‌هایی بود که در آن‌شب از طرف دگروال عبدالقادر گفته شد. او در ضمن اشاره‌کرد که «یگانه راه‌ی دخول در دولت، فقط بدگوی علیه خودت است تا ثابت کنیم که ما با خودت نیستیم.»

من به حرف‌های او گوش دادم، دریافتم که عقده‌ی درونی و حس انتقام‌جویی با این ناجوانمردی‌هایی که علیه ما افسران تحول‌طلب صورت گرفته، در او شعله‌ور است. مسلما که طرح او را تائید نمودم و از طرف خود اطمینان دادم به هر شیوه‌ای‌که ممکن باشد خود را و همرزمان خود را دوباره در ارتش احیا کند. من علاوه نمودم که احیای دوباره‌ی همرزمان ما در ارتش برای آزمون‌های بعدی یک امر لازمی و ضروری می‌باشد و البته در زمینه صحبت‌هایی خواهیم داشت. هر زمانی‌که به مشوره و همکاری من نیاز افتد، من کاملا در اختیار آن‌ها قرار دارم.

ملاقات ما مدت کوتاه را دربر گرفت و توافق نمودیم که به مبارزه خود در شرایط پیچیده ادامه می‌دهیم و اشتباه تاریخی خود را جبران می‌کنیم. دگروال عبدالقادر از ما جدا شد و با تکسی روانه خانه خود گردید و ما پیاده به‌سوی منازل خود حرکت کردیم.

نورالله تالقانی در حقیقت امر پل ارتباطی بین من و دگروال عبدالقادر بود. با در نظرداشت توافقی که نمودیم، سرانجام از طریق امین‌الله نجیب رئیس شرکت هوایی آریانا که داماد سردار غلام حیدر رسولی وزیر دفاع بود، خود را به وزیر دفاع نزدیک ساختند. با پرداخت دوصد هزار افغانی در روز عید به خانم وزیر دفاع در جلال‌آباد، دگروال عبدالقادر به‌حیث

آمر مسلخ مقرر شد و به‌طور شوخی برایم پیام فرستاد که «حالا هر قدر کله پاچه ضرورت داری برایت می‌فرستم!» این نخستین و مهم‌ترین گام اعتمادسازی بود که برداشته شد. این نتیجه‌ی نقش مؤثری بود که نورالله تالقانی بازی کرد.

تالقانی مانند هزاران روشنفکر ملیت‌های غیرپشتون، برای خود جایگاه در دولت جمهوری سردار محمد داوود و دوره رژیم فاشستی سلف او پیدا نکرد و مورد تعصب و تبعیض مستقیم قرار گرفت. اما هرگز از مبارزه دست برنداشت و با درایت و خموشانه کار و پیکار انقلابی خود را پیش می‌برد. پس از کودتای هفت ثور مانند هزاران روشنفکر و شخصیت‌های ملی، در عقب پنجره‌های زندان قرار گرفت. تالقانی بعد از ششم جدی ۱۹۸۰ از زندان رها شد و طی یک سفر کاری که جانب منگولیا داشت، از داخل هواپیما نامه‌ای را در ۹ صفحه برایم نوشت و از طریق یک هئیت جاپانی برایم فرستاد که یک بخش آن‌را در این‌جا اقتباس می‌کنم:

« ..... نامه ارسالی شما را تکرار تکرار تا چه حد خوانده‌باشم، باور کنید در بعضی جاهای آن گریستم واقعا تبارز و رشد فاشیسم چه مصائبی را نصیب خلق‌های نجیب و بلاکشیده ما داشت. خوش هستم که در آن‌جا بودید و درغیر آن مرگ شما نیز حتمی بود! ما یک عده تصادفی تجات پیدا کردیم، هرگاه مرحله‌ی نوین انقلاب شکوه‌مند ثور با کمک دوستان بی‌آلایش ما تحقق پیدا نمی‌کرد، به‌تاریخ نهم جدی یعنی سه روز بعد از مرحله نوین، چهارصد نفر اعدام می‌گردید و من در لست نفر دوم بودم. امین خاین انسان‌هایی را ازبین برد اکثری آن‌ها فقط یک گناه داشت و آن عشق به مردم، عشق به وطن مجهز به ایدئولوژی علمی بود. سال‌ها وقت به کار است تا (لعل گردد در بدخشان یا عقیق اندر یمن) مثال دوکتور برادر شیر[۴۰] وغیره وغیره که ما و شما به سیماهای قهرمانانه آن‌ها آشنائی داشتیم و درشرایط نوین چون توتیا به این‌ها انقلاب احتیاج مبرم دارد پدید می‌آید. انجنیر شیر هم خانه‌اش را کرایه‌داده و شاید در جاهای دور رفته باشد در حدود شش‌ماه قبل دیده‌بودم،

---

[۴۰] انجنیر شیراحمد، هم‌دوره‌ی اکادمی من در شوروی بود. مؤلف.

مادر و برادر دیوانه‌وار انتظار برگشت داکتر را می‌کشیدند و جرأت نداشتم به آن‌ها حقایق را بگویم که شما نباید انتظار داکتر را داشته باشید، داکتر و امثال آن‌ها قربانی فاشیسم امین و باند کثیف و بی‌دانش آن گردیدند.

به‌همین شکل جمیله بدخشی تا امروز بی‌صبرانه انتظار آمدن طاهر بدخشی را می‌کشند و مشکل است به آن بگویم که بدخشی بعد از یک سلسله شکنجه‌های وحشیانه بعد از قتل سفیر امریکا در هوتل کابل، شب عید قربان با ۳۹ نفر از بهترین فرزندان این مرز و بومِ مصیبت‌دیده یکجا با شاهپور احمدزی و داکتر زرغون قربانی فجایع امین گردیدند.

رفیق محترم! من هم مدت یک‌ونیم سال را در این باستیل[۴۱] پل‌چرخی که به مراتب خطرناکتر نسبت به باستیل انقلاب فرانسه بود، سپری کردم. نجات من به‌مثابه نجات عده‌ی از قربانیان کوره‌های آدم‌سوزی دوره‌ی فاشیسم هتلری بود. در ابتدا مدت دوازده روز پی‌هم شکنجه‌ام دادند، پولیگون بردند باور کنید به مراتب انتظار مرگ را کشیدم چقدر خوش می‌شدم یک‌بارگی مرا از بین ببرند نه به‌مرگ تدریجی آن‌ها به‌شکل وحشیانه و دور از طاقت بشری!»

نورالله تالقانی در زمان زمام‌داری ببرک کارمل به‌حیث رئیس نشرات اردو تعین گشت و در مدت کوتاه خدمات بزرگی را انجام داد. او به‌سرعت به چاپ آثار گران‌بهای مثل مثنوی معنوی، افغانستان در مسیر تاریخ، تاریخ پشتون‌ها و ده‌ها اثر ارزشمند پرداخت و از آنجا به کرسی‌های مهم مقرر شد. با همه دشواری‌های ناشی از تعصب خشک قومی، هیچ‌گاه از هدف خدمت‌گزاری به مردم دست نبرداشت.

در دوره‌ی اختناق‌آور حاکمیت پنج‌ساله سردار محمد داوود، تالقانی گاهی تنها و گاهی هم با دگروال عبدالقادر و استاد محمد اکبر شورماچ که از شخصیت‌های فعال سیاسی

---

[۴۱] Bastille Fortress قلعه باستیل در پاریس به عنوان یک زندان دولتی توسط پادشاهان فرانسه استفاده می‌شد.

بودند، داخل منزل من می‌شدند و اوضاع درهم‌وبرهم داخلی را به مباحثه و مناقشه می‌گرفتند.

نورالله تالقانی پل ارتباطی بین همه نیروهای چپ و موثر سیاسی بود. به خاطر دارم که یکی از روزها ما هردو از منزل بیرون شدیم و آهسته‌آهسته در امتداد خیابان گام می‌برداشتیم و مخبران وزارت داخله ما را از سه طرف بدرقه می‌کردند که در مقابل ما ببرک کارمل با هم‌رزمان نزدیک خود پیدا شد و از دور صدا کرد که: «چشم دشمنان کور باد که شما را سرشار در خیابان می‌بینند و شما فرزندان صدیق خلق افغانستان هستید!»

بعد از مفاهمه کوتاه از کارمل جدا شدیم و تالقانی در ضمن تبصره گفت که «از رفقای پرچمی قدری نگرانی دارم، زیرا این‌ها با دستگاه خیلی نزدیک می‌باشند. احتیاط را نباید از دست داد.»

مجید کلکانی

من با مجید کلکانی قبلا شناختی نداشتم، ولی در باره‌ی او حرف‌های زیادی شنیده بودم. این جناب نورالله تالقانی بود که وسیله‌ی تأمین ارتباط بین ما گردید.

مجید کلکانی یکی از چهره‌های افسانوی و سحرانگیز سرزمین معاصر ماست که در موردش حرف‌های زیاد گفته‌شده و داوری‌های گوناگون صورت گرفته. به‌طور عموم این داوری‌ها را میتوان به دو قسمت جدا ساخت. لازم می‌بینم که در این‌جا دیدگاه‌های طبقه‌ی حاکمه و مزدوران آن‌را از لابلای رسانه‌های گروهی یادآور شوم.

سید مسعود پوهنیار که به‌طور ارثی از وابستگان گوش‌به‌فرمان خانواده‌ی سلطنتی بود، در کتاب خود در باره‌ی مجید کلکانی چنین می‌نویسد:

«مجید کلکانی با گروه سارقش با همراهی غلام حضرت گل‌بهاری، اکثراً با ولسوال و مامورین قره‌باغ در تماس بوده نزد آنان رفت‌وآمد داشت. داره داشتن به وسیله‌ی آن جهت تخویف و تهدید مخالفین نیز مبدل گردیده بود. داره رئیس اسبق محمد رسول خان از بند قرغه کابل، از دید حکومت یا مامورین مسئول مخفی نبوده است.»

مؤلف ادامه داده می‌گوید که «قطاع‌الطریق خطاب به راکبین بس می‌گفتند: ما هم درد-های داریم!»

از نظر سید مسعود پوهنیار، مجید کلکانی سارق بود که قطاع‌الطریقی را در حوزه‌ی شمالی انجام می‌داد. البته این تنها سید مسعود پوهنیار نیست که حکم دزدی را بالای مجید کلکانی صادر می‌کند، بلکه حلقات وابسته به نظام حاکمهٔ محمدزائی، تبلیغات زهرآگین خود را علیه همه وطن‌پرستان وادی تاکستان‌های شمالی، به‌ویژه باشندگان تاجیک این وادی، به‌راه انداخته بودند. هرآنکه از کوهدامن و کوهستان بود، از نظر آن‌ها دزد بود! چه بهتر است که نگاهی به کتاب انتونی هایمن[۴۲] بزنیم و برداشت این نویسنده‌ی انگلیس را در باره‌ی مجید کلکانی اقتباس کنیم. او در صفحه ۱۴۱ اثر خود «افغانستان تحت اشغال اتحاد شوروی» می‌نویسد:

«بنیان‌گذار سازمان ساما مجید کلکانی بود، یعنی کسی که قهرمان معاصر مردم و رهبر نابغه‌ی جنگ‌های پارتیزانی چپ‌گرا شناخته شده و او را به رابین هود تشابه می‌کنند. سوابق توام با شخصیت‌اش، او را به‌حیث محور اساسی ملی در جنبش مقاومت قرار داده بود. نجیب‌مردی از اهالی کوهستان و به همان قریه ارتباط داشت که بچه سقاء از آن‌جا سر برافراشته بود و در سال ۱۹۲۹ به‌حیث پادشاه حکومت کرد. مجید گرچه تاجیک بود، اما در قندهار رشد کرد و پسر قاضی ظاهر بود. شامل دانشکده شرعیاتِ دانشگاه کابل گشت. مجید در اثر پیگرد دستگاه حاکمهٔ محمدزائی، به‌مثابه سرسخت‌ترین مخالف

---

[۴۲] Anthony Hyman انتونی هایمن (۱۹۴٦-۱۹۹۹)، نویسنده، مورخ و کارشناس انگلیس در امور افغانستان، ایران، پاکستان و آسیای مرکزی.

حاکمیت محمدزائی‌ها عرض وجود نمود و همکار نزدیک شخصیت‌های چپی دهه شصت در کابل گردید. بعد از سال ۱۹٦۸ به مبارزهٔ پارتیزانی در کوهستانات مبادرت ورزید و در سال ۱۹۷۹ که اخرین مرحلهٔ مبارزات او شمرده می‌شد، در حدود بیشتر از چهل سال عمر داشت و شخصیت و لیاقت خود را به حیث رهبر تثبیت نموده‌بود.

عملکرد مجید به‌مثابه رهبر سازمان ساما، نه تنها از نظر تباری اقوام و ملیت‌های شمال کشور یعنی تاجیک‌ها، ازبک‌ها و هزاره‌ها را به خود جذب نمود، بلکه علاوه بر شعله‌ای‌ها و ستمی‌ها، عده‌ی کثیری گروپ‌ها و افسرانِ ارتش را نیز به خود جلب کرد که موجب عملیات پیروزمندانه از طرف سازمانِ ساما می‌گردید و در قطع نمودن مخابرات و تصرف قافله‌های سلاح، مؤثر تمام می‌شد. این مجید کلکانی بود که جنگ‌های چریکی را قبل از تهاجم اتحاد شوروی در سال ۱۹۸۰، به‌راه انداخته بود. گفته می‌شود که درآن زمان، سازمان ساما از یک تشکیلاتِ محقر به سازمانی مبدل گشت که ۸۰۰۰ عضو داشت. زمانی‌که مجید را در فبروری سال ۱۹۸۰ یعنی یک هفته بعد از قیام کابل بدون سلاح دستگیر کردند، پوسترهای بزرگ تصویرِ مجید به هرطرف آویزان شد که تقاضای رهایی او را نموده بودند. بسی عملیات چریکی به‌راه انداخته شد تا زمام‌داران کابل و شوروی او را زنده نگه‌دارند. گرچه حکومت به سازمان عفو بین‌المللی از حیات او اطمینان داد، وعده‌ی تشکیلِ دادگاه عادلانه را نمود. اما او را در جون سال ۱۹۸۰ اعدام کردند.»

من با مجید کلکانی روابط نزدیکی داشتم که از روز مرگ جئوئن لای [٤٣] صدراعظم پیشین چین، یعنی ۸ جنوری ۱۹۷٦، آغاز می‌شد. زیرا به‌خاطر دارم همان روزی‌که باهم در عقب کارته مامورین در دامنه‌ی کوه و در منزل محقر یکی از برادران هزاره ملاقات داشتیم، خبر مرگ جئوئن لای انتشار یافت و آن‌روز همیشه در خاطره‌ام زنده باقی مانده‌است.

داستان ملاقات ما خیلی جالب است که دوست مشترک ما نورالله تالقانی وسیله شد و چندباری برایم خبر داد که آغا (مجید) سخت علاقمند است خودت را ملاقات کند و اگر

---

[٤٣] Zhou Enlai (٥ March ١٨٩٨ – ٨ January ١٩٧٦)

موافقِ دیدار باشید، او را در جریان قرار می‌دهم. من نیز علاقه‌ی وافر به ملاقات داشتم که او را از نزدیک ببینم. مجید کلکانی به چهره افسانوی مبدل شده بود، زیرا مردم از دستگاه حاکمهٔ سردار محمد داوود و بی‌کفایتی اطرافیان او به ستوه آمده‌بودند و راه نجات را از جانب شمال توقع داشتند.

یکی از روزهای بعد از مخالفت با حکومت که در منزل در حالت اسارت به‌سر می‌بردم، ناگهان زنگ دروازه به صدا درآمد. دروازه را همسرم باز کرد و در عقب دروازه دوشیزه‌ی بالابلندی که بالاپوش زمستانی برتن داشت و موزه‌های سیاه در پا، از همسرم خواهش کرد تا مرا برای لحظه‌ای ملاقات کند. این دوشیزه‌ی جوان، برای همه‌ی ما ناآشنا بود. همسرم گفت که دوشیزه‌ی جوانی ایستاده است می‌خواهد خودت را ملاقات کند. من به‌سوی دروازه رفتم و زمانی که به سیمای او نگاه کردم، دریافتم که برایم کاملاً ناآشناست. در فکر فرورفتم که آیا باز کدام نیرنگ تازه روی کار است. من که با شیوه‌های استخباراتیِ مضحکِ دستگاه حاکم آشنایی کامل داشتم، این‌بار باز به‌فکر توطئه‌ای افتادم که احتمالاً توسط همین‌گونه خانم‌های جوان، به‌راه انداخته می‌شد.

آن دوشیزه‌ی جوان، بعد از ادای ادب نامه‌ای که در دست داشت برایم پیش کرد و آن نامه در بین یک پاکت بود. نامه را گرفتم و او خواهش کرد تا پاکت را باز و نامه را بخوانم. پاکت را باز کردم و در نامه نوشته شده‌بود:

«انجنیر صاحب محترم! فردا دعوت من می‌باشید، امیدوارم که بپذیرید.»

در زیر نامه، نام مجید نوشته شده بود و متوجه شدم که مجید کلکانی مرا فردا دعوت نموده‌است. نامه را خواندم و به قاصد نگاه کردم، او پرسید که «نظر شما چیست؟» در پاسخ تشکر نموده و وعده گذاشتم که فردا ساعت هفت شام، در جوار پستخانه مکروریان، ملاقات خواهیم کرد.

درآن روزها من تحت مراقبت شدید استخبارات وزارت داخله و امنیت دولتی قرار داشتم و افراد موظفِ پولیس، مرا تحت پیگرد ۲۴ ساعته قرار داده‌بودند و هر آن‌کسی که به

منزل من رفت‌وآمد داشت، نیز تحت مراقبت جدی قرار می‌گرفت. من با افراد استخبارات آشنایی داشتم و آن‌ها مرا احترام می‌نمودند و خود اعتراف می‌کردند که همین وظیفه یگانه راه امرار حیات و زندگی‌شان می‌باشد. با درنظرداشت همه احترامی که داشتند، من هم متوجه خود بودم تا بتوانم از هر گونه حوادثِ غیر مترقبه، جلوگیری کنم.

در روز بعدی که قرار گذاشته بودم، ساعت شش بجهٔ شام از منزل بیرون شدم و آهسته-آهسته روانهٔ منزل یکی از دوستان شدم که در بلاک نزدیک ما قرار داشت. افراد استخبارات وزارت داخله که با لباس ملکی ملبس بودند، به من نزدیک شدند و احترام کردند و بیشتر چیزی نگفتند. چند قدم برداشتم و برای‌شان همان منزلی را که همیشه می‌رفتم نشان دادم و هم گفتم که تا ساعت نه بجه در همان منزل خواهم بود و مطمئن باشند. آن‌ها مرا تا دهلیز همان منزل هم‌راهی کردند، به مجردی‌که داخل دهلیز شدم، بدین ترتیب آن‌ها مطمئن شدند که تا ساعت نه بجهٔ شام در آن‌جا خواهم بود و داخل دهلیز نشدند. چند لحظه‌ای در داخل دهلیز منتظر ماندم و به مجردی‌که معتقد شدم که دیگر سایه‌وار مورد پیگرد قرار ندارم و هر دو کارمند استخبارات این منطقه را ترک نموده اند، به سرعت از دهلیز خارج شدم و گام‌های سریع برداشته خود را در عقب بلاک، از نظر احتمالی مخبران وزارت داخله پنهان نمودم.

شام بود و چراغ‌های کنار سرک روشن شده‌بود و مردم هم به‌سوی خانه‌های خود در حرکت بودند. خود را به پستخانه نزدیک کردم و در پیاده‌روِ کنارِ سرک، آهسته‌آهسته گام می‌برداشتم و همین که ساعت هفت شام شد، از عقب من یک تکسی والگاه توقف کرد و به عقب نگاه کردم که همان دوشیزه‌ای که دیروز حامل پیام بود، دروازه عقبی را باز کرد و من در سیت عقبی نشستم و خودش در پهلوی تکسی‌ران نشست. سروکله‌ی تکسی‌ران با یک دستمالی پوشیده بود و من هرگز سیمای او را ندیدم.

تکسی‌ران برای نیم‌ساعت در کوچه‌های شهرنو و قلعه فتح‌الله خان مانورهای گوناگونی کرد و همیشه مراقب موترهایی بود که از عقبش حرکت می‌کردند. بالاخره راه کارته‌پروان را

درپیش گرفت. در یکی از کوچه‌های حصه‌ی دوم کارته‌پروان، توقف کرد و همان دوشیزه برایم اشاره‌کرد و گفت که «آن موتر سرخ کنار خیابان را می‌بینید؟ بروید در همان موتر بنشینید، انتظار شماست.»

با آن‌ها خداحافظی کردم، راهی موتر فلکس‌واگون سرخ شدم که در کنار سرک توقف داشت. در بین موتر هیچ‌کس نبود. دروازه عقبی را باز کردم و داخل موتر شدم. لحظه‌ای نگذشته بود که دو شخص ناشناس آمدند و در سیت پیشرو نشستند. خاموشی حاکم بود و هرگز حرفی بین ما تبادله نشد. بازهم چهره‌های آن‌ها از من پوشیده بود و صدای‌شان را هم نشنیدم.

موتر فلکس‌واگون از منطقه‌ی کارته پروان به استقامت باغ‌بالا حرکت کرد و از آن‌جا به‌سمت کوته‌سنگی پیش رفتیم. بازهم در کوچه‌ها و پس‌کوچه‌ها مانور نمودند، وقتی‌که مطمئن شدند کسی ما را تعقیب نمی‌کند، در دهنه‌ی یکی از کوچه‌های تنگ توقف نموده مرا به دامنه‌ی کوه راهنمایی کردند. یکی از آن‌ها پیش و من به دنبالش در کوچه‌های مرطوب بالا رفتیم. سرانجام به دروازه حویلی رسیدیم و داخل حویلی شدیم. خانمی که مصروف تهیه‌ی غذا بود، مرا به یک اتاق کوچک راهنمایی کرد و مرا تنها گذاشت و دیگر او را ندیدم. به این اتاق نظری انداختم. در وسط بخاری قرار داشت و در یک گوشه‌ی آن چپرکت و در سمت کوچه دریچه‌ی کوچکی باز بود. لحظه‌ای هنوز نگذشته بود که همان خانم مالک خانه داخل اتاق شد و پرسید که اتاق گرم است؟ آتش بخاری را دید و چند دانه چوب دیگر را به داخل آن افزود و بعداً گفت که آغا صاحب چند دقیقه بعد می‌آید.

در داخل همین اتاق محقر، بیشتر از ۲۰ دقیقه انتظار کشیدم و در همین مدتِ انتظار، غرقِ اندیشه‌های زندگی رقت‌بار مردم ما بودم که در سرمای زمستان با شکم گرسنه روبرو هستند. ناگهان دروازه باز شد و مجید با لبخندی داخل اتاق شد. قامت میانه، موهای شقیقه‌اش ماش برنج و چشمان نافذ داشت. او کلاه خود را از سر دور کرد و موهایش از چپ به‌راست پراکنده شده‌بود. کُرتی چرمی به تن داشت.

در آغاز پوزش خواست که مرا در انتظار مانده و خود از راه دوری عجله نموده‌است. البته این اولین بار بود که باهم دوبدو دور میز نشستیم. صحبت‌های ما آغاز شد و آن‌قدر عاری از تعارفات و ملحوظات بود که گویا ما سال‌ها باهم آشنا و دوست می‌باشیم. همه حرف‌ها عریان در میان گذاشته شد و روی آن ابرازنظر صورت گرفت. اوضاع سیاسی داخل کشور، اوضاع سیاسی منطقه، اوضاع سیاسی بین‌المللی و موضوعاتی که به مبارزه علیه استبداد و دیکتاتوری خودکامه‌ی داوود ارتباط می‌گرفت، مورد بحث قرار داده‌شد.

هدف اساسی ملاقات، معرفت متقابل و تبادل‌نظر روی مسائل سیاسی و همکاری به‌خاطر ایجاد صف مبارزهٔ مشترک علیه دولت خودکامه و استبدادی داوود بود. صحبت ما چهار ساعت به‌طول انجامید تا ساعت یازده شب ادامه یافت و تصمیم گرفته شد که ادامه آن در شرایط موجود معقول نیست و به ساعت یازده شب صحبت را خاتمه دادیم.

مجید کلکانی در پایان صحبت آن شب گفت:

«از آن‌جایی که شما در شرایط دشوار و تحت نظارت جدی نظام قرار دارید و هر لحظه زندگی شما به خطر مواجه است، من پیشنهاد می‌کنم که بین ما شفری تعیین شود و ما بتوانیم با استفاده از آن در اوضاع دشوار تبادل‌نظر داشته باشیم.» وی علاوه کرد که «نامه‌هایم تحت نام نصرالدین عنوانی شما خواهد رسید و شما را به‌نام انجنیر جمیل مخاطب قرار خواهم داد.»

از دعوت او اظهار سپاس نمودم و تکسی موظف مرا از آن‌جا به نزدیکی منزلم رساند. زمانی‌که از میان بلاک‌ها جانب منزل خود پیاده می‌رفتم، با همان مخبرانی روبرو شدم که وزارت داخله برای پیگردم توظیف کرده‌بود و هنوز هم در نزدیک دروازه‌ی منزل من انتظار می‌کشیدند. یکی از آن‌ها به من نزدیک شد و پرسید:

«صاحب! امروز دیرتر در منزل رفیق‌تان ماندید ما را به تشویش انداختید. ما حیرت رفته‌بودیم که در گزارش امروزی خود چه بنویسیم. خوب شد که به‌خیر آمدید.»

در پاسخ گفتم که دوستان در منزل‌شان مرا بیشتر در صحبت مصروف ساختند و صحبت گرم و دلچسپ بود و نمی‌خواستند که آن‌ها را ترک بگویم و من از خاطر شما از منزل دوستان بیرون شدم تا بیشتر شما در عقب دروازه‌ی من انتظار نمانید و عیسی آمر استخبارات وزارت داخله، برخورد نادرست و توهین‌آمیز با شما نکند.

آری، برای مدت سه سال یعنی تا اواخر جوزای سال ۱۳۵۷، زمانی‌که من روانهٔ جاپان شدم، با مجید کلکانی روابط نزدیک داشتم و در این مدت پیرامون بسی مسائل مهم سیاسی و اجتماعی کشور تبادل نظرِ سودمندی داشتیم و در مورد بعضی از مسائل در این‌جا مختصرا تماس خواهم گرفت.

دراین مدت کوتاه، مجید کلکانی را خیلی مصمم روی اعتقاد و اعتماد به مردمش یافتم. او مبارز نستوه و نماد مقاومت علیه هرگونه بی‌عدالتی‌های اجتماعی و به‌ویژه خانواده‌ی حاکمه در کشور بود که طبقه حاکمه را عامل عمده استبداد و بدبختی مردمان ساکن کشور می‌دانست. او جوانی خوش‌صحبت، شنونده‌ی خیلی خوب و مردی صاحب‌قلم و خوش‌نویس بود که تا حال نامه‌های مختصرش در تصاحب من قرار دارد.

بدون تردید، سردار محمد داوود که آخرین زمام‌دار سلاله‌ی خانواده خود بود، نگرانی فراوانی از مردمان غیور و دلاورِ پروان و کوهستان، به‌ویژه کوهدامن‌زمین داشت و هرگز نقشِ این منطقه را در امنیت کابل نادیده نمی‌گرفت. از اینرو، وی بیشتر اتکا به تعیین حاکمان و حکم‌رانان مستبد و جاسوسان مسلکی و آماتور داشت.

سید مسعود پوهنیار در صفحه ۲۴۲ کتاب خود در مورد استخبارات سردار محمد داوود می‌نویسد:

«عزیز الفت که به‌حیث شهردار قندوز بود به مناسبت تقرر والی جدید سخنرانی کرد که بر ضد شما نبوده دراین اثنا پیشانی مرحوم داوود قدری باز شد و از قهر فرود آمد و در آخر برای حسن ولسمل گفت که حالا باید به کوهدامن بروی و من از کوهدامن تشویش زیادی دارم و کوهدامن برایم دراین شب و روز از ولایت کرده مهم است. به وطن ما دست‌های

مغرضانه از طرف پاکستان دراز شده‌است، تخریب‌کاران می‌خواهند که از کوهدامن بر علیه دولت مخالفت خود را آغاز کنند و تو باید از هر جریان مهم از طریق وزیر داخله مرا در جریان قرار بدهی.»

سردار محمد داوود با همین انگیزه، عبدالغفور اصیل وردک را به‌حیث والی پروان تعیین نمود.

آری! در مدت تماس‌هایی که با مجید کلکانی داشتم، من هم او را با همان صفاتی که یاران و هم‌رزمانش تشخیص و توصیف نمودند، می‌شناختم. مجید هرگز با منافع ملی و استقلال و آزادی کشور سازش نمی‌کرد. آزادی و استقلال، سرخطِ درشتِ راه مبارزه‌ی او قرار داشت. از اینرو، دنباله‌روی احزاب چپ و راست را خطر بزرگی به استقلال و آزادی کشور می‌پنداشت و آن‌را مانع اساسی ایجاد نهضت ملی و مردمی می‌شمرد.

مجید کار انقلابی را با توده‌ها، امر خیلی بغرنج و دشوار، اما وظیفه‌ی اساسی انقلابیون می‌پنداشت و معتقد بود که اکثریتِ باشندگانِ کشور را دهقانانِ غریب و تهی‌دست تشکیل می‌دهند و تجربه حاصله در مدت کوتاه حکم می‌کند که قدرت گرفتن تیوری انقلابی اغلب با سنت‌های دیرپا و عنعنه‌های خرافی که ناشی از تحریف دین است، اصطکاک می‌یابد و روند تحرک نهضت مترقی انقلابی میهنی را کُند می‌گرداند. فلهاذا، بهترین شیوه‌ی کسب حمایت توده‌ها، این‌ست که تا خواست‌ها و منافع مقطعی آن‌ها بازتاب شود.

مجید اندیشه‌های خود را بر مبنای تجاربی که از کار عملی با دهقانانِ مناطقِ مختلفِ کشور حاصل شده بود، متبلور ساخته بود. او گفت که:

«زمانی ٦ کدر خود را برای کار انقلابی با دهاقین مناطق دوردست کشور دستور دادم و بعد از ۲ سال کار دوامدار، در نتیجه چهار نفر آن‌ها به تکالیف روانی دچار شدند و تنها دو نفر توانستند که نتیجه‌ی کار خود را مثبت ارزیابی کنند. از اینرو، شیوه‌های عیاری، موثر-ترین روِش جلبِ حمایت توده‌ها بود. یعنی زمانی‌که حق یک مظلوم باغبان از چنگ

باغدار، مالک و یا خان گرفته می‌شد، بدون تردید که آن باغبان زیرِ بارِ جوان‌مردی قرار می‌گرفت و صرف‌نظر از اندیشه‌ی انقلابی، همیشه در زمان ضرورت به دفاع بر می‌خواست.»

مجید کلکانی در کار توده‌یی، به چند منطقه اولویت قایل بود که باید درآن مناطق پایگاه‌های توده‌یی به‌وجود می‌آمد و اولین پایگاه مجید کلکانی، وادی شمالی بود و از عقب کوتل خیرخانه شروع می‌شد و به دره‌های پنجشیر، غوربند، سالنگ، شُتل، نجراب و تگاب امتداد می‌یافت. مجید کار انقلابی خویش را از حوزه‌ی شمالی اساس گذاشته بود و تأثیرات آن بالای شهر کابل و مناطق اطراف آن، مانند پغمان، چهاردهی، شیوکی، بگرامی و هودخیل و دِه سبز، محسوس بود.

منطقه‌ی دومی که از نظر مجید کلکانی دور نبود و برای کار انقلابی دهقانی مساعد می‌پنداشت، حوزه‌ی شمال‌شرق سلسله‌ی کوه هندوکش پنداشته می‌شد. اما ولایات شمال‌شرق بدخشان و تخار را حریم کار انقلابی طاهر بدخشی می‌دانست و بنابر اعتماد و احترام متقابله بین آن‌ها، مستقیماً در آن مناطق به کار انقلابی توده‌یی، نمی‌پرداخت. لیکن در تفاهم و مشوره با مرحوم بدخشی، کار و فعالیت توده‌یی خود را پیش می‌برد.

مجید کلکانی به دو حوزه‌ی دیگر هم اهمیتِ خاصی قایل بود: یکی بامیان و دومی هم پکتیا که فعالیت خود را در آن مناطق آغاز نمود و یادداشت‌هایی را هم در زمینه، تهیه کرده‌بود.

در صحبت‌هایی که با مجید کلکانی داشتم، دو موضوع را خاطرنشان کردم: یکی این‌که، کار انقلابی را در درهٔ پنجشیر راه اندازی کند. زیرا از طریق درهٔ پنجشیر، به‌خوبی به سرزمین کوهستانی بدخشان ارتباط تأمین می‌شود. دوم این‌که، مذاکرات خود را غرض ایجادِ همکاری انقلابی و یا اتحاد انقلابی با طاهر بدخشی و یارانش، هرچه زودتر شروع کند.

نخست، مجید کلکانی داخل درهٔ پنجشیر شد و دهکده‌ها را یکی به دنبال دیگر، طی نموده و تا خاواک پیش رفت و در آن‌جا با وکیل عبدالقیوم نوابزاده، که از استبداد حکومت

داوود و به‌ویژه وزیر داخله‌ی آن عبدالقدیر نورستانی فرار نموده بود، ملاقات کند و اگر بتواند بواسطه‌ی وی، پایگاه‌ای را در همان مناطقِ استراتیژیک، ایجاد نماید. متأسفانه مجید در پایان سفر پنجشیر روحیه‌ی عبدالقیوم نوابزاده را خیلی ضعیف و شکننده یافت و از ادامه‌ی تماس با وی، اباء ورزید. اما برعکس، یک تعداد جوانان بیدار را در داخل دره ملاقات نمود.

طبق پیشنهادم، مجید برای ۳ روز مذاکرات را با طاهر بدخشی ادامه داد که در آن مذاکرات از هر دو طرف، سه نفر نماینده اشتراک نموده بودند. اما مذاکرات سودی به‌بار نیاورد. بعد از ۳ روز مذاکره‌ی دوامدار، مجید کلکانی گلایه‌آمیز برایم گفت که «در شراین محترم بدخشی، هنوز هم خون روشنفکری جریان دارد و برایش دشوار است به کار توده‌یی، رو آورَد. از اینرو، ما نتوانستیم به نتیجه‌ای برسیم. اما احترام او به مثابه یک انسانِ آگاه و دانشمند، نزدم به قوت خود باقی است. تماس‌های ما ادامه داشت و بدین باور بودیم که حتماً یک روز با هم متحد خواهیم شد.»

زمانی‌که مجید کلکانی در حوت سال ۱۳۵۹ دستگیر و او را بیرحمانه به شهادت رساندند، من در خارج از کشور بودم و مرگ او را ضایعه‌ی بزرگ و جبران‌ناپذیر برای مردم آزادی‌خواه کشور، پنداشتم. من خیلی علاقه داشتم تا روزی از داستان مرگ او، به‌طور واقعی آگاه شوم. در جریان چندین سالی که گذشت، حرف‌های زیادی در باره‌ی شیوه دستگیری و مرگ او شنیده شد. اما به هیچ یکی از این حرف‌ها نمی‌شد باور کرد. در یکی از روزها علاقه گرفتم از زبان داکتر نجیب که در زمان دستگیری و قتل مجید کلکانی، به‌حیث رئیس خاد ایفای وظیفه می‌نمود، مطالبی بشنوم و قضاوت کنم که چه نقشی او در دستگیری و مرگ مجید کلکانی داشته است.

داکتر نجیب در خلال صحبت گفت که وی دوست نزدیک مجید کلکانی بود و آن‌ها از طریق وکیل نیک محمد، آشنایی دیرینه و نزدیک داشتند. اما در دستگیری‌اش خود را بی‌خبر جلوه داد و گفت:

«زمانی‌که از دستگیری مجید کلکانی آگاهی یافتم، با شتاب داخل اتاق زندان شدم و متوجه گشتم که یک سرباز شوروی او را تحت مراقبت قرار داده. زمانی‌که مرا دید، ما باهم در داخل اتاق در مقابل پهره‌دارِ روس، روی‌بوسی نمودیم و صحبت مختصر داشتیم. ولی محافظِ روسی خبر ملاقات گرم ما را به ببرک کارمل انتقال داد. در همان روز کارمل مرا نزد خود خواست و خیلی با قهر و غضب خطاب کرد: باز از دزد چه قهرمانی می‌سازی؟ زود به موضوع خاتمه بده.»

اما عده‌ی از مبصرین و کاوشگران حوادث قتل ناجوان‌مردانه مجید کلکانی، از ناجوان-مردی‌هایی که فامیلِ داکتر نجیب و شخص خودش نسبت به مجید کلکانی نموده، پرده برداشته و آن‌ها را در پروسه گرفتاری مجید کلکانی محکوم نموده‌اند. البته داستان گرفتاری مجید کلکانی بازهم قابل بررسی دقیق و ژرف می‌باشد و به یقین که روزی فرا خواهد رسید تا ازاین مجموعه اطلاعات تکه و پارچه تصویر درستی، از روندِ گرفتاری او کشیده شود.

زمانی‌که از مجید کلکانی صحبت می‌شود، غیرعادلانه خواهد بود اگر از غلام حضرت کلکانی صحبت نکنم.

غلام حضرت کلکانی

غلام حضرت کلکانی از یارانِ دورانِ کودکی زندگی مجید کلکانی بود که یکجا باهم رشد نموده بودند و یکجا باهم علیه مظالم حکام محل و ملاکین و خوانین مشت‌وپنجه نرم می‌کردند. حکومت داوود در دوران صدارت خود در دهه پنجاه، یعنی زمانی‌که رسول خان رئیس ضبط احوالات بود، از این جوانانِ احساساتیِ کوهدامن‌زمین و سایر عیاران نواحی همجوارِ کابل، علیه نیروهای رقیب به نفع داوود استفاده می‌کرد. و یا به اصطلاح دیگر رئیس ضبط احوالات حکومتِ سردار محمد داوود، یک گروپ خاصی داشت که توسط آن ترور دولتی را عملی می‌نمود. احتمالاً فهم «ترور دولتی» برای بعضی‌ها گنگ باشد.

ترور دولتی یعنی چیست؟ زمانی‌که دولت افراد مخالف سیاسی و رقیب خود را توسط دستگاه استخباراتی دولتی و یا توسط گروه افراد جانی و یا با شیوه‌های گوناگون دیگر از بین ببرد، این عمل‌کرد به‌نام ترور دولتی یاد می‌شود. از زمانی‌که محمد نادر خان در سال ۱۹۳۳ به قدرت رسید، برادر او هاشم خان صدراعظم و برادرزاده‌ی او، سردار محمد داوود خان از داشتن چنین یک شبکه‌ی تروریستی برخوردار بودند که بعداً در موقع‌اش به توضیح می-پردازم.

من هم در ابتدا، باور نداشتم که دولت خودش مرتکب ترور شود، این خوش‌باوری و طرز تفکر از ساده‌لوحی‌های سیاسی و احساسات پاک من نسبت به دولت، ناشی می‌شد. اما زندگی مرا به این معتقد ساخت که حکام مستبد و دیکتاتور، به ترور و شکنجه اتکا دارند.

روزی از روزهای بهاری در داخل دفترِ وزارت مخابرات نشسته بودم، اوایل حمل سال ۱۳۵۳ خورشیدی مطابق هفته آخر ماه مارچ ۱۹۷٤ میلادی بود. سکرتر دفترم از انتظار دو جوان خبر داد که می‌خواستند عاجل مرا ملاقات کنند. من هدایت دادم که داخل شوند. دو جوان روستازاده‌ای که در بهترین دورانِ زندگی خود قرار داشتند، داخل دفتر شدند.

هر دو کلاه قره‌قل بسر و جیلک به تن داشتند. جوانی که نخست داخل دفتر شد، یکی از اقاربِ نزدیک و اهل دهکده ما بود که دوران طفولیت را باهم یکجا سپری نموده بودیم. غلام حضرت نام داشت و در وزارت فوائد عامه به‌حیث راننده، ایفای وظیفه می‌کرد. اما دوستان و یاران نزدیکش او را غلام حضرتِ کارگر، می‌نامیدند.

کارگر به من نزدیک شد و گفت که «ممکن به‌نام این جوان معرفی باشید، اسم او هم غلام حضرت کلکانی است و امروز عاجل مرا در اتاق پیدا کرد و تقاضاً داشت تا او را به خودت

معرفی نمایم. احتمالاً کدام مطلب عاجل گفتنی دارد و بهتر است خودش آن مطلب را برایت قصه کند که من در جریان قرار ندارم.»

ما هر سه در گوشه دفتر، به دَور میزی نشستیم: غلام حضرت کلکانی بدون هرگونه ملحوظ و یا مقدمه‌ای، سخنان خود را آغاز کرد:

«من غلام حضرت کلکانی هستم و امروز مرا سردار غلام حیدر رسولی قوماندان قوای مرکز نزد خود خواسته بود و همین حال از دفترش برآمدم و غلام حضرت کارگر را پیدا کردم تا مرا نزد شما برساند. موضوع ازاین قرار است که غلام حیدر رسولی دو وظیفه را برایم سپرده است که باید انجام بدهم: دو وظیفه از بین بردن شما و مجید کلکانی می‌باشد. خوب، من برایش وعده دادم که این کار را انجام می‌دهم. ولی من عاجل خواستم برایت خبر بدهم که این محمدزائی‌ها در صددِ از بین بردنِ فرزندان شمالی می‌باشند! من با غلام حیدر رسولی از زمانی‌که رسول خان رئیس ضبط احوالات بود، رابطه داشتم و گاه‌گهی بعضی بدماشی‌های را به دستور رسول جان انجام می‌دادم. مثلاً، زمانی‌که داکتر یوسف صدراعظم شد، رسول جان ما جوانانِ شمالی را به قرغه که خانه او در همان‌جا است، دعوت کرد. ما چند نفر در یک موتر سنگ‌کش نشستیم و در نیمه شب، در و دروازه و کلکین داکتر یوسف صدراعظم را سنگ‌باران کردیم. ما یک گروپ بودیم و ما را رسول جان علیه مخالفین، در هنگام ضرورت به‌کار می‌برد.

سردار غلام حیدر رسولی با همان روابط و اندیشه‌ی پیشینه مرا دعوت کرد و فکر می‌کند که بازهم به دستورش بعضی از شخصیت‌های شریف وطن خود را از صحنه بردارم.»

غلام حضرت کلکانی با سخنان خود ادامه داده گفت که:

«من آنقدر کتاب نخوانده‌ام و تیوری نمی‌دانم، ولی یک چیز را می‌دانم که مردم شمالی خیلی‌ها از حاکمان محمدزائی و این خاندان، زجر و شکنجه دیده اند. من به شما اطمینان می‌دهم که هزار فردی مانند سردار غلام حیدر رسولی را به یک تار موی شما

تبدیل نمی‌کنم! من اینقدر خائن نیستم که علیه قوم خود، علیه وطن‌دار خود، قیام کنم و بگذارم که بینی آن‌ها خون شود.

من با مجید گپ‌های خود را دارم که به دیگران ارتباط نمی‌گیرد، ولی من سر خود را برای حفظ جان و ناموس مجید می‌دهم. بلی! من به غلام حیدر رسولی وعده دادم. حالا باز به شما اطمینان می‌دهم که اگر ضرورت باشد، من کله‌ی غلام حیدر رسولی را برایت نیاورم بچه شمالی نباشم! فقط همین را گفتم شما متوجه خود باشید و اگر بمن ضرورت بود، همیشه در خدمت قرار دارم. من در اطراف شهر کابل یعنی پغمان، چهاردهی، شیوکی، ده‌سبز و باقی قریه‌هـای دَوروپیش، افرادی دارم که فقط به یک صدا آماده می‌باشند و آن‌ها هرگز فکر نمی‌کنند.»

حرف‌های غلام حضرت کلکانی را به‌دقت شنیدم و احساسات او را نسبت به خود، قابل قدر دانستم و از او و معلوماتی که ارائه کرد، تشکر نمودم. وعده دادم که حتماً در آینده باهم صحبت خواهیم داشت.

بعد از صحبت، هر دو غلام حضرت از دفتر برآمدند. برای من حرف‌های غلام حضرت عجیب نبود، زیرا از سوابق ترور شخصیت‌ها آگاهی داشتم که توسط باند سردار محمد داوود، به اجرا در آمده بود.

بر اساس همین صحبت، من رابطه‌ای با غلام حضرت داشتم و تلاش می‌نمودم تا از جوان‌مردی و عیاری غلام حضرت و هم‌ردیفان او در راستای اهداف اجتماعی استفاده شود، نه به‌خاطر دفعِ آزار و اذیت که از طرف گروه دولتی رهبری می‌شد. البته مجید از رابطه‌ی نزدیکم با غلام حضرت آگاهی کامل داشت و فقط یک توصیه کرده بود که غلام حضرت دارای دانش سیاسی نیست و خطر آن می‌رود که مبادا عده‌ی از افراد مکار دولت، به‌ویژه دستگاه استخباراتی و تروریستی دولت، از آن استفاده کنند و اگر دقیق با وی کار شود، خوب است. اما من بنابر ملحوظات معین محیطی نمی‌توانستم عجالتاً با وی تماس داشته باشم، اگرچه او طی پیام ها اصرار به اعتماد سازی مجدد داشت. مناسبات من با

مجید کلکانی و غلام حضرت کلکانی به نحو موازی ادامه داشت. سعی به عمل می‌آمد تا از امکانات علیه تضعیف و نابودی یک‌دیگر استفاده نکنند.

زمانی‌که غلام حضرت کلکانی و یا مردی از مهد سرزمین عیارانِ خراسان از اجرای وظایف محوله سرباز زد، غلام حیدر رسولی و عبدالقدیر نورستانی تلاش نمودند تا او را دستگیر نمایند. در قلعه‌ای که غلام حضرت کلکانی در دیار خود بسر میبرد، مورد حمله و محاصره نیروهای پولیس قرار گرفت. خود را با تلفات پولیس از محاصره نجات داد، در حالی‌که خودش نیز زخم برداشته بود. غلام حضرت خود را به چهاردهی کابل نزد دوستان خود رساند. اما داکتری که به تداوی زخم پرداخت، موضوع را به دستگاه پولیس خبر داد. سرانجام غلام حضرت کلکانی را به زندان انداختند و برادرش حبیب کلکانی نیز در عقب پنجره‌های زندان دهمزنگ قرار گرفت. دوسیه‌ی او را به سرعت ترتیب و فیصله اعدام بالای هر دو برادر صادر شد.

غلام حضرت کلکانی و برادرش حبیب کلکانی را در عقب دهمزنگ به پایه‌ی دار بردند. غلام حضرت کلکانی قبل از آن‌که حلقه‌ی دار را به گردن بآویزد، آخرین حرف‌های خود را در برابر مردم و دوستانش اعلام داشت که:

«ای مردم! من دزد نبودم و دزد نیستم! من دشمن خاندان محمدزائی هستم و همیشه حق مظلوم را از ظالم گرفته‌ام.»

بعد به برادرش حبیب روی آورده او را خطاب نموده گفت:

«از مرگ نترس! مردانه حلقه‌ی دار را به گردن کن! ما در زندگی این‌گونه مرگ را زیاد دیده ایم.»

بعد خودش حلقه‌ی دار را به گردن انداخت و جام مرگ را چشید.

١٩٢/ سقوط دوم، جمهوریت اول

فصل نهم

ماستر پلان کشور

هرجا گذری صحبت جمعیت و حزب است
حزبی که در این مملکت افراد ندارد

- فرخی یزدی

در یکی از مجالس کابینه که همواره به روزهای سه شنبه دایر می‌گردید، فیض‌محمد خان وزیر داخله، دوسیه‌ای را با خود داشت که به‌نام دوسیه‌ی ناقلین یاد می‌شد. جلسه در منزل اول عمارت قصر ریاست جمهوری، بدور یک میز مدور دایر گردید. سردار محمد داوود معمولاً در نقطه‌ای کُرسی داشت که روبروی دروازه درآمدِ تالار بود. هرکسی که داخل تالار می‌شد، نخست با سردار محمد داوود چشم‌به‌چشم می‌گردید، زیر تأثیر او قرار می‌گرفت و راه خود را گم می‌کرد. چنانچه یکی از معینان وزارت خانه‌ها برایم گلایه‌آمیز گفت که لطفاً موقعیت کرسی سردار محمد داوود را در مجلس وزرأ تغییر دهید که مدعیان با او چشم‌به‌چشم نشوند!

مجلس وزرأ دو منشی داشت. فیصله‌های جلسه را یا سید وحید عبدالله و یا داکتر عبدالرحیم نوین یادداشت می‌کردند. زمانی‌که دوسیه‌ی وزرأ، یکی بعد دیگری مورد بررسی قرار گرفت، نوبت به فیض‌محمد خان وزیر داخله رسید تا دوسیه‌های خود را به مجلس وزرأ غرض غوررسی ارائه و فیصله مجلس را بگیرد.

در حالی که فیض‌محمد خان مصروف ترتیبِ دوسیه‌ها بود، ناگهان رو به سردار محمد داوود کرد و گفت:

«صدراعظم صاحب! در حدود ۱۷۰ نمره زمین در دشت کیله‌گی آماده برای توزیع داریم، مطابق به همان ماستر پلان که در نظر است، من پیشنهاد می‌کنم که نمرات زمین‌های کیله‌گی برای قوم لیوانی جاجی داده شود.»

پیشنهاد وزیر داخله برایم غیرمترقبه بود. زیرا قبلاً فیصله شده بود که اگر یک وزیر مسائل به مجلس وزرأ پیشکش می‌نماید، یک هفته پیش مسوده‌ی آن در اختیار تمام وزرأ قرار داده شود تا وزرأی محترم، برای بحث روی آن آماده‌گی داشته باشند. اما باید اعتراف کنم که تا به آن روز، به مفهوم دقیق «ماستر پلان» عمومی، آگاهی نداشتم. این مطلب خیلی برایم مجهول و نامفهوم بود. در کتاب «تاریخ تحلیلی افغانستان»، از ماستر پلان داوود خان تذکر

مختصری داده ام. عده‌ی از دانشمندان مرا به باد انتقاد گرفته‌اند که چرا در زمینه، توضیحاتِ بیشتر ارائه ننموده‌ام.

آری! در این جا باید تذکر داد که مقوله‌ی «ماستر پلان» افغانستان ابتکار من نیست. این مقوله دقیق به‌حیث یک دکترین، از طرف سردار محمد داوود به هم‌یاران قبیله‌ای‌اش تفهیم شده، تا در چوکات همین ماستر پلان، تمام کارکرد خود را عیار سازند. اگر فیض محمد وزیر داخله و تمام اعضای حکومت موضوع توزیع زمین‌های کیله‌گی را بی‌باکانه طرح کردند، آن‌ها گمان می‌بردند که دکترین «ماستر پلان» عمومیت دارد، در حالی که پلان توزیع زمین اقوام و ملیت‌های بومی این سرزمین، از طرف دولتی که حامی طرح و تطبیق این ماستر پلان است، عواقب خطرناک به همه مردم افغانستان داشت و صف‌بندی و مخاصمت‌های ملی را تشدید می‌نمود.

ماستر پلان پدیده تازه ای نبود و اگر از سابقه آن در سده‌های نوزدهم و بیستم منصرف شویم و تنها به بررسی آن در قرن بیستم اکتفا کنیم، خواهیم دید که چگونه امیر عبدالرحمن، نقش مهمی را در نقل مکانِ قبایل ماورای سرحد آن روزی ایفا نمود.

دانشمند روسی در این باره می‌نویسد:

«در پیامد این فتوحات، نقشه‌ی تباری شمال افغانستان به گونه‌ی چشمگیری دگرگون شد. حکومت افغانستان مشی اسکان پشتون‌تباران را به شمال در پیش گرفت. برای مثال، زمین‌های شمال برای اسکان پشتون‌هایی واگذار گردید که ناگزیر بودند ساحاتی را ترک گویند که پس از تثبیت مرز در امتداد خط دیورند آن ساحات به بریتانیای کبیر تعلق گرفته بود. به این ترتیب، در سال ۱۹۰۲ پشتون‌های از عشیره‌ی کاکر که در استان شمال باختری مرزی هند بریتانوی زندگی داشتند، توسط عبدالرحمان خان به هزارستان کوهستانی اسکان داده شدند. در مجموع سرزمین‌های هزاره‌نشین، در شمال و مرکز کشور در جریان سده‌ی نوزدهم، در اثر فشار پشتون‌ها از ۱۵۰ هزار کیلومتر مربع مساحت به ۱۰۰ هزار کیلومتر

مربع مساحت، کاهش یافت. روی‌هم‌رفته، در پایانِ سده‌ی نوزدهم و اوایل سده ی بیستم، ٦٢ هزار خانه‌وار پشتون به ترکستان کوچ داده شدند.»

به مجردی که از ماستر پلان در جلسه‌ی وزرأ نام برده شد، بدون معطلی فیض‌محمد خان را مورد بازپرس قرار دادم: «وزیر صاحب محترم، لطفاً در باره‌ی ماستر پلان توضیحات بیشتر بدهید که ماستر پلان شما از چه قرار است؟»

وزیر داخله خیلی به ساده‌گی پاسخ داد: «هدف از ماستر پلان اختلاطِ همه ملیت‌ها و اقوامِ ساکن افغانستان در یک پروسه است، تا از آن ملیت واحدی بسازیم.»

بار دیگر موضوع را به بحث گرفتم و او را مخاطب قرار دادم: «وزیر صاحب محترم، شما می‌دانید که این راه حل مسائل ملی نیست که شما در ماستر پلانِ موردِ نظر خود توضیح دادید. انسان‌ها مشابهت به مواد خوراکه چون جَو، نخود و گندم ندارند که شما همه را در یک دیگ فرو ریخته و از آن سرانجام ملت واحدی به‌دست آرید! این راه حل نیست و اشتباهٔ خیلی بزرگی است و مسائل ملی این‌گونه حل نمی‌شود.»

نظام نوین جمهوری از آغاز کار به مردم کشور وعده داده بود که اراضی اضافه جریبی یک منطقه را به افراد بی‌زمین و بی‌بضاعتِ همان منطقه، توزیع خواهد کرد. ما هرگز زمین‌های مردمان بومی یک منطقه را به اقوام بیگانه‌ای که بعدها نارامی‌ها را به میان می‌آورند، توزیع نخواهیم کرد تا در جامعه عدالت تأمین شود. دولت نباید به تضادها و اختلافاتِ میان اقوام ساکن کشور، دامن زند.

سردار محمد داوود با دقتِ تأم، واکنشِ مرا نسبت به ماستر پلان گوش کرد و سایر اعضای مجلس خاموش بودند. ناگهان سردار محمد داوود سکوت را شکست و به فیض‌محمد خان وزیر داخله رو آورده گفت: «هدف شما از همان قوم لیوانی جاجی است؟»

فیض‌محمد خان پاسخ داد: «بلی.»

باز سردار محمد داوود با عصبانیت افزود: «همان قومی که جنگلات پکتیا را قطع و به پاکستان انتقال می‌دهند؟ به آن‌ها به هیچ صورت زمین توزیع نشود!»

در همین‌جا بود که دوسیه بسته شد و در حقیقت سردار محمد داوود مخالف شدید ماستر پلان خود را تشخیص کرد. تا زمانی‌که من در کابینه‌ی سردار محمد داوود عضویت داشتم، دوسیه اسکان ناقلین دیگر به مجلس وزرأ، رجعت داده نشد.

۳۰ سال بعد از مرگ امیر عبدالرحمن، ماستر پلان افغانستان بار دیگر زیر سایه‌ی اندیشه-های فاشیستان جوان، در آغاز صدارت هاشم خان با شدت تأم از طرف محمدگل خان مهمند مورد تطبیق قرار گرفت.

غلام حضرت کوشان، نویسنده‌ی چیره‌دستی که خودش طعمِ تلخِ دوران استبدادی هاشم خان و سردار محمد داوود را با تمام گوشت و پوست خود احساس کرده‌است، در این مورد می‌نویسد:

«وزیر محمدگل خان مهمند اشخاص را که بدون تحصیل و یا تجربه‌کار بود از سرحدات کشور و یا از دیگر ولایات به حیث ناقل در مزار شریف می‌آورد و به آن‌ها چوکی کاتبی را می‌داد و در مرور زمان آن‌ها را به حیث سرکاتب و ولسوال در شمال کشور مقرر می‌نمود. مثلاً، عبدالجبار خان را از لغمان، دادمحمد خان را از میدان به مزار شریف آورد و در مسیر چندسالی آن‌ها را از کاتبی به چوکی‌های بلند، در مزار شریف مقرر نمود. عبدالجبار خان حکمران شد و دادمحمد خان حکمران گردید. در نتیجه این حکمرانان و حاکم‌های ناقل برای ده‌ها سال بالای مردم مزار شریف حکومت نمودند. و اکنون نصف سرمایه و زمین‌های مزار شریف به‌دست همین حکمران‌ها و حاکم‌های ناقل و فرزندان-شان و دوستان ناقل شان می‌باشند که به دست خالی به شمال آمدند.»

همین‌گونه دیده می‌شود که اسکان قبایل پشتون در سرزمین‌های ملیت‌های تاجیک، هزاره و ازبک، بخشی از ماستر پلان عمومی بوده که پیشینه‌ی بیشتر از صدسال را دارا می-باشد.

برای نخستین بار امیر امان‌الله تنظیم‌نامه‌ای را، در راستای پیاده نمودن ماستر پلانِ جّد بزرگش امیر عبدالرحمان، به‌طور رسمی به‌منظور اسکان قبایل پشتون در سرزمین‌های اقوام و ملیت‌های غیرپشتون، به تصویب رساند. البته تداوم و تشدید تعمیل ماستر پلان، یعنی جابجا کردن ناقلینِ قبایلِ مختلفِ پشتون در سرزمین‌های پهناور و حاصل‌خیزِ مربوط به اقوام و ملیت‌های غیرپشتون، در زمان هاشم خان عملاً شدت خود را کسب نمود، زمانی- که محمدگل خان مهمند به‌حیث وزیر داخله ایفای وظیفه می‌کرد. قرار گزارشات تکه‌و- پارچه از سال ۱۹۳۹ الا ۱۹۴۹، ۴۰۰۰ خانه‌وار به قطغن و مربوطات آن و ۱۵۰۰ خانه‌وار به مزار- شریف انتقال داده شدند.

در سال ۱۹۵۱ این نقل مکان‌ها شکل قانونی گرفت. برای هر یک خانه‌وارِ مهاجر در شمال، ۴ هکتار زمین برای مدت ۲۰ سال به قیمت پنج صد افغانی تعیین شده‌بود. با پرداختن آن، ناقلین صاحب زمین می‌گردیدند. علاوتاً برای هر خانه‌وار، ۱۲۰۰ افغانی رایگان و ۲۰۰۰ افغانی برای ساختن منازل به‌طور قرض بدون مفاد داده می‌شد. مهاجرین قبایل به مدت ۳ سال از پرداختن مالیات و برای ۱۰ سال از خدمت عسکری معاف بودند.

هاشم خان برای آنکه نهضت‌های رهایی‌بخش اقوام و ملیت‌های تاجیک، ازبک و هزاره مناطق شمال و شمال غرب را سرکوب کرده باشد، به نقل‌مکان دادن قبایل پشتون از بخش‌های شرقی و جنوبی به مناطق شمالی و غرب کشور اهمیت قایل شد. زیرا نظام- های استبدادی و حامی قبیله، در سیمای ناقلین قبایل ایجاد تکیه‌گاه اجتماعی خود را پیدا کرده‌بود. البته چنین مشی از زمان عبدالرحمن خان عملاً آغاز و روند مسکون‌سازی قبایل پشتون در مناطق مختلف وسعت پیدا نمود. حکومات مستبدِ دوره‌های هاشم خان تا سردار محمد داوود، نه تنها به نقل‌مکان دادن قبایل جنوبی و شرقی داخل کشور پرداختند، بلکه عده‌ی از قبایلِ ماورای سرحد را در حوزه‌ی زیبای کوهستان، غوربند و بسی مناطق شمال و غرب، جابه‌جا نمودند. بر مبنای دساتیر حکومت، از ۲۰ تا ۳۰ جریب برای هر خانه‌وار ناقل داده می‌شد و علاوتاً کمک‌های نقدی دیگری را نیز دریافت می-

کردند. درخور تذکر است که ٦٠ فیصد دهاقین و کشاورزان تاجیک‌ها و ازبک‌ها، در همان مناطق بی‌زمین بودند.

بدین ترتیب دیده می‌شود که برنامه‌ی اصلاحات ارضی در ماهیت امر، چیزی جز غضب زمین‌های مردمان بومیِ غیرپشتون در شمال، مرکز و غرب کشور و توزیع مجدد آن برای قبایل کوچی، نبود. بدون تردید نظامی که این سیاست آپارتاید را در قبال مردم خود روا می‌دارد، محکوم به فنا است! این حق مسلم و دادخواهانه‌ی مردم است که از ملکیت و هویت تاریخی خود دفاع کنند.

فصل دهم

تأثیرات اندیشه‌های فاشیستی سردار محمد نعیم

چه نشینی بدین جهـان هموار
که همـه کار او نه هموار است

-رودکی سمرقندی

سردار محمد نعیم انسان عجیبی بود، قامتِ رسا داشت و سیمای مطول و بینی عقاب‌مانند او به ساختار بینی جدّ بزرگش، امیر دوست‌محمد خان مشابهت کامل داشت. خیاطی که برایش دریشی می‌دوخت، شکایت داشت که شانه‌هایش متناسب نیست، دریشی باید چندین بار با قد و قامتش اندازه‌گیری می‌گشت تا مورد پسند وی قرار می‌گرفت.

سردار محمد نعیم از لحاظ فیزیونومی هرگز با برادرش سردار محمد داوود، وجوه مشترکی نداشت. اگر از یک‌طرف هردو برادر، شوهرِ خواهران شاه بودند، از جانب دیگر نسبت به سلطنت و شاه، عقده‌های حقارت را در خود رشد داده بودند و طی یک دهه با هم روابطی نداشتند.

سردار محمد نعیم از اوان جوانی، بیشتر زندگی خود را در امور وزارت خارجه سپری کرد. محمد نادر خان، عم‌اش پس از آن‌که به تخت سلطنت جلوس کرد، برادر خود مارشال شاه‌ولی خان را به لندن و سردار محمد عزیز خان، پدر سردار محمد نعیم و سردار محمد داوود را به‌حیث سفیر به آلمان مقرر نمود.

سردار محمد عزیز خان به‌تاریخ ٦ جون سال ۱۹۳۳، توسط یک دانشجوی جوانِ انقلابی هم‌وطن ما به‌نام انجنیر سید کمال، در برلین ترور شد. سید کمال معتقد بود که نادر و نظامش دست‌نشانده و حافظ منافع انگلیس‌ها در منطقه است که باید سرنگون شوند.

باید گفت که ٥ ماه بعد از قتل سردار محمد عزیز خان در برلین، به‌تاریخ ٦ نوامبر سال ۱۹۳۳ محمد نادر خان توسط عبدالخالق به‌قتل رسید. این دو حادثه در طی یک سال تکانه‌ی بزرگی به خاندان اهل یحیی شمرده می‌شد.

زمانی‌که یک نگاه مختصر و گذرا به زندگانی سردار محمد نعیم در دوران قتل پدرش به دست سید کمال و بعد از قتل محمد نادر خان توسط عبدالخالق اندازیم، مشاهده می-

شود که توجه هاشم خان نسبت به سردار محمد داوود و سردار محمد نعیم بیشتر بوده. مرگ نادر در زمانی اتفاق افتاد که هاشم خان صدراعظم، به ولایت شمال کشور مصروف سفر بود و برادرانش سردار شاه‌محمود و مارشال شاه‌ولی خان، در غیاب او محمد ظاهر را که تازه به سن ۱۷ سالگی پا گذاشته بود، به‌حیث شاه تعیین نمودند. هاشم در برابر عمل انجام شده قرار گرفت، ورنه «یک شخص مغرور، ستمگر، حریص و بی‌عاطفه» بود، کجا او روی غرور و جاه‌طلبی خود پا می‌گذاشت. از اینرو، فرصت را از دست داد. ولی توجه خاص به رشد برادرزاده‌گان اصلی خود یعنی سردار محمد داوود و سردار محمد نعیم داشت.

زمانی‌که پدر سردار محمد داوود به‌تاریخ ٦ جون سال ۱۹۳۳ در برلین به قتل رسید، سردار محمد داوود همراه با بازمحمد از پکتیا، شخص دومی به‌نام اسحاق‌زی و عده‌ی دیگر به منزل سیدکمال در شیوه‌کی هجوم بردند و ۱۷ نفر اعضای خانواده و اقارب سیدکمال را با مهمان او از تیغ کشیدند.

البته دیوانگی یک مرض روانی است که بنابر عوامل گوناگون انسان را مصاب می‌کند که یکی از عوامل هم عقده‌های روانی و یا به عبارت دیگر، پدیده‌های روانی می‌باشد. شخص مصاب در مرحله‌ای می‌رسد که از اداره‌ی خودی بیرون گردیده به هر عمل آنی دست می‌زند. در این جا یک موضوع قابل تحقیق است که آیا قتل پدر، موجبِ عقده‌های دیوانگی سردار محمد داوود شد؟ یا این‌که قبلاً هم دچار آشفتگی روانی بود؟ احتمال می‌رود که ویژه‌گی روانی سردار محمد داوود، ناشی از مجموعه عواملی باشد که برای اکثری از پژوهشگران تا هنوز روشن نیست.

زمانی‌که هاشم خان کرسی صدارت را در سال ۱۹۳۳ در تصاحب خود درآورد، نیروهای فاشیستی در آلمان نیز رسماً قدرت را در دست گرفتند و در همان سال آدولف هیتلر، نماد برجسته‌ی فاشیسم روی کار آمد. دیده می‌شود که در همان سال، حزب فاشیستی آلمان نازی و حزب افغان‌ملت، چون دو خواهر بزرگ و کوچک در دو سرزمین متفاوت ولی با

ارواح خبیثه‌ی همگون و ایدئولوژی واحد، وارد عرصه‌ی سیاسی شدند. در عقب ایجاد حزب افغان‌ملت، شاهزاده سردار محمد داوود، سردار محمد نعیم و عده‌ای از فارغان دانشگاه‌ها و مؤسسات آموزشگاه آلمان قرار داشتند.

گرچه احتمالاً از موضوع کتاب در این‌جا خارج شوم، ولی لازم نمی‌بینم یادداشت‌ها و برداشت‌ها ناگفته ماند، زیرا هر قدر خدمت خوانندگان تاریخ کشور معلومات ارائه گردد، بهتر و دقیق‌تر تصویری از تاریخ خواهند داشت. اما در همین برهه زمانی، نتایج مطالعات خود را که از لابلای اسناد محرم وزارت خارجه اتحاد شوروی و آلمان در یافت نمودم، لازم می‌بینم با علاقمندانِ تاریخ کشور، در میان بگذارم.

طوری‌که قبلاً اشاره نمودم، امپراطوری آلمان چه قبل از جنگ جهانی اول و چه بعد از آن، توجه خاصی به گسترش و تقویت نفوذ سیاسی و نظامی خود در افغانستان داشت. گرچه آلمان در جنگ اول جهانی به شکست روبرو شد، اما نهادهای اقتصادی و نظامی آن کشور متلاشی نگشت. مورخین، پیمانِ ورسای را بین کشورهای فاتح و آلمان در جنگ عمومی اول ناقص می‌پندارند که نتوانست ماشین نظامی آلمان را خورد کند و از بین ببرد و آلمان از همان تاریخ، یعنی بعد از پایان جنگ اول، دوباره اهداف استراتیژیک روانشستی خود را در جهان دنبال می‌کرد. از اینرو، شکستِ تسلطِ استعمار بریتانیا بر نیم قاره هند، نیز یکی از اهداف اساسی و عمده‌ی آن‌ها پنداشته می‌شد.

بعد از آن که حزب فاشیستی نازی در دهه‌ی سوم قرن بیستم، در آلمان پا به عرصه وجود گذاشت و هیتلر عملاً به‌حیث صدراعظم آلمان قدرت را گرفت، فعالیتِ شبکه‌های جاسوسی آلمان در افغانستان و مناطق مرزی، تسریع یافت.

شاهزاده سردار محمد نعیم و شاهزاده سردار محمد داوود که اولی به‌حیث معاون صدراعظم و دومی به‌حیث قوماندان قوای مرکز ایفای وظیفه می‌نمودند، از نظر ایدئولوژیکی و نظامی، دو پایه عمده‌ی نظریات و افکار آلمان هیتلری را در درون خاندان سلطنتی تشکیل داده بودند.

مسلم است که در زمان صدارت هاشم خان، افغانستان به صحنه‌ی مشق‌وتمرین شبکه‌های جاسوسی قدرت‌های جهان تبدیل شده‌بود و هاشم از سیاست وابستگی بریتانیا دنباله‌رَوی می‌کرد و برادرزاده‌گان عزیزش تعلقات ایدئولوژیکی به فاشیسم داشتند و در جهت تحققِ اهدافِ راهبردی آلمان، در میان قبایل پشتونِ سرحدات باختری هند بریتانوی، عمل می‌نمودند.

هر دو برادر، یعنی سردار محمد داوود و سردار محمد نعیم، آگاهانه در چنگال شبکه‌های جاسوسی آلمان فاشیسم قرار داشتند و بی‌هراس در جهت پیاده‌نمودنِ برنامه‌های آلمان، گام برمی‌داشتند. این دو شاهزاده‌ی جوان و خودخواه، سعی می‌کردند که زمام قدرت را در کابل تصاحب کنند. از اینرو، شایعه‌ی تحولِ نظام روزبه‌روز در حلقات مختلف داخلی و خارجی پخش می‌شد.

با تهاجم برق‌آسای آلمان به سرزمین پهناور اتحاد شوروی و اشغال کشورهای خوردو-بزرگ اروپا، نقش سردار محمد داوود و سردار محمد نعیم در سرنوشت کشور، روزبه‌روز در میان مردم و حلقات سیاسی افغانستان، متجلی گشت. بنابر همین تلاش و تپش‌های فاشیستی در کابل بود که سفارت‌های بریتانیا و اتحاد شوروی انتظار وقوع یک کودتا را در خزان سال ۱۹۴۲ داشتند. قرار اطلاع مؤثق سفارت‌های مذکور، کودتا از طرف سردار محمد داوود طراحی و تدارک تعمیل آن گرفته می‌شد. سردار محمد داوود به‌حیث قوماندان قوای مرکز در اگست سال ۱۹۴۲ رتبه یک‌صد افسر را ارتقا داد. سردار محمد داوود می‌دانست که هاشم خان فیصله‌های او را رد نمی‌کند. برای این‌که نارضایتی در کدر رهبری گارنیزیون ایجاد نشود، صدراعظم تمام فیصله‌های قوماندان قوای مرکز را منظور می‌کرد.

زمانی‌که سردار محمد داوود طرفداران خود را در ارتش افزایش داد و آن‌ها را در کرسی‌های با صلاحیت مقرر نمود، بعداً به‌طور محرم نماینده خود را به کورانی سفیر ایتالیا در کابل فرستاد. او طی یادداشتی به نماینده‌ی سیاسی ایتالیا خبر داد:

«کودتا آماده است که هاشم خان حامی انگلیس‌ها را از قدرت برکنار و آلمان‌ها و ایتالیایی‌ها را در مورد ایجاد اغتشاش و شورش در هند کمک می‌کند.»

البته بعد از آن‌که نیروهای آلمان قفقاز را تسخیر و به‌سوی ایران پیشروی کنند. ترس‌و-هراس هاشم از ارتباط نزدیک امان‌الله خان با آلمان نازی بود که مبادا امان‌الله خان به کمک قوای عضو «پیمان محور» دوباره به‌قدرت برسد. از اینرو، شاهزاده داوود طی یادداشتی به کورانی نماینده سفارت ایتالیا، از سازماندهی کودتا در سال ۱۹۴۲ خبر داد، به شرط این‌که آلمان و ایتالیا از تداوم زمام‌داری در خاندان یحیی خان، پشتیبانی کنند که از طرف هر دو کشور رد گردید. تقاضای سردار محمد داوود مورد تأیید قرار نگرفت، زیرا آلمان و ایتالیا نمی‌خواستند که در افغانستان ابقاء زمام‌داری خاندان یحیی را تضمین کنند. چون‌که خود توطئه‌گر، یکی از اعضای همین خاندان شمرده می‌شد. برنامه‌ی راهبردی آلمان و ایتالیا، فقط روی به‌قدرت رساندن امان‌الله خان طراحی شده‌بود و تنها آلمان و ایتالیا می‌خواستند که قیام عمومی پشتون‌های قبایل مرزی هند بریتانوی، محض تحت رهبری امان‌الله خان صورت گیرد و بس. در صورت تضمین سلطه‌ی خاندان یحیی، هرگونه تلاش‌های آن‌ها نقش‌برآب می‌شد. بازهم مانند سابق، روی احیای مجددِ زمام‌داری و شخصیت امان‌الله، حساب می‌نمودند. از اینرو، مقامات عالی آلمان و ایتالیا به سفرای شان در کابل یعنی پیلگر[٤٤] و کورانی، هدایت دادند که تقاضای توطئه‌گران را نه‌پذیرند.

در یک گزارش تاریخی ٤ اپریل ۱۹۴۲ شعبه شرق‌میانه وزارت خارجه شوروی، چنین گفته شده‌است:

---

[٤٤] Hans Carl Adolph Pilger هانس کارل آدولف پیلگر (۱۸۸۸-۱۹۵۳) دیپلمات آلمانی بود که از سال ۱۹۳۷ عضو حزب فاشست بود. وی از همان سال تا زمان تسلیمی بدون قیدوشرط آلمان، به‌حیث نماینده دیپلوماسی آلمان در افغانستان ایفای وظیفه نموده است. از نامبرده در زندان بوتیرسکایا ٦ بار تحقیق صورت گرفته است.

«تحت رهبری شاهزاده داوود گروپی از افسران، پلان لشکرکشی ضد شوروی را آماده می-سازند. داوود خان به این عقیده است که برای اشغال بخارا و خیوا یک فرقه کفایت می‌کند. حتی بعضی از اعضای حکومت او، احساسات خود را پیرامون پیروزی آلمان پنهان نمی-کنند. فقط برای کابل بعد از محاصره‌ی نیروهای نظامی آلمان در استالینگراد، آشکار گشت که جنگ فاشیست‌ها شکست می‌خورد.»

قبلاً در بخشی از یادداشت‌ها اشاره نمودم که حادثه‌ای به‌نام پپ (حادث لوگر) معروف است و این رویداد تا امروز از انظار علاقمندان تاریخ کشور پوشیده است.

حادثه لوگر

حادثه لوگر یکی از ماجراجوترین فعالیت‌های مشترک شبکه‌های جاسوسی آلمان فاشیسم و ایتالیا در افغانستان بود که به همکاری مستقیم شاهزاده سردار محمد داوود قوماندان قوای مرکز به‌راه انداخته شد و به ناکامی انجامید و تشت بدنامی فاشیست‌های جوان افغان از آب بدر آمد.

من سال‌ها قبل کتابی را مطالعه نموده‌بودم که به‌نام «افغانستان-داغ‌ترین نقطه‌ی جنگ جهانی دوم» یاد می‌شد و اثر مذکور توسط داکتر کرچایزن[۴۵] بر مبنای گردآوری اسناد آرشیف آلمان نگاشته شده و آن‌را عطا محمد نورزائی، استان‌دار پیشین پروان، ترجمه نموده‌بود. در آن اسناد آرشیف، از قتل دو افسر دستگاه جاسوسی آلمان که هدف رسیدن به فقیر ملنگ را داشتند، یادآوری شده، ولی دلایل و عاملین قتل به‌طور معما باقی مانده-بود.

در همان سال‌هایی که مغزم به این حادثه‌ی شگفت‌انگیزِ لوگر متمرکز بود، اتفاقاً با سید-محمد خان پدر پاچاگل خان، صحبتی داشتم. سیدمحمد خان از داستان معرفت با سردار محمد داوود و همکاری با وی یاد نموده گفت:

---

[۴۵] Glasneck, Johannes / Kircheisen, Inge

«زمانی‌که خانمم مریض بود و او را غرض تداوی به کابل انتقال دادم، سردار محمد داوود از من تقاضا کرد تا با یک گروپ قبایلی‌ها، دو نفر آلمانی را نزد فقیر ملنگ (هیپی) همراهی کنم. با وجودی که مشکل فامیلی داشتم، با یک گروپ دوازده‌نفری به انتقال دو نفر آلمانی پرداختم.»

سیدمحمد خان مرد روستائی بود که آن سال‌ها به‌خوبی به‌خاطرش نمی‌آمد، ولی می‌گفت که تابستان بود. او در حالی‌که حامل وسایط مخابره‌ای دو نفر آلمانی بود، گفت:

«ولی از قضأ ما را گزمه‌ی افغانی که قوماندانی آن‌را یک تولی‌مشر هزاره برعهده داشت، در نزدیکی گردیز گرفتار کرد و از عبور ما به وزیرستان جلوگیری نمود. به خواهشات مکرر ما توجه نکرد. متأسفانه یک نفر آن‌ها را در منطقه‌ی پل‌علم در یک غار به قتل رسانیدند. زمانی‌که از موضوع به سردار محمد داوود خبر دادم، او خیلی متأثر گشت. از همان زمان برای من معاش اعزازی مقرر کرد. مگر از آن روز به بعد، هرگز از معاش استفاده نکرده‌ام.»

از سخنان سیدمحمد خان جدران، دو نکته استنباط می‌شد. اول این‌که آلمان‌ها می‌خواستند وسایط مخابره را به فقیر ملنگ برسانند که بدون تردید در راستای اهداف بزرگتری دنبال می‌شد. دیگر این‌که شاهزاده داوود مستقیم مسئولیت این عملیات را به‌دوش داشت.

لیکن زمانی‌که یک سلسله اسنادِ آرشیفِ اتحاد شوروی پیشین، بعد از پنجاه سال افشاء گردید، آنگاه پرده از روی این معما برداشته شد و در این‌جا لازم است یک‌بار دیگر روی «ماجرای لوگر» روشنی انداخته شود.

در ماه می ۱۹٤۱ دو نفر کارمند آلمانی، پروفیسور طب مانفرید اوبردیورفر و حشرات‌شناس فرید برانت برای دخول به افغانستان، از نفوذ عبدالمجید زابلی استفاده کردند و ویزه‌ی دخولی برایشان صادر شد. البته بدون امکانات عبدالمجید زابلی، اخذ ویزه‌ی افغانستان خیلی دشوار بود.

به‌تاریخ ۲٤ جون سال ۱۹٤۱، دگروال ایروین فون لاهوزن-ویوریمونت[٤٦] عملیات «آتش افزایی» را در کابل به‌خاطر بسیج‌سازی شورش قبایل پشتون علیه انگلیس‌ها به‌راه انداخت و طبق برنامه این عملیات، دو افسر نظامی اوبردیورفر و برانت وظیفه گرفتند که اسلحه و پول افغانی و هندی را به فقیر ملنگ به وزیرستان برسانند و به‌مجرد رسیدن آن‌ها به وزیرستان، شورش سراسری در وزیرستان به‌راه انداخته شود.

آلمان‌ها و ایتالیایی‌ها سعی کردند به کمک سردارِ محمد داوود قوماندان قوای مرکز، به‌-تاریخ ۱۹ جولای ۱۹٤۱ داخل وزیرستان شوند. اوبردورفیر و برانت با بدرقه‌ی افراد و رهنماهای قبیله‌ی وزیر که با آن‌ها یکجا بود، در یک موتر به استقامتِ محلِ تعیین‌شده حرکت کردند، یعنی همان راهی که در ماه جون کورانی (کارمند جاسوسی سفارت ایتالیا در کابل) طی کرده‌بود. از بخت شور، در کمینِ محافظینِ سرحدی افغان در منطقه‌ی پل‌علم قرار گرفتند. زمانی‌که موترِ حامل‌شان بالای پل رسید، گزمه‌ی افغان‌ها فریاد کرد و فرمان توقف موتر جاسوسان آلمانی را داد. احتمال می‌رود که اوبردورفیر در هنگام ماموریت خود در افریقا، با این‌گونه رویدادها روبرو شده‌باشد. بالای جاسوسان آلمان آتش گشوده‌شد، ولی آن‌ها سعی کردند تا از کمینگاه نبرایند.

افراد سرحدی افغان، اوبردورفر را از پا درآوردند و همکار او را زخمی نمودند. وزیری‌ها که بخشی از آن‌ها هم رکاب جرمن‌ها بود و بخش دیگر پذیرایی می‌کرد، برای جرمن‌ها کمک نکردند و از صحنه فرار نمودند و خود را پنهان ساختند. گزمه‌ی افغان همه افراد مخفی را که با فقیر ملنگ ارتباط داشتند، گرفتار کرد. در نتیجه‌ی تلاشی، خریطه‌های مناطق سرحدی بین افغانستان و هند از نزد آن‌ها به‌دست آمد. این حادثه به‌نام «رویداد لوگر» در تاریخ

---

٤٦ Erwin Heinrich René Lahousen von Vivremont او عضو نهضت مقاومت آلمان بود که در سال ۱۹۴۳ طرح ترور هتلر را داشت.

مسمی است. ناکامی جاسوسانِ آلمان، مانند بمبی بود که در کابل انفجار کرد. هاشم خان زمانی که از این واقعه اطلاع یافت، گفت:

«امیدوارم که انزیلوتی[۴۷] مانند اوبردورفیر کشته نشده باشد.»

شخصی که در این حادثه گرفتار شد، صاحب خان نام داشت و او در جریان تحقیق اعتراف کرد که برای شبکه‌ی جاسوسی بریتانیا فعالیت می‌نمود. او درنظر داشت زمانی‌که جواسیس جرمن‌ها را از سرحد افغانستان و هند عبور دهد، موضوع را فوراً به اطلاع انگلیس‌ها برساند. به یقین که در نتیجه‌ی تحقیقات، از یک عده اشخاصی نام گرفته باشد که تعهد فعالیت جاسوسی را با آلمان‌ها داشتند. زیرا فقط بعد از تحقیقات او، پولیس افغان به تعداد ٤٨ نفر را گرفتار و تحت شکنجه‌ی شدید قرار داد. جریان گرفتاری‌ها تا ماه اگست ادامه یافت و به تشکیلات رهبری قوماندانی ارتش نیز تکانی وارد نمود. لیکن

شاهزاده داوود خان از آب خشک بیرون شد و کرسی نظامی خود را حفظ کرد. برانت که زخم برداشته بود، طبق هدایت هاشم خان صدراعظم، در یکی از سناتوریوم‌های داخل شهر، تحت معالجه قرار گرفت. در حالی‌که حسب قانون افغانستان، بایست او را به دادگاه می‌کشاندند. هاشم خان باور کامل داشت که جرمن‌ها به زودی نیروهای شوروی را تار و مار می‌کنند و به سرحد افغانستان خود را نزدیک می‌سازند.

یک روز بعد از حادثه‌ی لوگر، کریپس[۴۸] سفیر بریتانیا در ماسکو، به دستور وزیر خارجه آن کشور، توانست مولوتوف[۴۹] وزیر خارجه شوروی را ملاقات کند و طی آن ملاقات،

---

[۴۷] Ancillotti دیپلمات ایتالیایی در کابل که در سال ۱۹٤۱ رابطه نزدیک با هاشم خان صدراعظم داشت.

[۴۸] Stafford Cripps کریپس، دیپلمات و سفیر انگلیس در اتحاد شوروی در سال‌های ۱۹٤۰-۱۹٤۲ بود.

یادداشتی را به وی تسلیم نماید. در یادداشت آمده بود که حکومت انگلستان از پیشنهاد استالین برای فشار وارد کردن بالای حکومات ایران و افغانستان حمایت می‌کند، تا تعداد جرمن‌ها در آن دو کشور کاهش یابد.

رویداد لوگر یک موضوع دیگر را به اذهان ما تداعی می‌کند که اگر کودتای ۲۶ سرطان افشاء می‌شد، بدون تردید سردار محمد داوود از مصونیت کامل برخوردار می‌بود و برای او کدام آسیبی متصور نبود. اما برخلاف، برای آن‌عده افسران وطن‌پرستی که در راه تأسیسِ نظامِ نوین جمهوری گام برداشته بودند، سرنوشت خیلی رقت‌باری انتظار داشت که به مراتب شدیدتر از ۴۳ نفر گرفتارشده‌گانِ حادثه‌ی لوگر می‌بود. پس از حادثه‌ی لوگر ثابت می‌شود که هاشم خان صدراعظم، سیاست خیلی پر از نیرنگ و حیله‌گری را دنبال می‌کرد. از یک‌طرف انگلیس‌ها را متوجه قیام قبایل می‌ساخت و از جانب دیگر به کمک برادرزاده‌گان خود ارتباطی به شبکه‌های جاسوسی فاشیسم آلمان و ایتالیا تأمین می‌کرد و قیام پشتون‌های قبایل را علیه بریتانیای کبیر، تحریک می‌نمود. از جانب دیگر باید گفت که مؤلف کتاب «داوود در چنگال ک‌ج‌ب»، بخش مهم زندگی دوران جوانی سردار محمد داوود را کتمان کرده است و یا از آن آگاهی درست نداشت. در غیر آن، نام کتاب خود را باید «داوود در چنگال فاشیسم آلمان و بعد در چنگال ک‌ج‌ب» می‌گذاشت.

فقیر هیپی کی بود؟

در این‌جا شخصیت فقیر ملنگ خیلی جالب است که چگونه در مناطق قبایلی پشتون‌نشینِ نواحی باختری هندِ بریتانوی، وارد صحنه‌ی سیاسی گشت و توانست در زمان کوتاه توجه‌ی قدرت‌های بزرگ بریتانیا، آلمان، ایتالیا و اتحاد شوروی را به‌خود جلب کند. نام اصلی او مرزا سید علی خان، از قبیله‌ی یوسف‌خیل علینگار است که بر اساس

---

۴۹ Vyacheslav Molotov مولوتوف، سیاست‌مدار بلشویک، دیپلمات و وزیر خارجه اتحاد شوروی در زمان جنگ دوم جهانی.

گزارشِ سال‌های ۱۹۴۲، در حدود ۴۵ سال عمر، قد میانه و سیمای گندمی داشت. فقیر ملنگ به‌نام فقیر الینگار نیز یاد می‌شد و حکومت انگلستان به وقوع حوادث خیلی خطرناک در وزیرستان آماده‌گی می‌گرفت. دلیل آن‌هم نقش روزافزونِ جوانانِ طرفدارِ آلمان در حکومت افغان (فاشیست‌های جوان افغان) پنداشته می‌شد که سردار محمد داوود و عبدالمجید زابلی وزیر اقتصاد آن‌ها را رهبری می‌کرد. حکومت انگلستان ارتشی را به دفاع از قیام‌های متواتر پشاور و سایر مناطق مرزی ترتیب داد که آن قیام‌ها، توسط بمباردمانِ هوایی نیروهای بریتانیا، سرکوب گردید. البته تمام کوردیناتِ شورشیانِ قبایل را هاشم خان صدراعظم به انگلیس‌ها تهیه و گزارش می‌داد. فقیر ملنگ بـه جنگ‌های پارتیزانی مبادرت ورزید و استعدادی خوب در این راه از خود نشان داد. در این جا باید خاطرنشان ساخت که هاشم خان صدراعظم با برادران و برادرزاده‌گان، به‌منظور بقای سلطه‌ی خاندانی خود، چگونه از سیاست‌های مزوّرانه استفاده می‌کرد. این‌ها به بازیگران سیاسی شباهت داشتند که در دوران جنگ عمومی دوم جهانی، در قالب‌های مختلف روی صحنه‌ی سیاسی جهانی نقش بازی می‌کردند. از یک‌طرف، از عقب مانده‌گی تاریخی و احساسات شورانگیز مردمان سنتگرای قبایل استفاده کرده، شورش‌های پشتون‌های قبایلِ مرزی را توسط برادرزاده گانِ ارجمند و گرامی، شاهزاده داوود و شاهزاده نعیم، علیه سلطه‌ی بریتانیا در نیم قارهٔ هند به‌راه انداختند، ولی از جانب دیگر به شبکه‌های جاسوسی انگلستان از قیام‌های قبایل پشتون هشدار می‌داد. در همین‌جا ضرب‌المثل پارسی خیلی وفق دارد: دزد را می‌گوید دزدی کن و صاحب‌خانه را می‌گوید هوشیار باش! این سیاست دوروئی، در سال‌های پسین سلطنت ظاهر شاه نیز دنبال می‌شد. من به‌خاطر دارم که در یکی از روزها، ولی خان نیز به‌طور شکایت‌آمیز از ظاهر شاه یادآوری کرده گفت:

«هر آن مطلبی که بین ما مبادله شد، همان موضوع به حکومت پاکستان انتقال یافت.»

گویا که زمام‌داران کابل در مسائل مربوط به قبایل، صادقانه برخورد نداشتند.

به هرحال، در دهه چهل قرن بیستم، نام فقیر ملنگ به‌مثابه نماد استقلال و آزادی‌خواهی وزیرستان تبدیل شده‌بود و افسانه‌های گوناگون در باره‌ی او شایع می‌گشت و او را چون «شخص نورانی» می‌شناختند. حسب نوشته‌ی مورخ امریکایی سپاین[۵۰]، فقیر ملنگ نه به‌مثابه یک شخص دین‌دار، بلکه به صفت شخص غدار، ظالم و جنگ‌افروز معروف شده‌بود.

فقیر ملنگ اعتقادات خرافی پشتون‌ها را به بازی می‌گرفت و از کسانی که برایش پول می‌دادند، امتناع نمی‌کرد و پول می‌گرفت و شریرترین جنایت‌کار را نزد خود پنهان می‌ساخت. افراد و دسته‌های فقیر ملنگ که از پشتون‌های قبایل تشکیل شده‌بود، کارمندان انگلیس و کودکان‌شان را اختطاف می‌نمودند و برای این جنایت‌کاران، فقیر ملنگ جوایز و انعام می‌پرداخت. این مطلب در یکی از اسناد وزارت خارجهٔ شوروی آمده‌است.

طوری‌که قبلاً اشاره نمودم، مناطقِ قبایلِ پشتون‌نشین مرزی بنابر عقب‌مانده‌گی صورت‌بندی رشد اقتصادی، سیاسی و تاریخی‌شان، مرکز توجه قدرت‌های بزرگ استعماری را تشکیل داده‌بود، تا از شورش و قیام آن‌ها، حکومات را در هند و کابل تهدید نمایند. از اینرو، جابجا نمودن شبکه‌های جاسوسی تحت عناوین پیر و روحانی که مورد پذیرشِ باشندگان قبایل بود، هدف اساسی آن‌ها را تشکیل می‌داد. گرچه ظهور فقیر هیپی یک پدیده‌ی محلی پنداشته می‌شد که مرکز توجه حکومت آلمان قرار گرفته بود، ولی انتقال، استقرار و تمویلِ پیر گیلانی که به‌نام پیر شامی یاد می‌شد، پایه‌ی اساسی اغتشاشات قبایل را علیه دهلی و کابل بنا نموده‌بود.

«گیلانی در ماه می سال ۱۹۳۸ در نزدیکی کانی‌گرم جلسه‌ی قبایل پشتون را دایر کرد تا قیام ضد سلطنتی را سازماندهی و در اثر لشکرکشی، ظاهر شاه (ظالم) را واژگون و امان‌الله خان را به‌قدرت برساند. این اقدام به نتیجه نرسید، زیرا فقیر هیپی مرد عاقبت‌اندیش و با-

---

[۵۰] James W. Spain

احتیاط بود و برنامه‌ی پیر شامی را حمایت نکرد. ممکن که رهبران وزیر آگاهی یافتند که در عقبِ گیلانی، یک قدرت خارجی قرار دارد و عناصر ناراضِ ضد انگلیس را به‌دور خود گردآوری می‌کند. اگرچه فقیر هیپی از ایتالیا اسلحه به‌دست می‌آورد، ولی هرگز نمی‌خواست که آله‌ی دستِ کدام کشور خارجی شود و منافع هم‌قبایلان خود را زیرپا قرار بدهد.

حکومت افغانستان از برنامه‌ی خطرناک پیر شامی آگاهی داشت و هاشم خان صدراعظم برای خنثی سازی آن، الانواز خان را از سفارت افغانی در برلین به وطن خواست تا از نفوذی که در وزیرستان دارد، شورش قبایل را خاموش سازد. چونکه الانواز خان به علت سکتگی در پرواز هواپیما، نتوانست به کابل عودت کند. از اینرو، هاشم خان دو نفر را، یکی حضرت شوربازار و دیگری هم محمدگل خان مهمند، با پول زیاد در خاموشی شورش توظیف کرد. او از جانب دیگر، مقامات انگلیس را در هند مطلع ساخت تا از شورش جلوگیری به عمل آورد. انگلیس‌ها با پرداخت ۲۵ هزار پوند سترلنگ ذریعه هواپیما، گیلانی را به بغداد انتقال دادند. با وجودی‌که انگلیس‌ها پیر شامی را به بغداد انتقال دادند، لیکن ادامه‌ی فعالیت‌های وی از نظر شبکه‌های استخباراتی انگلیس، دور نبود. سرانجام در

سال ۱۹۳۹، انگلیس‌ها ارتباط پیر شامی را با هینتگ در مصر تثبیت کردند. بر مبنای همین اصل، حکومت بریتانیا بالای هاشم خان صدراعظم فشار آورد، تا مناسبات خود را با جرمن‌ها محدود سازد. اما هاشم خان این فشار انگلیس‌ها را رد کرد و انگلیس‌ها را وادار ساخت تا در این زمینه، قدری عقب نشینی کنند. فریزر تیتلر[51] نارضایتی خود را طی صحبتی با میخایلوف[52]، سفیر اتحاد شوروی در کابل ابراز داشت.»

---

[51] William Kerr Fraser-Tytler فریزر تیتلر، سفیر انگلیس در افغانستان در سال‌های ۱۹۳۵- ۱۹۴۱.

«برخلاف نظریات جرمن‌ها و ایتالیایی‌ها در کابل، ما بدین باور هستیم که انگلیس‌ها سخت تلاش کردند تا حکومت افغان‌ها مشوره‌های آن‌ها را قبول کند و حکومت افغان‌ها را از امان‌الله خان می‌ترسانند و به آن‌ها تلقین می‌نمایند که اجنت‌های‌شان با امان‌الله خان کار می‌کند. ترس حکومت افغان از امان‌الله خان به‌جاست. زیرا برای ما آشکار است که طرفداران زیاد دارد و نارضایتی روزافزون از حکومت موجود دیده می‌شود. هم‌چنان باید افزود که انگلیس‌ها خاندان موجود و برسر اقتدار را به تخت رسانیده و مردم این خاندان را یک خاندان غیرقانونی می‌شمارند که همواره گوش‌به‌فرمان انگلیس‌هاست. تغییر نظریات حکومت افغان یک امر استثنائی است که تنها انگلیس‌ها آن‌را حمایت می‌کنند و هرگز پشتیبانی مردم را نمی‌تواند کسب کند. در گزارشاتی که از کابل رسیده به‌ملاحظه میرسد که در خاندان سلطنتی روی موضوع قدرت اختلافات موجود است و به‌وجود آمدن دسته‌بندی‌ها دیده می‌شود. این معلومات ما را متیقن می‌سازد که شاهزاده نعیم و شاهزاده داوود برادرزاده و میراث‌خور اصلی صدراعظم هاشم خان، از قدرت اصلی برخوردار می‌باشند.»

آری! طوری‌که شاه اسبق در مصاحبه‌ی خود با بی‌بی‌سی اشاره نموده، این‌ها در دوره‌ی صدارت کاکای خود هاشم خان صدراعظم، از صلاحیت بی‌حدوحصر برخوردار بودند و در تبانی با شبکه‌های جاسوسی فاشیستی در کابل، فعالیت خود را در مناطق قبایل‌نشینِ مرزی و هم‌چنان در استقامت سازمان‌دهی نیروهای نظامی، به نفع آلمان بسیج می‌نمودند. زمانی‌که به‌تاریخ ۲۲ جولای ۱۹٤۱ ارتش آلمان در جنگ عمومی دوم بالای اتحاد شوروی تهاجمات خود را آغاز کرد، خاندان سلطنتی جشن گرفتند و در مساجد کابل خیرات نمودند. سردار محمد نعیم تماس‌های خود را با شبکه‌های جاسوسی آلمان به‌ویژه پیلگر سفیر آلمان در کابل تزیید کرد. در جریان تحقیقات پیلگر سفیر پیشین آلمان در

---

[٥٢] Konstantin Aleksandrovich Mikhailov میخایلوف، سفیر اتحاد شوروی در افغانستان در سال‌های ۱۹۳۷-۱۹٤۳.

کابل، در زندان بوتیرسکایا [۵۳] در ماسکو به‌تاریخ ۳۱ جولای ۱۹٤٦ در برابر پرسش مستنطق، این‌طور پاسخ می‌دهد:

«پرسش: در تلگرام شفری شماره ۵۰۲ شما که به وزارت خارجه‌ی آلمان مخابره شده‌است، از علایق محکم خود با نعیم خان و هاشم خان یادآوری نموده‌اید، پس بگویید که با اشخاص مذکور به‌طور مشخص چگونه ارتباطی وجود داشت؟

پاسخ: هاشم خان صدراعظم و نعیم خان به‌حیث معاونش بود. هردوی آن‌ها به حکومت فاشیستی هیتلر با وفاداری عمل می‌نمودند. از اینرو، نمایندگی آلمان در افغانستان همین‌گونه عمل می‌کرد. طوری‌که من قبلاً اشاره نمودم در سال ۱۹٤۲ نعیم خان نزدم آمد و برایم گفت که اگر نیروهای آلمان در داخل خاک اتحاد شوروی پیشروی بیشتر نمایند، حکومت افغان نیت دارد و حکومت افغان آماده‌است تا نیروهای درست منظم را تشکیل بدهد و از عقب بالای ارتش سرخ ضربه وارد کند.

من هم همین خبر را به وزارت خارجه آلمان گزارش دادم. اما زمانی‌که ارتش آلمان در استالینگراد به شکست روبرو شد، حکومت افغان هم تاکتیک خود را عوض کرد و در باره-ی همکاری‌های نظامی بیشتر با آلمان صحبت صورت نگرفت.

یکی از روزها، زمانی‌که با نعیم خان دیداری داشتم و برایم گفت: جاسوسان انگلیس فعالیت‌های علیه نمایندگی‌های پیمان (محور) دارند. او برایم و سایر کارمندان سفارت آلمان هشدار داد تا احتیاط خود را داشته باشیم. هم‌چنان نعیم خان با رضایت خاطر اطمینان داد که در باره‌ی مسائل مربوط به انگلیس و اتحاد شوروی مورد علاقه، ما را در جریان قرار می‌دهد.»

سردار محمد نعیم معاون صدراعظم و عبدلمجید زابلی وزیر اقتصادِ وقت، وظیفه گرفتند تا روابط گرم و دوستانه را با آلمان تأمین کنند که یک سلسله مذاکرات محرمانه بین

---

[۵۳] Butyrskaya prison

زابلی و آلمان‌ها صورت گرفت. او تعهد کرده‌بود که «افغانستان حاضر است پس از به‌دست آوردن سلاح کافی از آلمان، به طرفداری آن کشور داخل جنگ شود و تا رسیدن به آن مرحله، به تحریکاتِ قبایل مرزی علیه دولت بریتانیا اقدام کند.»

از همین جاست که اندیشه‌ی وجوه مشترک تبار آریایی با آلمان توسط سردار محمد نعیم و عبدالمجید زابلی مطرح گردید و هویت اصلی خود را از نظر رهبران آلمان هیتلری پوشیده ساختند و با هویت جعلی وارد عرصه سیاسی گشتند. این حقیقت روشن شده‌است که عبدالمجید زابلی به قبیله‌ی زابولین اسرائیل و سردار محمد نعیم همان طوری که نیاکانش بارها به پیوند یهودیت خود مباهات کرده‌اند، به قبیله‌ی یفتلی یا نفتالی،۱۰ قبیله‌ی گمشده اسرائیل وصل می‌گردند.

عبدالمجید زابلی روابط خیلی نزدیک و دوستانه با هاشم خان صدراعظم داشت و هم چنان وی شخص خیلی با اعتماد آلمان هیتلری بود و در پیاده‌ساختن سیاست آن کشور در افغانستان، نقش خیلی مهمی را ایفا می‌کرد.

در فبروری سال ۱۹۴۱ عبدالمجید زابلی وزیر اقتصاد غرض تداوی به آلمان سفر کرد. گرچه در حقیقت امر، وی مریض بود، علاوتاً با وی یک سلسله ملاقات‌هایی صورت گرفت که می‌خواست وصل شدن یک بخش قبایل را به افغانستان مورد مذاکره قرار داده و رضایت جرمن‌ها را به‌دست آورد. همچنان او از طرف هاشم خان صدراعظم موظف شده‌بود تا دارایی خاندان یحیی را از آلمان به‌حساب بانکی به امریکا انتقال بدهد، زیرا آلمان داخل جنگ دوم شده‌بود و خطر نابودی دارایی‌های خاندان در بانک‌های آن‌کشور می‌رفت. از جانبی هم او موظف بود تا آلمان‌ها را متقاعد سازد که از به‌قدرت رساندن دوباره‌ی امان‌الله خان دست بکشند و در ضمن کودتای پیش‌بینی‌شده، شاهزاده داوود را که قوماندان قوای مرکز بود، برای استحکام نفوذ و سیطره‌ی جرمن‌ها در افغانستان، مهر تائید بگذارند. البته قبلاً اشاره شد که شاهزاده داوود طی نامه‌ای، موضوع کودتا را با سفیر ایتالیا

کورانی نیز مطرح ساخته بود که شرط اساسی عبارت از تداوم زمام خاندان یحیی به سرنوشت کشور بود.

طوری‌که سید امان‌الدین امین در باره‌ی خاطرات عبدالمجید زابلی می‌نویسد که ملاقات بین امان‌الله شاه پیشین و عبدالمجید زابلی در کنار دریاچهٔ ژنیو صورت گرفت. آیا او توانست امان‌الله خان را از عطشِ دوباره به قدرت رسیدنش منصرف سازد و یا خیر؟ اما این واقعیت است که چنین ملاقاتی به دستور شاهزاده نعیم و شاهزاده داوود صورت گرفته است.

مورخ نام‌دار کشور میر غلام‌محمد غبار قبیله‌ی زابلی را از جمله قبایل یفتلی می‌شمارد و در صفحه ٥٦ کتاب خویش «افغانستان در مسیر تاریخ»، این‌گونه توضیح می‌دهد:

«از قبایل مشهور یفتلی‌ها هم (زاولی) است که در ایالت غزنین ساکن شده و آن علاقه‌ها به‌نام ایشان (زابل) و زابلستان موسوم گردید.»

اما نویسنده‌ی کانادایی یاکوبوویچ[٥٤] قبیله‌ی زابولین (زاول، زابل) را قبیله‌ی برادر نفتالی یا یفتلی معرفی می‌کند. اگر نجیب‌الله خان تخلص «تورویانا» را به‌خود اختصاص داده بود، تصادفی نیست، زیرا تورویانا و یا تورمانا در تاریخ به‌حیث یکی از شاهان زابلی ثبت شده که در زبان عبرانی (من به تورات ایمان دارم) را افاده میکند.

دیده می‌شود رهبران محافظه‌کار یهودی‌الاصل کشور، با تشخیص نبض سیاسی زمان، چگونه جامه‌ی اصالت تباری خود را تعویض و به فاشیسم می‌پیوندند، تا از ضربه‌ی شمشیر فاشیسم هیتلری که لبه‌ی تیز دشنه‌ی آن علیه یهودیان بود، خود را نجات دهند. در سال‌های ۱۹۳٦ و ۱۹٤۰ وقتی نازی‌های فاشیست نغمه‌ی Deutsch ist über allen (آلمانی بالاتر از همه است) را سر دادند، ناسیونالیسم به همان‌سان، نزد تُرک و عرب و ایرانی هم غلبه کرد. در افغانستان سردار محمد داوود، فیض‌محمد ذکریا و عبدالمجید زابلی

---

[٥٤] Simcha Jacobovici سیمخا یاکوبوویچ (متولد ۱۹۵۳) نویسنده و روزنامه‌نگار اسرائیلی‌الاصل کانادا.

(سرگروپ)، به سازِ (نژاد آریایی) هم‌نوا شده و آتش تبعیض و تعصب را دامن زدند و وحدت ملی کشور را به جناح نژادی کشاندند. کلب ملی و ویش‌زلمیان سیاست تبعیض و تفرقه را لباس ناسیونالیسم پوشانده و به فاشیسم آرایش نمود. فیض‌محمد ذکریا در یکی از مناسبت‌ها، هتلر فاشیست را برادر کلان خود خطاب کرده بود.

هاشم خان و برادرزاده‌گانش بر اندیشه‌های فاشیستی تکیه زدند و سیاست داخلی کشور را در تبانی با آلمان هیتلری هم‌آهنگ ساختند. بعد از آن‌که آلمان فاشیسم به‌تاریخ ۲۲ جولای ۱۹٤۱ بالای خاک اتحاد شوروی ناگهانی تهاجم کرد، آنگاه سیاست بریتانیا و اتحاد شوروی در رابطه به نقش و خطرات آلمان‌ها در افغانستان هم‌آهنگ شد. هر دو کشور بالای حکومت افغانستان فشار وارد ساختند تا فعالیت‌های تخریب‌کارانه‌ی آلمان‌ها را در افغانستان جلوگیری و کارمندان غیر دیپلماتِ آلمان و ایتالیا را از کشور خارج نماید.

به‌تاریخ اول نوامبر سال ۱۹٤۱ در کابل مجلس کبیر دایر گردید و در آن لویه جرگه، هاشم خان به جنجال‌های زیادی روبرو گشت. تا این‌که نمایندگانِ مجلس کبیر را راضی ساخت که اخراج اتباع آلمان و ایتالیا را بپذیرند. برای این‌که رضایت وکلاء حاصل شود، هاشم خان مبلغ ۱۰ میلیون افغانی از انگلیس‌ها دریافت نمود. همین‌طور انگلیس‌ها اطمینان داده بودند، زمانی‌که گروپ اول جرمن‌ها از کشور خارج شوند، انگلیس‌ها مبلغ پنج صد هزار پوند سترلنگ برای هاشم خان خواهند پرداخت. شاه‌محمود خان که وزیر دفاع بود، طرفدار اخراج جرمن‌ها نبود و شاهزاده داوود خان هم مانند او با اخراج جرمن‌ها مخالفت داشت.

سردار محمد نعیم همه اسنادی‌که به سلیقه‌ی سیاسی و هویت جعلی‌شان سازگار نبود، نابود ساخت و شخصاً خودش به منزل مورخ شهیر کشور کاتب هزاره داخل شد و تمام نوشته‌های او را محو کرد.

یکی از جفاهایی که سردار محمد نعیم و عم‌اش بالای مردم این سرزمین اعمال نموده، تحمیل زبان پشتو بود که عواقب خوبی برای کشور نداشت. از یک‌طرف رشد زبان فارسی را

در سراسر کشور کند ساخت و از جانبی هم آموزش اجباری زبان پشتو، مانع رشد طبعی زبان پشتو نیز شد. دشمنان افغانستان از این خطای تاریخی استفاده‌ی بیشتر نمودند. به گفته‌ی پروفیسور رهین که در تاریخ افغانستان چندین‌بار کتاب‌سوزی صورت گرفته‌است. زمانی‌که ظاهرشاه فرمان پشتوسازی دروس مکاتب را صادر کرد، محمد نعیم خان وزیر معارف امر کرد تا تمام کتب معارف را در مقر وزارت معارف واقع در بوستان‌سرای کابل، جمع نمایند و به آتش کشانند. بدین ترتیب کتب زبان فارسی دری را نابود ساختند.

محمد آصف آهنگ، مبارز شهیر کشور که شاهد زنده‌ی حوادث نیم‌قرن اخیر است، در باره‌ی سردار محمد نعیم چنین تبصره می‌کند:

«محمد داوود خان فکر کرد که هرگاه این جمعیت‌ها را خاموش نسازم مشکلی پیش خواهد آمد. بنابران اعلامیه پخش کرد که یک‌عده اشخاص به نفع خارجی‌ها تخریبات می‌کردند، چون پولیس بیدار است گرفتار گردیدند. به ادامه آن، ۱۲ یا ۱۳ نفر از جمعیت وطن، جمعیت ندای خلق و ویش‌زلمیان را هم زندانی نمودند. در جمله این زندانیان دو برادر من نیز شامل بودند.»

باری عبدالرحمن پژواک در باره‌ی سردار محمد داوود گفته بود:

«ما نوکرهای بسیار خوب هستیم. هرکار را به تمام و کمال اجرا می‌نماییم. اما مصیبت در این‌جا است که این‌ها (اشاره به سردارها کرد) نوکر نمی‌خواهند، غلام می‌خواهند که قبول آن بسیار مشکل است.»

جنرال عثمان خان اسدی در باره‌ی عبدالملک عبدالرحیم‌زی می‌گوید:

«عبدالملک عبدالرحیم‌زی یک شخصیت تاریخی کشور بود که نفس پاک، پاک‌دلی، پاک‌دامنی، میهن‌دوستی و مسلمان بودنش او را در زندان انداخت و فامیل آن وزیر برای سال‌های پی‌درپی رنج‌ها و دردها را از زندانی شدن و دوری عبدالملک بردند.»

البته من عثمان خان اسدی را شناخت داشتم و از دوستان نزدیک عم‌ام و استادم در دبیرستان حربیه بود.

داکتر عبدالمجید وزیر عدلیه که زمانی با وی در کابینه‌ی سردار محمد داوود هم‌کاری و شناخت نزدیک داشتم، واکنش‌های شاهزاده داوود و شاهزاده نعیم را در باره‌ی عبدالملک عبدالرحیم‌زی چنین یاد آور می‌شود:

«هر باری که موضوع تخفیف میعاد حبس یا عفو محبوسین چه در مجلس و چه در غیر مجلس تحت بحث می‌آمد و در فهرست نام عبدالملک خوانده می‌شد، هر دو برادر(محمد داوود صدراعظم و محمد نعیم وزیر خارجه و معاون صدارت) عصبی می-شدند و رنگ‌شان می‌پرید. لب‌ها زیر دندان می‌گرفتند. چنان حساسیت مشهود می-گردید که مطلق ناآرام می‌شدند، شاید یادشان می‌آمد که چطور او را متهم ساختند و چطور تهمت خود را اثبات نتوانستند و چطور او را۲۲ سال در بندی‌خانه انداختند!»

آری! به زندان کشیدنِ عده‌ی زیادی از چهره‌های سیاسی بی‌گناه، محض به‌خاطر مخاصمت شخصی و اختلاف سلیقه‌ای، ویژه‌گی حکام دیکتاتور، مستبد و ظالم است. سرنوشت عبدالملک عبدالرحیم‌زی نمونه‌ای از سرنوشت دردانگیز هزاران انسان بی-گناهی است که اکثراً گم‌نام ترور دولتی شدند و کسی هم از آن‌ها یادی نکرد.

جواهرلعل نهرو، صدر اعظم پیشین هند می‌گفت:

«حکومت‌های ارتجاعی و استبدادی در باره‌ی (آزادی) زیاد حرف می‌زنند، اما منظور-شان از آزادی برای خودش و برای انجام آنچه دل‌خواهش است، می‌باشد. در باره‌ی (عدالت) صحبت می‌کنند، اما منظورش ادامه وضع موجودی است که در سایه‌ی آن حکومت می‌کنند، هرچند که دیگران در آن وضع نابود می‌شوند و از میان می‌روند.»

هارون مؤلف اثر «داوود در چنگال ک ج ب»، پیرامون خشونت و ترور دوره‌ی هاشم خان و سردار محمد داوود، می‌نویسد:

«ترور و استبداد سیاست رسمی هاشم خان و برادرزاده‌گانش سردار محمد داوود و سردار محمد نعیم بود که علیه افراد بی‌گناه جامعه تعمیل می‌گشت. گاهی این سیاست علیه یک قوم مشخص به شیوه‌های خیلی خشن از طرف آن‌ها پیاده می‌شد. داوود خان با صدور فرمان سرش از من و مالش از شما، از خون قوم صافی جوی خون جاری ساخت.»

سردار محمد نعیم و من

من با سردار محمد نعیم آشنائی بیشتر نداشتم و گاهی که در محافل تشریفاتی روبرو شدم، در سطح تعارفات صحبت صورت گرفته بود و بس. البته از این امر، من آگاهی داشتم که از هم‌ردیفانم در کابینه برای آستان‌بوسی به دروازه‌ی سردار محمد نعیم می‌رفتند و از آن طریق می‌کوشیدند تا رضایت خاطر «رهبر» خود را کسب نمایند. حسب گفته‌ی سید مسعود پوهنیار که سردار محمد داوود به این‌گونه آستان‌بوسی‌ها اهمیت خاصی قایل بود.

روز اول ثور سال ۱۳۵۳ بود، در دفتر نشسته بودم که ناگهان عبیدالله ناظر فامیلی سردار محمد نعیم به دفترم آمد و گفت که «مرا وزیر صاحب خارجه (یعنی سردار محمد نعیم) روانه کرده و از شما تقاضاً نموده اگر برایش یک پایه تیلفون مشوره بدهید که او بتواند تیلفون‌هایی که از مسافت دور صورت می‌گیرد، به‌خوبی بشنود. زیرا او تکلیف شنوائی گوش دارد و اکثر خانواده‌اش از خارج با وی تماس می‌گیرند و نمی‌تواند مطالب را به درستی درک کند. و هم در ضمن خواهش کردند شما را از نزدیک ملاقات کنند. اگر وقت دارید می‌شود که امروز این ملاقات را با وی تنظیم کنیم.»

از سخنان ناظر او درک کردم که موضوع تیلفون، یک بهانه است و می‌خواهد با نظرات من پیرامون اوضاع جامعه آگاهی پیدا کند، زیرا تمام فیصله‌های مهم حکومت باید از مشوره‌ی او بگذرد. نقش او در تصمیم‌گیری‌ها خیلی برجسته بود. بدون تردید که من از وزنه و تأثیرات او آگاهی داشتم و سردار محمد داوود هم خیلی به حرف‌های او گوش می‌داد.

من به ناظر سردار محمد نعیم وعده دادم که با کمال‌میل امروز می‌شود محترم وزیر خارجه را ملاقات کنم و فقط شما وقت را تعیین کنید. البته به ساعت سه بجه روز اول ثور وقت تعیین شد.

در همان روز از دفتر جانب منزل سردار محمد نعیم روان شدم که در جوار سفارت فرانسه قرار داشت و به ساعت سه بجه روز دروازه حویلی منزل او کشوده‌شد و موتر داخل منزل گردید. ناظرش مرا پذیرایی کرد و از منزل اول به منزل دوم بالا شدم و در جناح راست داخل سالون گردیدم. سردار محمد نعیم با همان قامت رسا مرا پذیرایی کرد. روی کوچ به‌دور میزی نشستیم. در آغاز از اوضاع وزارت مخابرات و برنامه‌های مخابراتی و مشکلات آن پرسید که یک امر قبول‌شده بود و باید هم پیش از این‌که داخل اجندای مطروحه شود، از گوشه‌وکنار مطالبی را در میان آورد. بالاخره سردار محمد نعیم پرسید: «اوضاع عمومی از نظر شما چطور است؟»

قدری به این اندیشه فرو رفتم که آیا برهنه صحبت شود یا مطابق میل او بحث را آغاز کنم. من درک می‌کردم که سازماندهی این صحبت با مشوره و یا دستور سردار محمد داوود صورت گرفته است. از اختلافات اصولی که با اعضای کمیته مرکزی و هم‌رکابانش دارم، آگاهی دارد.

به‌هرحال، راه من روشن بود و نمی‌شد که سردار محمد نعیم را در تاریکی قرار بدهم. با فهم این‌که ما همه سرنشینان این کشتی شکسته می‌باشیم و اگر کدخدا بتواند این کشتی شکسته را به ساحل نجات رهبری کند، درآن صورت همه از خطر غرق شدن نجات خواهیم یافت. من مسئولیت خود می‌دانم با سردار محمد نعیم از خطراتی که نظام جمهوری نو به آن روبرو است، باخبر سازم تا اگر بتواند نقشی را در اثرگذاری بالای برادر بزرگ خود بازی کند. در غیر آن راه من معین و مشخص خواهد شد. من عواقبِ واکنشِ سردار محمد داوود را پذیرفته بودم و برای خود افتخار می‌پنداشتم که اگر بر مبنای اختلاف سیاسی از هم‌کاری با دولت فاصله بگیرم.

بالاخره سردار محمد نعیم را مخاطب قرار داده گفتم:

«جناب محترم وزیر صاحب خارجه! (گرچه او خانه‌نشین بود، لیکن همه او را به‌نام وزیر خارجه یاد می‌کردند) من از دیرزمانی تصمیم داشتم با شما از نزدیک معرفت حاصل کنم که متأسفانه عملی نشد. حالا از شما سپاس‌گزارم که ابتکار را گرفتید تحت بهانه‌ی تیلفون، زمینه برای صحبت امروزی مساعد گشت.

جناب محترم وزیر خارجه، شما می‌دانید که تأسیس جمهوری نوین در افغانستان بزرگ‌ترین حادثه‌ی تاریخی برای ملت ماست و افتخار آن بیشتر به محترم رئیس دولت و صدراعظم افغانستان تعلق می‌گیرد. حال‌که در حدود کمتر از یک‌سال از نظام جمهوری سپری می‌شود، من مشاهده می‌کنم که علاقمندی مردم روزبه‌روز نسبت به نظام نو کاسته می‌شود و امیدهایی که در روز اولِ اعلامِ نظام جمهوری داشتند، به یأس تبدیل می‌گردد.

دلایل این کاهش علایق مردم و نا امیدی‌ها، در ضعف و بی‌کفایتی حلقات ماحول رئیس دولت است. من در صحبت‌هایی که در خلال این مدت با محترم رئیس دولت داشتم، همیشه نظرات خود را به‌حیث یک هم‌رزم‌شان صادقانه بیان نموده‌ام، تا باشد جلو کاستی‌ها گرفته شود و در سیاست کدری و در انتخاب کدر، موضوع کفایت و شایسته‌سالاری را مدنظر بگیرد. شما به هر کدام این چهره‌ها آشنائی بهتر دارید. محترم داکتر حسن شرق را از دیر زمان می‌شناسید، به‌جز توطئه علیه افراد شایسته و رقیب در جامعه دیگر کاری ندارد. او محض جمهوریت را بالای یک جریان سیاسی مشخص تکیه داده‌است که موجب فاصله‌گرفتن مردم از نظام نوین جمهوری شده‌است. جناب حیدر رسولی، عبدالقدیر نورستانی و سید عبدالاله نظام نوین را به‌سوی انحطاط سوق می‌دهند. این‌ها با سرنوشت نظام جمهوری بازی می‌کنند. شما با مردم ارتباط وسیع دارید و شما حتماً از جریان کلی مسائل آگاهی دارید. به نظر من، نقش شما در مشوره سالم به رئیس دولت خیلی‌ها برجسته است و راه‌های حل آن‌را جستجو کنید تا حامی نظام و تکیه‌گاه سیاسی خود مردم افغانستان باشند. اگر رئیس دولت در مش موجود خود تغییر کلی وارد

نکند، من بدین باورم که فاصله‌ها بیشتر خواهد شد. بدترین حالت وقتی است که نظام مشروعیت خود را در داخل جامعه از دست بدهد. آنگاه فاجعه آفرین می‌شود، ولوکه با قوانین و مقررات اندام خود را آراسته کرده باشد.»

در صحبت با سردار محمد نعیم سخت تلاش داشتم که از عمومیات به جزئیات داخل نشوم که اختلاف نظر مشخص مرا با شخصی و یا گروهی بازتاب نکند. بلکه عدم توافق من با مش موجود روشن بودکه قابلیت انعطاف خود را از دست داده بود.

سردار محمد نعیم هم در ملاقات یک ساعته، روی کدام مبحث خاص صحبت نکرد و خواست که یک شنونده باشد. وعده کرد که موضوع بحث امروز را با برادرش رئیس دولت در میان بگذارد. در حوالی ساعت چهار عصر با وی خداحافظی نموده از منزل او خارج شدم. مسلماً که سردار محمد نعیم نتیجه‌گیری خود را نموده بود. من هم انتظار واکنش برادر کلانش سردار محمد داوود راکه وی «آغه لاله» خطاب می‌کرد، داشتم.

فصل یازدهم

اتهامات، رد اتهامات و کناره گیری

اگر اهـرمن جفت یـزدان بـدی
شب تیره چون روز خندان بـدی
سـخن‌های دیوانه‌گانسـت و بس
بدین بـر نباشـد تـرا یار کـس

- حکیم فردوسی

یادداشت زیر را به تاریخ پنجم ثور ۱۳۵۳ در مکروریان کابل نوشته بودم و به‌حیث یک سند تاریخی، در این‌جا اقتباس می‌نمایم.

به‌روز چهارشنبه چهارم ثور، در مطبوعات کشور خبری به نشر رسید که حکایت از اخراج وزیر مخابرات می‌نمود. آن خبر در روزنامه‌ی انیس به متن ذیل به چاپ رسیده‌است:

«اخراج وزیر مخابرات از کمیته مرکزی و کابینه:

کابل (ب) ٤ ثور-کمیته مرکزی تحت ریاست شاغلی محمد داوود رئیس دولت و صدراعظم تشکیل جلسه داده و چنین فیصله کرد: چون شاغلی عبدالحمید محطاط وزیر مخابرات از خط مشی دولت و از سیاست کمیته مرکزی طوری‌که شاید پیروی نمی‌کرد، کمیته مرکزی در جلسه تاریخی دوم ثور به اکثریت کامل اخراج او را از عضویت کمیته مرکزی و کابینه تصویب نمود.»

در این خبر دو موضوع توجه خواننده‌گان را جلب می‌کند:

- الف: خط مشی دولت
- دوم: اساسات کمیته مرکزی

به اساس فیصله مجلس عا
دوایر ر
توسط ریاس
انیس
اخراج وزیر مخابرات از کمیتهٔ مرکزی و کابینه تصویب گردید
تقدیم اعتماد نامه

در رابطه به موضوع اولی باید گفت که خط مشی دولت همانا بیانیه‌ی «خطاب به مردم» افغانستان می‌باشد که در خلال کمتر از یک‌سال، وسیعاً در بین مردم تبلیغ شده‌است. تا جایی‌که به وزارت مخابرات و شخص خودم ارتباط می‌گیرد، تلاش لازم در جهت تطبیق بیانیه‌ی «خطاب به مردم»

صورت گرفته و من در مقایسه نسبت به سایر هم‌کاران رئیس دولت، از بیانیه‌ی «خطاب به مردم» برداشت عمیق‌تر و دقیق‌تر را داشتم. ممکن است برداشت من با دیگران تفاوت‌های داشته باشد. مسلماً که این خبرِ فریبنده، خواننده‌گان و شنونده‌گان محترم را یک‌بار دیگر به آن متوجه می‌سازد که نقض و تخطی در کدام اصول خط مشی، صورت گرفته است؟ مردم حق دارند که بدانند وزیر مخابرات کدام اصولی را پایمال کرده است؟

احتمالاً اخبار جعل و کاذبانه برای زمانی بخش عظیمی از مردم را در گمراهی تحریف‌-شده سوق دهند، اما خواننده‌گان آگاه و متجسس، پاسخ را به‌زودی خواهند یافت. به گفته ابوالمعانی بیدل:

هوش اگر باشد کتاب و نسخه‌ای در کار نیست
چشم واکردن زمین و آسمان فهمیدن است

نتایج کارم در مدت کمتر از یک‌سال در وزارت مخابرات، برای همگان روشن و آشکار است. کارکنان خوردوبزرگ آن وزارت شاهد عینی کارکردهای دوره‌ی ماموریت من در آن اداره می‌باشند. هرکس می‌تواند برای کسب معلومات درآن اداره تجسس نماید و آزادانه داوری کند. نه کارمندی را معزول کردم و نه کسی را توهین و از تمام کارکنان وزارت با درنظر داشت شایستگی و صداقت در چوکات قانون برخورد شده و یکی از یادگارهای دوره‌ی کار وزارت مخابرات همین بنای عمارت هجده منزله می‌باشد که در مرکز شهر کابل موقعیت دارد و من طرح این پروژه را نمودم و خوش‌بختانه که ۱۶ سال بعد از تهداب گذاری، افتتاح آن‌را نیز به‌دوش داشتم، صرف‌نظر از بسی موارد کوچکی که در وزارت مخابرات نوآوری شد.

اکنون که چنین یک خبر گمراه‌کننده و دروغین به نشر رسیده، من ناگزیرم پرده از روی دسایس و توطئه‌ها بردارم و در مورد روشنی لازم انداخته شود تا خواننده‌گان این یادداشت، روزی خود داوری سالم کنند که چه کسی از مرام اساسی جمهوری انحراف کرده‌است؟

سرآغاز داستان

روز دوم ثور بود. عقرب ساعت دیواری، یک بجه روز را نشان می‌داد و من در دفتر کارم با یکی از هم‌کاران و دوستم، عالم وصال که در یکی از شعبات ریاست پست وزارت مخابرات وظیفه داشت، نشسته بودم. ناگهان صدای زنگ تیلفون آرامش اتاق را برهم زد. گوشی تیلفون را برداشتم، صدای احمد ضیاء قوماندان گارد جمهوری را شنیدم.

احمد ضیاء همین‌قدر گفت: «امروز ساعت سه بجه در گلخانه‌ی قصر ریاست جمهوری جلسه دایر می‌شود و شما لطفاً تشریف بیاورید.»

در پاسخ پرسیدم: «جلسه را چه کسی رهبری میکند؟»

گفت: «رهبر.»

من اطمینان دادم که به ساعت معینه حاضر خواهم شد.

بدین ترتیب صحبت مختصر تیلفونی ختم شد و از عالم پرسیدم که آیا از جلسه می‌تواند حدسی بزند؟ او خیلی به شگفت آمد، لحظه‌ای خاموش ماند و نمی‌توانست حدسی بزند. من این‌قدر علاوه نمودم: «چهره‌هایی که در این اجتماعِ به اصطلاح (کمیته مرکزی) گردهم خواهند آمد برایم خسته‌کننده و خیلی‌ها ملال‌انگیز است.»

عالم که از تنش و کشیدگی‌های درونی کمیته مرکزی آگاهی داشت و فکر می‌کرد تضاد عمیقی در درون کمیته مرکزی حکم‌فرماست که بیشتر سازش و ادامه آن ممکن نیست. او به‌من رو آورده دوستانه خواهش کرد: «انجنیر، به‌هر حال حوصله را از دست ندهید و خونسرد برخورد کنید. می‌دانید که وضع موجود به نفع نیست!»

از عالم تشکر نمودم و اطمینان دادم که قابل تشویش نیست. من متوجه خود می‌باشم و سخت می‌کوشم که ماجراجویی صورت نگیرد. اگر قرار باشد حرف‌ها متوجه من در جلسه امروزی باشد، حرف‌های خود را خواهم گفت و عواقب آن‌را قبول‌دار خواهم شد. یک مطلب را می‌دانم که ادامه‌ی همکاری با این باند ممکن نیست، زیرا این‌ها رفقایم را بدون

جرم به زندان انداخته اند، رفقایی که نقش قاطع در پیروزی جمهوریت داشتند. برای من هم شرم‌آور است که با این گروهِ توطئه‌گر، ادامه بدهم.

ساعت در حوالی سه بجه بعد از ظهر بود که از دفتر خارج شدم. در اتاق انتظار آمر دفترم، براتعلی بهادر با سیمای خندانی گفت که «رفقایت آمده اند و در این‌جا انتظار شما را دارند، آیا نمی‌خواهید با آن‌ها از نزدیک صحبت نموده بعداً روانه گلخانه شوید؟»

گفتم: «کجا هستند؟» او مرا به اتاق طعام رهنمایی کرد. عده‌ی از افسران هوایی در گوشه و کنار اتاق ایستاده بودند. از این افسران معذرت خواستم و روانه‌ی قصر ریاست جمهوری شدم.

من عادت داشتم که بکس دستی خود را با خود داشته باشم و در داخل بکس بر علاوه‌ی قلم و کتابچه یادداشت، یک میل تفنگچه والتر با یک جاغور مرمی موجود هم بود. در آن‌روز برای حفظ ماتقدم و جلوگیری از هرگونه عمل غیرپیش‌بینی، بکس دستی خود را هم با خود نگرفتم و آن‌را تسلیم راننده خود نمودم. با دستان خالی و حتی بدون قلم داخل عمارت گلخانه شده و از زینه‌های منزل اول بالا رفتم و داخل صالون کلانی که در جناح چپ منزل دوم قرار داشت، داخل شدم. طبق معمول جلسات نوبتی وزرأ، در همین صالون دایر می‌شد. در وسط صالون میز کلان جلسه واقع بود. اما این صالون، متمّم خود اتاق کوچکی هم داشت که به ارتفاع تقریباً یک‌متر از سطح صالون بلند بود، از سه جناح مسدود بود و فقط از سمت صالون باز بود. در آن‌جا هم میز جلسه‌ی کوچک با یک‌تعداد چوکی‌ها قرار داشت.

در داخل صالون کلان اعضای به اصطلاح کمیته مرکزی در گوشه‌وکنار به‌شکل گروپ‌های دونفری و یا سه‌نفری ایستاده بودند، مسلماً باهم رازونیازی داشتند.

زمانی‌که داخل صالون شدم، همه با نگاه‌های شگفت‌آوری به من نگریستند. چهره‌ها خشک و سرد بود. لحظه‌ای خاموش ماندند و من بدون کوچک‌ترین دلهرگی و یا نگرانی با همه دست دادم و همه انتظار رئیس دولت را می‌کشیدند.

چندی نگذشته بود که وحشت و سراسیمگی افتاد و دروازه‌ی دخولی باز شد. سردار محمد داوود داخل اتاق گردید، با همه دست‌پرسی کرد و روانه‌ی همان اتاق کوچک شد. همه به جاهای که قبلاً تعیین شده‌بود، نشستند.

در رأس جلسه سردار محمد داوود اخذ موقع کرد. اعضای کابینه در سمت راست داوود عبارت بودند از:

- داکتر حسن شرق، معاون صدراعظم
- سید عبدالاله، وزیر مالیه
- عبدالقدیر نورستانی، قوماندان عمومی ژاندارم و پولیس
- غوث‌الدین فایق، وزیر فوائد عامه
- غلام سرور نورستانی، قوماندان قوای ٤ زرهدار

اعضای سمت چپ سردار محمد داوود عبارت بودند از:

- سردار غلام حیدر رسولی، قوماندان قوای مرکز
- فیض‌محمد خان، وزیر داخله
- دگرمن یوسف، قوماندان قوای ۱۵ زرهدار
- مولاداد، افسر تانک
- تورن خلیل‌الله، افسر توپچی

کرسی من پیش‌ازپیش در انجام دیگر میز، متناظر به کرسی سردار محمد داوود تعیین شده‌بود. بالای میز یادداشت هشت فقره‌ای تهیه و در اختیار هر یکی از اعضای جلسه گذاشته شده‌بود. اما در مقابل کرسی من هیچ ورقی وجود نداشت به‌جز یک کتابچه‌ی سفید و یک پنسل.

زمانی‌که به این سناریو متوجه شدم، آنگاه یقین کامل حاصل کردم که زمان تصفیه‌ی حساب فرا رسیده است، خوب شد که ابتکار را سردار محمد داوود و یارانش به‌دست گرفتند.

سردار محمد داوود در حالی که از چهره‌اش بُغض و نفرت تراوش می‌کرد و همان یادداشت قبلاً تهیه‌شده را در دست داشت، با صدای گیرایی همه را خطاب نموده گفت:

«رفقا! از حرکت ما چیزی کم یک‌سال سپری می‌شود و در این مدت چه‌ها بود که ندیدیم و چه‌ها بود که نشنیدیم. ولی امروز در این جاگرد آمده‌ایم که با یک رفیق خود تصفیه کنیم و پرسش‌ها متوجه او است. این رفیق وزیر صاحب مخابرات است. اکنون آن یادداشت‌ها به دسترس‌ام قرار دارد که مجموع اتهاماتی است علیه وزیر صاحب مخابرات، یکایک نام می‌گیرم و بعد از آن خواهش‌مندم که اگر رفقا کدام پرسشی هم دارند که در اینجا درج نیست، می‌توانند علاوه کنند.»

در این لحظاتی که سردار محمد داوود مقدمه‌چینی داشت، احساسات و هیجانات درونی شدیدی مرا تحت تأثیر قرار داده بود و من با خود شور و جدال داشتم و خود را به آرامش و سکوت دعوت می‌نمودم تا خود را برای پاسخ تاریخی آماده‌سازم. به‌خود می‌گفتم اگر بکس خود را می‌آوردم، حتماً واکنش شدید نشان می‌دادم و از جانبی خود را آماده شنیدن اتهامات و تهیه پاسخ‌ها می‌نمودم. تشویش داشتم که مبادا کدام سند جعلی به جلسه ارایه کنند. به هرحال، قلم پنسل را از بالای میز گرفتم و به یادداشت نمودن پرسش-های سردار محمد داوود، خود را آماده ساختم.

سردار محمد داوود مرا مخاطب قرار داده گفت:

«وزیر صاحب مخابرات! موضوعات ذیل به شما نسبت داده می‌شود و هرگاه کدام دلایلی دارید، برای رفقای خویش و جهت قناعت کمیته مرکزی ارائه کنید. اتهامات وارده عبارت است از:

۱. رفقای خود را در چوکی‌های بلند مقرر کرده‌اید.

۲. برای یک تعداد افسران بدون استحقاق رتبه داده‌اید.
۳. بعضی رفقا را به چوکی‌های حساس مقرر کرده‌اید.
٤. مکتوب‌های آزادانه و آمرانه عنوانی وزارت‌خانه‌ها فرستاده‌اید.
٥. وزیر مخابرات در مقابل رفقا خیلی بی‌اعتنا می‌باشد.
٦. وزیر مخابرات ارتباط نزدیک با افسران قوای هوایی دارد.
۷. وزیر مخابرات ارتباط نزدیک با گروپ ستم ملی دارد.
۸. وزیر مخابرات در قوای هوایی مداخله می‌کند.
۹. هنگامی‌که رفقای قوای هوایی از وظیفه سبکدوش شدند، وزیر مخابرات واکنش خیلی شدید از خود نشان داد.
۱۰. در امور رسمی واسطه را می‌پذیرد.»

سردار محمد داوود یادداشت ده‌فقره‌ای را قرائت کرد و سپس یادداشت را روی میز گذاشت و به رفقای هم‌دست خود رو آورده گفت که اگر آن‌ها کدام پرسش بیشتری داشته باشند، می‌توانند به وزیر صاحب مخابرات مطرح سازند.

همه برای لحظه‌ای خاموش ماندند و یکی به‌سوی دیگر نگاه می‌کرد تا چه کسی نخستین پرسش را مطرح می‌سازد. داکتر حسن شرق که نسبت به دیگران مسن‌تر و مستحق تر بود، سردار محمد داوود را مخاطب قرار داده گفت:

«صدراعظم صاحب! من یک اعتراض به وزیر مخابرات دارم. هنگامی‌که متهمین گروپ میوندوال تحت استنطاق در وزارت داخله قرار داشتند، سید امیر قوماندان اسبق قوای هوایی و مدافعه هوایی حاضر نشد به شخصی دیگر استنطاق بدهد و تنها می‌گفت که فقط به محتاط حاضر است پاسخ بدهد. وزیر مخابرات با سفیر بلغاریه (منظور پاچاگل خان بود) برای مدت یک‌ساعت با سید امیر در زندانِ وزارت داخله صحبت خصوصی داشتند، لیکن آن‌ها محتوای صحبت خود را هرگز افشاء نکردند. چرا آنچه تبادل نظر صورت گرفته بود، با رفقا درمیان قرار ندادند؟»

سپس نوبت به فیض‌محمد خان وزیر داخله رسید. او که قدری بدنش بالای میز خمیده بود، به رئیس دولت رو آورده گفت:

«وزیر مخابرات قبل از آن‌که کودتا برنامه‌ریزی شود، در یکی از شب‌های تابستان قبل از حرکت ۲٦ سرطان یک‌جا با پاچاگل خان، قوماندان ژاندارم و پولیس عبدالقدیر نورستانی صحبتی در پغمان داشتیم. در نتیجه‌ی تبادل نظر و توضیح دورنمای حرکت، محتاط گفت: دو کودتا باید صورت بگیرد، کودتای اولی و کودتای دومی! کودتای اولی این‌که داوود را به‌قدرت می‌آوریم و کودتای دومی این‌که داوود را از قدرت دور می‌کنیم. از این طرز تفکر نتیجه‌گیری می‌شود که او تدارک کودتای دومی را هم می‌گرفت.»

وزیر داخله بعد از پرسش اولی، به‌من نگاه کرده گفت:

«مطلب دیگری که می‌خواهم تکرار کنم این‌ست، شما از طریق مدیر قلم مخصوص خود با گروپ (ستم ملی) ارتباط داشتید. آقای براتعلی بهادر مجالس خصوصی را سازماندهی می‌کرد که در آن نورالله تالقانی و انجنیر عبدالقدیر آمر شفاخانه چهارصدبستر و عده‌ی دیگر اشتراک می‌نمودند. این مجالس خود پیوند شما را با (ستم ملی) نشان می‌دهد. موضوع سوم این‌ست که وزیر صاحب مخابرات دو نفر از افسرانی را ترفیع دادند که در شهر قندهار وظیفه داشتند و آن‌ها در شب کودتا نبودند.»

پس از طرح این سه پرسش نوبت به عبدالقدیر نورستانی رسید. او که چهره‌ی ملول‌آوری داشت، کدام مطلب جدیدی را پیشکش نکرد و فقط اتهامات داکتر حسن شرق و فیض‌محمد خان را تکرار و تأیید نمود.

سید عبدالاله که نسبت به همه زبان رسا داشت و فکر می‌شد که افکار سردار محمد داوود را ترجمانی می‌کند، گفت:

«قبل از کودتا وزیر مخابرات جدول اسامی رفقای خود را به شفر درآورده بود. یعنی چرا اعتماد وجود نداشت که در آن جدول نام همه به خط فارسی نوشته می‌بود؟ موضوع

دیگری که وزیر صاحب مخابرات به آن باید روشنی اندازد این‌ست که چرا مسئله‌ی خانم روسی پاچاگل خان را افشاء نکرد و برای رفقا این راز را در میان نگذاشت؟»

زمانی که نوبت قوماندان قوای مرکز، غلام حیدر رسولی رسید، گفت:

«من واکنش رفقای هوایی را در میدان هوایی کابل در زمان عزیمت خانواده‌ی سلطنتی و ملکه به روم مشاهده کردم. از آن واکنش نتیجه گرفته می‌شد که آن‌ها چیز دیگری می-خواستند.»

بعداً موضوع حزب اسلامی را در میان آورده گفت که:

«دو هفته قبل وزیر مخابرات می‌خواست ما را با برادران اسلامی ما روبرو سازد. من به خیرخانه رفتم کدام حادثه‌ی نبود. بدین ترتیب وزیر مخابرات می‌خواست توجه دولت را به‌سوی دیگری جلب کند.»

غلام سرور نورستانی نیز نوبت گرفته و خواست تا حرفی در این جلسه زده باشد، او همین قدر گفت:

«شبی به منزل وزیر مخابرات رفته بودم که در آنجا رفقای هوایی نشسته بودند. این شب-نشینی خود نشان می‌دهد که آن‌ها برنامه‌هایی داشتند.»

در این اثناً، سردار غلام حیدر رسولی بار دیگر نوبت گرفته گفت:

«موضوعی که فراموش کرده بودم این‌ست، زمانی‌که دگروال عبدالقادر قوماندان قوای هوایی و دگروال محمد اکبر مقصودی رئیس ارکان قوای هوایی و مدافعه هوایی از وظیفه سبکدوش شدند، وزیر مخابرات ساعت دو بجه همان روز، به منازل آن‌ها رفته و آن‌ها را تسلیت داد.»

دگرمن یوسف قوماندان قوای ۱۵ زرهدار نیز حسب آجندا و سناریو خاموش نماند و گفت:

«چند موضوع دیگری هم موجود است که ارتباط وزیر مخابرات را به ستم ملی میرساند.

- با افسران قوای هوایی تماس نزدیک دارند.
- وزیر مخابرات چندباری هم به ریاست خدمات تخنیکی آمده‌بودند و در آن‌جا هم ارتباطی داشتند.
- تماس وزیر مخابرات با مقصودی خیلی پایدار است.»

مولاداد نیز صدای خود را بالاکرده گف:

«وزیر مخابرات به افسران هوایی وعده داده است که در ترفیعات تجدید نظر می‌کند.»

بار دیگر قوماندان ژاندارم و پولیس نوبت گرفته گفت:

«قبلاً فیصله‌ی کمیته مرکزی در ارتباطِ سبکدوشی سید نسیم علوی رئیس تیلفون به ایشان ابلاغ شد، اما وی به فیصله‌ی کمیته مرکزی وقعی نگذاشت و او را از وظیفه سبکدوش نکرد.»

جگرن خلیل رئیس ارکان قطعه توپچی ۸۸ نیز افزود که:

«افسری به‌نام عبدالمجید در قوای ما موجود است که دو رتبه ترفیع آن از طرف وزیر مخابرات اجرا شده است.»

در مجموع ۱۰ پرسش قبلاً تهیه‌شده توسط سردار محمد داوود قرائت شد و بیشتر از ۲۰ پرسش توسط اعضای به‌اصطلاح کمیته مرکزی طرح گردید، که در کل ۳۸ پرسش را تشکیل می‌داد.

من تمام پرسش‌ها را در کتابچه به قلم پنسل یادداشت گرفتم و زمانی‌که بیشتر پرسشی مطرح نشد، یک بار دیگر نظری به پرسش‌ها نمودم. جلسه ساعت سه آغاز شد و برای ۳۰ دقیقه پرسش‌ها از طرف سردار محمد داوود و همراهانش طرح گردید. این مدت ۳۰ دقیقه زمان کافی بود و آتش احساسات درونی‌ام فروکش کرده بود و خود را آرام و خون‌سرد یافتم. به ویژه زمانی‌که کدام موضوع مهمی را در پرسش‌ها مشاهده نکردم.

چون‌که پیش‌ازپیش به نتایج این سناریوی مضحک آگاهی داشتم، فلهاذا خود را هرگز از نظر روانی در موقفی نمی‌یافتم که کرنش و یا برای ادامه‌ی همکاری با سردار محمد داوود و تیم او، سازش کنم. من در همان لحظات مصمم بودم که این پرسش‌ها را بی‌پاسخ نخواهم ماند.

همه خاموش بودند و به سردار محمد داوود نگاه می‌کردند که چه هدایت می‌دهد. سردار محمد داوود که قلم پنسل را به‌دست چپ گرفته بود و با دست چپ خود روی کاغذ رسم می‌کشید و خود را به آن مصروف ساخته بود، سر بالا نکرد. در همان لحظه فضای جلسه خیلی اختناق‌آور بود. همه معتقد بودند که این نمایش‌نامه به پایان خود رسیده است و هر کدام از بازی‌گران، نقش خود را بازی کرده‌اند.

پس از سکوت و خاموشی، در حالی‌که یادداشت در دستم بود همه را مخاطب قرار داده گفتم:

«به اجازه محترم رئیس دولت و رفقای محترم!

من همه پرسش‌های شما را با دقت شنیدم و یادداشت گرفتم و اکنون می‌خواهم به هریک پرسش پاسخ جداگانه ارائه کنم. اگر شما قبل از حرف‌های من کدام پرسشی را فراموش کرده‌اید می‌توانید باز هم طرح کنید تا در جریان توضیحات اخلالی صورت نگیرد.»

سردار محمد داوود به هریکی نگاه کرد و گفت:

«کدام پرسش بیشتری اگر وجود داشته باشد، می‌توانید طرح کنید.»

همه خاموش ماندند و پرسشِ بیشتری به میان نیامد.

بنابران رشته‌ی سخن را گرفته گفتم:

«خوب حال که بیشتر پرسشی وجود ندارد می‌خواهم یکایک به پرسش‌های شما بپردازم. من به‌طور عموم پرسش‌های شما را یکایک شنیدم و پرسش‌هایی را که قبلاً روی میز تهیه شده‌بود از نظر گذشتاندم. من فکر می‌کردم که کدام پرسش مهم و حیاتی برای جامعه مورد

بحث است که از من در زمینه اشتباهی صورت گرفته باشد، اما چنین چیزی وجود نداشت و با یک سخن می‌توانم پاسخ بگویم که همه پرسش‌های شما، اتهامی بیش نیست! پرسش‌ها خیلی مضحک و جز توطئه چیزی بیش نمی‌باشد. اگر قرار باشد با این پرسش‌های خویش مرا و روحیه‌ی وطن‌پرستی مرا نسبت به مردم سرکوب کنید، اشتباه بزرگی کرده‌اید و حال من به‌هر پرسشِ شما پاسخ جداگانه ارائه خواهم کرد. دفاع، حق مسلم من است و من با اتکای وجدان حرف‌های خود را می‌زنم و بعداً شما تصمیم بگیرید.»

همه خاموش بودند و در این میان تنها کسی که پرسشی را طرح نکرد، غوث‌الدین فایق وزیر فوائد عامه بود و بس. او با نگاه‌های شگفت‌انگیزی به من می‌نگریست.

«شماها مرا در این میان محکوم می‌کنید که با جمهوریت مخالف می‌باشم، بیایید قضاوت کنیم که چه کسی با جمهوریت مخالف است؟ اگر هدف نظام جمهوری، خدمت کردن به مردم است، پس چه کسی به مردم خدمت می‌کند و چه کسی علیه منافع مردم قرار دارد. اگر من و رفقایم برای تأسیس نظام جمهوری سهم برجسته داشتیم، یک برنامه‌ی تصادفی نبوده، بلکه سال‌ها در راه معرفی نظام جمهوری تلاش داشتیم و آگاهانه در این راه گام برداشتیم. اما من در میان همین مجلس کسانی را می‌شناسم که به‌خاطر عقده‌های شخصی و یا دوسیه‌های جنایی و اختلاس، در قیام ۲۶ سرطان حصه گرفتند. برای آن‌ها خدمت کردن به مردم و تصویری از نظام جمهوری در کشور مفهوم نبود، بلکه گریز از محاکم جنایی مطرح بود!

نخستین پرسشی که جالب به‌نظر می‌خورد این‌ست که من با رفقای هوایی ارتباط نزدیک داشتم و می‌خواستم کودتاای را علیه نظام جمهوری موجود، انجام دهم.

بلی، من با رفقای خود تماس نزدیک داشتم و همین تماس هنوز هم موجود است. همه می‌دانند که قوای هوایی و مدافعه هوایی از آگاه‌ترین افسران اردو تشکل یافته که همه دارای تحصیلات عالی می‌باشند و نسبت به مسلک و مردم خود، مسئولانه عمل می‌کنند. من

افتخار می‌کنم که با این افسرانِ آگاه در یک کاروان قرار گرفته‌ام. من تعجب می‌کنم به‌جای این‌که شما روابط مرا و خود را با افسران تحول‌طلبِ قوای هوایی تأمین و تعمیم بخشید، برخلاف این پیوند طبیعی افسران هوایی را به نفع خویش ارزیابی نمی‌کنید. پس شما از اتحاد و یک‌پارچگی افسران تشویش دارید. پس به این نتیجه می‌رسیم که تجزیه و متلاشی افسران قوای هوایی، جز برنامه است و در غیر آن شما به اقدامی دست زدید که جبران آن خیلی گران تمام خواهد شد.

از اینرو، با صراحت اعلام می‌دارم که طرح کدام کودتا هرگز وجود نداشته و نمی‌تواند هم وجود داشته باشد. اگر کسی در این میان می‌توانست اسناد و شواهدی ارائه می‌کرد، آنگاه من هم در برابر شما با این جرأت اتهامات را رد نمی‌کردم.

من تاکنون نمی‌دانم که بر کدام مبنااای با افسران قوای هوایی ارتباط نداشته باشم و یا آن-ها را به منزل خود دعوت نکنم؟ اگر جناب غلام سرور نورستانی در منزلم رفقای هوایی را دیده است آیا دلالت به کودتا می‌کند؟ آیا زندگی شخصی خود را تحت کنترول شما قرار دهم و یا از این رفقای محترم بپرسم با که دوستی کنم و با که دوستی نکنم؟ عجیب منطقی!

در این جا به‌جاست که به پرسش وزیر صاحب داخله پاسخ بدهم. بلی، ما شبی در پغمان صحبت داشتیم. بحث ما در مورد نقش محترم سردار محمد داوود می‌چرخید که مبادا ما را به دام فریب اندازد. از ما برای عطش قدرت خود استفاده کند و بعداً دوباره در صدد احیای امتیازات سلطنتی شود.

بلی، این حرف از من است که اگر سردار محمد داوود در راه تعمیق و تعمیم پروسه‌ی نظام جمهوری تلاش نکند، مسلماً که در گام بعدی مردم او را از صحنه خواهند برداشت، اما نه ما. مرحوم حبیب‌الله زرمتی تانکست حتی در منزل صدراعظم صاحب به صراحت گفت: ترسم از آنروزی که شما به وعده‌های خود وفادار نباشید و ما ناگزیر شویم تانک‌های خود را علیه شما به حرکت آوریم. در این جا موضوع من مطرح نیست که از حرف‌های من

علیه من استفاده شود و آن‌را دلالت به مرحله دوم کودتا بدانید. شما هم امروز سندی در دست ندارید که در این مجلس ارائه کنید.

نظام جمهوری یعنی حاکمیت مردم و خدمت‌گزاری در راه دفاع منافع مردم. اما تا جایی‌که من مطلع هستم شما گامی برای منافع مردم نبرداشته‌اید. ولی برای منفعت خود و دوستان خود کارهای زیادی کرده‌اید.

اگر قرار باشد نمونه‌هایی بیاورم، همین اکنون می‌توانم ۱۰ ها نمونه خدمت شما ارائه کنم که در تضاد با اساسات جمهوری می‌باشد. به‌طور نمونه، شما از گمرک کابل موترهای مردم را رایگان تصاحب کرده اید. اگر نکرده‌اید لطفاً بگویید. شخص غلام حیدر رسولی شما چند عراده موتر مرسیدس بنز را برای خود گرفتید و همین‌طور هر کدام شما. بلی جناب وزیر مالیه برای من هم پیشنهاد کرد که اگر کدام موتری را میل داشته باشم او مراحل قانونی-اش را تکمیل می‌کند و در اختیارم قرار می‌دهد. این گام سوء استفاده از مقام و امکانات دست‌داشته دولت نیست؟ و شما ترویج فساد را در دولت نهادینه نمی‌سازید؟

قراری‌که گزارش می‌رسد، تکه سانِ سفید برای کفن در شهر سراغ نمی‌شود. اسناد وجود دارد که هزاران متر سان سفید تولید فابریکه نساجی گلبهار، یا حریق می‌شود و یا به دسترس محتکرین قرار می‌گیرد. بیایید صادقانه اعتراف کنیم که در کدام بخش شما دست آورد دارید؟

می‌خواهم به پرسش دیگری پاسخ بدهم که جناب وزیر مالیه سید عبدالاله و جگرن خلیل مطرح ساخت که چرا نام رفقا را در شفر ترتیب نموده بودم و آن‌را برای رفقای دیگر افشاء نکردم و یا جگرن خلیل که در مورد عبدالمجید افسر قوای ۸۸ توپچی معلومات می‌خواهد.

این پرسش خود نشان می‌دهد که طراح آن یک شخص غیرنظامی و بدون احساس مسئولیت می‌باشد. ورنه هرگز چنین پرسشی را نمی‌کرد. من نمی‌دانم بر کدام اساسی اسم یک عده رفقای‌که از چندین سال روی یک هدف مشخص دور هم گرد آمده‌اند و بدون

کدام تضمین حتی اخلاقی در اختیار شما قرار بدهم؟ چه کسی تضمین می‌کند که شما به دستگاه استخبارات، آن جدول اسامی افسران وطن‌پرست را تسلیم نکنید؟ آیا تاریخ نیم قرن اخیر کشور مشهود از خیانت‌ها نیست؟ شما چه کسی هستید که من اسم رفقای خود را به شما معرفی می‌کردم؟

قبل از کودتا من همین جدول شفری رفقای خود را خدمت محترم صدراعظم صاحب تقدیم نموده‌بودم و در آن زمان توضیح دادم که هدف به کارگیری این شفر تضمین حیات رفقای من است که به‌من اعتماد کرده‌اند و من هم در قبال ایشان و خانواده‌های‌شان احساس مسئولیت می‌کنم. از نظر من، قیام ضد نظام محفل شادی نبود که برای هر کسی کارت دعوت‌نامه فرستاده می‌شد و هرکس می‌توانست در مورد افراد و اشخاص ابراز نظر خاص خود را داشته باشد و سرانجام در اختیار دشمن قرار نگیرد و قبل از حرکت همه را از منزل‌شان به زندان انتقال ندهند. از برکت مراعت نمودن همان محرم‌کاری بود که ۲۶ سرطان به پیروزی رسید. همه پیروزی‌های نظامی به محرّمیت پلان ارتباط داشته است.

شما در مورد من و رفقای هوایی اشتباه نکنید که ما از جمله افراد تصادفی کوچه و بازار بودیم و روی احساسات جوانی دور هم گرد آمدیم و به سراغ کودتا رفتیم. نخیر چنین نبود. این طرز تفکر، زاده‌ی ۱ سال و ۲ سال نبوده است. بلکه من و رفقایم از ۹ سال قبل یعنی از آغاز سال ۱۹۶۵، در این راستا کار منظمِ سیاسی می‌کردیم و خود را برای یک قیام مسلحانه آماده می‌ساختیم. اگر همین شفر و محرّمیت دقیق مراعت نمی‌شد، ما بدون شک نمی‌توانستیم این تعداد افسران وطن‌پرست را به‌دور خود گرد آوریم. حتماً از گوشه‌ای افشاگری صورت می‌گرفت. بدین لحاظ شما کسی نبودید که رفقای خود را به شما افشاء سازم. اما امروز به‌خوبی آن‌ها را می‌شناسید، زیرا هدف راهبردی ما سقوط سلطنت و تأسیس نخستین جمهوریت بود و بدان نایل آمدیم.»

وزیر داخله بار دیگر نوبت گرفت و گفت که:

«شما به کمک همین رفقای خود کودتای دومی را سازمان می‌دادید، من خوب به‌خاطرم است که شما این موضوع را طرح کردید.»

من بار دیگر از رئیس دولت اجازه خواسته گفتم که:

«شما به‌حیث وزیر داخله چه سندی در دست دارید؟ اگر شما اسنادی به‌دست می‌آوردید بدون تردید امروز روی این میز محکمه قرار می‌دادید. از اینرو، شما خود بهتان می‌کنید. هدف ما تأسیس جمهوری بود. من و رفقایم به شایستگی وظایف خود را انجام دادیم. حالا به مردم کشور ارتباط می‌گیرد که به سرنوشت خود چگونه برخورد می‌کنند. بازهم اگر شما سندی در دست دارید می‌توانید در اختیار این جلسه قرار دهید.»

وزیر داخله خاموش ماند و بیشتر در این رابطه حرفی نداشت.

«اکنون به اجازه محترم رئیس دولت، می‌خواهم به پرسش دیگری پاسخ دهم که رفقا از من نموده‌اند. رفقا از من پرسیده‌اند که من رفقای خود را در کرسی‌های حساس مقرر کرده‌ام.

اگر هدف از افسران قوای هوایی است، به صراحت تأیید می‌کنم که در تقرری افسران ۳ عنصر در نظر گرفته شده بود: صداقت، استحقاق و شایستگی. فلهاذا، افسرانی که در قوای هوایی مقرر شدند به آرمان‌های نظام نوین جمهوری نه تنها اعتقاد، بلکه سهم داشتند و همه بر مبنای اهلیت، لیاقت و شایستگی تقرر یافته اند. در تقرری افسران قوای هوایی تعلقات قومی، قبیلوی مطرح نبوده است. جدول اسمای رفقای من برای همگان معلوم است و بیشتر در شفر قرار ندارد. آن‌ها به تمام اقوام و ملیت‌های ساکن کشور تعلق دارند.

در رابطه به این‌که با آن‌ها پیوندی دارم، یک امر طبیعی است. من هرگز دلیلی نمی‌یابم که روابط خود را حفظ نکنم. بالاخره این‌ها همه دوستان و رفقای روزهای دشوار من بوده‌اند. پس از آن‌که هیئت رهبری قوای هوایی و مدافعه هوایی تعیین شد، شما نشان بدهید که من در تعیین و تقرر افسران قوای هوایی چه مستقیم و چه غیرمستقیم نقشی داشته باشم. بنا، من این اتهامات را جداً رد می‌کنم و یک دسیسه‌ی فرمایشی می‌پندارم.»

در این اثنأ بار دیگر وزیر مالیه سید عبدالاله پرسان کرد که «چرا شما اشخاص خائن مانند دگروال سید امیر و دلاجان را در پست حساس مقرر کردید؟»

در پاسخ گفتم: «در اینجا به پاسخ پرسش شما باید بگویم که با دگروال سید امیر و دگروال دلاجان شناخت نزدیک نداشتم. این‌قدر آگاهی داشتم که دگروال سیدامیر قوماندان غند میگ ۲۱ شکاری بگرام از جمله رفقای ماست و دگروال دلاجان نیز نقش مهمی در امور لوژیستیکی میدان هوایی بگرام ایفا نموده.

پس از آن‌که در شب ۲۶ سرطان میدان هوایی بگرام تحت کنترول درآورده شد، نقش دگروال سیدامیر خیلی برجسته گردید. زیرا سید امیر نخست ارکان حرب و پیلوت فعال بود و اگر نظام سلطنتی از خود مقاومتی نشان می‌داد، بدون شک که نقشِ قطعه دگروال سید امیر خیلی‌ها برازنده می‌شد. بازهم طیارات شکاری غند او در صبحدم ۲۶ سرطان در فضای کشور به پرواز آمد و همبستگی قوای هوایی را با سایر قوت‌های زمینی در امر تأسیس نظام نوین جمهوری، به نمایش گذاشت.

در باره‌ی محک تقرری دگروال سید امیر به سمت قوماندانی عمومی قوای هوایی و مدافعه هوایی باید روشن سازم، زمانی‌که تأسیس نظام جمهوری اعلام شد، محترم رئیس دولت به‌من هدایت دادند تا هرچه زودتر هیئت رهبری قوماندانی قوای هوایی و مدافعه هوای را تعیین نمایم. من جدول تعیینات پست‌های اساس قوماندانی قوای هوایی و مدافعه هوایی را ترتیب و به ملاحظه‌ی شخص رئیس صاحب دولت رساندم. من به قوماندانی عمومی دو کاندید را پیشنهاد نمودم و هم تأکید کردم که قوماندان عمومی در اصل باید یک پیلوت باشد و با سوق ادارهٔ قطعاتِ قوای هوایی آشنا باشد. آن دو کاندید عبارت بودند از دگروال ارکان حرب سید امیر پیلوت فارغ تحصیل ایالات متحده امریکا از مشرقی و دیگر دگروال عبدالقادر پیلوت با تحصیلات عالی در اتحاد شوروی از هرات.

جناب محترم رئیس دولت فرمودند که ایشان با هیچ یکی از این‌ها معرفت ندارند و اگر من کمی توضیحات بدهم. در پاسخ گفتم اول این‌که سید امیر نسبت به دگروال عبدالقادر

دو سال قدم دارد و تفاوت دومی البته این‌ست که از دو ابر قدرت جهانی، تحصیلات خود را به اتمام رسانیده‌اند. اگر گرایشات امروزی مورد نظر است، می‌شود که دگروال عبدالقادر را به‌حیث قوماندان عمومی و دگروال سیدامیر را به‌حیث قوماندان قوای هوایی تعیین نمود.

در آن‌روز رئیس دولت دو مطلب را به‌من خاطرنشان و چنین توصیه کرد: شما جوان هستید و بعد از این با چنین قضایا بیشتر سروکار خواهید داشت، همیشه فراموش نکنید که یکی حق است و دیگری قانون. هر گاه شما به قضایای روبرو می‌شوید که حقوق افراد تلف می‌شود، سعی شود که حقوق افراد را مراعت کنید. هرگاه افرادی که به وظایف معینه تقرر یافته اند بالای قانون پا می‌گذارند، آنگاه باید قانون بالای شان تطبیق شود.»

من ادامه دادم:

«روی همین اصل، چون دگروال سید امیر مستحق بود، به‌حیث قوماندان قوای هوایی مقرر شد. زمانی‌که بالای قانون پا گذاشت و آن اعتمادی که بالای وی شده‌بود از دست داد، قانون تطبیق شد.

انسان پدیده‌ی خیلی پیچیده است و شناخت انسان نیز پیچیده‌تر است. تاریخ نشان داده است که بسا اشخاص از وطن‌پرستی و انسان‌دوستی حرف زده‌اند، ولی سرانجام مرتکب خیانت شده‌اند و کسانی هم بودند که به دیده شک‌وتردید به آن‌ها نگریسته می‌شد، اما در یک مقطع خاص تاریخ، خدمات بزرگی برای وطن و مردم خود نموده‌اند. از اینرو، تشخیص خوب و بد و داوری بالای عمل‌کرد انسان‌ها، از آن مردم است.»

یکی از این رفقا در همین حال زمزمه کرد که «چرا در آن شب طیارات پرواز نکرد؟»

در پاسخ گفتم: «من نمی‌دانم که برای از بین بردن کدام هدف طیارات به پرواز می‌آمد؟ همه در خواب رفته بودند که سلطنت سقوط کرد و ما هم با کدام خطر مقاومتِ یکی از قطعات روبرو نبودیم که برای سرکوب کردن آن از قوای هوایی استفاده می‌کردیم. همان طوری‌که اشاره کردم در صبح‌دم ۲٦ سرطان، پرواز طیارات ما در فضای کشور صورت

گرفت که شهریان کابل هم شاهد همان همبستگی قوای هوایی هستند. اما این پرسش نشان می‌دهد که چگونه افراد غیر مسلکی مسائل نظامی را ارزیابی می‌کنند!

باید امروز به صراحت بگویم که در همین میان ما، کسانی هستند که وعده‌های چرب-وگرم انجام وظایف گوناگون را دادند، اما برخلاف آن‌شب تا سحر در منزل‌های خود، خود را پنهان کردند و مترصد بودند که فردا چه اتفاقی رخ خواهد داد؟ اگر قرار باشد که ما امروز یک‌دیگر را محاکمه و قضاوت کنیم، بیایید دادگاهی را تشکیل دهیم و همین اشخاص را به دادگاه بکشانیم. همین افراد بودند که به مرحوم حبیب‌الله زرمتی وعده کردند که در شروع حرکت داخل گارد شاهی می‌شوند، اما بعد از ترس و هراس فرار کردند و لباس عسکری آن‌ها را اشخاص دیگری دربر کرد و وظیفه‌ی داخل گارد را انجام داد. اکنون بدون آن‌که محکمه شوند، در این‌جا روی مسائل سیاسی کشور ابراز نظر می‌کنند. بلی تاریخ چهره-های واقعی آن‌ها را تشخیص و معرفی خواهد کرد. این یک واقعیت عبرت‌انگیز است که پس از پیروزی هر تحول عمیق اجتماعی، افراد کاذبی روی صحنه وارد می‌شوند و در اوضاع گردآلود و ناپایدار جامعه، سنگ وطن‌پرستی را به سینه می‌زنند. اگر قرار باشد که با هریکی تصفیه‌ی حساب کنیم، داستان امروز به درازا می‌کشد.

به اجازه محترم رئیس دولت و رفقای محترم مجلس، می‌خواهم به پرسش دیگری پاسخ بدهم که محترم دگرمن یوسف و محترم وزیر داخله مشترک طرح نمودند که آن عبارت است از رابطه‌ام از طریق مدیر قلم مخصوص جناب براتعلی بهادر به سازمان نام‌نهاد (ستم ملی).

من این اتهام مضحک را با تمام جرأت اخلاقی رد می‌کنم که هیچ‌گونه رابطه‌ای با چنین یک سازمان سیاسی ندارم. بلی مدیر قلم مخصوص وزارت مخابرات شخصی به‌نام براتعلی بهادر می‌باشد. او نه‌تنها ستمی نیست، بلکه خود را به حزب دموکراتیک خلق افغانستان منسوب می‌داند و افتخار عضویت آن را هم دارد. تا جایی‌که من شناخت از نورالله تالقانی و انجنیر عبدالقدیر نجرابی آمر ساختمانی شفاخانه چهارصد بسترِ اردو دارم،

آن‌ها به هیچ یک از سازمان‌های سیاسی ارتباطی ندارند. از این‌که چنین حرف‌ها و اتهامات غیرمسئولانه از زبان اشخاصی که امروز کشور را اداره می‌کنند شنیده می‌شود، خیلی شگفت‌آور است!

رفقای محترم، اگر خواسته باشید در مجموع، اندیشه و افکار مرا در باره ستم ملی وارد شوید، من حاضرم در این رابطه خدمت شما روشنی اندازم تا باشد مرا بر اساس اندیشه‌های سیاسی‌ام بشناسید. زیرا تا حال ما مصروفیت‌های دیگری داشتیم و زمان برای تبادل افکار و نظریات سیاسی مساعد نبود. چرا ما اندیشه‌ی خود را پنهان کنیم؟ صداقت ما در آن‌ست که هر آنچه می‌اندیشیم، همان را به‌زبان بیاوریم.

در تاریخ جوامع بشری دیده شده هر جامعه‌ای که از اقوام و ملیت‌های متعددی تشکیل یافته، بدون تردید ستم ملی در آن جامعه وجود داشته. لطفاً تاریخ کشورهای آسیا، افریقا، امریکا و اروپا را ورق بزنید. مشاهده خواهید کرد که ستم به اشکال گوناگون و خشن آن، به‌کار گرفته شده‌است. مسلماً که آپارتاید در افریقای جنوبی نماد ننگین و شرم‌آور آن است. از آن‌جای که کشور ما هم از اقوام، قبایل و ملیت‌های مختلفی تشکل یافته است، فلهاذا ستم ملی به اشکال گوناگونِ آن، از جانب یک قبیله‌ی خاص در جامعه تحمیل شده است. در این‌جا موضوع روی شناخت و اعتراف موجودیت ستم ملی است، نه سیاست افتراق بین اقوام و ملیت‌های کشور. در تاریخ بیشتر از دوصدساله افغانستان، ستم ملی وجود داشته و ستم ملی نظر به اقوام و ملیت‌ها در سه بخش عملی شده است. ستم ملی سیاسی، ستم ملی اقتصادی و ستم ملی فرهنگی. اگر ما کمی به تاریخ گذشته‌ی کشور خود برگردیم، به‌خوبی می‌بینیم که قبایل پشتون تحت عنوان افسانه‌ی اکثریت کشور، نقش رهبری‌کننده را داشته است و بالای سایر ملیت‌ها و اقوام کشور، ستم ملی در همان سه عرصه‌ای که گفته شده، عملی گردیده است.

بیایید کمی برگردیم به دوره‌ی سلطنت امیر عبدالرحمن خان و نظری اندازیم به دو دهه اخیر قرن نزدهم. ما همه می‌دانیم که ملیت هزاره در مناطق مرکزی افغانستان متوطن می-

باشند و در دوره‌ی امیر عبدالرحمان خان، سه بار بالای هزاره‌ها هجوم برده‌شد و لشکرکشی بار سوم که برای مدت سه‌ماه طول کشید در سال ۱۸۹۳ رخ داد که کمیت لشکر به یک‌-صدهزار نفر می‌رسید. از آن‌روز سرنوشت این ملت به شکل فاجعه‌باری، تغییر کرد. یعنی عده‌ی از رهبران هزاره به‌مثابه گروگان به کابل انتقال داده شدند و تعدادی هم به‌حیث برده و مزدور، در خدمت حکام و زمین‌دارانِ قبیله‌ی حاکم، در آمدند. همه شاهداند که هر سه نوع ستم بالای مردم هزاره عملی گردید، ستم سیاسی یعنی در امور کشوری نقشی نداشتند، ستم اقتصادی یعنی در مسائل اقتصادی هم در تحت قیادت و حکم‌روایی حکام قبیله قرار گرفته‌اند و گره‌های اقتصادی در تصاحب قبیله‌ی پشتون قرار دارد و در بخش فرهنگی هم مشاهده می‌کنیم که زبان پشتو جبری بالای شان تحمیل می‌شود و لباس قبایل را جبری به‌حیث لباس ملی قبول‌دار می‌شوند و اتن قبایل کوچی را به‌حیث رقص ملی خود می‌پذیرند. بفرمایید بگویید آیا چنین نیست؟ شما نشان بدهید که چند جنرال و چند هم سرمایه‌دار و چند هم وزیر و یا سفیر از این مردمِ زحمت‌کشِ ساکن افغانستان دارید؟

معیار ستم ملی بالای سایر ملیت‌ها و اقوام غیرپشتون داخل کشور، تفاوت‌های گوناگونی دارد. بعضی از اقوام و قبایلِ کوچک، حتی هویت اصلی خود را از دست داده‌اند. این یک نمونه از شناخت موجودیت ستم ملی در داخل کشور است.

اما راه حل آن، راه جدایی و یا تجزیه کشور نیست. فقط یک نظام عادلانه‌ی مردم‌سالار و ملی می‌تواند این تضادهای ملی، قومی و طبقاتی را حل کند. از اینرو، یکی از وظایف گردانندگانِ نظام جمهوریِ نوینِ کشور این‌ست تا با بصیرت باز سیاسی، به ساختار نامتجانس ملی کشور بنگرند. این اعتقادات راسخ من است که در این کشور ستم ملی به‌-شکل خیلی خشن آن وجود دارد.»

پس از توضیحات مختصر، فیض محمد خان وزیر داخله از رئیس دولت اجازه خواسته افزود:

«دو هفته قبل ما از طاهر بدخشی رهبر سازمان ستم ملی تحقیقاتی داشتیم. همین استدلال و توضیحاتی را که محتاط از ستم ملی همین حالا ارائه نمود و همین توضیحات را بدخشی هم داده بود. پس از تشابهات مشترک، نتیجه‌ی قاطع حاصل می‌شود که هر دو یکی است و محتاط هم مربوط به سازمان ستمی می‌باشد.» [۵۵]

در رابطه به اتهام مجدد فیض‌محمد خان، باز اجازه خواسته اضافه نمودم که:

«من متاسفانه شناخت نزدیکی با جناب طاهر بدخشی ندارم. البته در موردش شنیده‌ام. حال که شما می‌فرمایید طاهر بدخشی همین طرز استدلال مرا در رابطه به توضیح و تحلیل ستم ملی در افغانستان دارد، دیده می‌شود که ما خیلی‌ها باهم از نظر اندیشه نزدیک می‌باشیم. به یقین که تعداد زیادی از روشنفکران کشور، تحلیلی شاید همسو از ستم ملی مشابه به تحلیل من دارند و با آن‌ها نیز نزدیک می‌باشم. اما طوری‌که در آغاز اشاره نمودم یکی مسئله‌ی شناخت ستم ملی به‌حیث یک واقعیت تلخ در جامعه است و دیگر تأیید مشِ تجزیه‌طلبانه به‌خاطر حل مسئله‌ی ملی است، که من هرگز تأیید نکرده‌ام و نمی‌کنم. این نظرات خود را بدون خوف و ترس بیان می‌کنم. فکر می‌کنم که پرده‌پوشی روی افکار سیاسی گناه بزرگ است.

تا جایی‌که من آگاه هستم، از محترم بدخشی یکی از اعضای هیئت تحقیقِ شما در باره‌ی ستم ملی پرسیده بود که برایش ستم ملی را تعریف کند. محترم بدخشی به اندیشه فرورفت که چگونه پاسخِ دقیق و عام‌فهمی برای مستنطق ارائه کرده باشد، فقط همین‌قدر از مستنطق پرسید که آیا چک وردک یک ولسوالی است؟ مستنطق گفت بلی. باز پرسید

---

[۵۵] زمانی‌که فیض‌محمد خان از وزارت داخله سبکدوش و به‌حیث سفیر به اندونیزیا مقرر شد، حسب تصادف در یکی از روزها او را در جوار منزل خود ملاقات نمودم. پس از صحبت مختصر، به‌من رو آورده گفت: «محتاط! شناخت خودت از سردار محمد داوود تکمیل بود. خیلی متاسفم که نسبت به خودت موضع‌گیری غیرعادلانه نمودم. البته مرا می‌بخشید. حال اگر سردار محمد داوود به مقدس‌ترین کتاب آسمانی سوگند یاد کند، من اعتماد نمی‌کنم.» با تأسف باید یادآور شد که فیض‌محمد خان وزیر داخله اسبق در اوایل زمستان سال ۱۹۸۰، یک‌جا با بختاجان توسط قوم خودش در محل جرگه در ولایت پکتیا به‌شکل فجیع اعدام گردید.

که آیا بدخشان یک ولایت است؟ مستنطق باز پاسخ داد که بلی. آنگاه جناب بدخشی گفت: پس شما قضاوت کنید که فعلاً از یک ولسوالی چک وردک چندین والی ایفای وظیفه می‌کنند و بدین ترتیب نام والی‌ها را گرفت:

- تاج محمد وردک، والی بدخشان
- روشندل وردک، والی پکتیا
- عبدالغفور وصیل وردک، والی پروان
- عبدالله وردک، والی ننگرهار
- حیات الله وردک، والی
- عبدالکریم مستغنی وردک، لوی درستیز

پس شما یک نفر حاکم را از سراسر ولایت بدخشان نام بگیرید؟ آیا این ستم ملی نیست؟

بار دیگر به صراحت اعلام می‌دارم که هرگز عضویت هیچ سازمان سیاسی را به‌شمول ستم ملی ندارم و نظرات سیاسی نسبت به کشورم از اوضاع رقت‌بارِ داخل تراوش می‌کند و هرگز از کسی و یا سازمانی الهام نگرفته‌ام.

موضوع دیگری که باید به آن تماس بگیرم موضوع پشتونستان است. چندی قبل پاچاگل خان سفیر بلغاریا پیش از سفرش جانب صوفیه، برایم گفت که مرا نسبتِ عدم علاقمندی به مسئله‌ی پشتونستان محکوم می‌کنند و امروز هم در همین مجلس، از پشتونستان حرفی شنیده‌شد.

خوب به‌خاطر دارم که قبل از کودتای سرطان در منزل محترم رئیس دولت پیرامون مسئله‌ی پشتونستان تبادل نظر و بحث نموده بودم که نظرات خاص خود را داشتم.

نخست در باره‌ی آزادی باید بگویم که هر انسان از بدو پیدایش می‌خواهد آزاد زندگی کند و برای آزادی خود مبارزه کند. البته این اصل در مورد ملیت و ملت‌ها نیز صدق می‌کند.

من از آزادی اقوام و ملت‌هایی حمایت می‌کنم که برای آزادی خود مبارزه می‌کنند، صرف‌نظر از این‌که در کدام منطقه و یا قاره موقعیت دارند.

شما فشار زیادی بالای پاچاگل خان وارد نمودید و امتیازات زیادی هم برایش وعده دادید، مشروط برآنکه هرگونه ارتباط‌اش را با من قطع کند. فکر می‌کنم همین‌طور نیست؟ دلایل شما هم این بود که به مسئله‌ی پشتونستان علاقه ندارم. پاچاگل خان در پاسخِ پرسش شما چه گفت؟ او از شما یک سند خواست که به محکومیت من دلالت کند.

بیایید به این شیوه فعالیتی که شما در پیش گرفته‌اید کمی عمیق شویم. شما نیستید که امروز تصمیم گرفته‌اید تا در مورد اعمال من دَور این میز داوری کنید؟ این دسیسه خیلی عمیق‌تر و قدیم‌تر از آن‌ست که شما فکر می‌کنید. اغلب برای خود شما مبادی آن مبهم است. آیا این عمل ناجوان‌مردانه نیست که با این شیوه‌های مردود مبادرت می‌ورزید؟ اگر سلیقه‌های ما باهم سازگاری نداشت، آیا نمی‌شد که همین کمیته مرکزی در اوان کار جسورانه دایر می‌شد و می‌گفت که روش من با مسیر حرکت و سیاست کمیته مرکزی هم‌آهنگی ندارد. در همان آغاز راه خود را مردانه جدا می‌کردم، نه در نتیجه این شکل دسیسه‌سازی و جعلیات. شگفت‌آور است به‌جای آن‌که دستگاه دولت متوجه دشمنان جمهوری گردد که منافع خود را از دست داده‌اند، برخلاف علیه کسانی که توجه می‌شود که نهال جمهوری را غرس نموده‌اند، به مقدمه یک توطئه‌چینی می‌پردازند.

من با این شیوه‌ی ماجراجویانه‌ای که سیاست پشتونستان پیش برده می‌شود، سخت مخالف هستم. زیرا ما همسایه‌ای را بیدار و هوشیار می‌کنیم که نسبت به ما از هر نگاه قوی‌تر است و مورد حمایتِ قدرت‌های بزرگ هم قرار دارد. من نمی‌دانم که این سیاست تحریک‌آمیز و ماجراجویانه چه اتکایی دارد؟ بلکه عواقب دردناکی خواهد داشت. من معتقد نیستم که این سیاست را مردم افغانستان تأیید کنند!»

بدین ترتیب، تمام پرسش‌های کتبی و شفاهی همه پاسخ داده‌شد. در پایان صحبت باز تأکید نمودم، اگر کسی از این میان پرسشی داشته باشد، من حاضرم که به پرسش‌های

شان پاسخ بدهم. همه خاموش بودند و فضای جلسه مکدر و خاموش بود. اعضای جلسه به‌سوی یک‌دیگر می‌نگریستند. کس از این میان بیشتر رشته‌ی صحبت را نگرفت و ناگهان سردار محمد داوود سکوت را برهم زد و گفت:

«رفقا! شما پاسخ‌های محترم وزیر مخابرات را شنیدید. خدا شاهد است که من با توضیحات ایشان موافق می‌باشم. چرا اگر ما راه غلط را تعقیب می‌کنیم و راه وزیر صاحب مخابرات درست باشد، پس بیایید راه او را دنبال کنیم. اگر شما معتقد هستید که راه شما درست و معقول است، در آن صورت از او خواهش می‌کنیم که راه شما را دنبال کند.»

سردار محمد داوود با این سخنان انتظار داشت که کسی از این میان در زمینه تبصره کند. ولی هیچ‌کس حرفی نزد. همه خاموش بودند.

باز رشته سخن را گرفتم و به ادامه‌ی صحبت سردار محمد داوود گفتم که:

«این درست باشد که دوستان ما راهی را که انتخاب کرده‌اند، دنبال کنند. برای من بیشتر معقول نیست مشی را که تأیید نمی‌کنم از آن تابعیت کنم. در این‌جا مقوله‌ی اکثریت و اقلیت باید کاملاً تطبیق شود. دوستان ما اکثریت هستند و من در اقلیت. فلهاذا، شاید مشی که انتخاب کرده‌اند به سود مردم افغانستان تمام شود. من صادقانه برایشان پیروزی می‌طلبم.»

در این اثنا، داکتر حسن شرق به سردار محمد داوود نگاه کرده گفت:

«صدراعظم صاحب! جناب وزیر صاحب خودشان فیصله نمودند. بهتر است استعفای مریضی بدهند!»

بار دیگر جناب داکتر حسن شرق را مخاطب قرار داده گفتم:

«من خوش‌بختانه مریض و همچنان بی‌کفایت نیستم! شما چرا به‌حیث یک اصل، مخالفت اصولی را روی مشِ سیاسی نمی‌پذیرید؟»

بار دیگر داکتر حسن شرق با شتاب‌زدگی مداخله کرده گفت:

«صدراعظم صاحب! خودشان فیصله کردند. ما همین فیصله را در رسانه‌ها پخش می‌-کنیم.»

سردار محمد داوود به اعضای جلسه روآورد و پرسید:

«رفقا شما به همین فیصله موافق می‌باشید؟»

همه گفتند:

«بلی!»

سردار محمد داوود بیشتر تبصره نکرد، از جا برخاست و روانه‌ی دفتر خود شد. ساعت در حدود هفت شام بود و همه اعضای مجلس این فیصله را یک پیروزی بزرگ پنداشتند. همه از دور میز به کنار سالون کلان، حلقه‌های خورد را تشکیل دادند. من بدون این‌که با کسی خداحافظی کنم از سالون خارج شدم و قبل از این‌که روانه‌ی منزل شوم، به دفتر خود رفته بعضی از دوستانِ نزدیک را در جریان قرار دادم و همه احساساتی شدند. در دفترم یکی از دوستان و هم‌قطارانم اکرم هلالی بود و از او نیز خواهش کردم تا موضوع سبک‌دوشی مرا به دوستان در قوای هوایی برساند. حالا وقت واکنش نیست و ما در یک مرحله‌ی عقب‌-نشینی طولانی داخل می‌شویم و در آینده مبارزه و زندگی راه درست خود را نشان خواهد داد. فیصله‌ی کمیته مرکزی نام‌نهاد را بعد از ٤۸ ساعت یعنی به‌تاریخ ٤ ثور ۱۳۵۳ اعلام نمودند.

بدون تردید که کناره‌گیری‌ام از حکومت تأثیرات دوگانه در جامعه داشت. عده‌ی از طرفداران سردار محمد داوود و پیروان پرچم این سبک‌دوشی را تجلیل کردند و بخش دیگر شک‌وتردید نسبت به جمهوری سردار محمد داوود و احیای نقش خاندان سلطنتی، پیدا نمودند. ببرک کارمل یکی از هواداران سرسخت سردار محمد داوود، طی یک پیام خصوصی برایم گفته بود:

«هرکسی که در جامعه پایگاه ضد پرچم را ایجاد کند، به همین گونه سرکوب می‌شود و شما هم این پایگاه را در قوای هوایی به‌وجود آوردید و نتیجه‌ی آن را حالا مشاهده کردید.»

گرچه کارمل در سال‌های بعدی، وقتی که سردار محمد داوود موضع‌گیری ضد پرچم را درپیش گرفت، شخصاً از من معذرت خواست و دلیل آن‌را در نبود ارتباطِ مستقیم بین ما خواند. به باور او اگر این ارتباط وجود می‌داشت از بسا حوادث جلوگیری می‌شد.

انتونی ارنولد[٥٦] کارمند سازمان استخباراتی امریکا در کتاب خود پیرامون سبکدوشی من چنین تبصره می‌کند:

«در اپریل سال ۱۹۷٤ عبدالحمید محتاط وزیر مخابرات به‌طور ناگهانی سبکدوش گردید. او عضو کمیته مرکزی و هم‌چنان وزیر بود. زمانی‌که او از وزارت سبکدوش شد، عضویت کمیته مرکزی را نیز از دست داد. علت سبکدوشی او را (عدم‌پیروی از سیاست دولت و اساسات کمیته مرکزی) وانمود ساختند، یک اتهامی که تا امروز هم روی آن روشنی انداخته نشد، طوری‌که در سال ۱۹۷٤ تذکر می‌رفت.»

پس از آن‌که فیصله‌ی سبکدوشی به نشر رسید، روز بعد به وزارت مخابرات رفته از همه کارمندان وزارت که با من در دوره ماموریت‌ام همکاری نموده بودند، اظهار سپاس نمودم و دوباره روانه منزل گردیدم. زمانی‌که به دروازه منزل رسیدم، تعداد زیادی از پولیس با یونیفورم و بی یونیفورم منزل مرا محاصره و از دخول و خروج افراد جلوگیری به عمل می‌آوردند. در اثنای غیابتم، یک گروپ پولیس بدون اجازه داخل منزل شده و تیلفون منزل را با لَین‌ها از بین برده بود و ارتباط مرا با دنیای خارج از منزل کاملاً قطع نمودند.

هنوز چند دقیقه‌ای از آمدنم به منزل نگذشته بود که دروازه منزل به صدا درآمد و دروازه را کشودم. در مقابلم یک افسر پولیس ایستاده بود. در حالی‌که با نگاه‌های خیلی خصمانه به من می‌نگریست، گفت:

---

[٥٦] Anthony-Arnold
"In April ۱۹۷٤ Abdul Hamid Mohtat, minister of communications, was dismissed abruptly. He had been a member of the Central Committee as well as minister. When he was fired from the ministry he lost his Central Committee membership as well, and received no other appointment. The reason for his expulsion was his failure to 'follow the policy of the State and fundamentals of Central Committee,' a charge no more enlightening today than it was in ۱۹۷٤."

«نام من شاه‌ولی، مامور پولیس زنده‌بانان می‌باشم. برایم هدایت داده‌شده تا شما را شناسائی و هدایت وزیر داخله را ابلاغ کنم که شما حق بیرون رفتن از منزل را ندارید!»

در پاسخ گفتم:

«تشکر از شما، مرا نه شما و نه وزیر داخله می‌تواند بدون فیصله‌ی دادگاه در منزلم اسیر سازد. من آزاد هستم و من از آزادی خود استفاده می‌کنم. لطفاً پیام مرا برای آمر خویش برسانید که امرش را ابلاغ نموده‌اید، اما محتاط خود را پابند اوامر شما نمی‌بیند.»

شاه‌ولی گفت:

«من اوامر را ابلاغ کردم و می‌ترسم که به شما آسیبی برسد.»

برایش گفتم:

«از ابلاغ شما تشکر می‌کنم و هرآنچه که از صلاحیت شما ساخته است، عملی کنید.»

همین گفتگوی مختصر با شاه‌ولی مامور پولیس زنده‌بانان خاتمه یافت و از زینه‌های منزل پایین شد.

طوری‌که محمد آصف آهنگ در خاطراتش می‌نویسد:

«محمد داوود خان پنج نفر از اعضاء جمعیت وطن را زمانی‌که عبدالملک وزیر مالیه را که با محمد نعیم خان گفتگو کرده بود زندانی نمود، به‌خاطری که گرفتاری او را جلوه خیانت بدهد اعضاء جمعیت را هم زندانی نمود که این پنج نفر نویسنده (محمد آصف آهنگ) غلام حیدر خان پنجشیری رئیس انحصارات، حاجی عبدالخالق خان معاون بلدیه و نادرشاه خان هارونی و میر علی احمد شامل بودند.»

اما این‌بار، در اثر تفتیش عقایدم و باورهایم توسط سردار محمد نعیم، نسبت به شخص سردار محمد داوود و نظام جمهوری مرا و رفقای هم‌رزمم را که در زیر از آن‌ها یادآور می‌شوم، از وظایف سبکدوش و به‌شکل خیلی ناجوان‌مردانه در منازل‌شان زندانی نمودند. بزرگ-ترین اشتباه سردار محمد داوود هم در همین کم‌بها دادن افسران جوان و مصمم نیروهای

هوایی و مدافعه هوایی و برخورد نابخردانه و عجولانه نهفته بود که خیلی‌ها عواقب فاجعه-انگیز را برای او و خانواده‌اش در قبال داشت. داکتر حسن شرق نیز در خاطرات خود اعتراف می‌کند که بزرگ‌ترین اشتباه ما سبکدوشی محتاط بود و ما نیروهای هوایی را از دست دادیم. افسرانی که از وظیفه برطرف و در منزل زندانی شدند، عبارت اند از:

۱. دگروال عبدالقادر پیلوت، قوماندان عمومی قوای هوایی
۲. دگروال دیپلوم‌انجنیر محمد اکبر مقصودی، رئیس ارکان قوای هوایی
۳. دگروال جلال‌الدین پیلوت، قوماندان قوای هوایی بگرام
۴. دگروال توره‌خان، رئیس ارکان فرقه ۱۵ قندهار
۵. دگروال انجنیر محمدیعقوب، قوماندان دانشکده نظامی هوایی
۶. دگروال عبدالرازق، رئیس لوژیستیک قوای هوایی و مدافعه هوایی
۷. دگروال دیپلوم انجنیر عبدالقادر آکا، آمر گارنیزیون بگرام
۸. دگروال دلاجان، رئیس لوژیستیک بگرام
۹. جگرن اسدالله پیلوت، قوماندان غند هلیکوپتر
۱۰. دگرمن محمد اصغر پیژند
۱۱. دگروال میر احمد انصاری پیلوت
۱۲. برات‌علی بهادر، مدیر قلم مخصوص در وزارت مخابرات
۱۳. جگرن اسلم وطنجار، قوماندان کندک تانک
۱۴. دگروال نورالله تالقانی، رئیس اداری وزارت فوائد عامه
۱۵. دگروال عبدالواسع پیلوت
۱۶. دگروال سید مبین

البته در مجموع به تعداد ۴۳ افسر از وظیفه سبکدوش و به احتیاط سوق داده شدند که از تذکر نام‌های افسران پایین‌رتبه اجتناب می‌شود. اکثریت افسران فوق‌الذکر برای بیشتر از

سه‌ونیم سال شرایط دشوار، در منزل اسیر نگه‌داشته شدند که هیچ‌گونه پای حکم دادگاه نظامی و یا ملکی در میان نبود. هرگز مرجعی وجود نداشت که به داد آن‌ها برسد.

هرگونه اتهاماتی را که علیه من ارائه نمودند، بدون اساس و فاقد ارزش بود. من عضویت حزبی را هرگز نداشتم، به‌جز همان سازمان کوچک افسران نظامی جوان که چندین سال قبل روی هدف مشترک، دورهم گرد آمدیم و باهم تعهد سپردیم که به هیچ‌یک از سازمان‌های سیاسی، نمی‌پیوندیم. زمانی‌که در مورد خود حرف‌های نادرستِ دیگران را از لابلای جراید و روزنامه‌ها خواندم، به شگفت آمدم. در این مورد، بسیاری از مؤرخین نامدار کشور به‌شمول جناب محمد صدیق فرهنگ به خطاء رفته است و مرا در اثر گران‌بهای خود «افغانستان در پنج قرن اخیر»، عضو حزب دموکراتیک خلق افغانستان (پرچم) قلم‌داد نموده و دوست هم‌سنگرم جنرال نبی عظیمی، در کتاب خود «اردو و سیاست»، مرا به‌حیث عضو سازمان (ستم ملی) تسجیل کرده‌است.

دانشمند استرالیایی بِوَرلی میل[۵۷] در اثر «افغانستان انقلابی» مرا به‌حیث عضو حزب دموکراتیک خلق (خلق)، ولی جاسوس (سیا) انتونی ارنولد[۵۸] در کتاب «دو حزب کمونست در افغانستان» مرا نه پرچمی و نه هم خلقی، معرفی نموده.

شاه‌محمود حصین، یکی از فعالین پیشین حزب دموکراتیک خلق افغانستان، همه ادعاها را رد و به‌صراحت در کتاب خود تذکر داده است که «جناب محتاط به هیچ‌یک حزبی ارتباط نداشت.» (۳۶)

همین‌گونه اتهامات از لابلای جراید سازمان‌های سیاسی رنگارنگ بیشتر به‌مشاهده می‌رسید که در مجموع اهداف مشخص سیاسی را دنبال می‌کردند. این تبصره‌ها، کلام مولانای بلخ را به‌خاطرم می‌آورد:

ظالم آن قومی که چشمان دوختند
زان سخن‌ها عالمی را سوختند

---

[۵۷] Beverley Male
[۵۸] Anthony Arnold

فصل دوازدهم

برنامه سرنگونی رژیم داوود

مرغ کو اندر قفس زندانی است
می‌نجوید رستن از نادانی است

- مولانا جلال الدین بلخی

با گذشت یک سال از تأسیس نظام جمهوری، مردمان کشور نسبت به رژیمِ نوین جمهوری به‌تدریج فاصله گرفتند، که دلایل اساسی این دوری و نارضایتی، در بی‌کفایتیِ رژیم و ترکیب نامتجانس چهره‌ها نهفته بود که هرم نظام نوین را تشکیل داده‌بود. از یک-طرف، نفوذ سردار محمد نعیم برادر رئیس جمهور موجبِ احیأ و استحکامِ روابطِ سردار محمد داوود با خانواده‌ی تبعیدشده‌ی شاه مخلوع گردید، که ناامیدی‌های زیادی را برای یک تحول بنیادی در کشور، به‌میان آورد. از جانب دیگر، نقش داکتر حسن شرق که خلاف تمام ملحوظاتِ سیاسی، فرهنگی و سنتی، روان اجتماعی مردم افغانستان را با تک‌رَوی استحکامِ نفوذ حزب دموکراتیک خلق (پرچم) در دولت جریحه‌دار ساخت و جای‌پا برای رخنه‌نمودن مشاورین نظامی و ملکی اتحاد شوروی در عرصه‌های مختلف زندگی، مهیا گشت. جامعه‌ی سنت‌گرا به‌طور عام و احزاب و سازمان‌های سیاسی به‌طور خاص، با این روش دولت‌داری، موضع‌گیری خصمانه را در پیش گرفتند.

من که از تاریخ ۲ ثور ۱۳۵۳ تا ۷ ثور ۱۳۵۷ با بیشتر از ٤٠ نفر افسران هم‌رزمم در شرایط اسارتِ درون منزل به‌سر بردم، در خلال این مدت حوادث گوناگونی در کشور رونما گردید. در میان این حوادث، چند قیامِ اسلام‌گرایان ضد سردار محمد داوود به‌راه انداخته شد و در مراحل مختلف، کشف و سرکوب گردید. همه این دسایسِ نامنظم و پراکنده ضد نظام نوین جمهوری سردار محمد داوود، ریشه‌های عمیق در پاکستان داشت. نواحی شمال-غرب پاکستان که هم‌مرز با افغانستان است، به زادگاه، پرورشگاه و تربیت‌گاهِ عناصر و گروه‌های افراطی اسلام‌گرایان ضد حکومت سردار محمد داوود تبدیل شده‌بود. همین گروه نامتجانسِ اطرافیانِ سردار محمد داوود، به دو قسمت تقسیم شد. گروه اول از غلام حیدر رسولی، عبدالقدیر نورستانی و سید عبدالاله تشکیل یافته بود، که شهرت بدی از فساد، ارتشاء و بی‌کفایتی در جامعه داشت. داکتر حسن شرق و فیض‌محمد خان گروه دومی را به‌وجود آورده بودند. هردو دسته‌بندی در اطراف سردار محمد داوود، علیه یک‌دیگر به

تخریبات دست می‌زدند و نظام بی‌بنیاد را بی‌بنیادتر می‌ساختند و زمینه‌ی نابودی خود را تسریع می‌کردند.

نظام نوین جمهوری روزبه‌روز پایگاه خود را از دست می‌داد و سردار محمد داوود هم قابلیت تحرک سیاسی و تصامیم را بنابر کبر سن نداشت و به استحکام و تداوم نظام، بی-باور گشته بود. نظام به‌مثابه یک گوساله مرده، در میدان بزکشی افتیده بود تا چاپ‌اندازی از کدام گوشه وارد میدان شود به سرنوشتِ نظام مشت‌وپنجه نرم نموده و بازی را به نفع خود خاتمه دهد.

به‌منظور مقابله با رژیم جمهوری سردار محمد داوود، در سال ۱۹۷٤ دستگاه استخبارات نظامی پاکستان با ظرفیت‌های نو و امکانات قوی‌تر توسعه داده‌شد، تا در برابر وظایف مهمی یعنی سرنگونی رژیم جمهوری داوود، نقش مهمی ایفا کند. از اینرو، سازمان استخبارات نظامی پاکستان با همه امکانات برای تضعیف و بدنام ساختن رژیم دربین مردم افغانستان فعالیت می‌کرد و روی احساسات مذهبی و سنت‌های عقب‌مانده‌ی مردم کشور سرمایه‌گذاری می‌نمود. برای تحقق اهداف خود، دستگاه استخبارات نظامی پاکستان از کلیه وسایل و امکانات استفاده کرد و اشخاص و دسته‌های معینی را در قلمرو خود تحت تربیه قرار داد و در فرصت‌های مناسب، چون امواجی برای اهداف تخریب-کارانه، داخل افغانستان ساخت و در مناطق مختلف به شورش و اغتشاش دست زد.

از این جمله، یکی هم شورشِ تخریب کارانه‌ی پنجشیر را می‌توان نام برد که در تابستان سال ۱۹۷۵ صورت گرفت. این ماجراجویی در ولسوالی پنجشیر، در دهکده‌ی زادگاهم به-وقوع پیوست و توسط باشندگان روستا سرکوب شد و بخشی از گروپ شورشی راه فرار را در پیش گرفتند که عده‌ی از افراد پاکستانی با بعضی افراد محلی با آن‌ها همدست بودند و توسط اهالی و خویشاوندانم، گرفتار و به ولایت پروان تسلیم داده شدند.

زمانی‌که حادثه‌ی گرفتاری گروه وابسته به پاکستان، در روستای ما اتفاق افتاد، یکی از اقارب نزدیکم به‌نام محمد نادر، با درک اهمیت و حساسیت حادثه، به‌سرعت خود را در روز حادثه به منزلم رساند و مرا از جریان حادثه مطلع ساخت.

بدون تردید که وقوع چنین حادثه‌ای در پنجشیر، باعث نگرانی‌ام شد، زیرا زمینه‌ی توطئه و دسیسه‌ی حتمی برای عبدالقدیر نورستانی و غلام حیدر رسولی وزیر دفاع مساعد گردید تا دست‌آویزی علیه من داشته باشند و پای مرا در این قضیه بکشانند. روی همین منظور، هردو با شتاب و عجله به منزل سردار محمد داوود رفتند و موضوع را با وی در میان گذاشتند. لیکن روند تحقیقِ قضیه‌ی پنجشیر در ولایت پروان، نتایج معکوس را در دسیسه‌ی عبدالقدیر نورستانی و غلام حیدر رسولی به‌بار آورد.

چند نفر از اهالی دهکده‌ی ما زیر نظر ملک خرم با اجیران پاکستانی و هم‌قطاران محلی‌شان روانه‌ی ولایت پروان شدند تا در باره‌ی چگونگی عمل تخریب‌کارانه و گرفتاری به‌مقام ولایت گزارش دهند. درآن زمان عبدالکریم خان عمرخیل به‌حیث والی پروان ایفای وظیفه می‌کرد، مسلماً که والی پروان از من شناخت کافی داشت. در جریان تحقیقات والی، ملک خرم که مرد دلاور و با غروری بود، والی را خطاب نموده گفت:

«والی صاحب! ما از اودرزاه‌های (پسران کاکای) آغای محتاط وزیر مخابرات سابق هستیم. همان‌طوری‌که آن‌ها در آوردن جمهوریت نقش فعال داشتند، ما اهالی قوم او در دفاع از نظام جمهوری نیز فعال هستیم. ما نمی‌گذاریم که علیه نظام جمهوری در منطقه‌ی ما کسی ناآرامی یا شورش را برپا کند.»

والی پروان با شنیدن سخنان ملک خرم به تعجب رفت و گفت:

«خداوند شما را خیر بدهد که با نظام خود همکاری می‌کنید. رئیس دولت هدایت داده‌اند برای هر کدام شما ده جریب زمین در پروژه‌ی پروان توزیع نمایم. بروید شما جدول خود را ترتیب نمائید و من هدایت نمرات زمین را داده‌ام.»

زمانی‌که جریانِ دوسیه‌ی تحقیق در اختیار شخص سردار محمد داوود قرار گرفت، برنامه‌ی دسیسه‌سازی عبدالقدیر نورستانی و غلام حیدر رسولی نقش‌برآب شد. این رویداد یکی از نمونه‌های دسیسه‌سازی باند جنایتکار سردار محمد داوود، برای قلع‌وقمع مخالفین سیاسی رژیم مستبدش پنداشته می‌شود که چگونه با همین شیوه، بسی افراد بیگناه را در سراسر زمام‌داری خانواده‌اش سر به نیست ساختند و تاریخ کشور نمونه‌های زیادی را از همچو حوادث در حافظه‌ی خود جا داده‌است.

توطئه‌ی ناکام

در یکی از روزهای خزان سال ۱۹۷٤ جوان قدکوتاه و پرپستی که ریش سیاه فرانسوی داشت، از میان گروپ موظفین استخباراتی اطراف منزلم گذشت و دروازه منزل را به‌صدا درآورد. زمانی‌که دروازه باز شد او داخل منزل گردید. این جوان رحمت‌الله فخری نام داشت. او را برادرش نجیب‌الله فخری همراهی می‌کرد. با هردو برادر آشنایی قبلی داشتم. هنوز در آستانه‌ی طرح قیام ضد سلطنت قرار داشتیم که با رحمت‌الله فخری در منزل سردار محمد داوود معرفی شدم و نجیب‌الله فخری از جمله هم‌کارانم در وزارت مخابرات بود. او جوانی خوش‌اندام و با صراحتِ لهجه و احساساتِ سرشار، مسائل ملی را مطرح می‌ساخت. اما در تماس‌ها، علاقمندی او به نقش جوانان در سرنوشت کشور متبارز بود. زمانی‌که برادران فخری یک‌جا به منزلم آمدند، صحبت‌های ما روی اوضاع سیاسی چرخید. هردو برادر نارضایتی شدیدی از نحوه حکومت‌داری سردار محمد داوود داشتند. قسماً این نارضایتی از عقده‌های ناشی از ترکیب‌بندی حلقات افراد نامتجانسِ اطرافیانِ سردار محمد داوود سرچشمه می‌گرفت و یا این‌که آن‌ها مسئولانه پیرامون سرنوشت جامعه و مردم خود می‌اندیشند. رحمت‌الله فخری عریان و برهنه بدون هرگونه ملحوظات، مسئله‌ی ازبین برداشتن سردار محمد داوود را با تمام همراهانش مطرح ساخت. رحمت‌الله فخری، سردار محمد داوود را به‌حیث یک دیکتاتور می‌شناخت و تداوم زمامِ او را باعث بدبختی

کشور می‌پنداشت و تأکید بر این داشت که باید علیه سردار محمد داوود اقدام مسلحانه نمود و قیام مسلحانه را در یکی از ولایاتِ دوردست به‌راه انداخت.

من قبلاً از روابط تنگ و دیرینه‌ی رحمت‌الله فخری با سردار محمد داوود آگاهی داشتم و بالاخره برایم ممکن نبود که با این صراحت، دعوت او را به قیام مسلحانه بپذیرم. من به سخنان عریان و دعوت او، با شک‌وتردید نگاه می‌کردم.

در جریان صحبت، تأکید من اجتناب از هرگونه سیاستِ خشونت‌آمیز و اقدام مسلحانه علیه نظام بود و گفتم که نباید در شرایط موجود که نظام جمهوری با دشواری‌های گوناگون مشت‌وپنجه نرم می‌کند، به اقداماتی دست زد که سرانجام جنجال‌های فاجعه‌باری به‌وجود آورد و کشور را به تلاطم و نابودی سوق دهد. از تبصره‌ی بیشتر روی موضوع خودداری نمودم و نخواستم سندی را به‌دست آن‌ها بدهم که سردار محمد داوود و یارانش علیه من در آینده به‌کار برند.

برادران فخری از منزل خارج شدند با تأکید این‌که آن‌ها علیه نظام جمهوری و سردار محمد داوود از هر امکانات استفاده خواهند کرد. نارضایتی مردم و نفرت از اطرافیان سردار محمد داوود، بهترین شرایط عینی برای تدارک قیام مسلحانه پنداشته می‌شد.

طرح قیام مسلحانه‌ی برادران فخری را در یکی از ملاقات‌هایی با مجید کلکانی مورد بحث و ارزیابی قرار دادم که احتمال آغازِ شورش مسلحانه علیه نظام سردار محمد داوود در یکی از استان‌های کشور می‌رود. مجید با شنیدن این اطلاع، خیلی در اندیشه غرق شد و گفت:

«تشویش دارم که کدام گروهی پیش‌دستی کند و از ضعف نظامِ سردار محمد داوود استفاده نماید، بدون تردید که آن‌گاه برای همه‌ی ما شرایطِ دشوار پیش خواهد آمد. باید در چنین اوضاعِ غیر قابل پیش‌بینی، مواضع خود را از حال مشخص‌تر کنیم و ضرورت است تا در زمینه‌ی تحریکات و شورش‌های ضد حکومت سردار محمد داوود، اطلاعات بیشتر و دقیق‌تر در اختیار داشته باشیم.»

امکانات ما محدود بود و نمی‌توانستم از رحمت‌الله فخری شناخت بیشتر و دقیق‌تر داشته باشم. همین‌قدر معلومات در دست بود که زمانی رحمت‌الله فخری تحصیلات خود را در مصر به پایان رسانید و همچنان تبلیغات را از طریق سرویسِ زبان فارسی رادیو مصر علیه نظام شهنشاهی ایران، به‌ویژه شاه ایران پیش می‌برد. علاوتاً او همسر مصری داشت و متخصص رشته‌ی زراعت بود.

رحمت‌الله فخری برای مدت چندهفته از نظرم دور شد و بعداً افشاء گردید که وی عازم پاکستان شده تا نظرات مقامات پاکستانی را در قبال قیام‌های ضد سردار محمد داوود، ارزیابی کند. مسلم است که مقامات ذیربط پاکستان از او پذیرایی گرم نمودند و در سطوح بالای استخباراتی او را پذیرفتند.

رحمت‌الله فخری زمانی‌که به کابل برگشت، از حمایت و پشتیبانی بی‌دریغ پاکستانی‌ها و به‌ویژه دستگاه استخباراتِ نظامی سخن گفت. وی گزارش سفر خود را مختصراً چنین بیان کرد که از طریق قندهار به استقامت مرز حرکت کرد و مرز را غیرقانونی عبور نمود و در پاکستان با شخصی به‌نام دگروال جاغوری که امور استخبارات نظامی را در قبال افغانستان برعهده داشت، ملاقات نمود و از برنامه‌های قیام ضد سردار محمد داوود با وی بحث و مذاکره کرد. مقامات استخباراتی پاکستان وعده سپردند، از هر اقدام مسلحانه‌ای که علیه رژیم سردار محمد داوود صورت بگیرد، حمایت خواهند کرد. دگروال جاغوری زمینه‌ی بررسی همه معبرهای مرزی را که بین افغانستان و پاکستان وجود داشت، جهت تفتیش فخری مساعد ساخت و آقای فخری از نقطه‌ی انجامِ مرز مشترکِ جنوبی بین دو کشور تا گذرگاه بروغیل در اقصی شرقی مرز مشترک، دیدن به عمل آورد. استخبارات پاکستان همه گذرگاه‌های امکانات تحویل‌دهی سلاح و مهمات برای یک قیام را تحت مطالعه قرار داد و به این نتیجه رسید که مصئون‌ترین راه انتقال سلاح به داخل افغانستان، از طریق ریگستان‌های جنوب پنداشته می‌شود.

توضیحات رحمت‌الله فخری یک‌بار دیگر مرا به آسیب‌پذیری رژیم‌ها و حکوماتی معتقد ساخت که ناشیانه تحریکاتِ خصمانه‌ای علیه همسایگان، به‌ویژه دولت پاکستان بسیج می‌سازند. پاکستان دولتی است که از بدو تأسیس تا امروز و آینده‌های دور، دست رسا در تغییر و شکل‌دهی اوضاع کشور داشته و خواهد داشت. گزارشات برادران فخری را به‌دقت گوش دادم و بعداً آن‌ها از منزل بیرون شدند و گسترشِ فعالیت‌ها را در داخل کشور ادامه دادند. البته رحمت‌الله فخری همه مطالب را که اهمیت راهبردی نداشت، در میان گذاشت.

البته همه می‌دانیم که تنها فخری نبود که پاکستان برایش وعده‌ی کمک را داده‌بود. بلکه استخبارات پاکستان در یک طیف سیاسی وسیع، در جهت بی‌ثباتی رژیم سردار محمد داوود فعالیت می‌کرد و این طیف وسیع افراطیونِ چپ و راست را دربر می‌گرفت. اما سردار محمد داوود با اطرافیان نابه‌خِردش، در بحر متلاطمی غرق بود و برای خود راه نجاتی سراغ نداشت.

زمانی‌که در سال اول نظامِ جمهوری عضو کابینه‌ی سردار محمد داوود بودم، باری عبدالقدیر نورستانی که آن‌گاه سمت فرماندهی کل قوت‌های پولیس را داشت، ناخودآگاه طی صحبتی برایم توضیح داده گفت:

«ما با ٦ موج مخالفت روبرو خواهیم بود. ٤ موج مربوط به افراطیون اسلامی پیش‌بینی می‌شود و ۲ موج البته به احزاب چپ ارتباط می‌گیرد که می‌خواهند اوضاع را در داخل به نفع خود شکل دهند و اهداف شوم خود را دنبال کنند. رهبر انقلاب متوجه تمام آن‌هاست.»

او علاوه کرد که اکنون به کمک آلمان، مصروف ساختن زندان پل‌چرخی می‌باشد که این زندان برای ۸۰۰۰ نفر زندانی گنجایش خواهد داشت و همه امکانات برای زندانیان در-نظر گرفته شده‌است. سپس تمسخرآمیز افزود که «ما برای خود در حقیقت استراحت‌گاه می‌سازیم.» در پاسخ همین‌قدر افزودم که «اگر به آن استراحت‌گاه برسید، من ترسم که با شما به شکل دیگری تصفیه صورت نگیرد.»

به هرحال، این برداشتِ تکبرآمیزِ یکی از اطرافیان نزدیک سردار محمد داوود بود که از اوضاع داخل کشور داشت و برای همه زندان اعمار می‌کرد.

رحمت‌الله فخری برای فعالیت‌های ضد نظام، چندعراده موتر لندکروزرِ نوع پولیس خریداری کرد و یونیفورم پولیس را با کارت‌های پولیس نیز به‌دست آورد. رحمت‌الله فخری با گروپی که داشت با لندکروزرهای پولیسی از طریق قندهار و ریگستان‌های جنوب داخل پاکستان می‌شد و سلاح و مهمات را برای انجام فعالیت‌ها داخل شهر کابل می‌نمود. همین لندکروزرها آزادانه بین شهرهای جنوب حرکت می‌کردند و سلاح خفیفه را داخل کابل می‌نمودند. طوری‌که بعدها آگاهی به‌دست آوردم، در ۳ منطقه‌ی شهر، ۳ منزل را به کرایه گرفته بودند و آن منازل را به‌حیث دیپوی سلاح خود تعیین نمودند.

رحمت‌الله فخری ارتباط گسترده‌ای در سطح رهبری وزارت دفاع نیز پیدا کرد و همه کسانی که با غلام حیدر رسولی سر مخالفت داشتند، مورد توجه او قرار گرفت. دراین گروپ جنرال مستغنی لوی‌درستیز و سید میر احمدشاه خان رئیس توپچی نیز شامل بودند. فعالیت سیاسی آن‌ها در سطوح کارمندان ملکی دولت حدوحصر نداشت و هر-کس را به قیام ضد سردار محمد داوود دعوت می‌نمودند. مردم کشور نیز از حالت ناگوار و بی‌عدالتی‌ها به ستوه آمده بودند.

سردار محمد داوود که در توسل به شبکه‌های جاسوسی سابقه‌ی دیرینه داشت، از فعالیت این گروپ آگاهی یافت و سعی کرد تا به شکلی از اشکال فخری را متوجه سازد که دولت از فعالیت‌های او باخبر است. اما فخری هوشیارباش‌ها را نادیده گرفت و تمام موتر-های لندکروزر که وی در اختیار داشت، مورد تعقیبِ پولیس قرار گرفته بود.

من ملاقات‌های منظم پیرامون اوضاع آشفته و طوفانی کشور با مجید کلکانی داشتم و پیرامون شکل‌گیری اوضاع وخیم و روزافزونِ داخلی، تبادل‌نظر می‌نمودم. به‌ویژه مجید هم از فعالیت‌های فخری آگاهی داشت. مجید بدین باور بود در صورتی‌که اوضاع بغرنج و از کنترول بیرون می‌شود، ما باید سلاح کافی در اختیار داشته باشیم و در غیر آن، نمی‌توانیم با

دستان خالی ناظرِ انکشافِ اوضاع سیاسی و نظامی داخل کشور شویم، اوضاعی که ما در آن نقشی نداریم. مجید کلکانی دایم اتکا بالای امکانات داخلی می‌نمود و هرگونه کمک‌های خارجی را به‌طور قطع رد می‌کرد و نمی‌خواست بالای اصولی که باور داشت، پا گذارد. از جانبی هم، فعالیت‌های گروه فخری را که هویت‌اش مجهول و منشأ اصلی ارتباطاتِ آن روشن نبود، آن‌را برای انکشاف روند سیاسی کشور، خطرناک می‌پنداشت.

رحمت‌الله فخری در سطوح ملکی و نظامی دولت، روابط بسی گسترده‌ای تأمین کرده‌بود و با همه درد دل می‌کرد و از نظام و به‌ویژه سردار محمد داوود گلایه‌های بی‌حدی داشت و همه را به تغییر جمهوری سردار محمد داوود دعوت می‌کرد. باید گفت که این شیوه مبارزه با همه اصول قیام‌های مسلحانه و مبارزات مخفی، مغایرت داشت و افراد وابسته به دولت و استخبارات، در نفس حرکت مورد نظر رخنه کردند.

در یکی از سحرگاهان که هنوز اشعه‌ی خورشید افقِ شهر کابل را رنگین نکرده بود، جنرال عبدالحق صمدی رئیس استخبارات وزارت دفاع دروازه‌ی منزلم را کوبید و با وارخطایی داخل منزل شد. جنرال عبدالحق صمدی از هم‌رزمان قیام ضد سلطنتی و دوست پیشینم بود که با من در محل قوماندە قوای هوایی همکاری داشت و از همین طریق راه ارتقای آن در ارتش مساعد شده بود و به‌حیث رئیس استخبارات وزارت دفاع و در تماس نزدیک با غلام حیدر رسولی، وظیفه اجرا می‌کرد. وی از تمام فعالیت‌های استخباراتی دولت آگاهی کامل داشت. صمدی مرا از جریانِ بسی مسائلِ مهم با خبر می‌نمود و توانسته بود اعتماد کامل غلام حیدر رسولی وزیر دفاع را کمائی کند. غلام حیدر رسولی هم انسان عجیبی بود که من نمی‌توانم در این‌جا از وی تصویر دقیق‌تری ترسیم کنم. فکر می‌کنم که نوشته‌ی سید مسعود پوهنیار در موردش تا حدی صدق می‌کند و او می‌نویسد:

«در کنار داوود صرفا آن رفقای بی‌کفایت باقی ماندند که توسط وی برای انجام کودتا جذب شده بودند. مثلاً رسولی که شوهر همشیره غلام حیدر عدالت وزیر سابقه زراعت و از رفقای داوود بود. وی از شاگردان سردار علی شاه خان بوده و توسط وی در مکتب حربیه

شامل گردید. فوق‌العاده مقروض و معتاد به چرس بود. هر حرکت زشت و نامعقولش به نفع کمونستان تمام می‌شد. به هنگام غصه و غضب صاحب‌منصبان را دندان می‌گرفت. با این‌که گوش آنان را می‌جوید.»

غلام حیدر رسولی هنگامی که راه می‌رفت، گام‌های فراخ می‌برداشت و هیجانی به هر طرف نگاه می‌کرد. شبانه گزارشات دروغ و تفتین‌آمیز را به سردار محمد داوود تقدیم می‌نمود و سردار محمد داوود هم از همین‌گونه اشخاصِ چاپلوس ماحول خود، سخت لذت می‌برد.

به هرحال، زمانی‌که جنرال صمدی با وارخطایی داخل منزلم شد، گفت که وقت ندارد می‌خواهد از یک موضوع مرا در جریان قرار بدهد:

«شام دیروز با غلام حیدر رسولی به دفتر عبدالقدیر نورستانی وزیر داخله رفته بودم. در داخل دفتر او، به‌جز ما کسی موجود نبود. عبدالقدیر نورستانی از جعبه‌ی میزِ کار خود ورقه‌ای را کشید و بالای میز گذاشت و گفت که این‌ها دست به توطئه می‌زنند و تعدادشان به ۵۰ نفر می‌رسد. غلام حیدر رسولی جدول را گرفت و من هم نظری به جدول کردم که در آن شخصیت‌های سرشناس درج بود. خیلی جالب بود که در جدول اسم‌های موسی شفیق، نوراحمد اعتمادی، جنرال عبدالکریم مستغنی، از شما و غلام‌دستگیر پنجشیری هم شامل بود. البته تعداد دیگر آن را به‌خاطر ندارم. ما از دفتر وزیر داخله راهی دفتر رئیس جمهور شدیم تا رئیس جمهور نظر خود را در زمینه ابراز کند. زمانی‌که سردار محمد داوود به جدول نگاه کرد و همین‌قدر هدایت داد که در این‌جا افراد چپ و راست شامل است. ایجاب می‌کند تفکیک کنید. نمی‌شود هم‌زمان با هر دو گروپ برخورد کنیم. چپی‌ها را از راستی‌ها جدا کنید و نخست با افراطیون راست تصفیه‌ی حساب شود، ولی چپی‌ها را تحت کنترول شدید قرار دهید و تمام حرکات‌شان زیر نظر شما باشد.»

سردار محمد داوود در گام اول، جنرال عبدالکریم مستغنی را از ستادکل ارتش سبکدوش و به‌حیث سفیر در پولند مقرر کرد و غلام حیدر رسولی را در کرسی ستاد ارتش مقرر نمود.

در این جا سخنان جواهرلعل نهرو به‌خاطرم آمد که در باره‌ی نابودی اهداف انقلاب کبیر فرانسه و از بین بردن فرزندان انقلاب می‌نویسد:

«اعدام دانتون در اپریل ۱۷۹٤ مردم را برآن وا داشت که هرچه زودتر به مداخله پردازند و در نظر اهالی پاریس و شهرستان‌ها به معنی آن بود که دیگر انقلاب پایان یافته است. یکی از شیران انقلاب از پا در آمده‌بود و اکنون فقط یک گروه معدود قدرت را در دست خود داشت. این گروه که از هرسو با دشمنان احاطه شده بود و با مردم هم رابطه نداشت خود را از هرسو با خیانت مواجه میدید و راه دیگری برای نجات خود نمی‌یافت جز آن‌که بر شدت ترور و کشتار بیفزاید.»

حرکت و روش ماجراجویانه‌ی ماه‌های اخیر زمام‌داریِ سردار محمد داوود هم سخنان جواهرلعل نهرو را تداعی می‌کرد که آخرین عقده‌های نیم‌قرنه‌ی خود را بازهم از مردم آزاده‌ی کشور برآورده می‌ساخت.

بدین ترتیب جنرال صمدی گفت:

«این بود مطلبی که برای شما اطلاع دادم، سخت متوجه خود باشید، احتمال هرگونه دسایس علیه شما موجود است.»

البته با این گزارش مختصر، جنرال صمدی از منزل بیرون شد. با وجودی‌که قیود علیه فامیلم شدید بود، اما از این تاریخ به بعد همه دوستانی‌که از جوار منزل من هم عبور می‌نمودند، مورد پیگرد پولیس قرار می‌گرفتند. حتی حالاتی هم اتفاق افتیده که پولیس موظفِ منزل، پاهای طفلک کوچکم را تلاشی می‌کرد که مبادا سندی نهفته باشد.

زندگی در اسارت شبکه‌های جاسوسی

از دوران جوانی که به سیاست پا گذاشتم، شبکه‌های جاسوسی به‌مثابه شبح خبیثه روی زندگانی‌ام سایه افکنده‌بود. در سراسر این مدت، گاهی هم احساس آرامش نکرده‌ام که مرا کسی مورد پی‌گرد قرار نداده باشد. البته در دوره‌های مختلف دارای اشکال گوناگون بود و درجه‌ی مدت و شدتِ تعقیب و پی‌گردِ جاسوسان، فرق داشت. در دوران نظام سلطنتی، پی‌گرد یک شکل داشت که هم‌آهنگی با نظام عقب‌مانده‌ی شاهی می‌کرد. وظایف جاسوسان هم مانند کارمندان دولت از وقت رسمی آغاز می‌شد و با زمان ختم کار رسمی، پایان می‌یافت. اما در نظام جمهوری شکل دیگری را به‌خود گرفت. زیرا سردار محمد داوود به گزارشات خصوصی جاسوسان اهمیت قایل بود و دراین زمینه تجارب زیادی داشت که از دوران صدارت عم‌اش هاشم خان برایش به ارث مانده‌بود. در مورد شبکه‌های جاسوسی دوران محمد نادر خان و محمد هاشم‌خان اعمام سردار محمد داوود، داستان‌های غم‌انگیز زیادی درمیان مردم ما تا امروز سر زبان‌ها ست، ولی بهتر است در این‌جا به یادداشتِ دانشمند روس که با استفاده از اسناد محرم دولتی در باره‌ی شبکه‌های جاسوسی زمان محمد نادر خان و صدارت هاشم خان نوشته است، نقل قول کنم. او در صفحه ۲۲٤ کتاب خود می‌نویسد:

«عمده‌ترین عامل ثبات رژیم نادر عبارت از فعالیت خیلی موثر شبکه‌ی استخباراتی افغانستان بود. در سال‌های ۳۰ قرن بیستم، چهار شبکه‌ی جاسوسی در افغانستان فعالیت داشت که محدودیتی در عرصه فعالیت‌های این چهار ارگان وجود نداشت.

هاشم‌خان صدراعظم، شبکه‌ی جاسوسی خصوصی خود را داشت که تنها به او اطاعت می‌نمود و بس. شعبه‌ی محرم استخباراتی که در چوکات صدارت وجود داشت، به مهم‌ترین عملیات خصوصی مبادرت می‌ورزید که اساسی ترین وظیفه‌ی آن، ترور دولتی طرف‌دارانِ امان‌الله خان در داخل و خارج کشور بود. هم‌چنان تمام سفارت‌خانه‌های دول خارجی در کابل سخت زیر مراقبتِ هاشم خان قرار داشتند.

وزارت داخله هم شبکه‌ی وسیع جاسوسی و اطلاعاتی داشت که از فعالیت‌های سیاسی نظارت می‌کرد و در وزارت حربیه نیز شعبه‌ی استخباراتِ داخلی فعالیت می‌نمود. این ریاست استخبارات داخلی تحت اداره‌ی شاه‌محمود خان، وزیر دفاع قرار داشت. شبکه‌ی استخباراتِ وزارت دفاع در قدم اول اطلاعات را از فعالیت‌هایی که در مناطق مرزی کشور صورت می‌گرفت، گردآوری می‌کرد. در چوکات هر فرقه نیز شعبه‌ی استخبارات وجود داشت و هم‌چنان محلات استخباراتی مرزی نیز فعالیت می‌کرد که نظارت بر اوضاعِ مرزهای آزادِ هند بریتانوی، یکی از وظایف آن‌ها شمرده می‌شد.

وزارت خارجه نیز در گردآوری اطلاعات نقش به‌سزائی داشت، که بالعموم می‌توان فعالیت خدمات خاص امنیتی وزارت خارجه را به ۲ قسمت جدا کرد.

در قسمت شبکه‌ی خارجی، همه جاسوسانی شامل می‌شدند که در چوکاتِ سفارت-خانه‌ها تحت پوشش فعالیت داشتند.

دوم فعالیت شبکه‌های ضد جاسوسی وزارت داخله بود که شامل مشاورین باصلاحیت حکم‌رانان ایالت‌های مرزی می‌گردید که همه کسانی را که از خارج داخل کشور می‌شدند تحت مراقبت قرار می‌داد. در تمام حکمرانی‌های مرزی، سکرتر خاصی مصروف جمع‌آوری اطلاعات بود.

حکومت افغانستان پول هنگفتی را برای شبکه‌های جاسوسی مصرف می‌کرد. نادرشاه سالانه ۵ میلیون افغانی برای حفظ و نگه‌داشت شبکه‌های جاسوسی مصرف می‌کرد تا مخالفین سیاسی را کشف کند. این مبلغ برای خزانه‌ی افغان، خیلی گران تمام شد. وضع اقتصادی را بحرانی ساخت و شورش‌ها را دامن زد و موجب توطئه‌های نافرجام طرفداران امان‌الله گردید.»

دیده می‌شود که ۴۰ سال بعد، سردار محمد داوود همین نسخه‌ی اعمام خود را دنبال می‌کرد و در جامعه تطبیق می‌نمود.

به‌طور مشخص ۳ شبکه‌های جاسوسی زندگی روزمره‌ی من و فامیل‌ام را تحت کنترول قرار داده بودند. بدون وقفه سروکار من در تمام روز با همین جاسوسان بود، یکی می‌آمد و دیگری می‌رفت و سومی در اطراف منزلم سرگردان آواره می‌گشت و هرکسی که در اطراف منزل مشکوک به‌نظر می‌خورد، او هم تحت پی‌گرد قرار می‌گرفت. این ۳ شبکه عبارت بودند اول از جاسوسان ضبط احوالات که در رأس آن جنرال اسماعیل خان فرمان قرار داشت. زمانی‌که عضو کابینه بودم، سعی کردم او را از سمتش سبک‌دوش کنم، ولی به مخالفت شدید سردار محمد داوود روبرو شدم. شبکه‌ی دوم جاسوسان مربوط به وزارت داخله بود که در رأس آن استخبارات وزارت داخله و عیسی پولیس قرار گرفته بود. عیسی نه‌تنها هم‌صنف، بلکه با وزیر داخله مناسبات خویشاوندی نزدیک هم داشت و موضوع ترور شخصیت‌های سیاسی را که از نظر سردار محمد داوود مطلوب نبود، نیز عملی می‌کرد. شبکه‌ی سومی البته توسط غلام حیدر رسولی رهبری می‌شد که از استخبارات وزارت دفاع و بعضی افراد گماشته‌ی خود او تشکیل یافته بود.

در مورد من، از هر ۳ شبکه ۳ نفر وظیفه داشتند که روزمره گزارشی از من تهیه و در اختیار ادارات خود قرار بدهند. افراد مذکور عبارت بودند از:

۱. عبدالستار هلمندی

وی از استخبارات وزارت داخله بود که روزانه گزارشات خود را به شخص عبدالقدیر نورستانی ارائه می‌کرد. عبدالستار هلمندی شخص قدمیانه با روی گوشتی و صدای زیر-وبم داشت. هلمندی ناخواسته مسائل سیاسی را مورد بحث قرار می‌داد و به نظام و شخص رئیس دولت سردار محمد داوود باور راسخ داشت. او موضوع احزاب سیاسی را مطرح می‌ساخت تا در باره‌ی احزاب اظهار نظر نمایم. بدون تردید که وسائلِ استراق صوت هم داشت. عبدالستار هلمندی با بحث‌های خسته‌کن خود، می‌کوشید تا مطالبی را علیه رئیس دولت از من بشنود و به‌حیث سند در ترتیب توطئه و دسایس به‌کار برده‌شود. من هم ناگزیر بودم با حوصله‌مندی، تحمل مجالس غیرمطلوب او را داشته باشم.

۲. منشی عبدالجلیل خمزرگری

وی از افراد وابسته به دستگاه ضبط احوالات بود و ارتباطی به محمد اکرم خان قره‌باغی، مدیر در شعبات تعقیب ضبط احوالات داشت. منشی عبدالجلیل انسان بسیار ساده‌ای بود. قبل از آن‌که گزارشی را روزمره ترتیب کند، خودش از صمیمیت و احترام زیاد به‌من حرف میزد و بعد می‌گفت که حالا خود برایم بگو در راپور امروزی چه نوشته کنم؟ بعداً مطالبی را می‌نوشت و دوباره خودش می‌خواند و می‌پرسید که همین‌گونه درست است؟ سخت ترس داشت که مبادا گزارشات او با گزارشات وزارت داخله مغایرت داشته باشد. طوری‌که بعداً برایم روشن گشت، منشی عبدالجلیل سابقه‌ی طولانیِ همکاری را با ضبط-احوالات داشت که به دهه‌ی اولِ دوره‌ی صدارتِ سردار محمد داوود ریشه‌یابی می‌شد.

۳. عبدالکریم خان عبرت

وی از نزدیکان غلام حیدر رسولی بود. در باره‌ی شناختِ عبدالکریم خان عبرت بهتر است به دو اثر مراجعه شود:

عبدالکریم خان عبرت تحصیلات نظامی داشت، ولی از مسلک عسکری سبکدوش و زمانی هم به‌حیث حاکم در مناطق مختلفِ کشور، ایفای وظیفه می‌کرد. عبدالکریم خان عبرت در گزارش‌دهی و جاسوسی سابقه‌ی طولانی داشت. وی زمانی عبدالملک عبدالرحیم‌زی را به دام انداخته بود. برای این‌که به سوابق عبدالکریم خان عبرت نظر مختصری اندازیم، به اثرِ (داوود خان در چنگال ک‌ج‌ب) از مؤلفی به نام هارون ورق می‌زنیم و بخشی از صفحه ۲۷ آن‌را در این‌جا اقتباس می‌کنم:

«عبدالملک (عبدالرحیم‌زی) در دوران وزارت دفاع داوود، به‌حیث رئیس لوازم آن وزارت هم‌کارش بود. صاحب مطالعه و فردی دارای ابتکار بود. طرف‌دار دیسیپلین و انضباط نظامی بود، به منظور جمع‌آوری پس‌انداز عایدات، تلاش و سعی به عمل آورد. حتی مصارف ارگ و دربار سلطنتی را تحت محاسبه قرار داد. به منظور جلب کمک‌های کشورهای خارجی، اولین مسافرت را به ایالات متحده انجام داد.

با عودت از این سفر جگرن سیدکریم به سردار عبدالولی راپور داد که جنرال خواجه نعیم قوماندان فرقه مربوطه وی قصد دارد به رهبری وزیر عبدالملک دست به یک کودتا بزند. خلیل قوماندان فرقه هشت مشهور به قلعه جنگی بود.

جگرن سیدکریم و سردار عبدالولی هر دو در همین فرقه ایفای وظیفه می‌کردند. فرقه هشت در آن زمان در داخل شهر کابل در نزدیکی ارگ در منطقه وزیر اکبر خانه قرار داشت.

به جگرن سیدکریم وظیفه داده شد تا دیگران را تحت تعقیب قرار دهد. تمامی حرکات، رفت‌وآمد و دیدبازدید وزیر و خلیل تحت تعقیب قرار داشت.

به نظر می‌رسد که طبق معمول اکثر کودتاها، وزیر عبدالملک خان رهبر و سمبول کودتا و خواجه نعیم به دلیل آن‌که قوماندان یک قطعه مقتدر و تقویت شده بود، به‌حیث رهبر عملیات در نظر گرفته شده بودند. مهدی‌ظفر متعلم صنف یازدهم لیسه حبیبیه که در آن‌زمان در رادیو افغانستان نطاق دری بود، موظف اعلام کودتا قلم‌داد گردیده بود.»

مؤلف کتاب «قربانیان استبداد» از جگرن سیدکریم یادآور می‌شود. در حقیقت همین کریم‌خان عبرت است که بعدا از ارتش به ملکی سوق داده‌شد و تخلص «عبرت» را به‌خود گرفت و در جریان محکمه‌ی عبدالملک عبدالرحیم‌زی، نقش گواهی دهنده‌ی مهمی را به نفع سردار محمد داوود که وظیفه‌ی صدارت را برعهده داشت، بازی کرد.

عبدالکریم خان عبرت که همیشه او را به‌نام حاکم صاحب یاد می‌کردند، شخص قد-بلند و نیمه‌سالی بود و هفته‌وار برای یک یا دو مرتبه به سراغ من می‌رسید و زنگ دروازه‌ی منزل‌ام به صدا در می‌آورد. عبرت همیشه در صحبت‌های خود از غلام حیدر رسولی مذمت می‌کرد و از حکومت هم شکایت‌ها داشت و می‌خواست مرا در مواضع ضد سردار محمد داوود و غلام حیدر رسولی قرار بدهد و حرف‌های مرا مانند زمان عبدالملک عبدالرحیم‌زی، ثبت و خدمات خود را به هم‌تباران خود انجام دهد. با همه تلاش‌هایی که کرد، موقف من خیلی روش بود و هرگز علیه دولت و یا اشخاص در دولت، موضع‌گیری نکردم و همیشه کوشیدم خود را در دفاع از نظام جمهوری قرار دهم.

در تمام مدتی که عبدالکریم خان عبرت وظیفه داشت، دو حادثه‌ی متضادِ خیلی‌ها جالب در منزلم اتفاق افتاد.

حادثه‌ی نخست: یکی از روزها که آفتاب کابل غروب کرده بود و عبدالکریم خان عبرت برای زمان طولانی در منزلم حضور داشت و برایم خیلی‌ها خسته‌کن شده بود و نمی‌شد که از او معذرت بخواهم تا مرا با خانواده‌ام آرام بگذارد. شام شد و در جریان صحبت بودم که ناگهان برق منزل خاموش گردید و تاریکی حکم‌فرما بود. دیدم که عبرت به آله‌ی ثبتِ آواز کوچکی که در جیبش بود مصروف است و صدای ثبت بالا می‌شود. او وارخطا شد، آله ثبت آواز کوچک از دستش خطا خورد بالای قالین افتید. معذرت خواست و تیپ‌ریکاردر را دوباره به جیب خود گذاشت. ولی من هرگز واکنش نشان ندادم، مانند این‌که یک حادثه‌ی عادی بود و من آن‌قدر برایش اهمیت قائل نشدم.

حادثه‌ی دوم: زمانی‌که حکومت سردار محمد داوود سقوط کرد، به روز هشتم ثور باز حاکم عبدالکریم خان عبرت دروازه منزل مرا کوبید و دروازه را باز کردم. داخل صالون شد و این‌بار به زمین سجده کرد و معذرت خواست. همین را همیشه تکرار می‌کرد که: «مرا به بزرگواری‌ات ببخش! من ترا خیلی دراین مدتِ چهار سال آزار داده ام. من چاره‌ای نداشتم و از من وظیفه می‌خواستند. برای خدا! من ۱۶ اولاد دارم و سرنوشت آن‌ها خیلی مهم است و مرا ببخش!» او را از روی قالین بالا کردم و دوباره روی کَوچ شاندم. حرف‌هایم برایش این بود که «من آگاهی داشتم که شما وظیفه داشتید! من با شما حرفی ندارم. هرآنچه علیه من انجام داده‌اید قابل بخشش است. از طرف من مطمئن باش و من با کسی خصومت ندارم.» این هم یکی از رسوایی‌های جاسوسانِ مضحکِ دستگاه حاکمه‌ی سردار محمد داوود بود.

در مدت بیشتر از چهار سال، افراد زیادی از جاسوسان علیه من وظیفه گرفته بودند و همه را از حرکات و روش‌های شان می‌شناختم، ولی زمانی‌که سرنوشت دستگاه استبدادی روشن شد، دیگر لازم نبود علیه هر یک حس انتقام را در خود پرورش دهم و یا انتقام بگیرم.

عبدالکریم خان عبرت می‌خواست دست‌های مرا ببوسد، اما نگذاشتم که این‌کار را انجام دهد.

برعلاوه‌ی این سه مرجع، افراد دیگری هم در سطوح پایین بودند که منزل مرا تحت کنترول قرار داده بودند و از همین مدرک معاش می‌گرفتند و امرار حیات می‌کردند. این‌ها اکثراً پسران جوانی بودند که دوره‌ی خدمتِ عسکری خود را در دستگاه استخبارات پولیس سپری می‌کردند و آن‌قدر علاقمندی به موضوعِ تعقیب نداشتند. فقط گاهی روی سنگلاخ‌های مقابل منزل می‌نشستند و با هم‌دیگر قصه می‌کردند و یا در دکان نانوای نزدیک منزل، دورهم جمع بودند. نمرات تمام وسایط و عراده‌جاتی که در جوار منزل ما توقف می‌کرد، قید می‌گردید و بیشتر کاری از آن‌ها ساخته نبود. آن‌ها به مبانی دروس استخباراتی هم آشنائی درست نداشتند. من هم گاهی کارهای منزل را توسط آن‌ها انجام می‌دادم، مانند سودا آوردن از بازار و یا نان آوردن از نانوای و یا بالاکردن اشیای سنگین از منزل اول به منزل پنجم. گاهی هم در ختمِ کار، آن‌ها را به چای و نان چاشت دعوت می‌کردم که به‌خوبی می‌پذیرفتند.

آن‌ها اعتراف می‌کردند: «اگر استخبارات خبر شود که با شما تماس نزدیک داریم، ما را سخت جزا می‌دهد. ما را وظیفه داده‌اند که شما را گاه‌گهی اذیت کنیم و اعصاب شما را ناآرام سازیم. ولی شناختی که از شما داریم هرگز به‌خود اجاره نمی‌دهیم که علیه شما اقدام نامناسبی از ما صورت بگیرد، ولوکه ما را به زندان هم اندازند.»

با تأسف زمانی خبر شدم که یکی از این جوانان که سیدکریم نام داشت و از دهدادی مزار شریف بود، برای مدت ٦ ماه تحت عنوان «عدول از وظیفه» راهی زندان شد.

دولت‌های خودکامه و دیکتاتور همیشه به شبکه‌های رنگارنگ استخباراتی تکیه می‌کنند. سردار محمد داوود هم از همان قماش دیکتاتوران جهان سوم بود که اتکای او به شبکه‌های خصوصی جاسوسی خودش بود و به حرف‌های جاسوسان و چاپلوسان خوب گوش فرا می‌داد.

اکثری والیانی را که سردار محمد داوود به ولایات گماشته بود، از نهادهای شبکه‌های جاسوسی خصوصی برخاسته بودند. مانند عبدالله وردک، عزیزالله واصفی، روشندل وردک، تاج‌محمد وردک، غفور وردک، حسن‌خان ولسمل و غیره وردکیان.

بعد از آن‌که سردار محمد داوود با تمام آرگاه‌وبارگاه‌اش سقوط کرد و دستگاه ضبط احوالات مورد تفتیش قرار گرفت، محترم غلام دستگیر پنجشیری که مسئول بررسی آن بود، برایم گفت که «نخستین منطقه‌ای که مولد جواسیس دستگاه می‌باشد، همین ولایتِ میدان‌وردک است.»

من در این رابطه یادداشت‌های انتشارنیافته‌ی سید یعقوب بلخی را پیرامون کودتای ناکامِ اول حمل سال ۱۳۲۹ خورشیدی مطالعه نمودم، روی‌هم‌رفته یک پاراگراف توجه‌ام را به‌خود جلب کرد که می خواهم در این جا اقتباس کنم:

«روز حمل نوروز ۱۳۲۹ اول سال را تعیین و تثبیت نمودیم و به انتظار روز موعود دقیقه-شماری می‌کردیم... داخل شدن گلجان وردکی در جمعیت موصوف قصه مهم دعوت حضرت مسیح علیه‌السلام و حواریون دوازده‌گانه آن پیغمبر بر حق و شمول یهودا شخص سیزدهم را به یاد می‌آرد، که آن بنده‌گان و داعیان حق را به گیر زمام‌دار ستمکار رومی بیت المقدس داد و جاسوسی‌شان را کرد. گویا این گلجان نیز مثل همان یهودا بود.»

در مورد عزیزالله واصفی قبلاً اشاره‌شد که چگونه با یک گزارش غلطِ وی، بهترین کادر نظامی را سردار محمد داوود از دست داد.

عبدالله وردک هم از جاسوسان پیشین سردار محمد داوود شمرده می‌شد و قبل از ۲۶ سرطان، بارها او را در منزل سردار محمد داوود دیده بودم. سید مسعود پوهنیار هم در کتاب خود اشاره می‌کند که سردار محمد داوود گزارشات عبدالله وردک را می‌شنید، اما خاموشی اختیار می‌کرد. او چنین اشاره می‌کند:

«شاغلی عبدالله وردک در ماه سپتمبر سال ۱۹۷۷ یعنی اواخر ماه سنبله یا اوایل ماه میزان که به تائید خود محترم هارون نیز اوج بحران در کشور به‌شمار می‌رفت، از طرف (افغان‌ملت) موظف شد که طی ملاقات با داوود خان، وخامت بحران را به وی گوشزد کند. جناب واکمن می‌نویسد که والی عبدالله‌خان حدود دو ساعت صحبت کرد که در این مدت داوود خان صرفاً شنونده بود. در پایان صحبتِ والی عبدالله‌خان، داوود خان صرفاً برایش گفت: والی صاحب! من می‌دانم که در رابطه با افغانستان باید چه کار بکنیم.»

در این‌جا ایجاب می‌کند که بازهم از نقش یکی از مخبران مزدورصفتِ سردار محمد داوود یادآور شوم که آغای آصف سهیل است و هم در دست داشتن و بدنام ساختن شخصیت‌های مؤثر و متنفذ حکومت، از واصفی، عبدالله وردک، تاج‌محمد وردک و سایرین، نقش کم نداشت. آغای مسعود پوهنیار در جای دیگری از کتاب خود یادآور می‌شود:

«درماه جولای سال ۱۹۵۷ وقتی‌که عبدالملک عبدالرحیم‌زی وزیر مالیه طرف غضب صدراعظم سردار محمد داوود خان و برادرش سردار محمد نعیم خان وزیر خارجه قرار گرفت، حاجی عبدالخالق خان نیز بنابر سعایت داکتر محمد آصف سهیل رئیس شاروالی که از مخبرین خاص سردار محمد داوود خان صدراعظم بود، زندانی شد.»

به پاس این خدمات، واصفی به‌حیث وزیر زراعت و گرداننده‌ی جلسه عمومی تصویب قانون اساسی و انتخاب رئیس جمهور در سال‌های بعدی تعیین شد. آصف سهیل نیز به پاس خدماتش، زبان گویای پخش اندیشه‌های سردار محمد داوود و رئیس روزنامه‌ی جمهوریت مقرر گردید. او بود که اهداف جمهوری نوین سردار محمد داوود را طی سرمقاله‌ها توضیح و تفسیر می‌نمود. محمود حبیبی هم در روزنامه‌ی انیس، «نامه‌های

جمهوری» را که از اثر گران‌بهای مونتسکیو «نامه‌های ایرانی» [۵۹] مایه گرفته بود، به نشر می سپرد.

در باره‌ی محمد آصف سهیل در کتاب «داوود در چنگال ک ج ب» چنین توضیحات داده شده‌است:

«از دوستان قدیمی داوود که رابطه خویش را با وی محفوظ نگه داشته بود، داکتر محمد-آصف سهیل بود که به مدیریت روزنامه جمهوریت رسید. به این منصب راضی نبود و جهت خوشحال نگه‌داشتن خویش، خود را با محمد حسین هیکل مدیر روزنامه مصری الاهرام مقایسه کرده و می‌گفت نقش وی شبیه نقشی است که هیکل در برابر جمال عبدالناصر رئیس جمهور مصر داشت.»

به هرحال، اگر قرار باشد جدولی از جاسوسان خاص سردار محمد داوود در این‌جا ترتیب داده‌شود، افراد و اشخاص زیادی را دربر می‌گیرد. همین‌قدر باید گفت که رژیم‌های ضد مردمی، دیکتاتور و خودکامه، همواره بالای شبکه‌های جاسوسی و شخصیت‌های ضعیف‌النفس و چاپلوس، اتکا می‌کنند. همین افراد حلقه‌ی ناسالمی را به‌دور زمام‌داران چون غشای به‌وجود می‌آورند و زمام‌داران از دیدن و مشاهده‌ی واقعیت‌های جامعه، عاجز می‌مانند. باید گفت که سرانجام، همین حلقات ناسالم متبلور یافته، عامل اساسیِ واژگونی دیکتاتوران و زمام‌داران خودکامه می‌شوند و جامعه را به‌سوی بحران سوق می‌دهند.

تعقیب، تهدید و ترور

قبل از این‌که در باره‌ی ترور در این جا حرف‌های خود را بگوییم، لازم می‌دانم پیرامون آن از دیدگاه جواهرلعل نهرو، نخست وزیر پیشین هند، نقل‌قول داشته باشم. نهرو در طی نامه-ای به دخترش چنین توضیح می‌دهد:

---

[۵۹] Lettres persanes «نامه‌های ایرانی» اثری ادبی است که در سال ۱۷۲۱ توسط مونتسکیو تألیف شد.

«وسعت فشار و تضییقات و تروریسم نشانه‌ی ترس و وحشت یک حکومت است. هر حکومتی چه ارتجاعی و چه انقلابی، چه خارجی و چه ملی وقتی‌که می‌رسد و از بقای خودش مطمئن نیست به تروریسم می‌پردازد. حکومت‌های ارتجاعی ترور را از جانب یک عده معدود مردم و طبقات ممتاز، بر ضد توده‌های مردم به‌کار می‌برند و حکومت‌های انقلابی آن‌را از جانب توده‌های مردم بر ضد گروه معدودی از افراد طبقات ممتاز مورد استفاده قرار می‌دهند.»

البته این نقل‌قول را قبلاً هم در متن همین کتاب تذکر دادم و اشاره کردم که در زمان سلطنت، یعنی زمانی‌که سمت استادی را در دانشکده نیروهای هوایی داشتم و از آن‌جا بنابر داشتن اندیشه‌های سیاسی، بعد از اخطارهای متداوم و پیگیر از جانب قوماندانان و آمران مافوق، مرا اخراج و به محل فرماندهی قوای هوایی و مدافعه هوایی جبراً تبدیل نمودند و تحت پیگرد منظم مخبران دستگاه سلطنتی قرار داشتم.

در تحول ۲٦ سرطان، با وجودی‌که عضویت هیئت رهبری دولت و نخستین کابینه جمهوری را داشتم، با گذشت زمان از نظر اندیشه و موقف طبقاتی، شکاف عمیقی بین ما و عده‌ی از افرادِ نوبه‌قدرت‌رسیده در رهبری شدت یافت. گرچه نظام سلطنتی واژگون اعلام گردید، ولی بقایای سلطنت به سرعت به‌دور سردار محمد داوود حلقه زدند و افسران سرسپرده‌ی نظام جمهوری را نشانه گرفتند، تا از کنار سردار محمد داوود دور نمایند. با فهم این مطلب، به هر پیمانه‌ای که روابط سردار محمد داوود با خانواده‌اش نزدیک‌تر و مستحکم‌تر می‌شد، به همان پیمانه فاصله‌ی تفاهم بین ما و یارانش بیشتر می‌گردید. سردار محمد داوود، هرگز از ابراز احساسات درونی خود حرفی به‌زبان نمی‌آورد، اما یاران نزدیک او مانند داکتر حسن شرق، عبدالقدیر نورستانی، سید عبدالاله و غلام حیدر رسولی بهانه‌جویی‌های مضحک‌آمیز و روش‌های تفتین‌آور را در پیش گرفتند که اغلب با برخوردهای لفظی پایان می‌یافت.

داکتر حسن شرق همیشه سعی داشت که موقف من و همرزمان‌ام را در ارتش به‌ویژه قوای هوایی و مدافعه هوایی، با روشنفکران کشور در جامعه مورد چالش قرار دهد. بنابر نزدیکی و دوستی دیرینه‌ای که با ببرک کارمل و سایر اعضای بیروی سیاسی و کمیته مرکزی حزب دموکراتیک خلق (پرچم) داشت، جناح پرچمی‌ها را تحریک می‌نمود و مرا مخالف شدید تقرری آن‌ها در دستگاه دولت، قلمداد می‌کرد. زمانی‌که در یکی از صحبت‌ها، فیض‌محمد خان وزیر داخله را متوجه ساختم و شیوه‌ی خطرناکی را که داکتر حسن شرق در رابطه به تقرری کادرها در پیش گرفته بود هشدار دادم، فیض‌محمد خان وزیر داخله خلاف توقع چنین پاسخ داد:

«من عضویت پرچم را دارم و از زمان‌های خیلی قدیم، یعنی زمانی‌که در پکتیا ایفای وظیفه می‌نمودم از طرف میر اکبر خیبر به پرچم جذب شدم، حالا هر وظیفه‌ای را که حزب برایم دستور دهد، همان وظیفه را اجرا می‌کنم. نخست جدول تمام نامزدها را به کمیته مرکزی معرفی می‌کنم و بعد از آن‌که کمیته مرکزی در مورد افراد معرفی‌شده ابراز نظر کرد، به تقرری شان می‌پردازم.»

من بار دیگر پاسخ وزیر داخله را تکرار کردم که گویا «شما نام افراد را به کمیته مرکزی پرچم می‌فرستید و بعداً پیش‌نهادِ تقرری آن‌را به‌حیث ولسوال به صدارت رجعت می‌دهید؟»

گفت: «بلی! اگر شما هم ده نفر را به‌حیث ولسوال معرفی کنید، من نامزدهای شما را هم به‌حیث ولسوال پیش‌نهاد می‌کنم.»

گفتم: «آری، دراین صورت برایت ده نفر کاندید معرفی می‌کنم، شما می‌توانید از آن‌ها به‌حیث کادرهای شایسته در ولسوالی‌ها استفاده کنید.» هدف من این بود که آیا این افراد را به کمیته مرکزی پرچم معرفی می‌کند یا نه؟

گفت: «خوب است انتظار نامزدهای شما را دارم.»

زمانی‌که لیست اسامی ده نفر از جوانان روشنفکر را که به کدام سازمان مشخص وابستگی نداشتند، محض به خاطر آزمونی برایش تسلیم نمودم، متأسفانه که یکی از آن‌ها هم مورد تائید کمیته مرکزی پرچم قرار نگرفت و فیض‌محمد خان از تقرری آن‌ها اباء ورزید. بالاخره برایم ثابت شد که کمیته مرکزی پرچم در حریم وزارت داخله دست رسا دارد.

روز هفتم سنبله سال ۱۹۷۳ بود، روانه قصر صدارت شدم. داکتر حسن شرق دفتر خود را در یک اتاق کوچکِ منزل دوم قصر کهنه‌ی صدارت انتخاب کرده‌بود. داخل دفترش شدم. او از جا برخاست و ما به‌دور میزی نشستیم.

موضوع صحبت ما روی تقرری‌ها در چوکات حکومت می‌چرخید که از صلاحیت شخص او بود و منظوری مقام دولت را نمی‌کرد. در صحبت یکبارِ دیگر او را به حفظ توازن سیاسی و ملحوظات گوناگون که در جامعه قابل درک بود، متوجه نمودم و خواهش نمودم که در تقرر کادرهای مربوط به سازمان سیاسی پرچم، ملحوظات اجتماعی را در نظر بگیرد، تا مبادا موجب تحریکات افراد فرصت‌طلب شود.

داکتر حسن شرق که معاون صدارت بود در اوج غرور خود به‌سر می‌برد، در حالی که کلک خود را زیر دندان خود می‌جوید، گفت که:

«وزیر صاحب، ما این حرکت را برای خود انجام نداده‌ایم و این چوکی‌هایی که ما امروز روی آن نشسته‌ایم موقتی است. همان روزی‌که ما تصمیم اقدام بزرگ تاریخی را گرفتیم، دیگران در خواب بودند. ولی وقت آن زود خواهد رسید که همین قدرت را تسلیم رفقای کمیته مرکزی کنیم و برای‌شان بگوییم که رفقا! ببینید شما حرافی می‌کردید و ما عمل! این قدرت را بگیرید!»

من خیلی به حیرت رفتم و فکر کردم که محترم داکتر حسن شرق در مورد من اشتباه کرده‌است و من عضویت سازمان سیاسی پرچم را به هیچ شکل ندارم، نه علنی و نه هم مخفی. چرا این قدرت را تسلیم سازمان سیاسی پرچم نماییم؟ من برای این‌که خود را در این رابطه آگاه ساخته باشم، پرسیدم.

«داکتر صاحب محترم، هدف شما از تسلیم نمودن قدرت به کدام کمیته مرکزی است؟»

او بدون درنگ گفت: «هدفم کمیته مرکزی پرچم است!»

همین موضوع آغاز اختلافِ مشی سیاسی بین ما شد و واکنش من شدید بود. به نظر من، اتکا بالای یک سازمان سیاسی که هنوز فعالیت‌های سیاسی‌اش در حوزه‌های شهر کابل محدود مانده و تا به حال نتوانسته خود را به‌حیث یک سازمان سیاسی ملی در سراسر کشور توسعه بخشد، هرگز قادر به اداره‌ی کشور نیست و برخلاف، کشور را به‌سوی بحران سوق خواهد داد.

من ناخودآگاه تندتر صحبت کردم که اگر این تصمیم سردار محمد داوود است و توسط سازمان سیاسیِ پرچم، سنگ‌پایه‌های تعمیر جامعه‌ی نوین افغانستان را می‌گذارد، اشتباه بس نابخشودنی است.

داکتر حسن شرق فوراً نبض و روان مرا احساس کرد، از چوکی برخاست و روی مرا بوسید و برای آرامش روانم گفت:

«من یک‌هزار کارمل را به یک تار مویت نمی‌دانم. خودت از حرف‌هایم استنباط منفی نکن. هدفم در مجموع روشنفکران کشور است. این جلالت‌مآبان کجا بودند وقتی که شما تصمیم برای سرنگونی نظام گرفتید؟»

داکتر حسن شرق این‌گونه حرف‌ها را زیاد به‌زبان آورد تا مرا با خود داشته باشد. اما در حالی‌که تمام نیات او صادقانه نبود. او همان دستوری را که برایش داده می‌شد اجرا می‌کرد. او توانست که بیشتر از ۱۲٤ ولسوال را مقرر کند. به همین ترتیب تعداد زیاد والیان را نیز از نظر کمیته مرکزی پرچم می‌گذرانید.

در یکی از روزها که مسئله‌ی تقرری والیان در جامعه سروصدای پرطنین داشت، غلام علی آئین و سید ظاهرشاه وکیل پیشین شورا در وزارت مخابرات به دفترم آمدند. در جریان

صحبت تعارفی، هر دو شخص که از جمله تکنوکرات‌های دوران سلطنت بودند، همکاری خود را با نظام نوین اعلام داشتند. در حقیقت امر، هر دو از کادرهای مجرب بودند و با روان مردم آشنائی داشتند.

زمانی‌که مجلس وزرا دایر گردید، من در باره‌ی همکاری هر دو کارمند سابقه‌دار به رئیس دولت گزارش دادم و گفتم که این‌ها را ملاقات کردم و هر دو آماده‌ی همکاری می‌باشند.

در مجلس وزرا بدون این‌که سردار محمد داوود پیرامون آن‌ها اظهار نظر کند، داکتر حسن شرق رشته‌ی سخن را گرفته به سردار محمد داوود رو آورده گفت:

«صدراعظم صاحب محترم! رفیق ما وزیر صاحب مخابرات در باره‌ی این دو نفر معلومات ندارد. سید ظاهرشاه داره‌مار است و زبان خیلی چرب دارد که هر کس را بازی می‌دهد و مردم او را با این شارلتانی خوب می‌شناسند. ولی غلام علی آئین زمانی در بنیاد آسیا [۶۰] کار می‌کرد که لانه‌ی آشکارِ سازمان جاسوسی امریکا یعنی (سیا) است. ببینید چگونه می‌خواهند در نظام نوین برای خود جای پا باز کنند.»

سردار محمد داوود در باره‌ی آن دو شخص تبصره نکرد و موضوع به ساده‌گی رد گردید. چندی نگذشته بود که به هدایت داکتر حسن شرق، سید ظاهرشاه را رهسپار زندان ساختند. همسر و دختر جوان سید ظاهر شاه به دفترم آمدند و از زندانی شدن شوهر و پدر خود مرا مطلع ساختند. خیلی ناراحتی احساس کردم و با خود گفتم که اگر در مجلس وزرا از سید ظاهرشاه یاد آور نمی‌شدم، او هرگز در عقب پنجره‌های زندان قرار نمی‌گرفت.

از دفتر خود مستقیماً به وزیر داخله فیض‌محمد خان تماس گرفتم و علت زندانی شدن سید ظاهرشاه را جستجو نمودم. فیض‌محمد خان که مرد ساده‌ای بود، فقط گفت با داکتر صاحب شرق صحبت کنید. باز تکرار کردم که وظیفه‌ی شماست، افراد را بدون

---

[۶۰] Asia Foundation

موجب به زندان نکشانید. گفت خوب برایم مهلت بدهید این موضوع را حل کرده برایت اطمینان می‌دهم.

همسر و دختر سید ظاهرشاه روانه‌ی منزل خود شدند و شب برایم تماس گرفتند که پدرشان به منزل برگشت نموده‌است.

سرانجام دریافتم که داکتر حسن شرق عقده‌های دیرینه نسبت به سید ظاهرشاه داشته که از توضیح بیشتر آن در این جا خودداری می‌کنم.

من از آغاز تحول ۲۶ سرطان به این عقیده بودم که دولت ابتکارِ ایجادِ تشکیلِ جبهه سیاسی را برای دفاع از نظام نوین، به‌دست خود بگیرد و جبهه متحد سیاسی باید متشکل از طیف وسیع سازمان‌های سیاسی چپ و راست و افراد مؤثر جامعه باشد که به تأسیس نظام نوین باورمند می‌باشند و همه کسانی که به آینده‌ی درخشانِ کشور نگاه می‌کنند و کشور را به‌حیث سرزمین واحد، آزاد و مستقل می‌نگرند، در دولت سهیم شوند. در طرح جبهه سیاسی نباید هیچ سازمان سیاسی بیرون بماند و به مخالفت علیه نظام بپردازد.

مع الاسف طرح جبهه ملی از آغاز به مخالفتِ شدیدِ ببرک کارمل و یارانش مواجه گردید. کارمل مرا چندین بار از طریق جیلانی باختری به ملاقات دوبه‌دو دعوت کرد که دعوت او را رد کردم. سرانجام کارمل در پیامی برایم ابلاغ داشت:

«هر آنکه خود را مترقی می‌داند و به افغانستان شگوفان و سربلند معتقد است، باید سازمان خود را منحل و در نظام نوین شامل شود. در این مرحله ما نباید به نظام نوین جمهوری دردسرهای اضافی ایجاد کنیم. ما به‌حیث یک سازمان سیاسی خود را منحل اعلام نموده‌ایم و در نظام نوین به تحلیل می‌رویم و از سردار محمد داوود حمایت بی‌دریغ خود را اعلام می‌نماییم.»

اختلاف ما با مشی تک‌گرائی داکتر حسن شرق آغاز گشت و داکتر حسن شرق با هم‌یاران قدیم سیاسی خود، به تبلیغات و تغییردادن ذهنیت‌های جامعه علیه همه افسران تحول‌طلبِ قوای هوایی و مدافعه هوایی، پرداخت.

برای این‌که افسران قوای هوایی را از مسیر راه خود دور کنند، در اطراف سردار محمد داوود اتحاد نامقدسی را به‌وجود آوردند که گرداننده و سازمانده همه این تحریکات، داکتر حسن شرق بود. زیرا افسران هوایی از نظر سیاسی، آگاه‌ترین نیرو در ترکیب قوت‌های کودتا شمرده می‌شدند. آن‌ها از جمله کسانی نبودند که از خیابان‌ها با داشتن دوسیه‌های جنائی برای یک عمل شبخون دعوت شده باشند. برخلاف، افسران تحول‌طلبِ نیروهای هوایی و مدافعه هوایی، از سالیان درازی در چوکات تشکل منظم فعالیت سیاسی داشتند و برای تحولِ نظام فرتوت سلطنتی، آماده‌گی می‌گرفتند.

در رابطه به متلاشی ساختن افسران هوایی، شیوه‌های گوناگونی از طرف سردار محمد داوود در پیش گرفته شد، که این شیوه با تفرقه‌افکنی و تطمیع به مقام و کرسی و یا تهدید و سبکدوشی، پیگرد و اسارت بدون دادگاه اعمال می‌گردید. همچنان تحریکات مسائل قومی و قبیلوی، نقش خطرناکی را بازی کرد.

بدون تردید سردار محمد داوود و غلامان گوش‌به‌فرمان او، تجارب عظیمی در دسیسه‌سازی و تفرقه‌افکنی داشتند. طوری‌که اشاره شد، هر یکی از این افراد با همه امکاناتی که در اختیار داشتند، هرگز از تلاش برای تهدید و فشار و حتی دسیسه برای ترور من، دریغ نورزیدند که لازم می‌بینم از میانِ همه این رویدادهای حیرت‌انگیزِ دستگاه حاکمه، به طور نمونه دو واقعه‌ی تروریستی علیه من را در دو زمان مختلف مختصراً روشن سازم.

واقعه‌ی اول: در یکی از روزهای حمل سال ۱۳۵۳ یعنی زمانی‌که وزیر مخابرات بودم و با کابینه و سردار محمد داوود فضای مناسبات رو به تیره‌گی می‌رفت، در حوالی ساعت پنج از دفتر به قصد منزل خارج شدم. مرا یکی از افسران قوای هوایی بگرام جگرن عمر که به‌نام «بنگک» در بین هم‌قطاران خود مشهور بود، همراهی می‌کرد.

راننده‌ام جوانی به‌نام علی احمد که از اهل کابل بود، مرا به منزل انتقال می‌داد. زمانی‌که موتر از دروازه‌ی احاطه وزارت مخابرات بیرون شد و به استقامت پل باغ‌عمومی به حرکت درآمد، در آئینه‌ی عقب‌نما متوجه شدم که موتر والگاه‌ی جدید روسی سفید رنگ به‌دنبال ما نیز به‌حرکت آمد. نخست فکر کردم که احتمالاً موتر عادی است و ممکن به کدام استقامت دیگر حرکت کند. برای این‌که هرگونه شک‌وتردید رفع شود، به علی احمد هدایت دادم که استقامت شهر نو را در پیش گیرد. به هر خیابانی که حرکت کردیم موتر ما را دنبال می‌کرد و بالاخره برایم ثابت شد که راکبین موتر والگاه افراد مشکوک می‌باشند و مرا تعقیب می‌کنند. جگرن عمر را متوجه ساختم که موتر ما تحت تعقیب یک گروپ تروریستی قرار دارد. عمر هم خیلی ناراحت شد.

باز هم به علی احمد راننده هدایت دادم که به استقامت کارته‌پروان حرکت کند. ما به خیابان پیش می‌رفتیم و همان موتر والگاه هم در فاصله ۱۰ متری ما را دنبال می‌نمود. جگرن عمر در سیت پیشرو پهلوی راننده نشسته بود، او هم مسلح بود، تفنگچه با خود داشت و من هم تفنگچه‌ی خود را آماده ساختم و ۱۰ مرمی به جاغور آن جابه‌جا نمودم.

موتر ما به پارک سینمای بهارستان نزدیک شد و به کوچه‌ی سمت راست دَور خورد و موتر تعقیبی هم به سمت راست دور خورد. در همین اثنأ، به راننده امر توقف دادم. او در وسط کوچه توقف کرد با جگرن عمر از دو دروازه موتر بیرون شدیم و به‌سوی موتر والگا که در فاصله‌ی ۱۰ متری ایستاده‌بود حرکت کردم. مردم اهالی دوروپیش گرد آمده بودند و صحنه را تماشا می‌کردند. در این اثنأ، موتروان والگا به سرعت عقب رفت و داخل سرک عمومی شد و من به فاصله ۲ متری موتر رسیدم. در همین لحظه می‌خواستم فیر کنم، اما تشویش از مردم دَوروپیش نمودم که مبادا مرمی به کسی اصابت کند. اما با تفنگچه‌ی پر از مرمی به فرق آنانی که در پیشروی والگا نشسته بودند، پرتاب نمودم. شیشه موتر شکست و موتر از محل حادثه به سرعت فرار کرد.

مردم همه در کنار سرک به شگفت آمدند که کدام یکی از گروه‌های تروریستی، وزیر مخابرات را مورد پیگرد و هدف قرار داده‌است. تروریستان که در داخل موتر با دهن‌های بسته بودند، آیا از کجا هدایت گرفته بودند که با چنین عمل شنیع تروریستی علیه یک رکن حکومت دست بزنند.

برای این‌که موضوع خاموش نماند، فوراً با فیض‌محمد خان وزیر داخله تیلفونی تماس گرفتم و حادثه‌ی آن روزِ کارته‌پروان را در میان گذاشتم. وزیر داخله گفت که به سرعت می‌رسد و در همان‌جا منتظر باشم. همچنان با جگرن بختاجان خان قوماندان قطعه منتظره نمبر ۲ نیز تماس گرفتم که از افسران سابق قوای هوایی بود. بختاجان خان هم وعده کرد که به‌زودترین فرصت می‌رسد.

هنوز دقایقی نگذشته بود که فیض‌محمد خان و بختاجان خان با یک گروپ قطعه خود رسیدند و حادثه‌ی کارته‌پروان را مورد بررسی قرار دادند. آن‌ها نوع واسطه و سیمای افراد داخل موتر را جویا شدند، تا من برای‌شان روشن کرده باشم. اما این‌کار دشوار بود. مردم در کنار خیابان تجمع نموده بودند و این حادثه را تماشا می‌کردند. آن‌ها مرا به منزلم بدرقه کردند. فیض‌محمد خان گفت که حادثه را به رئیس دولت گزارش می‌دهد. بگذار که وی در جریان قرار داشته باشد. بختاجان افسر با شهامت و شریفی بود و از تعقیب گروه ناشناس خیلی متأثر گشت و همین‌قدر گفت: «همه این فضولی‌ها از درون نظام و حلقات معین رهبری سرچشمه می‌گیرد و باید موضوع را جدی تلقی کرد و برخورد جدی نمود.» اما نخواست از کسی به‌طور مشخص نام ببرد، ولی منظورش البته عبدالقدیر نورستانی و غلام حیدر رسولی بود.

مسلماً که وزیر داخله از حادثه‌ی آن روزی به سردار محمد داوود اطلاع داد و آن هم به نوبه وعده کرد که به عبدالقدیر نورستانی هدایت می‌دهد. بدون تردید، تا جایی‌که من از فیض‌محمد خان وزیر داخله شناخت داشتم، انسان روستازاده‌ای از مناطق مرزی کشور بود. هرآنچه می‌گفت به حرف‌های خود معتقد بود. زمانی‌که پندار و افکارش به خطا می‌-

رفت، صادقانه از اشتباه خود نادم بود و اعتراف می‌کرد. در حالی‌که برای من سرچشمه‌ی همه دسایس و پیگردها روشن بود. سردار محمد داوود خودش ایجادگر شبکه‌ی تروریستی و حامی آن بود. یعنی کسی که تمام تاروپودش با شبکه‌های جاسوسی عجین شده بود. عبدالقدیر نورستانی هرگز بدون اشاره و استیذان سردار محمد داوود، جرأت نداشت که گروپ تروریستی را امر تعقیب و پیگرد علیه یک وزیر بر حالِ کابینه بدهد. مع‌الاسف که فیض‌محمد خان هنوز هم در آن‌زمان اعتقاد کورکورانه به سردار محمد داوود داشت و همیشه در صحبت‌های خود او را به‌نام «رهبر» یاد می‌کرد.

فلهاذا، مطلع ساختن سردار محمد داوود به مفهوم دعوت به تغییر در تکتیک‌های گروه عبدالقدیر نورستانی پنداشته می‌شد، نه انصراف از تروریسم.

به‌نوبه فردای آن‌روز، سردار محمد داوود را در دفترش ملاقات کردم. وی خودش حادثه‌ی دیروزی را جویا شد. او طوری چهره‌ی حق‌به‌جانب را گرفته بود، گویا که اصلاً در جریان نیست.

البته من به‌طور مختصر از حادثه‌ی روز قبل برایش پرده برداشتم و درامه‌ی ننگین را یکی از صحنه‌سازی‌های افتضاح‌آمیز درامه‌سازان آن پنداشتم. همان طوری‌که فیض‌محمد خان وعده کرد که عبدالقدیر نورستانی را متوجه می‌سازد، سردار محمد داوود هم برایم همان سخنان آشنا را تکرار کرد. باید یادآور شد که از آن تاریخ به بعد، فشار تعقیب و پیگرد تروریستان و جاسوسان دولت الا تاریخ دوم ثور سال ۱۳۵۳ بیشتر شد و نه کمتر.

واقعه‌ی دوم: سال ۱۳۵٦ پایان یافت. مجلس کبیر لویه جرگه فرمایشی تحت ریاست عزیزالله واصفی به‌تاریخ بیست‌ونهم حوت همان سال، با تصویب قانون اساسی جمهوری و تعیین سردار محمد داوود به‌حیث رئیس جمهور، کار خود را آغاز کرد. کابینه‌ای که از میان همه این هیاهو و سازوبرگ در سال نو عرض وجود کرد، همان کابینه‌ی سابق بود و بدون کوچک‌ترین تغییری، از اول حمل سال نو به کار خود ادامه داد.

این تغییرات در زندگی اجتماعی عده‌ی از رفقای ما، محض یک تأثیر داشت. آن‌ها که برای مدت سه‌ونیم سال در منزل، بدون فیصله‌ی دادگاه اسیر بودند، اطلاع یافتند که غرفه‌های کارمندان پولیس از عقب دروازه‌های منازل شان دور شده و از پهره‌دار پولیس بیشتر خبری نیست.

به روز اول حمل، زمانی‌که دگروال انجنیر اکبر مقصودی رئیس ارکان پیشین قوای هوایی و مدافعه هوایی، دگروال عبدالرازق رئیس اسبق لوژیستیک قوای هوای و مدافعه هوایی، غرفه‌ی پولیس را در عقب دروازه‌های خود ندیدند، از آن‌جا راهی منزلم شدند. در اثر این زندانی بدون حکم دادگاه، ما یک‌دیگر را برای سه‌ونیم سال ندیده بودیم. کاکایم دگروال توره خان هم که به همین سرنوشتِ اسارت در منزل دچار بود، آن‌ها را همراهی کرد. این افسران رنج‌دیده، برخلاف تحمل استبداد و مظالم دستگاه، بازهم نسبت به سردار محمد داوود و دولت داوری خوش‌بینانه‌ای داشتند. به این باور بودند که بالاخره سردار محمد داوود ناگزیر گشت به قانون اساسی، ولو که قلّابی هم پنداشته می‌شود، تن دردهد.

به‌هرحال، داوری‌ها پیش‌ازوقت بود. روز سوم حمل، در حالی‌که هوای کابل بارانی و پر از طراوت بود، از منزل برآمده و با گام‌های آهسته در خیابان‌های نزدیک منزل، روان شدم. در این اثنأ، ناگهان چشمم به‌دو پیرمردی افتید که از فاصله‌ی چندصد متری به‌سوی من در حرکت بودند. زمانی‌که نزدیک‌تر شدم، آن دو مرد سال‌خورده یکی شادروان کریم نزیهی و دومی هم شادروان میر غلام‌محمد غبار بود. نزیهی که به‌سمت چپ غبار حرکت می‌کرد، عصاای به‌دست و موهای سفیدش جلایش خاصی داشت. میر غلام‌محمد غبار، مرد باریک و بلندقامت و خیلی ضعیف به نظر می‌خورد و موهای سفید کمتری داشت. آن هردو صحبت‌کنان به من نزدیک شدند. در فاصله‌ی چند متری ادای احترام نمودم. با نزیهی معرفت داشتم و بارها هم‌صحبت شده‌بودم. او مرد مبارزی بود که تمام زندگانی خود را در راه مبارزه‌ی عدالت‌خواهانه سپری نموده و گرمی و سردی روزگار را چشیده بود. او همواره در صحبت‌ها، تنفر عمیق خود را نسبت به خاندان حاکم و به‌ویژه سردار محمد

داوود، آشکاراً ابراز می‌کرد. همیشه تأکید می‌نمود که نسل نو باید او را بشناسد. با غبار به‌جز یک‌بار که آن‌هم تصادفی کارمل مرا به او معرفی کرده بود، آشنایی نداشتم. کارمل او را مخاطب قرار داده بود که:

«استاد! رفیق محتاط را می‌شناسید؟»

در آن وقت میر غلام‌محمد غبار همین‌قدر گفت:

«در باره‌ی‌شان شنیده‌ام، خوش شدم که با او معرفت حاصل کردم.»

این‌بار کریم نزیهی جناب غبار را مخاطب قرار داده گفت:

«آغا صاحب! با جناب محتاط معرفت دارید؟»

آغای غبار در پاسخ گفت که:

«بلی! قبلاً با هم معرفی شده بودیم.»

این‌بار نزیهی در باره‌ی قانون اساسی و انتخاب سردار محمد داوود به‌حیث رئیس جمهور یادآور شد و از من خواست تا در زمینه ابراز نظر کنم. من که در مقایسه با این دو مرد مبارز شناخت جامع از خاندان محمدزائی نداشتم، همین‌قدر گفتم که من تفاوتی در شرایط قبل از قانون اساسی و بعد از آن‌را مشاهده نمی‌کنم. در این اثنأ، میر غلام‌محمد غبار در این مورد یک جمله گفت:

«بدترین حالت وقتی است که دیسپوتیزم به شکل قانونی در جامعه پیاده شود.»

این حرف میر غلام‌محمد غبار شیره و عصاره‌ی نظام جمهوری را دربر گرفته بود. یعنی اگر تا قبل ار تصویب قانون اساسی، نظام خودکامه دیکتاتوری شالوده‌ی قانونی در کشور نداشت، حالا استبداد و دیکتاتوری قالب‌های قانونی برای خود ساخته است. تفاوت وضع فقط در همین نهفته است و بس. صحبت کوتاه بود و با تبادل چند جمله قطع شد.

ما از هم دور شدیم و سخنان ارزشمند میر غلام‌محمد غبار در ذهنم طنین انداخته و همیشه مرا مصروف نگه‌داشت.

گرچه در فاصله‌ی زمانی بیشتر از ٤ سال، یعنی تا زمانی‌که رژیم جمهوری سردار محمد داوود در نتیجه‌ی قیام روز روشنِ افسران قهراً واژگون شد، دستگاه استخبارات دولتی و شبکه‌های جاسوسی و تروریستی از هرگونه عمل شنیع و ناجوان‌مردانه دست نبرداشتند که ایجاب تفصیل و حکایت هر کدام را نمی‌کند، اما لازم می‌دانم در این‌جا از یک رویداد دیگر پرده بردارم، تا باز هم توانسته باشم نقاب از سیمای تروریسم دولتی دریده شود و برای آن ساده‌لوحان و خوش‌باورانی که هنوز هم تردیدی در قبال شناختِ سردار محمد داوود و نظام مستکبر و لجام‌گسیخته‌ی او دارند، درس عبرت بیان نموده باشم. زیرا هر آنچه می‌گویم داستان نیست، بلکه سرنوشت خود من است.

روز بیست‌وهفتم حمل ۱۳۵۷ که یک‌ماه از تصویب قانون اساسی جمهوری و انتخاب رئیس جمهور گذشته بود، از خواب برخاستم. هنوز چای صبح را صرف نکرده بودم که کاکایم توره خان، پس از سه‌ونیم سال اسارت بدون دوسیه و محکمه، رها شد و به منزلم آمد و مرا وادار ساخت که غرض فاتحه‌ی یکی از اقارب، روانه‌ی دهکده‌ی شهرآرا شویم. صبحانه را با هم صرف نمودیم، در حوالی ساعت ده بجه روز از منزل بیرون شدیم. در آن لحظه به‌هر طرف نگاه کردم تا وضع امنیتی خود را ارزیابی کرده باشم. زیرا ٤ سال تحت مراقبت شدید، مرا خیلی‌ها در برابر حرکات جاسوسان مخفی و رسمی دولت، حساس گردانیده بود و من حرکت هر فرد، هر جنبنده و متحرک را به دیده‌ی شک می‌نگریستم.

در این موقع به اطراف منزلم متوجه گشتم که امنیت تأمین بود، به استثنای ماشین والگای سفید رنگ شماره ۱۱۶۶۹ که در کنار حوض مکروریان توقف داشت و منزل مرا تحت کنترول قرار داده بود. توقف موتر در محلی که هیچ‌گونه شک و توجه را برنمی‌انگیخت، مرا مشکوک ساخت. چند گامی به‌سوی خیابان برداشتیم و موتر هم آهسته‌آهسته به حرکت در آمد. نخست به این اندیشه بودیم که در کنار سرک از تکسی استفاده کنیم. ولی من موضوع را با کاکایم درمیان گذاشتم که در عقب ما موتر والگای مشکوک در حرکت است و ما نباید در این‌جا داخل تکسی شویم و بهتر است به‌سوی

مکروریان سوم حرکت کنیم و استقامت شفاخانه چهارصدبستر را در پیش گیریم. مسلماً که شک ما در باره‌ی موتر والگا روشن می‌شود. اگر واقعاً ما در محراق توجه آن قرار داریم، ناگزیراند که در همین فاصله روش خود را روشن کنند و اگر ما این موتر را به اشتباه گرفته‌ایم، در آن صورت موتر مذکور راه خود را در پیش خواهد گرفت و از نظر ما پنهان خواهد شد.

کاکایم موافقه کرد. او بالاپوشِ بهاری عسکری خاکی‌رنگ به‌تن داشت و کمر خود را بسته بود. من هم با دریشی ملبس بودم. هر دو مسلح بودیم و من یک تفنگچه‌ی والتر را با یک جاغور مرمی احتیاطی در جیب داشتم و مرا جرأت می‌بخشید. زمانی‌که از پل عبور کردیم، متوجه شدم که دو نفر از راکبین موتر والگا در عقب ما پیاده شدند و دو نفر دیگر را در پیشروری ما پیاده ساختند. به این ترتیب ما در بین هردو گروپ دونفری قرار گرفتیم. هردو گروپ تقریباً ۵۰ متر از ما فاصله داشتند. موتر والگا حرکت کرد و از چهارراهی صحت‌عامه گذشت و در کنار شفاخانه صدبستر اطفال توقف نمود.

حال دیگر شکی نزدم باقی نمانده بود که ما در چنگال گروپ تروریستی قرار گرفته‌ایم و ما را با بدرقه همراهی می‌کنند. کاکایم سخت متأثر بود و همین را تکرار می‌کرد که:

«برای خدا، این‌ها چقدر وحشی استند! بالاخره قانون اساسی به تصویب رسید و رئیس جمهور انتخاب شد و هرروز از دموکراسی، آزادی و حقوق‌بشر گوش‌ها کر می‌شود. اما در عمل ببینید، که این‌ها به چه حرکات ضد ارزش‌های انسانی مبادرت می‌ورزند. بالاخر ما دشمن این نظام نیستیم و ما همین نظام را به‌وجود آوردیم و افتخار تأسیس نخستین جمهوری در کشور، به ما تعلق دارد و کس نمی‌تواند این افتخارات را از ما بگیرد. اما سردار محمد داوود و یاران ناجوان‌مردش هنوزهم از ما دست‌بردار نیستند.»

وقتی که کاکایم این حرف‌ها را به‌زبان می‌آورد، متوجه شدم که در سمت دیگر خیابان عبدالقدوس غوربندی و میر اکبر خیبر با گام‌های تندی در حرکت اند. آن‌ها متوجه ما شدند و با بالاکردن دست، ادای احترام متقابله صورت گرفت. کاکایم در دوران دانشکده نظامی، هم‌صنفی میر اکبر خیبر بود و همیشه آن‌روزی را به‌یاد می‌آورد و قصه می‌کرد که در

بالاحصار جایی که دانشکده نظامی قرار داشت، ناگهان زنگ احضارات به‌صدا درآمد و همه شاگردان به صف‌های منظم ایستاده شدند. دراین حال هیئتی از وزارت دفاع در مقابل صف قرار گرفت و یونیفورم خیبر را از تنش کشیدند و او را به زندان انداختند. دیگر برای سالیان زیادی از وی خبری شنیده نشد.

در صحبت خود، کاکایم علاوه کرد که «ببین آن‌ها را کس تعقیب نمی‌کند، ولی حلقه را بالای ما تنگ ساخته اند.»

من کاکایم را به آرامش دعوت کردم که تشویش نداشته باشد. ما مراقب هردو گروپ هستیم و در صورت ضرورت، تصمیم می‌گیرم که از خود دفاع کنیم. افراد بی‌هویت پیشروی ما به چهارراهی رسیدند، اما نیت ما را تشخیص ندادند که از چهارراهی به کدام سمت خواهیم رفت. از اینرو، در کنار چهارراهی خود را مصروف نمودند تا سمت حرکت ما را تشخیص کنند.

ما هردو از چهارراهی گذشتیم و استقامت شفاخانه چهارصدبستر را گرفتیم. هردو گروپ در عقب ما قرار گرفتند. ما گام‌های خود را سریع‌تر نمودیم و خود را به همان والگای سفیدرنگ مربوط به گروه تروریستی رساندیم. در این اثنأ من به کاکایم اشاره کردم که دروازه عقبی موتر را باز کند و داخل موتر شود و خودم دروازه کنار راننده را باز نموده و در کنار راننده‌ی والگاه نشستم.

راننده جوانی بود که در حدود ۳۰ سال داشت و سروکله خود را با شال پاکستانی پوشانده بود و سبیل‌های درشت داشت. زمانی‌که او حرکت غیرمترقبه‌ی ما را متوجه شد، روحیه خود را از دست داد و وارخطا گردید. به لهجه قندهاری گفت که:

«صاحب! طفلم مریض است و منتظر خانمم می‌باشم، به شفاخانه رفته است.»

من تفنگچه را که با مرمی آماده بود، از جیب بیرون کرده تهدید نمودم که حرکت کند. راننده سراسیمه شد و موتر را حرکت داد و همین را می‌گفت:

«والله صاحب! مه یک راننده هستم. والله صاحب مه یک راننده هستم.»

ما نیاز مشاجره را با رانندهی والگا نداشتیم. وقتیکه موتر حرکت کرد، از منطقه فاصله گرفت، به عقب نگاه کردم که آن چهارنفر تروریست، به دنبال موتر والگا میدویدند. موتر داخل خیابان شهر نو شد و از آنجا استقامت کارتهپروان را برایش راهنمایی کردم. داخل یکی از کوچههای فرعی در نزدیکی باغزنانه شد. از آنجا از راننده تشکر نمودم و گفتم که برود که همراهاناش سرگرداناند و انتظار او را دارند. راننده با همان لهجهی قندهاری گفت که:

«میبخشید و خدا حافظ شما.»

به مجردی که موتر والگا در پسکوچههای کارتهپروان ناپدید شد، ما داخل کوچهی تنگی شدیم که به دهکدهی برکی منتهی میشد. از آنجا با عبور از کوچههای گِلآلود و بویناک، بهسوی شهرآرا رفتیم. آن روز را در همانجا نزد اقارب سپری کردیم. در حوالی شام، دوباره ذریعهی تکسی به منزل برگشتم. با رسیدن به منزل، اطلاع یافتم که گروه تروریستی میر اکبر خیبر را در همان مسیر خیابان شکار و از پا درآورده است. سخنان آن دو پیر مرد که تلخیهای روزگار دورهی استبداد را تجربه نموده بودند، بهخاطرم میآمد که میگفتند:

«بدترین حالت وقتی است که دیسپوتیزم بهشکل قانونی در جامعه پیاده شود.»

بدون تردید که ما و عدهی کثیری از هموطنان ما، بهحیث اهداف تروریستی دولت قرار گرفته بودیم. از اینکه چگونه در آن روز، از شکار تروریستان فرار و جان به سلامت بردیم، موضوع دیگریست.

همه فعالیتهای تروریستی دولت در آن برهه اختناق، از طرف عبدالقدیر نورستانی، عمال او عیسی آمر استخبارات وزارت داخله و به تائید سردار محمد داوود اجرا میگردید. هرکسی را که بهحیث رقیب سیاسی و یا انسان آزاده در جامعه تشخیص میکردند، باند تروریستی عیسی به سرنوشت ایشان میرسید. دهها و صدها انسان بیگناه را ترور نمودند و بهمنظور بدنامسازی افراد و یا احزاب سیاسی، گناه آنرا بهدوش آنها حواله کردند. این یکی از شیوههای مروج نظامهای مستبد میباشد.

کشف اجساد قلعه زمان‌خان در سال ۱۹۷۷، یعنی در ماه‌های اخیر که جمهوریتِ سردار محمد داوود رو به سقوطِ رقت‌بار می‌رفت، تکان دیگری بود بر دولت متزلزلِ داوود و یارانش. همه‌جا سروصدای زیادی بالا شد و قرار تخمین در حدود پنج‌صد جسد در قلعه کشف شد و مردم این را حدس می‌زدند که دولت مخالفین خود را تحت عناوین گوناگون در این‌جا به قتل رسانیده است. عبدالقدیر نورستانی و غلام حیدر رسولی اجساد را بدون آگاهی دیگران از محل بیرون ساختند و در گوشه‌ای از تپه مرجان به‌خاک سپردند. اما هویت این اجساد برای همیشه پنهان باقی ماند. در واقع این نخستین گورهای دسته‌جمعی بود که بانی آن گروه تروریستی سردار محمدداوود محسوب می‌گردید.

باندهای بی‌فرهنگ و وحشی سردار محمد داوود، باور به پایان غم‌انگیز دوره‌ی خود نداشتند و بدون ترس از دادگاه، تعقیب می‌کردند، ترور می‌نمودند و از آن لذت می‌بردند و گناه جنایات خود را به‌دوش دیگران حواله می‌کردند. همان طوری‌که عبدالقدیر نورستانی، عیسی و نصرالله پولیس، محمد هاشم میوندوال صدراعظم پیشین را در زندان به قتل رسانیدند، مسئولیت آن‌را به‌دوش حزب دموکراتیک خلق (پرچم) حواله کردند و پای روس‌ها را نیز در قتل آن دخیل ساختند.

بدون تردید این تبلیغات زهرآگین به‌خاطر ایجاد ذهنیت‌های کاذب اغواگرانه پیرامون مرگ میوندوال بود. آری! من باری حس انتقام‌جویی عبدالقدیر نورستانی را شاهد بودم که مرا خطاب نموده گفته بود:

«رهبر می‌گوید که یک‌بار از غم اخوانی‌ها خلاص شویم بعد ازآن به سرنوشتِ چپی‌ها خواهیم شتافت.»

البته قتل میر اکبر خیبر سرآغاز جهت‌گیری نظام استبدادی سردار محمد داوود علیه به اصطلاح «سرنوشت» چپی‌ها محسوب می‌گردد، ولی مرام به کامش نرسید. برخلاف موجب پایان یک دوره‌ی دیکتاتوری خودکامه‌ی آخرین زمام‌دار خانواده‌ی او شد. از این‌که

چه بلایی بالای این کشور نازل آمد، یک بحث جداگانه است که از سیاست ضد ملی سردار محمد داوود و خاندانش سرچشمه می‌گیرد.

گروپ بین المللی بحران، در گزارش شماره ۶۲ آسیایی خود، تحت عنوان «افغانستان و چالش‌های تجرید شدن پشتون‌ها» مورخ پنجم اگست ۲۰۰۳ خود می‌نویسد:

«هدف ظاهری کودتای داوود، دموکراتیزه ساختن دولت بود. از اینرو، حمایت روستا-زادگان چپ‌گرا را با افسرانی که در اتحاد شوروی تحصیل کرده بودند، با خود داشت. با این‌حال او مستبدانه چپی‌ها را سرکوب و افسران چپی را از ارتش اخراج و مخالفین اسلامی را سرکوب کرد. او اتکای کوچکی را بالای دسته‌ی کوچکی از ساختار قبیلوی ایجاد نمود تا بتواند به کمک آن‌ها نظم اقتصادی، اجتماعی و سیاسی را حفظ کند. داوود سیاست فعال جانب‌داری از پشتونستان را اتخاذ کرد تا از آن نفع حاصل کند.»[۶۱]

سرانجام دیده‌شد که این سیاست، خواب بود و خیال بود و محال بود. سرانجام نقش-برآب شد. سردار محمد داوود و هم‌رکابانش نبض سیاسی زمان را تشخیص نکرده بودند و به گفته جواهرلعل نهرو:

«نظمی که محکوم به فناست به ندرت می‌تواند علائم زمان را تشخیص دهد، به ندرت درک می‌کند که دوران و کارش به پایان رسیده است و باید پیش از آن‌که حوادث نیرومند و شدید او را به‌شکل شدید و ناشایسته‌ای از بین ببرد، خودش با ملایمت عقب‌نشینی کند. به ندرت درس‌های تاریخ را می‌فهمد و به ندرت ملاحظه می‌کند که زمان پیش میرود و چنان‌که گفته شده‌است نظم قدیمی را در پشت سر خود، در (خاکروبه‌دان تاریخ) باقی می‌گذارد.»

---

[۶۱] "Daud's coup was ostensibly aimed at democratising the state and therefore had the backing of the left-leaning urban elite as well as the Soviet-trained army. However, he brutally suppressed leftist dissent, purged leftist army officers and repressed the Islamic opposition. While he relied on a fragmented Pashtun tribal structure to preserve the economic, social and political order, Daud adopted a pro-active policy of exploiting the Pashtunistan issue."

فصل سیزدهم

سردار داوود و پایان غم‌انگیز وی

ترا که گفت که بر آسمان کلاه انـداز؟
جزای توست به دندان زمین خراشیدن

- صائب تبریزی

هر پدیده آغاز و نقطه‌ی پایانی دارد. گاهی پدیده‌ها، ویژه‌گی‌های برجسته‌ای داشته و زمانی هم به‌طور ناگهانی و به شیوه‌های خشن‌انگیز پایان می‌یابد. من در دوره‌ی دانشگاهی، گاه‌گاهی غرضِ شنیدن سمفونی‌های آهنگ‌سازان نامور جهان به تالارهای بزرگ تیاتر می‌رفتم و به نوازنده‌گان، به‌دقت گوش می‌دادم که با احساسات شگفت‌انگیزی می‌نواختند. درآن دورانِ جوانی، کمتر به ماهیتِ سمفونی آگاهی داشتم. ولی در یکی از روزها، ناگزیر مشکل خود را با استاد خود در میان گذاشتم. گرچه پرسشم خارج از چوکات مضمون تدریس او بود. اما وی به دقت به پرسشم گوش داد و با لطف و مهربانی پاسخ داده گفت:

«هر سمفونی از سه بخش تشکیل شده است و عبارت از overture یا مقدمه، Expression یا بیان و final یا پایان میباشد.»

در ضمن علاوه نمود که در مطلع یا مقدمه، صدای آلات موسیقی اغلب خیلی نرم و پراکنده می‌باشد و با زیبایی دل‌انگیزی آغاز می‌شود. سپس به تدریج داخل بیان شده و محتوای سمفونی در بیان بازتاب می‌گردد. لیکن باید گفت که اکثری سمفونی‌ها با صدای کوبیدنِ دهل پایان یافته و داخل مرحله‌ی خاموشی می‌شود.

صرف‌نظر از دوران زندگی سردار محمد داوود، اگر ما تنها دوره‌ی پنج‌ساله‌ی جمهوریت سردار محمد داوود را به یک سمفونی مقایسه کنیم، آن‌گاه خواهیم دید که جمهوریت اول آغاز خیلی آرام و شکوه‌مندی داشت که تمام مردم کشور را به حمایت و پشتیبانی خود کشانید. مردم عطش دیرینه‌ی خود را در نظام جمهوری می‌دیدند. اما زمانی‌که مرحله‌ی مقدمه و یا به اصطلاحِ ماه‌عسل پایان یافت و نظام جمهوری داخل مرحله‌ی دومی گردید، ما شاهد کشمکش‌ها و جدال‌های خطرناکی بودیم که از تضادها و اختلافات رنگارنگِ داخلی خود به‌میان آمده‌بود و به جمهوریت عمر کوتاهی بخشید. سردار محمد داوود و یاران بی‌کفایت و ضعیف‌النفس خودش، عامل اساسی بحران سیاسی و اجتماعی

گردیدند و با رخداد ۷ ثور، نه تنها جمهوریت اول پایان غم‌انگیزی برای سردار محمد داوود، خانواده و اطرافیان او داشت، بلکه نقطه‌ی پایان به حاکمیت و سیطره‌ی قبایلِ درانی، بعد از زمانِ بیشتر از ۲۳۲ سال گذاشت.

کسانی‌که سیاست را به‌حیث یک مسلک پیشه‌ی خود قرار می‌دهند، باید کله‌ی سرد منجمد و قلب داغ و آتشین داشته باشند، تا این افراد خون‌سرد در اوضاع اضطراری خارق‌العاده و بحرانی، کشور را بتوانند رهبری کنند. صبر و شکیبایی گوهر اصلی مشخصات رهبران بزرگ می‌باشد که نمونه‌های آن در تاریخ جهان فراوان به مشاهده می-رسد.

در دهه‌ی هفتاد یعنی زمانی‌که نظامیان پاکستان، ذوالفقارعلی بوتو صدراعظم برحال را به زندان انداختند، او از عقب پنجره‌های زندان برای دخترش بینظیر بوتو توصیه می‌کرد که: «اگر سیاست را پیشه‌ی خود می‌پذیری، باید صبر و حوصله‌ی فراخ داشته باشی.»

در دهه‌ی هشتاد، وقتی که به‌حیث سفیر کشور خود در جاپان ایفای وظیفه می‌نمودم، وظیفه‌ی راننده‌گی را یک جوان جاپانی قامت‌کوتاه برعهده داشت و همیشه مرا به دعوت‌ها هم‌راهی می‌کرد. خوب به‌خاطر دارم که در یکی از شام‌گاهان توکیو که خیابان‌ها از عراده-جات مزدحم بود و ماهم در مقابل یک چراغ سرخ ترافیکی توقف نموده بودیم ناگهانی راننده از من اجازه خواسته، پرسید:

«جناب سفیر! آیا می‌توانم از شما یک پرسش کنم؟»

گفتم: «بلی! می‌توانید سوال کنید.»

گفت: «شما چه فکر می‌کنید، یک رهبر و یا یک رئیس دولت و یا صدراعظم کدام صفاتی را باید داشته باشد؟»

واقعاً این پرسش مرا در تفکر غرق ساخت که چرا به‌طور ناگهانی چنین یک پرسشی را مطرح نمود. البته در پاسخ گفتم:

«یک رهبر باید تحصیلات عالی داشته و از تجارب کافی برخوردار باشد. مردم و وطن خود را دوست داشته باشد و در راه اعتلا و سعادت مردم آن، تلاش به خرج دهد.»

رانندهی جاپانی سخنان مرا به‌دقت گوش داد، ولی این‌قدر گفت که:

«شما به عقیده‌ام ۵۰ فیصد پرسش را پاسخ داده‌اید. ولی ۵۰ فیصد دیگر را نداده‌اید!»

من با تعجب نگریستم که هدف از ۵۰ فیصد پاسخ باقی کدام است؟

پرسیدم: «بهتر است تا ۵۰ فیصد باقی‌مانده صفت یک رهبر را خودت برایم روشن سازی.»

راننده دست خود را بالای سینه‌ی خود گذاشت و گفت:

«کوکورو!»

در زبان جاپانی کوکورو قلب را می‌گویند. یعنی یک رهبر باید قلب مهربان داشته باشد و در قضایا و حالات بحرانی و پیچیده با قلب فراخ برخورد کند. راننده به گفتارش ادامه داده گفت:

«شما در تلویزیون مشاهده کردید، ناکاسونی[۶۲] صدراعظم جاپان که از لحاظ اندیشه مخالف آشتی‌ناپذیر کمونیست‌هاست، امروز ۸۴ کیلومتر راه را در قطار طی کرد تا از مریضی رهبر حزب کمونست جاپان، جناب کنجی میاموتو[۶۳] عیادت کند. این خود نمونه ای بصارت و قلب فراخِ صدراعظم است. در حالی‌که صدراعظم، کشمکش‌ها و جدال-های همیشگی با رهبر حزب کمونست جاپان در داخل پارلمان کشور دارد.»

سخنان راننده جاپانی همیشه در مغزم طنین انداخته بود. ولی زمانی‌که عطشِ جاه‌طلبی و حس انتقام‌جویی سردار محمد داوود را مشاهده نمودم، به این عقیده رسیدم که او

---

[۶۲] Yasuhiro Nakasone (۱۹۱۸-۲۰۱۹)
[۶۳] Kenji Miyamoto (۱۹۰۸-۲۰۰۷)

دشمن خود و خانواده‌ی خود است. ناپلیون هم در دوران تبعید اعتراف می‌کرد که خود مقصر تمام اعمال خود بوده است. صائب تبریزی می‌گوید:

چون هرچه می‌رسد به تو از کرده‌های توست
جرم فلک کدام و گناه زمانه چیست

در مورد دیوانگی‌های سردار محمدداوود حرف‌های زیادی در جامعه وجود داشت و حتی عم‌اش مارشال شاه‌ولی هم او را به دیوانگی محکوم می‌کرد. دیوانگی یک حالت مریضی روانی است و اغلب علت‌های گوناگونی دارد و بیشتر متخصصین روانی، دیوانگی را ناشی از عقده‌های حقارتِ دوره‌های طفولیت زندگی می‌دانند. سردار محمد داوود همواره از قانون و وجایب صحبت می‌کرد. اما این قانون محض برای دیگران بود و خودش به قانون پابند نبود، ورنه هرگز با نوکران خود به منزل سیدکمال قاتل پدرش هجوم نمی‌برد و تمام خوردوبزرگِ خانواده‌ی او را از تیغ نمی‌کشید. قانون باید سرنوشت خانواده‌ی سید-کمال را روشن می‌ساخت.

سقراط ثابت می‌کند که هیچ جامعه‌ای حتی اگر در تصاحب دزدان هم باشد، اگر بین افراد ظلم حکم‌فرما باشد، پایدار نمی‌تواند بود، بلکه عدالت، شرط هر نوع آمیزش، شرکت و همکاری است.

سردار محمد داوود گاهی هم قدرت عفو و بخشش را نسبت به افراد آزادی‌خواه و مخالفین نظامی، از خود نشان نداده‌بود. اگر او به تکلیف روانی دچار نمی‌بود، مسلماً که هزاران جوان عدالت‌خواه به زندان‌ها رهسپار نمی‌شدند و عبدالملک عبدالرحیم‌زی ۲۰ سال را در زندان دهمزنگ به‌سر نمی‌برد و محمدهاشم میوندوال هم با یاران خود به اعدام محکوم نمی‌گشتند.

بنابران حادثه‌ی ۷ ثور، چیزی جز انتقام افسرانی نبود که سردار محمد داوود را در تأسیس نظام جمهوری کمک کردند و سپس از طرف سردار محمد داوود سبکدوش، توهین،

تحقیر و رهسپار زندان شدند. متأسفانه که تاریخ افغانستان از بدو تأسیس آن، تاریخ انتقام‌ها و دسایس متداوم بوده که از بطن یک جامعه‌ی قبیلوی ناشی می‌شود. این روند تا زمانی ادامه خواهد یافت که نظام قبیلوی و ماقبل قبیلوی جای خود را به نظام پیشرفته‌ی مردم‌سالاری تعویض نماید. مسلماً که این یک پروسه‌ی دشوار و تاریخی می‌باشد و تا زمانی‌که سرنوشت کشور به‌دست قشر آگاه و روشنفکر رسالت‌مند آن قرار نگیرد، در جامعه پیاده نخواهد شد.

- پایان -

موخذها

۱. هارون، داود خان درچنگال ک گ ب
۲. مصاحبه مینه بکتاش باشاه اسبق، تلویزویون بی بی سی، دوم سپتامبر ۲۰۰۵
۳. هارون ، داود خان در جنگال ک گ ب
٤. محتاط، عبدالحمید، سقوط سلطنت
۵. داکتر حسن شرق، کرباس پوشان برهنه پاه
٦. عنایت شهرانی، یمگان، چاپ کابل
۷. امیر اسدالله علم ، یاداشتهای علم، جلد پنجم
۸. روزنامه لوموند، ژیرارو برایل، شماره سرطان ۱۹۷۳
۹. بیانیه محمد هاشم میوندوال در پارک زرنگار، جزیده مساوات سال ۱۳٤۵
۱۰. سید مسعود پوهنیار، ظهور مشروطیت وقربانیان استبداد در افغانستان
۱۱. نجیم آریا، محمدهاشم میوندوال
۱۲. تیخانووف، جنگ افغانی ستالین
۱۳. یوری تیخانووف، جنگ افغانی ستالین، نبرد بخاطر تسلط بر آسیای مرکزی
۱٤. نامه ویلیام دوم، امپراطور المان به امپراطور روسیه درسال ۱۹۰٤ میلادی
۱۵. حسن ظفر، خاطرات، ترجمه فضل الرحمن فاضل
۱٦. سردار محمدداود، خطاب به مردم، سالنامه کابل سال ۱۳۵٤
۱۷. سید مسعود پوهنیار، ظهور مشروطیت و قربانیان استبداد
۱۸. غلام حضرت کوشان، سرگذشت ملت مظلوم افغانستان
۱۹. سرور یورش، یاداشتهای چاپ ناشده، سال ۲۰۰۵
۲۰. الکسندر کنیازوف، رازهای سر به مهر تاریخ دیپلوماسی افغانستان، ترجمه عزیز اریانفر
۲۱. داکترکرچایزن، افغانستان داغترین نقطه جنگ جهانی دوم، ترجمه عطا محمد نورزائی والی پیشین پروان (چاپ ناشد)
۲۲. استنطاق در زندان بوتیرسکایای ماسکو، شماره دوسیه (۲٤) ۳۱ جنوری سال ۱۹٤٦
۲۳. غلام محمد غبار، افغانستان در مسیر تاریخ

۲٤. فیض محمد ذکریا، اظهارات

۲۵. محمد آصف آهنگ، یاداشتها و برداشتها

۲٦. خاطرات شفاهی استاد خلیل الله خلیلی، چاپ دخترش

۲۷. خاطرات داکتر عبدالمجید خان، بحواله سید مسعود پوهنیار

۲۸. جواهر لعل نهرو، نامه های به دخترش

۲۹. اخبارانیس، مورخ چهارم ثور ۱۳۵۳

۳۰. شاه محمود حصین، مثلث بی عیب

۳۱. جواهر لعل نهرو، سیر تکامل جهان

۳۲. یاداشتهای انتشارنیافته سید یعقوب بلخی

۳۳. گروپ بین المللی بحران، شماره ٦۹ آسیا، اگست سال ۲۰۰۳

1. Farrand, Max, ed. The Records of the Federal Convention of 1787. New Haven: Yale University Press, 1911.
2. Syrett, Harold C., ed. 1962. Alexander Hamilton, Vol. 5, June 1788 – November 1789. New York: Columbia University Press.
3. Snow Sr., Al. Liberal-itis: A Thinking Disorder Destroying America. Agreka Books, 2004. ISBN 9781888106695.
4. Roosevelt, Franklin D. "The Great Arsenal of Democracy." Speech, December 29, 1940. Accessed January 8, 2024. https://en.wikipedia.org/wiki/Arsenal_of_Democracy
5. Wilson, Woodrow. Americanism: Woodrow Wilson's Speeches on the War—Why He Made Them—and—What They Have Done. Edited by Oliver Marble Gale. Chicago: Baldwin, 1918. Accessed January 8, 2024. https://courses.lumenlearning.com/wm-ushistory2/chapter/primary-source-woodrow-wilson-requests-war-april-2-1917/
6. Montesquieu, Charles. Complete Works, Vol. 2: The Spirit of Laws. London: T. Evans, 1748.
7. Biswas, Arka. Durand Line: History, Legality & Future. Occasional Paper. New Delhi: Vivekananda International Foundation, 2014.
8. Jacobovici, Simcha. The Lost Ten Jewish Tribes. Documentary Film. 2003.
9. Fletcher, Arnold. Afghanistan: Highway of Conquest. Ithaca, NY: Cornell University Press, 1965.
10. Caroe, Olaf. The Pathans, 550 B.C.-A.D. 1957. Oxford: Oxford University Press, 1983.
11. Hyman, Anthony. Afghanistan Under Soviet Domination, 1964-81. London: Macmillan, 1982.

ضمیمه

یادداشت و دست‌نویس سرور یورش، رئیس دفتر مطبوعاتی ریاست جمهوری دوران داکتر نجیب، در ارتباط به موضوع پشتونستان.

۹ آگست ۲۰۰۵

محترم عبدالحمید محتاط :

با تقدیم سلام‌ها و احترامات صمیمانه، امیدوارم با فامیل محترم صحتمند و تندرست باشید.

مسوده نوشته خود را که تاکنون نهایی نشده است، به وسیله برایتان می‌فرستم. چون شما از یک سو یک شخص با صلاحیت هستید و از سوی دیگر شخصاً شاهد بسیاری از رویدادهای مهم و تاریخی بوده‌اید، خیلی ممنون خواهم شد اگر نظریات تان را در مورد محتویات آن برایم بنویسید.

به حواله آوازه خبر شدم که شما اخیراً چند اثر خود را چاپ نموده‌اید. به ممنونیت من خواهید افزود اگر آنها را از راه پست برایم بفرستید.

با احترام

سرور یورش

آدرس پستی من :

برخی سوال ها و اندیشه ها

سرور یورش

یادداشت آغازین

اندیشه ها و سوال هایی را که در زیر مطرح میکنم، صرفاً متأثر از انکشافات ۱۰-۱۲ سال اخیر در کشور ما، افغانستان و جهان یا زیر تأثیر زندگی اخیرم در مهاجرت، که بنابر اجبار چند سالی است در ایالات متحدهٔ امریکا بسر می برم، نبوده بلکه محصول کلیه زنده گی و کار سیاسی ام می باشد.

برای من در زندگی چنان اتفاق افتید که به بیش از ۶۵ کشور جهان سفر نموده ام و در بیش از ۳۰ کنفرانس و سیمینار بین المللی، عمدتاً در رابطه با سازمان ملل متحد و جنبش عدم انسلاک، اشتراک ورزیده ام. تقریباً تمام سفرهایم به کشورهای خارجی، اعم از کشورهای سوسیالستی و سرمایه داری و کشورهای رو بانکشاف "جهان سوم"، سفرهای رسمی و کاری بوده است.

همچنان در مذاکرات ژنیو تحت سرپرستی ملل متحد، که مدت شش سال به درازا کشید و منجر به انعقاد توافقات بین المللی در مورد افغانستان گردید، بحیث شخص دوم هیأت افغانی اشتراک داشتم. در داخل کشور در مأموریت های متعدد حزبی و دولتی در مقامات مختلف اجرایی وظیفه نموده ام. در کنار زبانهای ملی پشتو و دری، به یکی از زبانهای عمدهٔ بین المللی، زبان انگلیسی، از دوران جوانی کم و بیش آشنایی داشته ام و این امر حیطهٔ وسیعتر تحقیق و مطالعه را برایم میسر ساخته است. بنابر آن، افکار و اندیشه های کنونی ام ملهم و محصول مجموعه ای از زندگی و کار سیاسی، تجارب، سفرها، مشاهدات، ملاقاتها، بحث ها و تبادل نظرها با شخصیت ها و مقامات افغانی و خارجی، مطالعه و تحقیق علمی، نوشته ها و ترجمه های متون علمی و فرهنگی می باشد.

هدف این نوشته طرفداری از هیچکس و ضدیت با هیچ فردی نیست. ادعای جامع بودن و کامل بودن آنرا نیز ندارم. در حال حاضر، متعهد به هیچ گروه یا سازمان سیاسی نمی باشم. آنچه که در زیر میخوانید صرفاً حاوی برخی اندیشه ها و سوال هایی است که اینک آنها را با علاقمندان به منظور تبادل نظر آزاد و صریح توأم با حسن نیت در میان میگذارم.

اپریل ۲۰۰۵

پیشگفتار

بیش از ۱۲ سال از سقوط دولت جمهوری افغانستان و انحلال حزب دموکراتیک خلق افغانستان (حزب وطن) سپری میگردد. در طی این مدت، اکثریت قاطع افراد و شخصیت هایی که در گذشته با ح-د-خ-ا و دولت جمهوری -

- ۵۴ -

در رابطه با مسایل و منافع ملی، دو نکتهٔ دیگر قابل غور و دقت است: «مساله پشتونستان و بلوچستان» و روابط افغانستان با کشورهای همسایه.

در مورد موضوع اول باید گفت که در این هیچ جای شک نیست که اتخاذ تصمیم نهایی در این زمینه از صلاحیت انحصاری مردم افغانستان و نمایندگان با صلاحیت آنهاست. ولی هر فرد افغان حق دارد در زمینه ابراز نظر نماید.

اگر به سوابق تاریخی مساله توجه نماییم خواهیم دید که این مساله از یکسو با مسایل سرحدی بین افغانستان و پاکستان ارتباط میگیرد که در اینجا مورد بحث نیست، و از سوی دیگر محصول موقف سیاسی اشخاص و گروه‌های ناسیونالیست افراطی افغانی و نیز ناشی از اهداف و اغراض اتحاد شوروی در دوران جنگ سرد بوده است. هم افغانهای ناسیونالیست بنیادگرا و هم اتحاد شوروی ظاهراً دم از حقوق برادران پشتون و بلوچ ماورای سرحد میزدند ولی در حقیقت از آن به مقاصد سیاسی استفاده میکردند و سعی مینمودند در پاکستان تحریکات و ناآرامی‌ها ایجاد نمایند. اولیای امور افغانستان حتی در بعضی موارد به منظور پوشانیدن ضعف‌های داخلی خویش و انحراف افکار عامه از آنها این مساله را دامن میزدند و در اطراف آن هیاهوی فراوان براه می‌انداختند.

اگر مساله واقعاً بر سر حقوق و آزادیهای پشتونها و بلوچهای ماورای سرحد است، باید گفت درصورتیکه مسئولین امور افغانستان نتوانند یا نخواهند به ابتدایی‌ترین حقوق و آزادیهای مردم خود پاسخ مثبت بگویند چگونه خواهند توانست از حقوق دیگران حرف بزنند؟ از سوی دیگر، ما افغانها نمیتوانیم و نباید موقف کاسهٔ گرمتر از آش را به خود بگیریم. برادران ما باید در درجهٔ اول خودشان بنابر اصل حق خودارادیت در زمینه تصمیم بگیرند.

تجارب و سوابق تاریخی بیانگر این حقیقت است که رهبران پشتون و بلوچ ماورای سرحد هیچگاه در این مورد موقف صریح و روشن نداشته اند. آنچه که روشن است اینست که آنها از ادعاهای بی مورد رهبران افغانستان و اتحاد شوروی وقت در این مورد استفاده‌های شخصی فراوان نموده اند. بر هیچکس پوشیده نیست که آنها در این رابطه هم از مقامات انگلیسی و شوروی و هم از حکومتهای هندی و پاکستانی استفاده‌های مادی شخصی نموده اند، درحالیکه استفادهٔ مادی و مالی از ما افغانهای بیچاره را حق پدری خود دانسته اند.

در رابطه با حق خودارادیت باید گفت که رهبران پشتون ماورای سرحد تاکنون نتوانسته اند حتی به مطالبهٔ ناچیز خود مبنی بر اینکه باید نام «ایالت سرحد شمال غربی» پاکستان به «ایالت پشتونخواه» مبدل گردد (که نه به معنی خود مختاری است و نه مفهوم جدایی از پاکستان و پیوستن به افغانستان را دارد و در بهترین حالت میتوان آنرا یک مطالبهٔ سیاسی محلی در چوکات پاکستان تلقی نمود) نایل آیند.

فهرست نام‌ها

ا

اجمل ختک............... ۱٤٤, ۱٤۷, ۱٤۹
احمد ظاهر ۲۷
احمدزی، شاپور........................... ۱۱۷
احمدشاه، ابدالی.................... ۱۳, ۱٤۹
احمدشاه، سید میر ۲٦۸
احمدشاه، شاهزاده......... ۳۰, ۳۱, ۳۲, ۳۳
استالین ٦۰, ۱۱۳, ۱۲۲, ۲۱۲
اسدالله علم، امیر ۵۸
اسدالله، پیلوت (جگرن)............ ۷۲, ۲۵۷
اسدی، عثمان خان (جنرال)....... ۲۲۱, ۲۲۲
اسماعیل خان (جنرال)................. ۲۷٤
اشکنیز....... ....۱۵٦
اعتمادی، نوراحمد ۱٤۱, ۲۷۰
افلاطون........... ....٤۷
اکرم خان (پیلوت) ۱۰۵
اکلیل (پولیس) ۱۰۷
الفت، عزیز............................ .. ۱۸۳
امان‌الله خان . ۹, ۱۰, ٤۲, ٦۰, ۱۱۳, ۱۳۲, ۲۰۷,
۲۱٦, ۲۱۸, ۲۱۹, ۲۷۲
امیر شیرعلی ۱۲۳
امیر عباس هویدا.......................... ۱٦۱
امیر عبدالرحمن . ۱۲۵, ۱۲٦, ۱۹٦, ۱۹۸, ۲٤۸
امین، حفیظ‌الله ۹۰, ۱٤٤, ۱٤۷
امین، سید امان‌الدین.................... ۲۱۹
انتونی ارنولد ۲۵۵, ۲۵۸
انتونی هایمن ۱۷۷
انزیلوتی.................................... ۲۱۱
انس (داکتر) ۱٤۲
انصاری، میر احمد ۲۵۷
انوری ۵٤
اوریا، عبدالستار........................ ٦۱
اولف کاروی ۱۲۱, ۱٤۸
ایروسلیم الحسین......................... ۱۳۲
ایروین، لاهوزن فون ویوریمونت........... ۲۱۰

آ

آرتور هندرسن.......................... ۱۳۲
آریا، نجیم ۱۰۸
آصف (انجنیر) ٦۱
آغاشاهی ۱۳۸

آکا، عبدالقادر ۲۵۷
آهنگ، محمد آصف .... ۲۲۱، ۲۵۶
آئین، غلام علی .... ۲۸۵، ۲۸۶

ب

باختری، جیلانی .... ۷۶، ۲۸۷
بازمحمد خان .... ۱۱۱، ۱۱۲، ۱۱۳، ۱۱۴، ۱۱۸
بختاجان (جگرن) .... ۲۵۰، ۲۹۰
بدخشی، جمیله ۱۷۵
بدخشی، طاهر. ۱۶۷، ۱۶۸، ۱۷۱، ۱۷۵، ۱۸۵، ۱۸۶، ۲۵۰
بدخشی، مخفی ۵۸
برکت الله سندی ۱۲۷
برنت ۱۵۵
بهادر، براتعلی .... ۲۳۲، ۲۳۶، ۲۴۷، ۲۵۷
بیدل، ابوالمعانی................. ۲۳۰

پ

پاول............................۲۱
پدرام، عبداللطیف ۱۶۸
پژواک، عبدالرحمن...... ۴۰، ۱۳۵، ۱۳۶، ۱۳۸، ۱۳۹، ۲۲۱
پژواک، نعمت الله ۷۶
پنجشیری، غلام حیدر خان ۲۵۶

پنجشیری، غلام دستگیر ۲۷۹
پوپل، علی احمد .... ۱۳۶، ۱۳۸، ۱۴۰، ۱۴۱
پوهنیار، سید مسعود...... ۱۵، ۷۵، ۱۰۸، ۱۳۵، ۱۳۷، ۱۷۶، ۱۷۷، ۱۸۳، ۲۲۳، ۲۶۹، ۲۷۹
پیترو کورانی (دیپلمات ایتالیا).. ۴۳، ۲۰۶، ۲۰۷، ۲۱۰، ۲۱۹
پیژند، محمد اصغر ۲۵۷

ت

تالقانی، نورالله .... ۱۶۹، ۱۷۰، ۱۷۱، ۱۷۲، ۱۷۳، ۱۷۴، ۱۷۵، ۱۷۶، ۱۷۸، ۲۳۶، ۲۴۷، ۲۵۷
تره‌کی، نورمحمد.... ۸۳، ۱۴۴، ۱۴۵، ۱۴۷، ۱۴۸، ۱۴۹
تورویانا (نجیب الله خان).................۲۱۹
توره خان (دگروال)................ ۲۹۲، ۲۹۴
تیودور ایلیوت ۱۵۷

ج

جاغوری (دگروال)................. ۲۶۶
جان مارشال ۲۳
جدران، سیدمحمد خان................. ۲۰۹
جلال الدین، پیلوت .... ۷۲، ۲۵۷
جلال، محمد خان ۷۶

ح

حبیب‌الله خان، امیر .. ۱۲۶, ۱۲۷, ۱۲۸, ۱۲۹, ۱۳۰, ۱۳۱

حبیبی، محمود ۲۸۰

حصین، شاه محمود ۲۵۸

حق نظروف ۴۲

حکمتیار، گلبدین ۱۴۲

خ

خان عبدالغفار خان ۱۴۱, ۱۴۴, ۱۴۵, ۱۴۶

خان محمد خان (مرستیال) ۹۹, ۱۰۳, ۱۰۴, ۱۰۷

خان محمد خان (وزیر دفاع) ۹۴

خطاب خان ۳۴

خلیل‌الله ۵۱, ۲۳۳

خلیلی، استاد خلیل‌الله ۵۴, ۵۵, ۵۶, ۵۷, ۵۸, ۵۹, ۶۰, ۶۱

خمزرگری، عبدالجلیل ۲۷۵

خیبر، میر اکبر ۲۸۳, ۲۹۵, ۲۹۷, ۲۹۸

د

داد محمد خان ۱۹۸

داریوش کبیر ۱۶۰, ۱۶۱

داکتر خان (برادر خان عبدالغفار خان)...۱۲۱, ۱۴۵

دانتون ۲۷۱

دلاجان ۲۴۵, ۲۵۷

دیزرائیلی ۱۲۲

دیوید روس ۱۵۳

ر

رابرت لیتن ۱۲۳

راجه مهندرا پرتاب ۱۲۷

ربّانی، برهان‌الدین ۱۴۲

رسول خان (رئیس ضبط احوالات). ۱۸۷, ۱۸۹

رسولی، عبدالقدیر ۱۱

رسولی، غلام حیدر

اختلافات درون هیئت رهبری و موقعیت او ۲۸۲

ارائه جدول مخالفین نظام مجهوری به سردار محمد داوود ۲۶۹, ۲۷۰

برداشت افسران نیروهای هوایی از شخصیت او.................... ۸۱

به کار بردن او از غلام حضرت کلکانی برای از بین بردن مخالفین ۱۸۹, ۱۹۰, ۱۹۱

تقرر دگروال عبدالقادر به حیث آمر مسلخ 173

حادثه‌ی پنجشیر 263, 264

حادثه‌ی میدان هوایی 30

رهبری شبکه‌ی استخبارات وزارت دفاع 271, 274, 275, 276

شهادت او در جلسه‌ی دوم مثور 1353 و برکناری نویسنده از کمیته مرکزی و کابینه 233, 237, 242

طرح معاش برای شاه مخلوع 40

مخالفین او در سطح رهبری وزارت دفاع 268

مسئله‌ی میوندوال 107, 108

موضوع نصب آنتن‌های شبکه‌ی استخباراتی 155

نخستین جلسه کمیتهٔ مرکزی 48, 50

نقش او در برنامه‌های ترور نمودن مخالفین 290, 298

نقش او در تسریع زمینه‌ی نابودی نظام جمهوری 261

رهین (پروفیسور) 221

ز

زابلی، عبدالمجید 209, 213, 218, 219

زرمتی، جان محمد خان 169

زرمتی، حبیب‌الله 39, 241, 247

زرمتی، محمد اکبر 50

زلاند، جلیل 27

ژ

ژیرارد، ویرانل 70

س

سادات، انور 139

سردار احمد علی سلیمان 137

سردار اسدالله سراج 137

سردار حبیب‌الله طرزی 137

سردار حمیدالله عنایت سراج 137

سردار سلطان احمد شیرزوی 137

سردار شیراحمد 174

سردار عبدالحسین عزیز 137

سردار عبدالقدوس خان 56

سردار عزیزالله قتیل 137

سردار علی شاه 269

سردار غلام محمد شیرزاد 137

سردار غلام یحیی طرزی................ ۱۳۷
سردار فیض محمد ذکریا................ ۱۳۷
سردار محمد اکرم نور.................. ۱۳۷
سردار محمد شعیب مسکینیار ۱۳۷
سردار محمد عثمان امیر ۱۳۷
سردار محمد قاسم ۱۳۷
سقراط ۱۶, ۱۱۷, ۳۰۶
سکندر، نظر محمد ۷۶
سهیل، آصف ۱۱۷, ۲۸۰, ۲۸۱
سید امیر ۸, ۷۱, ۷۳, ۱۰۱, ۱۰۲, ۱۰۴, ۱۰۵, ۱۰۶,
۲۳۵, ۲۴۵, ۲۴۶
سید ظاهرشاه................ ۲۸۵, ۲۸۶, ۲۸۷
سید عبدالاله .۲۶, ۳۰, ۴۰, ۵۱, ۱۰۳, ۱۰۴, ۱۰۷,
۲۲۵, ۲۳۳, ۲۳۶, ۲۴۲, ۲۴۵, ۲۶۱, ۲۸۲
سید عبدالله خان (وزیر داخله) ۱۰۳
سید کریم................................ ۲۷۶
سید کمال ۲۰۳
سید مبین................................ ۲۵۷
سیستانی، فرخی ۵۴
سیف الرحمن.............................. ۷۲

ش

شاهدخت بلقیس ۳۰, ۳۵
شاهدخت خاتول ۳۰
شاهدخت مریم...................... ۳۰, ۵۵
شاه‌ولی خان (مارشال) ۶۱, ۱۳۲
شاه‌ولی، مامور پولیس...................... ۲۵۶
شرق، حسن.. ۳۰, ۴۸, ۵۰, ۵۴, ۷۴, ۷۵, ۷۶,
۸۳, ۸۴, ۱۰۰, ۱۰۱
شفق (داکتر) ۵۸
شورماچ، محمد اکبر.......................... ۱۷۵
شیدا، رحیم ۱۱۷, ۱۶۸, ۱۷۰
شیرمست خان.............................. ۱۱۴

ص

صاحب خان ۲۱۱
صافی، ممتاز خان.......................... ۱۰۵
صائب تبریزی........................ ۴۹, ۳۰۱
صفوی، شاه حسین ۱۱۴
صمدی، عبدالحق.......... ۲۶۹, ۲۷۰, ۲۷۱

ض

ضیاءالحق ۱۴۳

ظ

ظریف، فرید ۱۴۴
ظفر حسن.................................. ۱۲۷

ع

عارف خان............................... ۳۰, ۳۵
عبدالجبارخان (حکمران از لغمان) ۱۹۸
عبدالخالق.............................. ... ۲۰۳
عبدالخالق خان، حاجی (معاون بلدیه) ۲۵٦, ۲۸۰
عبدالرازق (دگرمن، رئیس لوژیستیک قوای هوایی) ۷۲, ۲۵۷, ۲۹۲
عبدالرحیم‌زی، عبدالملک ... ۱۰۳, ۱۰٤, ۲۲۱, ۲۲۲, ۲۵٦, ۲۷۵, ۲۷٦, ۲۸۰, ۳۰٦
عبدالرزاق خان (دگر جنرال)...... ۹۹, ۱۰۵, ۱۰٦
عبدالظاهر، داکتر.................. ۱۳۷, ۱۳۸
عبدالقادر (پیلوت)۲۸, ۷۱, ۱۷۱, ۱۷۲, ۱۷۳, ۱۷۵, ۲۳۷, ۲٤۵, ۲۵۷
عبدالقدیر(آمر شفاخانه چهارصد بستر)۲۳٦, ۲٤۷
عبدالقیوم (وزیر معادن و صنایع) ۱٤۷
عبدالمجید (افسر قوای ۸۸ توپچی) ۲۳۸, ۲٤۲
عبدالمجید (تورن، پسر باز محمد خان) ...۱۱۱
عبدالمجید (داکتر، وزیر عدلیه).... ۷٦, ۱۵۰, ۲۲۲
عبدالولی خان ۱٤۵, ۱٤٦, ۱٤۷, ۱٤۸, ۱٤۹, ۱۵۰
عبدالولی، سردار ..۳۰, ۳۵, ٦۱, ٦۲, ٦۳, ۱٦۰, ۱۷۱, ۲۷٦
عبرت، عبدالکریم خان ۲۷۵, ۲۷٦, ۲۷۷
عبقری، اکرم ۷۰
عبیدالله.. ۲۲۳
عدالت، غلام حیدر........................... ۲٦۹
عزیز احمد.................................... ۱۳۹
علوی، سید نسیم ۲۳۸
علی احمد (راننده) ۲۸۹
علی احمد خان (ناظر امور داخله) ۱۳۱
عمر (جگرن)......................... ۲۸۸, ۲۸۹
عمرخیل، عبدالکریم خان ۲٦۳
عیسی (پولیس). ۱۰۷, ۱۸۳, ۲۷٤, ۲۹۷, ۲۹۸

غ

غبار، میر غلام‌محمد.......... ۲۱۹, ۲۹۲, ۲۹۳
غلام سخی..................................... ۷۲
غلام فاروق (لوی درستیز جنرال) ۱۰۰
غلام نبی خان ۱۱۳
غوثی، سعدالله.................. ۳۵, ۳٦, ۳۸
غوربندی، عبدالقدوس.................... ۲۹۵

ف

فارابی، ظهیرالدین............................ ٤۷

فایق، غوث الدین 77، 117، 169، 233، 240

فخری، رحمت‌الله ... 264، 265، 266، 267، 268، 269

فخری، نجیب‌الله 264

فرانکلین، بنیامین 21

فرانکلین، روزولت 23

فردوسی ..... 15، 19، 49، 61، 161، 162، 227

فرهنگ، محمد صدیق 258

فرید برانت .... 209، 210، 211

فریزر تیتلر 215

فقیر هیپی .... 10، 132، 212، 214

فنا، امیر محمد .... 154، 157

فیض محمد خان (وزیر داخله) .. 39، 43، 44، 76، 84، 85، 98، 107، 112، 197، 233، 250، 283، 291

ق

قاضی ظاهر 177

قذافی، معمر 139

قرەباغی، اکرم خان 275

قمر بانو .... 34، 35

ک

کارگر، غلام حضرت 189

کارمل، ببرک .. 84، 85، 144، 175، 176، 187، 254، 283، 287

کاسیگین 96

کاظم بیگ 128

کرچایزن (داکتر) 208

کریپس، ستفورد (دیپلمات انگلیس) 211

کریم، داکتر عبدالواحد 136

کلکانی، امیر حبیب‌الله 57

کلکانی، حبیب (برادر غلام عضرت کلکانی) 191

کلکانی، غلام حضرت ..... 177، 187، 188، 189، 190، 191

کلکانی، مجید 176، 177، 178، 179، 182، 183، 184، 185، 186، 187، 189، 191، 265، 268

کنجی میاموتو 305

کوشان، غلام حضرت .... 136، 198

کوهستانی، عبدالواسع 165، 166، 167، 168، 169، 257

کوهستانی، گل محمد 97

گ

گیلانی، محمد سعدالله (پیر شامی). ۱۰، ۱۳۲، ۲۱٤، ۲۱۵

ل

لطیف (تورن) ٦۱
لعل‌الدین .... ٦۱، ٦۲
لویس دوپری ٦۳
لویس دین (دیپلمات انگلیس) ۱۳۰

م

ماسکولینکو (مارشال) ۸۸
مانفرید اوبردیورفر ۲۰۹
محمد اکرم (آمر مخابرات) ۱۱۵
محمد حسین خان (مستوفی الممالک).. ٥٦، ٦۰
محمد داوود، سردار
طرح قیام مسلحانه‌ی برادران فخری... ۲٦۷
محمد داوود، سردار
اتکای او به حلقات محدود و خصوصی .... ۲۸، ۲۲۳، ۲۲٤
اتکای او به شبکه‌های جاسوسان خصوصی .... ۱۱۷، ۱٦۸، ۱۷۰، ۲۲۳

اوان کودکی و تأثیرات اندیشه‌های فاشیستی... ۲۰۵، ۲۰٦، ۲۱۳، ۲۱۹، ۲۲۱
اولین جلسهٔ کابینهٔ جدید ۷٦
بازمحمد خان منگل ۱۱۱
بیانیه‌ی «خطاب به مردم» .... ۸۸، ۹۵، ۹٦
تبصره‌ی روزنامه لوموند ... ٦٦، ٦۸، ٦۹، ۷۰
تشکیل جلسه و سبکدوشی نویسنده از وزارت مخابرات ..... ۲۲۹، ۲۳۳، ۲۳٤، ۲۳۵، ۲۳٦، ۲۳۸، ۲۳۹، ۲٤۱، ۲۵۳، ۲۵٤، ۲۵٦
تقرر افسران قوای هوایی .... ۷۱، ۷۲، ۷۳
تقرری نویسنده به حیث وزیر مخابرات ۷٤
جلسه‌ی هیئت رهبری روز بعد از کودتا ۲٦
حادثه میدان هوایی و انتقال خانواده شاه مخلوع به خارج........... ۳۱، ۳۲، ۳۳
حادثه‌ی پنجشیر .... ۲٦۳، ۲٦٤
خاطرات امیر اسدالله علم ۵۹
دکترین «ماستر پلان» ..... ۱۹۵، ۱۹٦، ۱۹۷، ۱۹۸، ۱۹۹
سهم او در ترور دولتی و شبکه‌های تروریستی .... ۱۸۷، ۱۸۸، ۱۹۰
طرح قیام مسلحانه‌ی برادران فخری.. ۲٦٤، ۲٦۵

طرح معاش برای شاه مخلوع .... ۴۰، ۴۱، ۴۲
قتل پدرش، سردار محمد عزیز خان و
واکنش او .... ۲۰۳، ۲۰۴
ماجرای "حادثه لوگر" در سال ۱۹۴۲ ۴۲، ۴۳،
۲۰۸، ۲۰۹، ۲۱۰، ۲۱۲
مسئله پشتونستان .... ۸۸، ۱۳۴، ۱۳۶
مصونیت او و در صورت ناکامی کودتا... ۴۳،
۴۴، ۲۱۲
مناسبات او با اتحاد شوروی ۹۶
مناسبات او با استاد خلیلی.. ۵۴، ۵۵، ۵۶،
۵۸
مناسبات او با افسران قوای هوایی. ۵۱، ۵۲،
۵۳، ۸۱، ۸۲، ۸۶، ۸۷، ۸۹، ۱۱۸،
۱۷۲، ۲۵۶
مناسبات او با امریکا ..... ۱۵۳، ۱۵۶، ۱۵۷،
۱۵۸، ۱۵۹
مناسبات او با ایران........... ۱۶۰، ۱۶۱، ۱۶۲
مناسبات او با ببرک کارمل و جناح پرچم
.... ۸۴، ۸۵، ۸۹
مناسبات او با پاکستان . ۱۳۴، ۱۳۶، ۱۳۸،
۱۳۹، ۱۴۰، ۱۴۱، ۱۴۲، ۱۴۳، ۱۴۴، ۱۴۹،
۱۵۰، ۲۶۱، ۲۶۲

مناسبات او با جنرال‌های ارتش .. ۶۳، ۶۴،
۶۵
مناسبات او با روشنفکران ملیت‌های
غیرپشتون ۱۶۶، ۱۷۰، ۱۷۱، ۱۷۴، ۱۷۵،
۱۷۹، ۱۸۳، ۱۸۴
مناسبات او با سردار عبدالولی ۶۱، ۶۲، ۶۳
مناسبات او با نورمحمد ترکی و خلقی‌ها
.... ۸۳، ۸۴
مناسبات او با نویسنده۱۰۱، ۱۱۵، ۱۱۶، ۲۲۶
مناسبات او با هاشم میوندوال .... ۹۷، ۱۰۰،
۱۰۳، ۱۰۴، ۱۰۵، ۱۰۶، ۱۰۷، ۱۰۸
مناسبات و تماس او با شاه مخلوع.... ۳۶،
۳۷، ۳۹، ۲۶۱
موضع‌گیری‌های او در نخستین جلسه‌ی
کمیتۀ مرکزی ۴۸
نقش او به عنوان عامل اساسی بحران
سیاسی و اجتماعی .... ۲۶۱، ۲۶۴
نکات ضعف او .... ۴۹، ۵۰
ویژگی‌های دیکتاتوری او و انحصار قدرت
.... ۷۵، ۷۶، ۸۱، ۸۴، ۹۵، ۲۲۲
محمد هاشم خان ۳۸
محمد یعقوب (انجنیر) .... ۵۳، ۷۲
محمد یعقوب خان (امیر) ۱۲۳

مددی، عبدالوهاب ۲۷
مرتضی قل (دگرمن) ۷۲, ۹۸
مرزا سیدعلی خان ۲۱۲
مرزا فرهاد خان ۵۶
مستغنی، عبدالکریم (لوی درستیز) .. ۶۵, ۲۵۱,
۲۶۸, ۲۷۰, ۲۷۱
مقصودی، محمد اکبر .. ۵۳, ۷۱, ۷۳, ۲۳۷,
۲۵۷
ملاپیوند ۱۲۵
ملک خرم ۲۶۳
ملک فاروق ۳۴
ملک قیس ۱۱۳, ۱۱۴
ملکه حمیرا ۳۰, ۳۱
ملکیار، عبدالجبار خان (جنرال) ۱۰۶
ملکیار، عبدالسلام خان (جنرال) ۱۰۶
ملکیار، عبدالله ۱۳۷
منگل، نیک محمد خان (جنرال) ۶۴
موسی شفیق ۲۶, ۱۵۶, ۱۶۱, ۲۷۰
مولاداد (تورن) ۵۰, ۸۱, ۲۳۳, ۲۳۸
مولوتوف ۲۱۱, ۲۱۲
مونتسکیو ۷۵, ۲۸۱
مهمند، محمد گل خان ۱۹۸, ۱۹۹, ۲۱۵
میخایلوف ۲۱۵, ۲۱۶

میر محمد یوسف ۱۳۷
میوندوال، محمد هاشم
ابلاغیه‌ی دولت در مورد کشف توطئه و
دستگیری مرتکبین ۹۹
اختلاف او با خاندان محمدزائی ۹۵
اختلاف او با دربار ۹۳
بازدید او از دانشجویان در اتحاد شوروی.۹۴
برخورد سردار محمد داوود با افراد آزادی خواه
.... ۳۰۶
پروسه تحقیقات و استنطاق در وزارت
داخله ... ۱۰۱, ۱۰۲, ۱۰۵, ۱۰۶, ۱۰۷, ۲۳۵
تقاضای ملاقات او با سردار محمد داوود و
واکنش سردار محمد داوود ۹۷
تماس او با نویسنده و تقاضای ملاقات ۹۷
خدمات دیپلماتیک او ۹۳
در گزارش روزنامه لوموند ۶۹
دشنام سید عبدالاله به زندانیان و قیاس آن
با برخورد پدرش با عبدالملک
عبدالرحیم‌زی ۱۰۳
سوابق خانوادگی و تحصیلات او ۹۳
صحبت او در پارک زرنگار در سال ۱۹۶۵ ۹۴
گزارش خودکشی او ۱۰۷
نقش قدیر نورستانی در قتل او... ۱۰۸, ۲۹۸

برداشت افسران نیروهای هوایی از شخصیت او ۸۱
تلاش برای دستگیری غلام حضرت کلکانی ۱۹۱
توظیف آوازخوانان برای اجرای آهنگ‌های نظام جمهوری ۲۶
حادثه‌ی پنجشیر ۲۶۴
حادثه‌ی میدان هوایی ۳۰
رهبری شبکه‌ی استخبارات وزارت داخله ۲۷۴
شهادت دادن او و در جلسه‌ی دوم ثور ۱۳۵۳ و برکناری نویسنده از کمیته مرکزی و کابینه ۲۳۶
طرح معاش برای شاه مخلوع ۴۰
عامل فرار وکیل عبدالقیوم نوابزاده به پنجشیر ۱۸۶
مسئله‌ی میوندوال ..... ۹۶، ۹۸، ۱۰۲، ۱۰۷، ۱۰۸، ۲۹۸
موقف او در مورد نقش سردار محمد داوود در نظام جمهوری ۵۱
نقش او به عنوان طراح زندان پل چرخی ۲۶۷

واکنش او به استقرار نظام جمهوری ۹۴

ن

نابینای خلمی ۱۵۶
ناپلیون .... ۴، ۳۰۶
ناکاسونی ۳۰۵
نبی عظیمی (جنرال) ۲۵۸
نبیل، عنایت ۸۴
نجیب (داکتر) .... ۱۴۴، ۱۴۵، ۱۸۶، ۱۸۷
نجیب، امین‌الله ۱۷۳
نجیب‌الله خان ۲۱۹
نزیهی، کریم .... ۲۹۲، ۲۹۳
نسیم ولی ۱۴۷
نظر محمد (دگرمن) ۷۲
نفیسی، سعید ۵۸
نوابزاده، عبدالقیوم (وکیل) ۱۸۵
نورزائی، عطا محمد ۲۰۸
نورستانی، عبدالقدیر
اختلافات و تقسیم‌بندی درون هیئت رهبری و موقعیت او .... ۲۶۱، ۲۸۲
ارائه جدول مخالفین نظام مجهوری به سردار محمد داوود ۲۷۰

نقش او در برنامه‌های ترور نمودن مخالفین
.... ۲۹۰, ۲۹۱, ۲۹۷, ۲۹۸
نقش او در تسریع زمینه‌ی نابودی نظام
جمهوری ۲۲۵
نوین، عبدالرحیم ۷۶, ۷۷, ۱۹۵
نهرو، جواهر لعل ۲۸۱, ۲۹۹
نیدرمایر، اوسکار فون ۱۲۷, ۱۲۸, ۱۲۹
نیک محمد (وکیل) ۱۸۶
نیکولای زخاروویچ براوین ۱۳۳

و

واصفی، عزیزالله ۱۱۵, ۱۱۶, ۱۱۷, ۲۷۹, ۲۹۱
وحید عبدالله ۱۳۵, ۱۳۶, ۱۴۷, ۱۹۵
وردک، تاج محمد ۱۶۸, ۲۵۱
وردک، روشندل ۲۵۱, ۲۷۹
وردک، عبدالله ۱۱۷, ۲۵۱, ۲۷۹, ۲۸۰
وصال، عالم ۳۱, ۲۳۱
وصیل، عبدالغفور ۱۸۴
وطنجار، اسلم ۱۱۵, ۱۱۶, ۱۱۷, ۲۵۷
وفادار، پاچاگل ۳۱, ۴۰, ۵۲, ۷۶, ۱۰۱, ۱۰۲, ۱۰۴, ۱۱۲, ۱۴۷, ۱۴۹, ۱۵۰, ۱۵۶, ۲۰۸, ۲۳۵, ۲۳۶, ۲۳۷, ۲۵۱, ۲۵۲
ودرو ویلسون ۲۳
ویلیام دوم ۱۲۹

ه

هارپر (داکتر) ۱۵۶
هارون ۱۴۵, ۱۶۷, ۲۲۲, ۲۷۵, ۲۸۰
هارونی، نادر شاه خان ۲۵۶
هتلر، ادولف ۲۱۰, ۲۲۰
هلالی، اکرم ۲۵۴
هلمندی، عبدالستار ۲۷۴
هملتن گرانت ۱۳۱
هینتگ، فون ۱۰, ۱۲۷, ۱۲۸, ۱۲۹, ۱۳۰, ۱۳۲, ۲۱۵
هیکل، محمد حسین ۲۸۱

ی

یزدی، فرخی ۱۹۳
یعقوب خان، امیر محمد ۱۲۳
یعقوبی، زیورالدین ۱۵۴
یوری تیخانووف ۶۰
یوسف (دگرمن) ۵۰, ۸۱, ۲۳۳, ۲۳۷, ۲۴۷
یوسف خان (صدراعظم) ۹۳, ۱۸۹

اثر «سقوط دوم، جمهوریت اول» دومین کتاب سلسله دو اثر دیگر می‌باشد که حوادث بین سال‌های ۱۹۷۳ و ۱۹۹۲ را دربر می‌گیرد و زیر عناوین «سقوط سلطنت» و «سقوط سوم، جمهوریت دوم» به چاپ رسیده است.

بنابرین، برای درک جامع از رویدادهای این دوره که از دیدگاه خاص نویسنده نوشته شده است، به خوانندگان گرامی که علاقه‌مند به این موضوع استند، پیش‌نهاد می‌شود که این آثار را از طریق لینک پایین به دست آورند.

---

www.Barmakids.com